KU-262-937

BASIC ITALIAN

Charles Speroni
Professor Emeritus, University of California, Los Angeles

Carlo L. Golino
Professor Emeritus, University of California, Riverside

Fifth Edition

BASIC ITALIAN

HOLT, RINEHART AND WINSTON

New York / Chicago / San Francisco
Philadelphia / Montreal
Toronto / London / Sydney / Tokyo
Mexico City / Rio de Janeiro / Madrid

Photo Credits appear on page 443.

Publisher: Rita Pérez
Development Editors: Marilyn C. Hofer, Barbara L. Lyons
Design Supervisor: Renée Davis
Production Manager: Lula Schwartz
Text design: Ben Kann
Illustrations: Ben Kann

Library of Congress Cataloging in Publication Data
Speroni, Charles,
    Basic Italian.

    Includes index.
    1. Italian language—Grammar—1950–   I. Golino,
Carlo Luigi, joint author. II. Title.
PC1112.S6   1981   458.2'421   80-26020
ISBN 0-03-058174-5

Copyright © 1981, 1977, 1972, 1965, 1958 by CBS PUBLISHING
Address correspondence to:
383 Madison Avenue
N.Y. 10017

Printed in the United States of America
All Rights Reserved

CBS COLLEGE PUBLISHING
Holt, Rinehart and Winston
The Dryden Press
Saunders College Publishing

1 2 3 4 5   032   9 8 7 6 5 4 3 2 1

Contents

1. Studenti

2. Vita Giornaliera

3. La Storia di Molte Città

4. Svaghi e Divertimenti

5. Lingua e Letteratura

6. L'Eredità Culturale

7. Tutto Cambia

8.   Gli Italiani nel Mondo

Appendix

Preface

Before embarking on what turned out to be a thorough rewriting of our first-year grammar, the publishers sent out a lengthy and comprehensive questionnaire to many teachers who have been using *Basic Italian* for several years. As was to be expected, we received numerous suggestions aimed at improving every segment of the textbook. There was nearly general agreement that the parts that needed to be reworked, or even changed, were the readings and the drill exercises. After giving serious consideration to all suggestions, and much thought to a new structure, we concluded that, since we were going to rewrite every reading to fit an entirely new master plan, the first thing to do was to re-examine the grammatical sections, shifting around those units that, in the experience of many teachers, would be more effective elsewhere in the text.

We believe we have complied with what we considered sound advice and common sense. We take this opportunity to express our deep gratitude to all respondents *en masse,* since their anonymity prevents us from thanking them individually.

We are pleased to call attention to the features of *The New Basic Italian.*

1. *Pronunciation:* The explanations in the *Introductory Lesson on Pronunciation* have been left very much as they were, but it should be noted that many illustrative words have been replaced with more pertinent ones or with easily recognizable cognates. Also, in the *Esercizi di pronuncia* many difficult words have been removed and the number of cognates has increased. In addition, there are new sections on geographic, proper, and first names, and a short one on proverbs.

2. The *Introductory Lesson on Pronunciation* is followed by an *Introductory Lesson on Common Expressions,* which is aimed at letting the students gain a feeling of familiarity with the language they are preparing to study.

3. *General Approach:* In the grammatical explanations we have attempted to strike a medium between technical terminology and an informal approach, with preference always being given to the informal approach. In this connection it should be noted that we have reduced the number of lessons from 36 to 32. This should facilitate completing the entire text in one school year.

4. *Grammar:* While the general structure and approach in the previous editions of *Basic Italian* have repeatedly been praised by both teachers and students, we felt compelled to try to improve several sections by giving clearer explanations and by adding appropriate examples. Further, as was stated above, we shifted about numerous sections. To mention a few, the Present Perfect has been moved up to Lesson 7; the Future has been moved back to Lesson 15, the Past Absolute to Lesson 25, and the *Trepassato Remoto* and the Absolute Construction have been eliminated. Also, the conjugation of several common irregular verbs is given in appropriate lessons, and the Cardinal Numbers are presented, progressively, in the Introductory Lesson on Common Expressions, in Lesson 6 and in Lesson 12.

5. *Readings:* The conversations that introduce the lessons are new. Taking advantage of the restructuring of much of the grammar, and in response to the suggestions of nearly all respondents, we decided to present a picture of contemporary Italy within a new format, abandoning entirely the tourist-like excursions of two foreign students. Thus, the 32 lessons are subdivided into 8 units of 4 lessons each, each group focusing on one aspect of Italian life and culture, as follows: 1. *Studenti,* 2. *Vita giornaliera,* 3. *La storia di molte città,* 4. *Svaghi e divertimenti,* 5. *Lingua e letteratura,* 6. *L'eredità culturale,* 7. *Tutto cambia,* 8. *Gli Italiani nel mondo.* Needless to say, elements of Italian life and culture are touched upon, in a natural way, in every reading. In addition, each unit is followed by a review lesson, which is preceded by a cultural reading under the general title *Aspetti di vita italiana,* and followed by a second cultural reading which further illustrates or expands the topic of that particular unit. The dialogues and the readings address topics from high, medium, and mass culture. Bearing in mind that this is a first-year book, and that the semesters or quarters go by very quickly, we decided not to make the readings too long, especially since all cultural information is given in Italian. The readings are written in present-day Italian, the aim is to expose the student to conversational Italian as well as to the language of the printed page.

6. *Vocabulary:* The Italian-English vocabulary in the Appendix lists all the active vocabulary of each lesson as well as the new

words that appear in the cultural readings. As for the latter, we have glossed only those words that we considered necessary for the comprehension of the text. The English-Italian vocabulary is limited and meant only to help the student with certain parts of the Exercises.

7. *Conversation:* Each reading is followed by comprehension questions. We strongly recommend that full use be made of this section since a degree of oral facility is essential to a feeling of confidence in learning a new language.

8. *Exercises:* The Exercises for this edition were written by Professor Pia Friedrich. They reflect the latest pedagogical trends. Our goal is to drill thoroughly all four skills, and to check oral proficiency as well as grammatical mastery.

9. *Travel Vocabulary:* In the Appendix, we have again included the section "Getting Around in Italian," containing the basic words and phrases most frequently used in everyday Italian. In a parallel column we provide the English translations.

10. In keeping with the desire expressed by some of the questionnaire respondents, we have inserted a few appropriate cartoons in certain lessons, and have totally revised the illustration program.

While this fifth edition of *Basic Italian* retains some characteristics of the previous editions, it is in many ways a "new" book, a product of the 80's, and it is our hope that it will be welcomed by teachers and students alike: by teachers, since, as in the past, we have taken their advice; by students, who will find the readings more interesting and the exercises more challenging.

We would like to thank the following professors who reviewed the manuscript at various stages and whose comments helped shape *Basic Italian, Fifth Edition:*

Fiora Bassanese, *Northwestern University*
Rodney B. Boynton, *Brigham Young University*
Rocco Capazzi, *University of Toronto*
Nicholas De Mara, *Michigan State University*
Catherine Feucht, *University of California-Berkeley*
Silvano Garofalo, *University of Wisconsin*
Christopher Kleinhenz, *University of Wisconsin*
Helen McFie, *University of Pennsylvania*
Josephine Mangano, *University of Minnesota*
Sergio Pacifici, *Queens College*
Tom Pomposo, *West Valley College*
Mary E. Ricciardi, *University of Missouri*
Corradina Szykman, *Queens College*

Finally, we wish to express our deep gratitude to Professor

Pia Friedrich, of the University of Washington in Seattle, for having accepted to write the drill exercises and the review exercises for the new book. We are sure you will share our enthusiasm for what she has done.

C.S.
C.L.G.

Instructions
to the Student

1. In the lesson vocabularies the definite article is given with the Italian noun.

2. A preposition in parentheses after a verb indicates that the verb requires that preposition before an infinitive.

3. Italian words are generally stressed on the next-to-the-last syllable **(amico).** No marking is used to show the stressed syllable in such words.

4. As an aid to the student, an inferior dot has been used to indicate stress in words other than those mentioned in paragraph 3 **(rapido, rispondere).** No inferior dots have been used in the exercises and the picture captions.

5. A final vowel that bears a written accent is always stressed. Although some publishing houses use the grave accent on **a (università),** open **e (è),** and **o (però),** and the acute accent on **i (così), u (virtú),** and closed **e (perché),** in this grammar we have opted to follow the more common practice of using the grave throughout.

6. Since there is no uniformity in the pronunciation of the vowels **e** and **o** and of the consonants **s** and **z,** we have avoided the use of diacritical marks in the text.

Abbreviations

adj	adjective	*m.*	masculine
adv.	adverb	*n.*	noun
etc.	etcetera	*pl.*	plural
f.	feminine	*pol.*	polite
fam.	familiar	*p.p.*	past participle
ind.	indicative	*pres.*	present
inf.	infinitive	*sing.*	singular
intrans.	intransitive	*trans.*	transitive

(isc) after an infinitive indicates that the verb is conjugated like **capire.**

Introductory lesson on pronunciation

Sounds must be heard rather than explained. It is essential, therefore, that the student listen very carefully to the pronunciation of the teacher and that he or she imitate the sounds as closely as possible.

The Italian alphabet contains twenty-one letters:

letters	Names of the Letters	letters	Names of the Letters
a	a	n	enne
b	bi	o	o
c	ci	p	pi
d	di	q	cu
e	e	r	erre
f	effe	s	esse
g	gi	t	ti
h	acca	u	u
i	i	v	vu
l	elle	z	zeta
m	emme		

The following five letters, which are found in foreign words, are called:

j	i lungo	y	ipsilon
k	cappa	w	doppio vu
x	ics		

A. Vocali (Vowels)

Italian vowels are short, clear-cut, and are never drawn out or slurred as they often are in English. The "glide" with which English vowels frequently end should be avoided. It should be noted that **a, i, u** are always pronounced the same way; **e** and **o**, on the other hand, have an open and a closed sound which may vary from one part of Italy to the other.

The approximate English equivalents are as follows:

a is like *a* in English *ah!*

casa	*house*		antipasto	*hors d'oeuvre*
ama	*loves*		banana	*banana*
sala	*hall*		Papa	*Pope*
fama	*fame*			

e is sometimes like *e* in English *they* (without the final *i* glide).

e	*and*		beve	*drinks*
me	*me*		fede	*faith*
vede	*sees*		mele	*apples*
sete	*thirst*		pepe	*pepper*

e is sometimes like *e* in English *met.* This is the open *e*.

è	*is*		lento	*slow*
bene	*well*		festa	*festival*
sedia	*chair*		presto	*soon*
vento	*wind*		tè	*tea*
dente	*tooth*			

i is like *i* in *machine.*

libri	*books*		bimbi	*children*
vini	*wines*		violini	*violins*
tini	*vats*		pini	*pines*

o is sometimes like *o* in English *oh!*

o	*or*		dono	*gift*
nome	*name*		solo	*alone*
posto	*place*		tondo	*round*
volo	*flight*		mondo	*world*

o is sometimes like *o* in *or.* This is the open *o*.

moda	*fashion*		toga	*toga*
no	*no*		oro	*gold*
posta	*mail*		brodo	*broth*
cosa	*thing*		trono	*throne*
rosa	*rose*		olio	*oil*

u is like *u* in *rule.*

luna	*moon*		fungo	*mushroom*
uno	*one*		lungo	*long*
fuga	*fugue*		mulo	*mule*
uso	*use*		tubo	*tube*
gusto	*taste*			

B. Consonanti (Consonants)

The consonants not listed below (**b, f, m, n, v**) are pronounced as in English.

c before **a, o,** and **u** is like English *k.*

casa	*house*	fico	*fig*
con	*with*	Colosseo	*Colosseum*
capo	*head*	Cupido	*Cupid*
cane	*dog*	camera	*bedroom*
caffè	*coffee*		

c before **e** and **i** is like English *ch (chest).*

cena	*supper*	voce	*voice*
cibo	*food*	concerto	*concert*
aceto	*vinegar*	cinema	*cinema*
cipolla	*onion*	facile	*easy*

ch (found only before **e** or **i**) is like English *k.*

che	*that*	chimica	*chemistry*
perchè	*because*	fichi	*figs*
chilo	*kilo*	chi	*who*
chiuso	*closed*	anche	*also*

d is somewhat more explosive than in English, with the tongue near the tip of the upper teeth but with no aspiration.

di	*of*	data	*date*
dove	*where*	due	*two*
denaro	*money*	dodici	*twelve*
donna	*woman*	lunedì	*Monday*
moda	*fashion*	undici	*eleven*

g before **a, o** and **u** is as in English *go.*

gala	*gala*	albergo	*hotel*
gondola	*gondola*	gamba	*leg*
gusto	*taste*	fungo	*mushroom*
gonna	*skirt*	gomma	*eraser*
lungo	*long*	guanti	*gloves*

g before **e** and **i** is like English *g* in *gem.*

gelato	*ice cream*	angelo	*angel*
pagina	*page*	gente	*people*
gesso	*chalk*	gentile	*kind*
gita	*outing*		

gh (found only before **e** or **i**) is like English *go.*

ghetto	*ghetto*	fughe	*escapes*
laghi	*lakes*	maghi	*magicians*

gli[1] is approximately like *-ll-* in *million*.[2]

egli	he	meglio	better
figli	sons	famiglia	family
mogli	wives	aglio	garlic
fogli	sheets (of paper)	bottiglia	bottle

gn[1] is approximately like *-ny-* in *canyon*.

signora	lady	lavagna	blackboard
signore	gentleman	bagno	bath
signorina	young lady	sogno	dream
lasagne	lasagna		

h is silent.

ho	I have	hotel	hotel
ha	has	ahi!	ouch!
hanno	they have		

l is as in English, but sharper and farther forward in the mouth.

olio	oil	lingua	language
sale	salt	lungo	long
melone	melon	luna	moon
scuola	school	luce	light

p is as in English, but without the aspiration that sometimes accompanies this sound in English.

pane	bread	pasta	pastry
pepe	pepper	papà	dad
popone	melon	ponte	bridge
pipa	pipe	punto	period
pasto	meal	pera	pear

qu is always pronounced like the English *qu* in *quest*.

questo	this	quinto	fifth
quale	which	quarto	fourth
quanto	how much	quantità	quantity
quadro	picture	qualità	quality

r is different from the English *r;* it is pronounced with one flip of the tongue against the gums of the upper teeth. This is the trilled *r.*

ora	now	tenore	tenor
albergo	hotel	baritono	baritone
arte	art	orologio	watch
porta	door	sardina	sardine

---

[1] Pay close attention to how your teacher pronounces **gli** and **gn**, for they have no real equivalent in English.

[2] In a few words, however, **gl** followed by **i** is pronounced as in English: **negligente** *negligent*, **glicerina** *glicerine*

s is sometimes like the English *s* in *house*.

casa	*house*	testa	*head*
cosa	*thing*	festa	*festival*
posta	*mail*	riso	*rice*
pasta	*dough*	stufato	*stew*
pista	*track*		

s is sometimes (but always before **b, d, g, l, m, n, r** and **v**) like the English *s* in *rose*.

rosa	*rose*	tesoro	*treasure*
frase	*phrase*	svelto	*quick*
sbaglio	*mistake*	smeraldo	*emerald*
musica	*music*	sgridare	*to scold*
susina	*plum*	sbadato	*careless*

sc before **a, o,** and **u** is like *sk* in *ask*.

ascoltare	*to listen*	scuola	*school*
pesca	*peach*	tasca	*pocket*
toscano	*Tuscan*	scaloppine	*cutlets*
scarpa	*shoe*	scultura	*sculpture*
disco	*disk*		

sc before **e** or **i** is like English *sh* in *fish*.

finisce	*finishes*	sci	*ski*
pesce	*fish*	conoscere	*to know*
scena	*scene*	scendere	*to descend*
uscita	*exit*		

sch occurs only before **e** or **i**, and is pronounced like English *sk*.

pesche	*peaches*	tasche	*pockets*
dischi	*disks*	scheletro	*skeleton*
fiaschi	*flasks*	lische	*fishbones*

t is approximately like the English, but no escaping of breath accompanies it in Italian.

contento	*glad*	carta	*paper*
arte	*art*	matita	*pencil*
turista	*tourist*	antipasto	*hors d'œuvre*
telefono	*telephone*		

z is sometimes voiceless, like *ts* in *bets*.

zio	*uncle*	negozio	*store*
zia	*aunt*	zuppa	*soup*
grazie	*thank you*	dizionario	*dictionary*

z is sometimes voiced, like *ds* in *beds*.

zero	*zero*	zebra	*zebra*
pranzo	*dinner*	zabaione	*(a dessert)*
gorgonzola	*(a cheese)*	zanzara	*mosquito*

Note: When **ci, gi** and **sci** are followed by **a, o** or **u**, unless the accent falls on the **i**, the **i** is not pronounced. The letter **i** merely indicates that **c, g** and **sc** are pronounced respectively like English *ch, g* (as in *gem*) and *sh.*

arancia	*orange*	giornale	*newspaper*
ciliegia	*cherry*	ciao	*so long*
salsiccia	*sausage*	camicia	*shirt*
lasciare	*to leave*	scienza	*science*

C. Consonanti doppie (Double consonants)

In Italian all consonants except **h** can be doubled. They are pronounced much more forcefully than single consonants. With double **f, l, m, n, r, s** and **v**, the sound is prolonged; with double **b, c, d, g, p** and **t**, the stop is stronger than for a single consonant. Double **z** is pronounced almost the same as single **z**. Double **s** is always unvoiced.

babbo	*dad*	fettuccine	*noodles*
evviva	*hurrah*	bistecca	*beefsteak*
mamma	*mama*	albicocca	*apricot*
bello	*beautiful*	filetto	*filet*
anno	*year*	assai	*a lot*
basso	*short*	ragazzo	*boy*
ferro	*iron*	pennello	*(painter's)*
espresso	*espresso coffee*		*brush*
spaghetti	*spaghetti*	tavolozza	*palette*
grissini	*breadsticks*	cavalletto	*easel*

D. Accento tonico (Stress)

Usually Italian words are stressed on the next-to-the-last syllable.

amico	*friend*	signorina	*Miss*
parlare	*to speak*		

Many words are stressed on the last syllable. These words always have a written accent over the last vowel.

città	*city*	venerdì	*Friday*
università	*university*	virtù	*virtue*
però	*however*	cioè	*namely*

Some words stress the third syllable from the last (and a few the fourth from the last). (As an aid to the student, in this book such words appear with a dot under the stressed vowel.)

| ụtile | *useful* | tịmido | *timid* |
| ịsola | *island* | ạbitano | *they live* |

It is useful to remember that open **e** and **o** occur only in stressed syllables.

| automọbile | *automobile* | nọbile | *noble* |
| telẹfono | *telephone* | | |

Note: The written accent is used with a few monosyllables in order to distinguish them from others which have the same spelling but a different meaning.

è	*is*	e	*and*
sì	*yes*	si	*oneself*
dà	*gives*	da	*from*
sè	*himself, herself*	se	*if*
là	*there*	la	*the, it, her*
nè	*nor*	ne	*some*

E. Apọstrofo (Apostrophe)

The apostrophe is generally used to indicate the dropping of the final vowel.

l'amico instead of **lo amico** *(the friend)*
l'automọbile instead of **la automọbile** *(the automobile)*
un'università instead of **una università** *(a university)*
d'Itạlia instead of **di Itạlia** *(of Italy)*
dov'è instead of **dove è** *(where is)*

F. Sillabazione (Syllabication)

Italian words are divided into syllables as follows:

1. A single consonant goes with the following vowel.

| ca-sa | *house* | po-si-ti-vo | *positive* |

2. Double consonants are divided.

| bab-bo | *dad* | ros-so | *red* |
| bel-lo | *beautiful* | | |

3. Two consonants, the first of which is **l, m, n** or **r**, are divided.

| al-ber-go | *hotel* | con-ten-to | *contented* |

4. Otherwise, a combination of two consonants belongs to the following syllable.

ba-sta	*enough*	fi-glio	*son*
pa-dre	*father*	ba-gno	*bath*
so-pra	*above*		

5. The first of three consonants, except **s**, goes with the preceding syllable.

sem-pre	*always*	fel-tro	*felt*
mem-bro	*member*		

but

fi-ne-stra	*window*	pe-sche	*peaches*
mi-ne-stra	*soup*		

6. Combinations of unstressed **i** or **u** with a vowel are not divided.

nuo-vo	*new*	mie-le	*honey*
con-tie-ne	*contains*		

G. Maiuscole (Capitals)

Many words that are capitalized in English are not capitalized in Italian. These include: the days of the week, the months of the year, proper adjectives (except when used as plural nouns), and the titles Mr., Miss, etc.

Arriva **domenica**.   *He is arriving on **Sunday**.*
Il signor Neri è **italiano**.   *Mr. Neri is **Italian**.*

but   **Gli Americani** sono industriosi.   ***Americans** are industrious*

Italians do not use the capital with the pronoun **io** *(I)* but usually capitalize the pronoun **Lei** *(you,* singular) and **Loro** *(you,* plural).

H. Segni d'interpunzione
(Punctuation marks)

,	virgola	—	lineetta
.	punto	« »	virgolette
;	punto e virgola	( )	parentesi
:	due punti	[ ]	parentesi quadre
…	puntini	*	asterisco
!	punto esclamativo	´	accento acuto
?	punto interrogativo	`	accento grave
-	trattino	'	apostrofo

Esercizi di pronuncia

A. Consonanti e la vocale a

banana	pala	alta	cantata	pasta
fama	sala	tanta	fanfara	basta
rana	casa	insalata	fata	madama
cava	lampada	malata	campana	aranciata
carta	patata	salata	fava	tazza
gala	banca			

B. La vocale e chiusa *(closed e)*

refe	neve	vendette	verde	benedire
rete	candele	rene	spegnere	pesce
beve	bestie	tenere	ridere	polpetta
fede	temere	vedere	sedere	
vele	pere	mele		

C. La vocale e aperta *(open e)*

gesto	bene	perdere	sedia	diligente
lesto	erba	albergo	merito	negligente
festa	perla	vento	coltello	biblioteca
tenda	gente	medico		
minestra	parente	treno		

D. La vocale i

libri	vimini	vicini	banditi	bisbigli
vini	lividi	tini	fili	infimi
diti	birilli	violini	minimi	intimi
bimbi	lini	mulini	mirtilli	
pini	simili	finiti		

E. La vocale o chiusa *(closed o)*

nome	solo	sole	pronto	torta
volo	tondo	solo	colmo	cipolla
posto	dolore	colore	moneta	pollo
dono	dove	sordo	cotone	

F. La vocale o aperta *(open o)*

modo	porta	sodo	donna	opera
posta	toga	noto	ostrica	nobile
rosa	trota	forte	carota	mobile
oro	roba	morte	flora	sogliola
brodo	coro	olio	no	

G. La vocale u

gusto	uso	punto	frugale	lattuga
fungo	luna	buco	culmine	granturco
lungo	futuro	unico	unto	spumante
mulo	ululato	laguna	uva	utile
busta	fulmine	nuca		

H. Le consonanti s e z sorde *(unvoiced s and z)*

sole	casa	senza	ozioso	zitto
sandalo	cosa	seno	vizio	zucchini
pista	signore	zio	nazione	spinaci
seme	posta	alzare	lezione	aragosta
suono	mese	grazie	frizione	grissino

I. Le consonanti s e z sonore *(voiced s and z)*

frase	uso	base	zeta	zotico
esame	tesoro	bronzo	donzella	azzurro
museo	visitare	garza	zabaione	mezzo
musica	dose	romanzo	zaino	gazza
rosa	vaso	zero	zanzara	manzo
sbaglio				

J. Consonanti semplici e consonanti doppie *(single and double consonants)*

pala	fiero	baca	belo	caro
palla	ferro	bacca	bello	carro
rete	cadi	nono	ufo	tutti
rette	caddi	nonno	buffo	frutti
pipa	lego	tufo	brama	copia
Pippa	leggo	tuffo	mamma	coppia
casa	sete	rupe	mano	sono
cassa	sette	ruppe	manna	sonno

K. gn e gli

legno	ognuno	signore	meglio	foglia
Bologna	sogno	castagna	luglio	maglia
giugno	montagna	figlio	foglio	tovagliolo
ogni	insegnante	egli	aglio	sbadigliare
stagno	ingegnere	famiglia	bottiglia	sfogliare
magnolia	ragno	battaglia	quaglia	svegliare

L. Le altre consonanti *(the other consonants)*

cappuccino	anche	doga	pretendere	sciare
capo	chilo	gola	quinto	liscio
cotone	chi	lungo	quercia	scena

Colosseo	chiodo	legare	quasi	scivolare
cupola	occhio	droga	quoziente	cattedra
cuna	bicchiere	drago	antiquario	scirocco
calore	chiesa	gente	acqua	pesche
carne	chiuso	gelo	acquedotto	lische
corto	vecchio	genere	quadro	tasche
cucchiaio	ciao	fagiolini	quartetto	dischi
aceto	ciuco	gita	ferro	mosche
cece	camicia	gentile	errore	fiaschi
noce	provincia	giù	guerra	freschi
cenere	cioè	ingegno	caro	teatro
cibo	denaro	lampada	bere	velocità
cipolla	donna	lampone	arido	chiacchiere
bacio	moda	tela	ruota	fischio
cielo	nudo	tarantella	resto	turista
caccia	noto	harem	presto	torta
cervo	nido	ahimè	prima	torto
cinema	dove	hanno	minestra	tanto
cena	dote	pepe	toscano	contento
voce	adesso	pasto	scandalo	distinto
buchi	dentro	pesto	scarpa	virtù
poche	dadi	papa	antichità	affitto
chimica	diga	papà	scopo	caffellatte
chiave	gusto	pappa	scatola	lunedì
perchè	vago	prugna	pesce	venerdì
che				

M. Alcune parole analoghe *(a few cognates)*

magnolia	telegramma	cardinale	opera	lezione
volume	dottore	cattedrale	paradiso	teatro
idea	aeroplano	centro	presente	lettera
radio	pilota	cerimonia	programma	repubblica
contento	dirigibile	cioccolato	rispondere	socialismo
morale	aeroporto	tragedia	sigaretta	comunismo
generale	ammirare	commedia	tabacco	scultore
economico	arrivare	divino	medicina	pittore
musica	artificiale	dizionario	letteratura	affresco
arte	artista	eccetera	professore	felicità
danza	aspirina	esclamazione	automobile	vocabolario
televisione	angelo	frutta	bicicletta	elefante
immortale	autobus	gentile	fotografo	tigre
geografia	azzurro	grotta	aspirina	rinoceronte
filosofia	banca	impermeabile	naso	delfino
sociologia	ballo	lista	ospedale	astronauta
dramma	bravo	magnifico	limone	azalea
poeta	busto	medioevale	arancia	coccodrillo
attore	caffè	minore	oliva	

N. Alcuni nomi geografici *(some geographic names)*

Adige	Indiano	Italia	Calabria	Parigi
Arno	Artico	Russia	Lazio	Lisbona
Po	America	Umbria	Sardegna	Atene
Tevere	Europa	Toscana	Sicilia	Irlanda
Piave	Asia	Veneto	Olanda	Alpi
Tirreno	Africa	Lombardia	Danimarca	Appennini
Adriatico	Australia	Piemonte	Svizzera	Montagne Rocciose
Mediterraneo	Canadà	Puglie	Inghilterra	Città del Vaticano
Atlantico	Spagna	Basilicata	Londra	
Pacifico	Francia			

O. Alcuni nomi propri *(a few proper names)*

Dante	Leopardi	Montale	Leonardo	Manzù
Petrarca	Pascoli	Quasimodo	Raffaello	Galvani
Boccaccio	Carducci	Giotto	Bernini	Volta
Ariosto	Verga	Donatello	Canova	Marconi
Tasso	Pirandello	Michelangelo	Campigli	Fermi
Goldoni	Vittorini			
Manzoni	Moravia			

P. Alcuni nomi di persona *(a few first names)*

Anna	Laura	Carlo	Caterina	Guido
Maria	Mirella	Francesco	Piero	Edoardo
Paolo	Teresa	Carmela	Pietro	Domenico
Vincenzo	Alberto	Luciana	Cesare	Silvia
Giovanni	Gino	Luigi	Giuseppe	Rosa
Antonio	Gina	Franco	Emma	Maddalena
Luisa	Mario			

Q. Alcuni proverbi *(a few proverbs)*

Lontano dagli occhi, lontano dal cuore. *(Out of sight, out of mind)*
Dopo la pioggia viene il sereno. *(After the storm, fair weather)*
Tutto il male non viene per nuocere. *(Every cloud has a silver lining)*
Volere è potere. *(Where there is a will, there is a way)*
Non c'è rosa senza spine. *(There is no rose without thorns)*
La pratica val più della grammatica. *(Practice makes perfect)*
Chi sta bene non si muova *(If you are well where you are, do not move)*
Dio ti guardi da cattivo vicino e da principiante di violino. *(God protect you from a bad neighbor and from a student who is learning to play the violin)*

Introductory Lesson on Common Expressions

A. Saluti (Greetings)

Buọn giorno Good morning
Buona sera Good evening
Buona notte Good night
Come stai? How are you? (*familiar singular*)
Come sta (Lei)? How are you (*polite singular*)
Bene Well
Grạzie Thank you
(Sto) bene, grạzie I am well, thank you
Signore, Signọr Nesi Mister, Mr. (+ name or title)
Signora Madam *or* Mrs.
Signorina Miss
Scusa I beg your pardon (*familiar singular*)

Scusi I beg your pardon (*polite singular*)
Per favore Please
Sì Yes
No No
Prego You're welcome
Capisci? Do you understand? (*familiar singular*)
Capisce? Do you understand? (*polite singular*)
Sì, capisco Yes, I understand
No, non capisco. No, I do not understand
Arrivederci Good-bye (*general form*)
Arrivederla Good-bye (*polite form, singular*)
Ciao So long (*general form*)

B. Conversazione (Conversation)

Insegnante: Buọn giorno
Studente: Buọn giorno
Insegnante: Mi chiamo Luisa Rossi
Studenti: Buọn giorno, signorina Rossi
Insegnante: Come ti chiami tu?
Insegnante: Come si chiama Lei?
Studente: Mi chiamo Alberto Nesi
Insegnante: Piacere! Come stai?

Insegnante: Piacere! Come sta Lei?

Studente: Sto bene, grạzie
Insegnante: Signorina, come si chiama Lei?
Studentessa: Mi chiamo Ẹlena Spada

Teacher: Good morning
Student: Good morning
Teacher: My name is Luisa Rossi
Students: Good morning, Miss Rossi
Teacher: What is your name? (*familiar*)
Teacher: What is your name? (*polite*)
Student: My name is Albert Nesi
Teacher: Glad to know you! How are you? (*familiar*)
Teacher: Glad to know you! How are you? (*polite*)
Student: I am well, thank you
Teacher: What is your name, Miss?
Student: My name is Elena Spada

Insegnante: Piacere! Come sta?	*Teacher:* Happy to know you! How are you?
Studentessa: Bene, grazie	*Student:* Fine, thank you
Insegnante: È americana Lei, signorina?	*Teacher:* Are you American, Miss Spada?
Studentessa: No, sono italiana.	*Student:* No, I am Italian.
Insegnante: Sei americano Alberto?	*Teacher:* Are you American, Albert?
Alberto: Sì, signorina, sono americano.	*Alberto:* Yes, Miss Rossi, I am American.

Domande (Questions)

1. È americano Alberto Nesi?
2. È italiana Elena Spada?
3. Lei è italiano (italiana)?
4. Tu sei italiano (italiana)?
5. Io sono americano (americana)?
6. Come stai tu? *or* Come sta Lei?

C. I numeri da uno a venti
(Numbers from one to twenty)

1 (uno) 2 (due) 3 (tre) 4 (quattro) 5 (cinque)
6 (sei) 7 (sette) 8 (otto) 9 (nove) 10 (dieci)
11 (undici) 12 (dodici) 13 (tredici) 14 (quattordici)
15 (quindici) 16 (sedici) 17 (diciassette) 18 (diciotto)
19 (diciannove) 20 (venti)

D. I giorni della settimana (The days of the week)

lunedì	*Monday*
martedì	*Tuesday*
mercoledì	*Wednesday*
giovedì	*Thursday*
venerdì	*Friday*
sabato	*Saturday*
domenica	*Sunday*

E. Frasi utili (Useful expressions)

Ripetete!	*Repeat!* (entire class)
Ripeti!	*Repeat!* (one student, familiar)
Ripeta!	*Repeat!* (one student, polite)
Leggi!	*Read!* (one student, familiar)
Legga!	*Read!* (one student, polite)
Rispondi in italiano!	*Reply in Italian!* (one student, familiar)
Risponda in italiano!	*Reply in Italian!* (one student, polite)
Chiudete i libri!	*Close your books!* (entire class)
Aprite i libri!	*Open your books!* (entire class)
Va' alla lavagna!	*Go to the board!* (one student, familiar)
Vada alla lavagna!	*Go to the board!* (one student, polite)
Come si dice. . . ?	*How do you say. . .?*
Che cosa vuol dire. . . ?	*What does . . . mean?*
Che giorno è oggi?	*What day is today?*

F. Una conversazione breve (A Brief Conversation)

Insegnante: Alberto, va' alla lavagna.	*Teacher:* Albert, go to the board.
Alberto: Subito, signorina.	*Albert:* At once.
Insegnante: Leggi la frase.	*Teacher:* Read the sentence.
Alberto: « Studio l'italiano. »	*Albert:* "I'm studying Italian."
Insegnante: Emma, ripeti la frase.	*Teacher:* Emma, repeat the sentence.
Emma: « Studio l'italiano. »	*Emma:* "I'm studying Italian."
Insegnante: « Parliamo italiano. » Ripetete.	*Teacher:* "We are speaking Italian." Repeat.
Studenti: « Parliamo italiano. »	*Students:* "We are speaking Italian."

Insegnante: Chiudete i libri.
Studenti: Sụbito, signorina.
Insegnante: Rispondete in italiano. Come si dice «Thursday» in italiano?
Studenti: Giovedì.
Insegnante: Come si dice. . .? ecc.

Teacher: Close your books.
Students: At once.
Teacher: Repeat in Italian. How do you say "Thursday" in Italian?
Students: Giovedì.
Teacher: How do you say. . .? etc.

ROMA: Giardino del lago a Villa Borghese

ROMA: Il Colosseo e l'Arco di Costantino

ROMA: Tempio di Vesta *(in alto)*

ROMA: Statua equestre dell'imperatore Marco Aurelio *(al centro)*

ROMA: La Fontana di Trevi *(in basso)*

ROMA: Guardia Svizzera nella Città del Vaticano

Giovani che leggono il giornale il giorno delle elezioni *(in alto, a sinistra)*

ROMA: Mostra d'antiquariato in Via dei Coronari *(in alto, a destra)*

ROMA: Un ristorante a Piazza Navona *(in basso)*

FIRENZE: Un discorso in Piazza della Signoria

FIRENZE: Paggio del calcio storico fiorentino

FIRENZE: Veduta da Piazzale Michelangelo

Cartelloni pubblicitari

FIRENZE: Fontana in Piazza
Santo Spirito

BOLOGNA: Studente universitario

VENEZIA: Piazza San Marco *(in alto, a sinistra)*

PISA: La Torre Pendente *(in alto, a destra)*

VENEZIA: Al mercato del pesce *(in basso)*

VENEZIA: Canal Grande

Una spiaggia lungo la costa amalfitana *(in alto, a destra)*

CAPRI: All'entrata della Grotta Azzurra *(in alto, a sinistra)*

PORTOFINO: Una veduta *(in basso)*

1

STUDENTI

Il telefono

Il telefono squilla. Graziella Maratti, la madre di Adriana Maratti, alza il ricevitore:

Signora Maratti:	Pronto?
Gianni:	Pronto. Buon giorno, Signora Maratti.
Signora Maratti:	Buon giorno. Chi parla?
Gianni:	Sono Gianni. Come sta?
Signora Maratti:	Ah, buon giorno, Gianni. Io sto bene grazie, e Lei?
Gianni:	Bene, grazie. C'è Adriana?
Signora Maratti:	Sì! Un momento. (*chiama*) Adriana, Adriana! Telefono! È Gianni! . . . Gianni, ecco Adriana.
Adriana:	Pronto.
Gianni:	Ciao, Adriana, come stai?
Adriana:	Non c'è male, Gianni. Buon giorno. Che c'è di nuovo?
Gianni:	Non trovo le dispense per il corso di economia.
Adriana:	Le ultime dispense?
Gianni:	Sì.
Adriana:	Hai il libro?
Gianni:	Sì, i libri sì, ma non trovo le dispense.
Adriana:	Vuoi la copia che ho io?
Gianni:	Sì, grazie, quando?
Adriana:	Oggi, a scuola va bene?
Gianni:	Benissimo. Arrivederci allora.
Adriana:	Ciao.

Domande

1. Quando alza il ricevitore la signora Maratti?
2. Chi chiama la signora Maratti?
3. C'è Adriana?
4. Come sta Adriana?
5. Gianni ha il libro o le dispense?

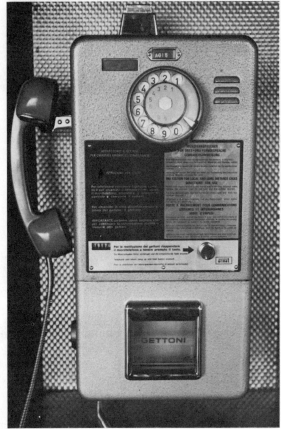

Vocabolario (*Vocabulary*)

Sostantivi (Nouns)

    Adriana (*f.*) proper name
la **copia** copy
il **corso** course
le **dispense** class notes
l' **economia** economics
    Gianni John
    Graziella (*f.*) proper name
il **libro** book
la **madre** mother
il **ricevitore** receiver
la **scuola** school
la **Signora** madam, Mrs.
il **telefono** telephone

Aggettivi (Adjectives)

ultime (*f. pl.*) last

Pronomi (Pronouns)

io I
Lei you (*sing. polite*)

Verbi (Verbs)

alza lifts
chiama calls
è is
hai you have (*sing. familiar*)
ho I have
non trovo I can't find
sono I am
squilla rings
vuoi you want (*sing. familiar*)

Altri vocaboli (Other words)

allora then
bene well
che that
di of
e and
ma but
oggi today
per for
pronto hello (*on telephone*)
quando when
sì yes

Espressioni (Expressions)

arrivederci good-bye (*familiar*)
benissimo very well
buon giorno good morning; good day
c'è Adriana? is Adriana there?
che c'è di nuovo? what's new?
chi parla? who's speaking?
ciao hello, hi, good-bye (*familiar*)
come sta? how are you? (*polite*)
come stai? how are you? (*familiar*)
è Gianni! it's Gianni!
grazie thank you, thanks
non c'è male not bad
sto bene I am well
un momento just a moment
va bene? is that all right?

[Grammatica]

I. Genere (Gender)

In Italian all nouns are either masculine or feminine in gender. A singular noun that ends in **-o** is generally masculine.

libro	*book*	ragazzo	*boy*
zio	*uncle*	inchiostro	*ink*
giorno	*day*	quaderno	*notebook*
corso	*course*	maestro	*teacher*

A singular noun that ends in **-a** is generally feminine.

casa	*house*	maestra	*teacher*
zia	*aunt*	lettura	*reading*
penna	*pen*	ragazza	*girl*
donna	*woman*	ora	*hour*

Some nouns that end in **-e** in the singular are masculine, while others are feminine. The gender of nouns that end in **-e** must be memorized on the first occurrence.

professore *m.*	*professor*	automobile *f.*	*automobile*
nome *m.*	*name*	notte *f.*	*night*
esame *m.*	*examination*	lezione *f.*	*lesson*
cane *m.*	*dog*	arte *f.*	*art*
insegnante *m.* and *f.*	*teacher*		

II. Plurale dei nomi (Plural of nouns)

To form the plural change the final **-o** or **-e** of the singular to **-i,** and final **-a** to **-e.**

libro, libri	*book, books*
casa, case	*house, houses*
professore, professori	*professor, professors*
ragazzo, ragazzi	*boy, boys*
scuola, scuole	*school, schools*
automobile, automobili	*automobile, automobiles*

III. L'articolo determinativo (The Definite Article)

Maschile (Masculine)

The noun begins with			The singular definite article is	The plural definite article is
1. a vowel			l'	gli
2. z, or s plus a consonant			lo	gli
3. any other consonants			il	i
(1) l'anno	*the* year		gli anni	*the* years
l'errore	*the* error		gli errori	*the* errors
(2) lo zio	*the* uncle		gli zii	*the* uncles
lo stato	*the* state		gli stati	*the* states
(3) il libro	*the* book		i libri	*the* books
il maestro	*the* teacher		i maestri	*the* teachers
il saluto	*the* greeting		i saluti	*the* greetings

Femminile (Feminine)

The noun begins with			The singular definite article is	The plural definite article is
1. a vowel			l'	le
2. a consonant			la	le
(1) l'automobile	*the* auto-mobile		le automobili	*the* auto-mobiles
l'ora	*the* hour		le ore	*the* hours
(2) la casa	*the* house		le case	*the* houses
la frase	*the* phrase		le frasi	*the* phrases

IV. Uso dell'articolo determinativo (Use of the definite article)

The definite article is repeated before each noun.

I ragazzi e le ragazze.   *The* boys and girls.

V. Le forme interrogative *Chi? Che? Che cosa? Cosa?* (The interrogative forms: Chi? Che? Che cosa? Cosa?)

Chi?   *Who? Whom?*

Che?
Che cosa?   *What?*
Cosa?

These forms are invariable.

Chi parla?   *Who is speaking?*
Con chi parlo?   *With whom am I speaking?*

Che (*or* Che cosa *or* Cosa) studi?   *What are you studying?*

VI. *C'è, ci sono*

C'è means *there is* and **ci sono** means *there are,* and they are used to indicate where somebody or something is located.

C'è il telefono a casa di Adriana?	**Is there** a telephone at Adriana's house?
A casa di Gianni **ci sono** due telefoni.	At John's house **there are** two telephones.

C'è. . .? in a question can mean also *Is . . . home? Is . . . in?*

C'è Gianni?	**Is** John **in?**

VII. On the other hand, when showing, pointing, or directing attention to something or someone, the English *here is, here are, there is, there are* are translated by the single word **ecco.**

Ecco Adriana.	**Here is (There is)** Adriana.
Ecco Adriana e Gianni.	**Here are (There are)** Adriana and John.

il telefono
un collaboratore sempre
pronto

187

SERVIZIO COMMERCIALE SIP

E' il servizio costituito per consentire a qualsiasi utente di chiedere per telefono tutte le informazioni e le operazioni di carattere commerciale. La chiamata al « 187 » è gratuita.

113	**SOCCORSO PUBBLICO DI EMERGENZA** Per interventi urgenti in caso di pericolo alle persone o di gravi calamità.	**194**	**PERCORRIBILITA' STRADE** Il servizio, oggi attivo in 28 località, fornisce su base regionale, con copertura dell'intero territorio nazionale, informazioni sul traffico e sulla viabilità. Consultare l'**avantielenco.**
	114 **SVEGLIA** Consente agli abbonati telefonici di prenotare la sveglia all'ora prescelta. Nelle località di Milano, Roma e Torino il servizio è completamente automatico. Consultare l'avantielenco.	**196**	**BOLLETTINO NAUTICO** Fornisce informazioni sullo stato del mare e sulle relative condizioni atmosferiche. E' attivo a Roma e nei distretti di Ancona, Bari, Bologna, Cagliari, Catania, Catanzaro, Genova, Napoli, Palermo, Pescara, Pisa, Trieste e Venezia. A Livorno e Rimini conserva i numeri rispettivamente (0586) 96001 e (0541) 55555. Consultare l'**avantielenco.**
	161 **ORA ESATTA** Primo servizio automatico, è attivo nell'intero territorio nazionale ventiquattro ore su ventiquattro. Fornisce ora e minuti primi. Consultare l'avantielenco.	**197**	**CHIAMATA URBANA URGENTE** Consente di inviare, in modo automatico, un messaggio di sollecito sulla linea di un abbonato risultante occupato. Il servizio, oggi attivo a Bari, Cagliari, Catania, Firenze, Genova, Messina, Milano, Napoli, Palermo, Parma, Roma, Torino, Trieste, Venezia e Verona, sarà esteso ad altre località. Consultare l'avantielenco.
	190 **ULTIME NOTIZIE RAI** Fornisce, in 10 edizioni giornaliere feriali, 9 domenicali e 7 festive infrasettimanali, notizie di politica interna ed estera, informazioni ed attualità. Oggi attivo in 64 località ne è prevista l'ulteriore estensione. Consultare l'avantielenco.	**198**	**SPETTACOLI CINEMATOGRAFICI** Fornisce il titolo, l'orario del primo e dell'ultimo spettacolo e le prescrizioni di visione del film. Oggi attivo a Padova, Venezia, Milano (con numerazione a 4 cifre) e a Napoli (972972 per le prime visioni e 973973 per le altre visioni), sarà esteso ad altre località. Consultare l'**avantielenco.**
	191 **PREVISIONI METEOROLOGICHE** Le informazioni sono fornite su **base regionale.** A Cagliari, Firenze, Genova, Milano, Roma, Torino e Trieste formare il 1911. Il 1912 fornisce informazioni su **base nazionale** a Cagliari - in teleselezione (070) 9192 Firenze (055) 2693 - Genova (010) 5603 Milano (02) 61502 - Roma (06) 59062 - Torino (011) 57602 - Trieste (040) 2212 - e sarà esteso ad altre località. Consultare l'avantielenco.	**199**	**RICETTE DI CUCINA** Fornisce ogni giorno una ricetta diversa con le relative modalità di esecuzione. Attivo a Bologna, Firenze, Genova, Napoli e Venezia - in teleselezione rispettivamente (051) 999999, (055) 2699, (010) 5602, (081) 978978 e (041) 993190 - sarà esteso ad altre località. Consultare l'avantielenco.
	192 **FARMACIE DI TURNO** **FARMACIA** Fornisce per ciascuna zona della città l'indirizzo delle farmacie di turno. Il servizio oggi attivo a Bologna, Firenze, Genova, Milano, Napoli, Padova, Palermo, Pordenone, Roma (con numeri differenziati per quartieri), Torino, Trento, Trieste, Udine, Verona e Venezia, sarà esteso ad altre località. Consultare l'avantielenco.	**(06) 6705 ROMA** **(02) 6292 MILANO** **BORSA**	Fornisce, in varie edizioni giornaliere, le quotazioni di borsa dei titoli di Stato, delle obbligazioni, i cambi, ecc. Consultare l'avantielenco.

SIP Società Italiana per l'Esercizio Telefonico

Esercizi

A. Mettere i seguenti nomi maschili al plurale. (*Change the following masculine nouns to the plural.*)

1. quaderno	6. capitolo	11. verbo
2. albero	7. stato	12. aggettivo
3. esame	8. ragazzo	13. pronome
4. giorno	9. articolo	14. tavolo
5. ponte	10. nome	15. studente

B. Mettere i seguenti nomi femminili al plurale. (*Change the following feminine nouns to the plural.*)

1. casa	6. donna	11. addizione
2. maestra	7. lezione	12. notte
3. professoressa	8. scuola	13. mamma
4. frase	9. pagina	14. vocale
5. pizza	10. costituzione	15. consonante

C. Mettere al plurale i nomi seguenti, usando numeri dal due al venti. (*Change the following nouns to the plural, using any numbers from two to twenty.*)

Esempio   penna   →   quattro penne
          corso   →   due corsi

1. zia	6. ricevitore	11. esame
2. ragazzo	7. copia	12. giorno
3. automobile	8. dispensa	13. ora
4. telefono	9. professore	14. scuola
5. stato	10. lezione	15. nome

D. Mettere l'articolo determinativo davanti ai seguenti nomi maschili singolari. (*Put the definite article before the following masculine singular nouns.*)

1. _____ soggetto	8. _____ zingaro	15. _____ nome
2. _____ esercizio	9. _____ orologio	16. _____ pane
3. _____ numero	10. _____ sbaglio	17. _____ ospedale
4. _____ uso	11. _____ errore	18. _____ zucchero
5. _____ studente	12. _____ gatto	19. _____ soldo
6. _____ presidente	13. _____ sole	
7. _____ nipote	14. _____ spazio	

E. Mettere l'articolo determinativo davanti ai seguenti nomi femminili singolari. (*Put the definite article before the following feminine singular nouns.*)

1. _____ consonante	7. _____ preposizione	13. _____ strada
2. _____ entrata	8. _____ dispensa	14. _____ economia
3. _____ vocale	9. _____ uva	15. _____ santa
4. _____ pagina	10. _____ fantasia	16. _____ professoressa
5. _____ aula	11. _____ immaginazione	
6. _____ classe	12. _____ oca	

F. Mettere l'articolo determinativo davanti ai seguenti nomi maschili plurali. (*Put the definite article before the following masculine plural nouns*.)

1. _____ anni
2. _____ pronomi
3. _____ numeri
4. _____ esercizi
5. _____ generi

6. _____ salami
7. _____ ponti
8. _____ spaghetti
9. _____ nomi
10. _____ vulcani

11. _____ limoni
12. _____ Indiani
13. _____ storioni
14. _____ Anglosassoni
15. _____ salotti

G. Mettere l'articolo determinativo davanti ai seguenti nomi femminili plurali. (*Put the definite article before the following feminine plural nouns*.)

1. _____ professoresse
2. _____ accuse
3. _____ vocali
4. _____ parole

5. _____ isole
6. _____ aule
7. _____ consonanti

8. _____ studentesse
9. _____ Americane
10. _____ artiste

H. Volgere le frasi seguenti al singolare. (*Change the following sentences to the singular*.)

Esempio   Non trovo le copie.   →   Non trovo la copia.

1. Non trovo le case.
2. Non trovo i professori.
3. Non trovo le automobili.
4. Non trovo gli esami.
5. Non trovo le penne.

6. Non trovo gli errori.
7. Non trovo i libri.
8. Non trovo gl'Italiani.
9. Non trovo le zie.
10. Non trovo gli zii.

Rielaborazione

Dare l'equivalente italiano delle espressioni seguenti. (*Give the Italian equivalent of the following expressions*.)

1. Good morning, Mrs. Bellonci. This is Adriana. How are you?
2. Hi Gianni! This is Graziella. What's new today?
3. Today I am very well.
4. Do you want the classnotes?
5. I can't find the copy.
6. I have two copies.
7. Do you have the books?
8. Goodbye, girls!

Il primo giorno di scuola

È il primo giorno di scuola per gli studenti universitari. Adriana e Gianni arrivano a scuola e incontrano due studenti.

Adriana: Buon giorno, Franco. Come va?

Franco: (*vede Adriana*) Guarda chi si vede! Ciao Adriana, come stai?

Adriana: Benissimo.

Gianni: Ciao Franco. Anche tu hai lezione ora? Franco, perchè non rispondi?

Franco: Cosa?

Gianni: Hai lezione ora?

Franco: Sì, matematica purtroppo.

Adriana: Perchè purtroppo?

Franco: Perchè oggi è il primo giorno di scuola e perchè la matematica e io non andiamo d'accordo.

Adriana: Peccato. Ah . . . ecco Anna! Franco, Gianni, conoscete Anna?

Franco: No, non conosco Anna.

Anna: Mi chiamo Anna Silvani, sono studentessa di primo anno.

Franco: Piacere! Io sono Franco Venturi e lui è Gianni Spinola. Io studio filosofia e lui studia il meno possibile!

Gianni: Lei che studia, signorina?

Anna: Medicina.

Mentre i ragazzi e le ragazze continuano a parlare i professori arrivano e le lezioni cominciano.

Domande

1. Per chi è il primo giorno di scuola?
2. Quando incontrano due studenti Adriana e Gianni?
3. Ha lezione di filosofia Franco?
4. Chi è Anna Silvani?
5. Chi studia filosofia?
6. Conosce Anna, Franco?
7. Quando cominciano le lezioni?

UNIVERSITÀ CATTOLICA DEL SACRO CUORE
Servizio formazione permanente

CORSI ESTIVI INTERNAZIONALI
DI LINGUA E CULTURA ITALIANA

SCHEDA DI ADESIONE (°)

Cognome ....
nome...
città.......................... via ....
.... nazione ....
uomo ☐ (°)   donna ☐ (°)
luogo di nascita ....
data di nascita .... professione ....

il mio ultimo anno di studi di ....
l'ho compiuto nell'anno ....
presso l'Università di ....
Lingua madre(°): ☐ francese   ☐ inglese
☐ tedesco   ☐ spagnolo   ☐ altra
Grado di conoscenza della lingua italiana(°):
☐ scarsa   ☐ sufficiente   ☐ buona
Intendo iscrivermi al corso(°): ☐ primo, iniziale
☐ secondo, intermedio   ☐ terzo, avanzato

☐ intendo usufruire di vitto e alloggio:
(°) ☐ in camera singola con bagno privato
(°) ☐ in camera singola con bagno per due camere
☐ Non intendo usufruire di vitto e alloggio
invio: ☐ quota di iscrizione L. 150.000 (x)
                                  250.000
☐ prenotazione per alloggio (L. 100.000)
a mezzo: ☐ assegno allegato intestato a:
          Università Cattolica del Sacro Cuore
          -Corsi estivi
          ☐ c.c.p. n. 15652209
☐ tre fotografie formato tessera

data .... firma ....

(°) scrivere a macchina o in stampatello
(°) barrare ciò che interessa
(x) cancellare ciò che non interessa

Vocabolario

Sostantivi

Anna Ann
l' **anno** year
la **filosofia** philosophy
Franco Frank
il **giorno** day
la **lezione** lesson, class
la **matematica** mathematics
la **medicina** medicine
il **professore** professor
la **ragazza** girl
il **ragazzo** boy
lo **studente** student
la **studentessa** (girl) student

Aggettivi

altri (*pl.*) other
primo first
universitario of the university

Verbi

arrivare to arrive
cominciare to begin
conoscere to be acquainted with
continuare to continue
incontrare to meet
parlare to speak
rispondere to answer
studiare to study
vedere to see

Altri vocaboli

a to, at
anche also, too
ecco here is, here are
mentre while
ora now
perchè why, because
purtroppo unfortunately

Espressioni

come va? how is it going?
guarda chi si vede! look who's here!
hai lezione you have a class
il meno possibile as little as possible
mi chiamo my name is
non andiamo d'accordo we don't get along
peccato! too bad!
piacere! it's a pleasure (to know you), how do you do!

Grammatica

I. Pronomi personali in funzione di **soggetto** (Subject pronouns)

Singolare (Singular)		**Plurale** (Plural)	
io	*I*	noi	*we*
tu	*you* (familiar)	voi	*you* (familiar)
lui (egli) (esso)	*he*	loro (essi) loro (esse)	*they* (m.) *they* (f.)
lei (ella) (essa)	*she*	Loro	*you* (polite)
Lei	*you* (polite)		

In modern Italian *he, she,* and *they* are usually expressed by **lui, lei** and **loro** respectively. **Egli, ella, essi,** and **esse,** are used more in written Italian than in the spoken language. **Esso** and **essa** are seldom used.

Since the personal endings of verb forms indicate person and number of a tense, the subject pronouns may be omitted in Italian except when necessary (1) for clarity, (2) when modified by **anche,** *also* or (3) when emphasis or contrast is desired. In the case of *it* and *they* referring to things, they are almost never used in Italian and these English pronouns need not be translated.

II. Coniugazione dei verbi
(Conjugation of verbs)

Italian verbs fall into three conjugations according to the ending of the infinitive: (1) **-are,** (2) **-ere,** (3) **-ire.** The stem of regular verbs is obtained by dropping the infinitive ending:

	Stem	Ending
parlare	parl-	are
ripętere	ripet-	ere
capire	cap-	ire

Verbs are conjugated in the various persons, numbers, and tenses by adding the proper ending to the stem.

III. Presente indicativo della prima coniugazione (Present indicative of the first conjugation)

Parlare *to speak*

Singolare	(io) **parl-o** italiano	*I speak, am speaking do speak Italian.*
	(tu) **parl-i** italiano	*you* (familiar) *speak, are speaking, do speak Italian*
	(lui, lei, Lei) **parl-a** italiano	*he, she, it speaks, is speaking, does speak Italian* *you* (polite) *speak, are speaking, do speak Italian*
Plurale	(noi) **parl-iamo** italiano	*we speak, are speaking, do speak Italian*
	(voi) **parl-ate** italiano	*you* (familiar) *speak, are speaking, do speak Italian*
	(loro, Loro) **parl-ano** italiano	*they speak, are speaking, do speak Italian* *you* (polite) *speak, are speaking, do speak Italian*

Here are some verbs conjugated like **parlare:**

abitare	*to live, to dwell*	entrare	*to enter*
ascoltare	*to listen to (preposition not translated in Italian)*	guardare	*to look at (preposition not translated in Italian)*
aspettare	*to wait for (preposition not translated in Italian)*	insegnare	*to teach*
		ritornare	*to return*
		telefonare	*to telephone*
		trovare	*to find*
chiamare	*to call*		

a. It is important to note that the Italian present tense is translated by three tenses in English (see conjugation of **parlare** above).

b. Verbs like **cominciare** (*to begin*), **mangiare** (*to eat*), and **studiare** (*to study*) whose stems end in **-i,** have only one i in the second person singular and first person plural: **cominci, mangi, studi; cominciamo, mangiamo, studiamo.**

Keep in mind that in verbs like **cominciare** and **mangiare,** the i before the ending is not sounded separately, it merely indicates that the **ci** and **gi** combinations are pronounced like *ch* and *j* respectively in English.

c. Verbs like **cercare** (*to look for*) and **pagare** (*to pay*) add an h before personal endings beginning with an **i** (second person singular and first person plural): **cerchi, paghi; cerchiamo, paghiamo.**

IV. Presente indicativo della seconda coniugazione (Present indicative of the second conjugation)

Ripetere *to repeat*

Singolare	(io) **ripet-o** la domanda	*I repeat, am repeating, do repeat the question*
	(tu) **ripet-i** la domanda	*you* (familiar) *repeat, are repeating, do repeat the question*
	(lui, lei, Lei) **ripet-e** la domanda	*he, she, it repeats, is repeating, does repeat the question* *you* (polite) *repeat, are repeating, do repeat the question*
Plurale	(noi) **ripet-iamo** la domanda	*we repeat, are repeating, do repeat the question*
	(voi) **ripet-ete** la domanda	*you* (familiar) *repeat, are repeating, do repeat the question*
	(loro, Loro) **ripet-ono** la domanda	*they repeat, are repeating, do repeat the question* *you* (polite) *repeat, are repeating, do repeat the question*

Here are some of the verbs conjugated like **ripetere:**

chiudere	*to close*	rispondere	*to answer*
leggere	*to read*	scrivere	*to write*
prendere	*to take*	vedere	*to see*

V. Frasi interrogative (Interrogative sentences)

An Italian question may be formed: (1) by placing the subject at the end of the sentence if the question is not long; (2) by using the declarative word order and inflecting the voice.

Parla italiano **Carlo?** ⎤ **Carlo** parla italiano? ⎦	*Does **Charles** speak Italian?*
Dove ạbita **Maria?**	*Where does **Mary** live?*
Quando arriva il **professore?**	*When does the **professor** arrive?*
Stụdia con Gianni **Maria?**	*Does **Mary** study with John?*

Note: The verb *to do* when used as an auxiliary is not translated in Italian.

VI. Forme di cortesia (Forms of address)

Tu, and its plural form **voi,** are used in addressing members of the family, peers, children, close friends, and animals. In all other cases **Lei** and its plural **Loro** are used. In this text, **Lei** and **Loro** are capitalized to distinguish them from **lei,** *she* and **loro,** *they.* Note that **Lei** and **Loro** always take, respectively, the third person singular and the third person plural of the verb.

Ascolti, zio?	*Are you listening, uncle?*
Ascolti, Luisa?	*Are you listening, Louise?*
Ascoltate, ragazzi?	*Are you listening, boys?*
Ascolta Lei, signorina Rossi?	*Are you listening, Miss Rossi?*
Ascọltano Loro, signorine?	*Are you listening, young ladies?*

VII. Negazione (Negation)

A sentence is made negative by placing **non,** *not,* before the verb.

Io scrivo.	*I write.*
Io **non** scrivo.	*I **do not** write.*

Esercizi

A. Inserire la forma adatta del pronome. (*Fill in the correct form of the pronoun.*)

1. _____ arrivano a scuola.
2. Anche _____ arrivi a scuola.
3. _____ alziamo il ricevitore.
4. Perchè _____ continuate a parlare?
5. _____ non trova le dispense.
6. Anche _____ studiano il meno possibile.
7. _____ incontro Franco e Anna e _____ cominciamo a parlare.
8. _____ parla e anche _____ parlo.
9. _____ cerchi le dispense.
10. _____ paghiamo.

B. Completare le forme verbali e leggere le frasi ad alta voce. (*Add the appropriate ending and read the sentences aloud.*)

1. Gianni non trov_____ le dispense.
2. La lezione cominci_____ .
3. Le lezioni continu_____ .
4. La signora alz_____ il ricevitore e noi cominci_____ a parlare.
5. Altri studenti arriv_____ e io continu_____ a parlare.
6. Gianni e Anna incontr_____ tre studenti universitari.
7. Tu pag_____ perchè loro non pag_____ .
8. Io e Gianni cerc_____ le dispense di medicina.
9. Lui e Anna cominci_____ a parlare.
10. Tu e io incontr_____ il professore.
11. Ecco Gianni! Che cosa studi_____ ?
12. Franco, Gianni, che cosa studi_____ ?

C. Completare le forme verbali e leggere le frasi ad alta voce. (*Add the appropriate endings and read the sentences aloud.*)

1. Io non conosc_____ la signora Maratti.
2. Tu cominci_____ a parlare e gli studenti ripet_____ .
3. Oggi pag_____ noi!
4. Anna e Franco conosc_____ il professore.
5. Mentre noi ascolt_____ voi ripet_____ .
6. Io e Gianni conosc_____ due studentesse di primo anno.
7. Chi conosc_____ Anna?
8. Che cosa pag_____ voi?
9. Gianni, conosc_____ Franco Venturi?
10. Il professore arriv_____ , cerc_____ le dispense e ripet _____ le domande.

D. Sostituire il soggetto con quelli indicati fra parentesi e riscrivere le frasi facendo i cambiamenti necessari. (*Replace the subject with the ones indicated in parentheses, and rewrite the sentences making the necessary changes.*)

Esempio   Alzo il ricevitore (noi)   →   Alziamo il ricevitore.

1. Alzo il ricevitore.
   (tu, voi, loro, tu e io, lei)
2. Cominciamo a parlare.
   (tu, lui, io, tu e lei, loro)
3. Oggi non pago.
   (lui, noi, loro, voi, tu)
4. Conoscete il professore?
   (tu, loro, lei, tu e lui, noi)
5. Non trovo le copie.
   (lei, tu, voi, loro, noi)

E. Dare enfasi al soggetto di ciascuna frase aggiungendo il pronome soggetto appropriato. (*Emphasize the subject of each sentence by adding the appropriate subject pronoun.*)

Esempio   Non paghi   →   Tu non paghi.

1. Non conoscono Anna.
2. Cerchiamo le dispense.
3. Conosco le studentesse di primo anno.
4. Ascoltano il meno possibile.
5. Perchè continui a parlare?

F. Cambiare le forme verbali seguendo le indicazioni dell'esempio e leggere le due frasi ad alta voce. (*Change the verbs as indicated in the example and read both sentences aloud.*)

Esempio   Noi alziamo il ricevitore.   →   Anche loro alzano il ricevitore.

1. Ripetiamo il primo vocabolo.
2. Studiamo il presente indicativo.
3. Paghiamo le dispense.
4. Conosciamo la signora Bellonci.
5. Continuiamo a studiare.
6. Troviamo le dispense di matematica.
7. Cerchiamo Franco.
8. Ascoltiamo la domanda.

G. Cambiare le forme verbali al singolare o al plurale. (*Change the verbs either to the singular or the plural.*)

Esempio   Cominciano a studiare   →   Comincia a studiare
           Non conosci Gianni?   →   Non conoscete Gianni?

1. Cerchiamo la scuola.
2. Oggi voi pagate la pizza!
3. Vediamo due studentesse.
4. Conosce l'insegnante?
5. Chi cerchi?

Rielaborazione

Dare l'equivalente italiano delle espressioni seguenti. (*Give the Italian equivalent of the following expressions.*)

1. My name is Franco Venturi and I study economics.
2. The boys arrive and the class starts.
3. I know fifteen students.
4. The first day Gianni speaks the least possible.
5. Here are three first-year students.
6. The professor arrives and looks for the students.
7. What do you (*sing. familiar*) study?
8. Do you (*sing. familiar*) have class today?

Situazione pratica

Comporre un dialogo orale o scritto basato sulla situazione seguente. (*Prepare an oral or written dialogue based on the following situation.*)

Greet the whole class and introduce yourself. Then ask the student next to you what his/her name is. Tell him or her what classes you have. Discuss students you know, what classes they have, or other related topics.

Una conversazione alla mensa universitaria

Gli studenti italiani come gli studenti americani, o come gli studenti di tutti i paesi, hanno sempre poco denaro. La mensa universitaria è popolare perchè i prezzi sono modici. È mezzogiorno e un gruppo di studenti occupa una tavola.

Bruno:	Cosa mangi tu? Che c'è di buono oggi?
Franco:	C'è minestra, carne, pesce e verdura. Io non mangio perchè non ho fame.
Gianni:	Raccomando il pesce; è buono. Anche la minestra è buona.
Bruno:	Io prendo carne e verdura.
Adriana:	Allora domani partenza, eh?
Bruno:	Sì, domani a mezzogiorno.
Franco:	Dove vai?
Bruno:	A un congresso di studenti universitari.
Gianni:	Dove? A Roma?
Bruno:	No, a Venezia.
Adriana:	Fortunato te! Vai solo?
Bruno:	No, con altri tre studenti. Siamo tre italiani e una ragazza americana.
Franco:	Buon viaggio e buon divertimento.
Bruno:	Grazie. E ora ciao.
Gianni:	Perchè? Hai fretta?
Bruno:	Sì, purtroppo ho lezione.

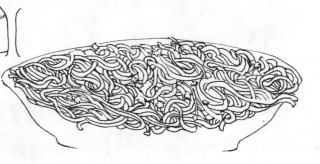

Domande

1. Perchè è popolare la mensa universitaria?
2. Cosa mangia Franco? Perchè?
3. Perchè raccomanda il pesce Gianni?
4. Che c'è a Venezia?
5. Chi è fortunato?
6. Prende il pesce Bruno?

Vocabolario

Sostantivi

Bruno (*m.*)   proper name
la **carne**   meat
il **congresso**   convention
la **conversazione**   conversation
il **denaro**   money
il **gruppo**   group
la **minestra**   soup
il **paese**   country
la **partenza**   departure
il **pesce**   fish
il **prezzo**   price
Roma   Rome
la **tavola**   table
Venezia   Venice
la **verdura**   vegetables

Aggettivi

altro   other
americano   American
italiano   Italian
modico   moderate
popolare   popular
solo   alone
tutto   all

Verbi

mangiare   to eat
occupare   to occupy
raccomandare   to recommend
vai   you go (*sing. familiar*)

Altri vocaboli

come   like, as
con   with
domani   tomorrow
dove   where; **dov'è?** where is? **dove sono?**
   where are?
mezzogiorno   noon; **a mezzogiorno** at noon
niente   nothing
o   or
poco   little
sempre   always

Espressioni

buon viaggio   have a good trip
buon divertimento   have a good time
che c'è di buono?   what's good?
fortunato te!   lucky you!
hai fretta?   are you in a hurry?
la mensa universitaria   student cafeteria
non ho fame   I am not hungry

Grammatica

I. L'articolo indeterminativo (The indefinite article)

The English indefinite article *a* or *an* is translated into Italian by **un, uno** in the masculine and **una, un'** in the feminine.

Maschile: un and uno

un amico	*a friend*	uno studente	*a student*
un quaderno	*a notebook*	uno zio	*an uncle*
un giorno	*a day*		

The usual masculine form is **un. Uno** is used before a masculine word which begins with a *z* or an *s* followed by a consonant.

Femminile: una and un'

una casa	*a house*
una stanza	*a room*
un'amica	*a friend*

The feminine form **una** becomes **un'** before a word that begins with a vowel.

II. L'aggettivo (The adjective)

1. Form and agreement

An adjective agrees in gender and number with the noun it modifies. In Italian there are two groups of adjectives: those ending in **-o,** and those ending in **-e.** Adjectives ending in **-o** have four forms:

	Maschile	Femminile
Singolare	-o	-a
Plurale	-i	-e

il libro italiano	*the Italian book*
i libri italiani	*the Italian books*
la signora italiana	*the Italian lady*
le signore italiane	*the Italian ladies*

If an adjective ends in **-io,** the **o** is dropped.[1]

l'ạbito vẹcchio	*the old suit*
gli ạbiti vecchi	*the old suits*
il ragazzo sẹrio	*the serious boy*
i ragazzi seri	*the serious boys*

Bob è americano.	*Bob is American.*
Adriana è italiana.	*Adriana is Italian.*
Bob e Don sono americani.	*Bob and Don are American.*
Adriana e Maria sono italiane.	*Adriana and Maria are Italian.*

Adjectives ending in **-e** are the same for the masculine and the feminine singular. In the plural the **-e** changes to **-i.**

il ragazzo francese	*the French boy*
i ragazzi francesi	*the French boys*
la ragazza francese	*the French girl*
le ragazze francesi	*the French girls*

An adjective modifying two nouns of different gender is masculine.

Le madri e padri **italiani.**	*The **Italian** mothers and fathers.*

2. Position of adjectives

a. Adjectives generally follow the noun (*see examples above also*).

la lịngua italiana	*the **Italian** language*
il dizionạrio rosso	*the **red** dictionary*
la ragazza intelligente	*the **intelligent** girl*

b. Certain common adjectives, however, generally come before the noun. Here are the most common:

bello	*beautiful*	grande	*large, great*
bravo	*good, able*	lungo	*long*
brutto	*ugly*	nuovo	*new*
buono	*good*	pịccolo	*small, little*
caro	*dear*	stesso	*same*
cattivo	*bad*	vẹcchio	*old*
giọvane	*young*	vero	*true*

una **bella** ragazza	*a **beautiful** girl*
un **pịccolo** dizionạrio	*a **small** dictionary*
un **caro** amico	*a **dear** friend*

---

[1] This is generally true also of nouns in **-io.**

il dizionạrio	*the dictionary*
i dizionari	*the dictionaries*

But even these adjectives must follow the noun for emphasis or contrast, and when modified by an adverb.

Oggi non porta l'ạbito vẹcchio, porta un ạbito nuovo.	*Today he is not wearing the old suit, he is wearing a new suit.*
Anna è una ragazza **molto bella.**	*Ann is a very beautiful girl.*

III. L'aggettivo *buono* (The adjective buono)

Buono, in the singular, has these forms: **buọn, buona, buọn', buono,** which are used like the indefinite article **un, una, un', uno.**

È un buọn libro.	*It is a good book.*
Questa è una buona mạcchina.	*This is a good car.*
Una buon'insalata.	*A good salad.*
È un buono zio.	*He is a good uncle.*

IV. Forme dell'artịcolo. (Forms of the article)

As we know, the noun determines the number and gender of the article. However, since there are several articles for each gender, the word that immediately follows the article is the one to determine it. (Compare the English: *An elephant,* but *a large elephant.*)

uno zio	***an*** *uncle*
un giọvane zio	***a*** *young uncle*
gli studenti	***the*** *students*
i nuovi studenti	***the*** *new students*

V. Presente indicativo di *avere, essere* (Present Indicative of **avere, essere**)

Avere *to have*
Ho un'idea.   *I have an idea.*

Singolare	ho	*I have*
	hai	*you (familiar) have*
	ha	$\begin{bmatrix} \textit{he, she, it has} \\ \textit{you (polite) have} \end{bmatrix}$
Plurale	abbiamo	*we have*
	avete	*you (familiar) have*
	hanno	$\begin{bmatrix} \textit{they have} \\ \textit{you (polite) have} \end{bmatrix}$

Essere *to be*
Sono americano.   *I am an American.*

Singolare	sono	*I am*
	sei	*you (familiar) are*
	è	$\begin{bmatrix} \textit{he, she, it is} \\ \textit{you (polite) are} \end{bmatrix}$
Plurale	siamo	*we are*
	siete	*you (familiar) are*
	sono	$\begin{bmatrix} \textit{they are} \\ \textit{you (polite) are} \end{bmatrix}$

VI. Espressioni idiomatiche con *avere* (Idiomatic expressions with *avere*)

Avere is used in many idiomatic expressions that convey physical sensations. Here are a few common ones:

avere fame	*to be hungry*
avere sete	*to be thirsty*
avere sonno	*to be sleepy*
avere caldo	*to be warm*
avere freddo	*to be cold*
avere . . . anni	*to be . . . years old*
avere fretta	*to be in a hurry*

Michele **ha** sempre **fame.**   *Michael **is** always **hungry.***
Noi **abbiamo fretta** e loro **hanno sonno.**   *We **are in** a hurry and they **are** sleepy.*
Questo cane è vecchio, **ha** dieci **anni.**   *This dog **is old, it is** ten **years old.***

A. Inserire le forme corrette degli articoli determinativi e indeterminativi. (*Give the correct form of the definite and indefinite article.*)

Esempio   il quaderno; un quaderno

1.	_____ lezione	_____ lezione
2.	_____ sostantivo	_____ sostantivo
3.	_____ studente	_____ studente
4.	_____ anno	_____ anno
5.	_____ entrata	_____ entrata
6.	_____ zio	_____ zio
7.	_____ automobile	_____ automobile
8.	_____ frase	_____ frase
9.	_____ errore	_____ errore
10.	_____ stato	_____ stato

B. Sostituire l'articolo indeterminativo all'articolo determinativo. (*Replace the definite article with the indefinite article.*)

Esempio   il telefono   →   un telefono

1. la tavola
2. l'economia
3. il gruppo
4. l'esame
5. l'espressione
6. lo zero
7. la domanda
8. il divertimento
9. l'erba
10. lo stadio
11. l'ospedale
12. l'armonia
13. la partenza
14. l'articolo
15. il dizionario

C. Completare le frasi seguenti con la forma appropriata dell'articolo indeterminativo. (*Complete the following sentences with the correct form of the indefinite article.*)

1. Conosciamo _____ studente di primo anno.
2. Vai a _____ congresso?
3. Occupiamo _____ tavola con altri studenti.
4. È _____ amico molto caro.
5. È _____ copia molto vecchia.
6. Non conosco Alberto. È _____ studente italiano?
7. L'articolo « un » è _____ articolo indeterminativo.
8. Hai _____ lezione importante, oggi?

D. Volgere le frasi seguenti al plurale. (*Change the following sentences to the plural.*)

Esempio   Ecco il ragazzo italiano.   →   Ecco i ragazzi italiani.

1. Ecco l'articolo determinativo.
2. Ecco la tavola italiana.
3. Ecco il bravo studente.
4. Ecco la mensa universitaria.
5. Ecco il professore americano.
6. Ecco la studentessa francese.
7. Ecco la bella ragazza italiana.
8. Ecco il nuovo dizionario.
9. Ecco il signore russo.
10. Ecco la ragazza fortunata.

E. Volgere le frasi seguenti al plurale. (*Change the following sentences to the plural.*)

Esempio   È un dizionario francese   →   Sono due dizionari francesi.

1. È un ragazzo intelligente.
2. È una signora intelligente.
3. È un bravo professore.
4. È una vecchia dispensa.
5. È un'espressione interessante.

6. È una parola italiana.
7. È una parola francese.
8. È un cibo popolare.
9. È un'automobile popolare.
10. È una giovane studentessa.

F. Volgere le frasi seguenti al singolare. (*Change the following sentences to the singular.*)

Esempio   Ecco gli studenti giapponesi.   →   Ecco lo studente giapponese.

1. Ecco le case popolari.
2. Ecco gli altri ragazzi.
3. Ecco le prime lezioni.
4. Ecco i pronomi italiani.
5. Ecco le giovani studentesse.

6. Ecco i buoni cibi.
7. Ecco gli studenti universitari.
8. Ecco le ultime dispense.
9. Ecco le parole francesi.
10. Ecco i dottori americani.

G. Inserire la forma corretta dell'aggettivo nella posizione appropriata. (*Give the correct form of the adjective in the appropriate position.*)

Esempio   bravo   È un _____ ragazzo _____ .
                     È un bravo ragazzo.

1. caro   Sono due _____ ragazzi _____ .
2. francese   È una _____ studentessa _____ .
3. italiano   La Fiat e l'Alfa sono _____ automobili
                  _____ .

4. universitario Ecco la _____ mensa _____ .
5. vecchio   Abbiamo una _____ casa _____ .
6. interessante   È un _____ congresso _____ .
7. buono   Gli studenti occupano una _____ tavola
                  _____ .

8. primo   Queste sono le _____ dispense _____ .
9. popolare   Sono _____ case _____ .

H. Formare frasi complete usando le parole o le espressioni appropriate. (*Form complete sentences using the appropriate forms of the words listed.*)

Esempio   abiti   bello—vecchio   →   Sono abiti belli ma vecchi.

1. dizionario   piccolo—completo
2. mensa   modesto—popolare
3. case   grande—non bello
4. studente   brutto—bravo
5. insalata   bello—cattivo
6. automobili   bello—caro
7. pesci   buono—piccolo
8. cibi   cattivo—non caro

I. Ripetere in italiano usando le espressioni idiomatiche equivalenti. (*Repeat in Italian using the equivalent idiomatic expressions.*)

1. Franco is not hungry.
2. Maria and Graziella are thirsty.
3. Are you (*sing. familiar*) cold?
4. Are you (*pl. familiar*) cold?
5. They are cold.
6. The professor is sleepy today.
7. Anna Silvani is nineteen years old.
8. We are always in a hurry.
9. Are you (*sing. polite*) in a hurry too?
10. Why are the students in a hurry?

J. Completare le frasi seguenti con la forma corretta di **essere** o **avere**. (*Complete the following sentences with the correct form of* **essere** *or* **avere**.)

1. La signora Maratti _____ un'automobile rossa.
2. Gli Americani _____ fretta.
3. _____ (voi) caldo o freddo, oggi?
4. (voi) _____ giovani e intelligenti.
5. Maria _____ sete.
6. Alberto e Michele _____ sonno.
7. Alberto _____ diciotto anni.
8. Anche l'elefante _____ fame e sete.
9. Oggi (io) non _____ fame.
10. Noi _____ giovani e _____ fretta.

K. Rispondere alle seguenti domande nella prima persona singolare o plurale. (*Answer the following questions in the first person singular or plural.*)

1. Mangiate pesce, oggi?
2. Che cosa raccomandi? Il pesce o la pizza?
3. Quanti anni ha, Lei?
4. Hai sonno mentre il professore parla?

5. Avete lezione d'italiano, oggi?
6. Hai molto denaro o poco denaro?
7. Perchè hai sempre fretta?

Situazione pratica

Comporre un dialogo orale o scritto basato sulla situazione seguente. (*Prepare an oral or written dialogue based on the following situation.*)

Imagine that you are at the student dining hall. You meet some friends and ask them how they are. Ask about the food and the prices. Suddenly you remember that you can't find your math notes. Also, you are in a hurry, because unfortunately you have a class. Ask your friends if they too have class; then say good-bye.

Compagni
di scuola

Michele e Mario sono studenti di Liceo. Sono in classe. Ora hanno lezione d'inglese. Il professore, il Dottor Centrini, apre il libro e dice: « Ecco i compiti per domani. Lettura da pagina 5 a pagina 8. Gli esercizi sono a pagina 10. » Mario scrive gli ultimi appunti quando il campanello suona.

Michele:	Dove vai ora?
Mario:	Cosa?
Michele:	Non senti? Dove vai?
Mario:	Oh, vado a casa. Vado a studiare.
Michele:	Hai molta fretta?
Mario:	No, anzi.
Michele:	Perchè non andiamo a piedi allora?
Mario:	È una buon'idea. Finisco di prendere gli appunti e andiamo.
Michele:	Ma perchè prendi tanti appunti?
Mario:	Perchè senza appunti non capisco bene le lezioni.
Michele:	Sei pronto?
Mario:	Sì. Ecco fatto. Sono pronto.
Michele e Mario:	*(vanno verso l'uscita)* Buona sera, Professor Centrini. Arrivederla.
Professor Centrini:	Buona sera. Arrivederci.
Mario:	La lingua inglese è molto difficile.
Michele:	È vero. Molte lingue sono difficili.
Mario:	Studiamo insieme per l'esame stasera?
Michele:	Sì. Dopo cena a casa mia.
Mario:	Vai a vedere la partita domenica?
Michele:	No, domenica non ho tempo, e tu?
Mario:	No, io non ho i soldi.
Michele:	Allora, a stasera.
Mario:	A stasera.

Domande

1. Chi è il professore? Che cosa apre?
2. Sono a pagina nove gli esercizi?
3. Ha fretta Michele?
4. Perchè Mario prende tanti appunti?
5. Quando vanno verso l'uscita Mario e Michele?
6. È molto difficile la lingua inglese?
7. Perchè Mario non va a vedere la partita domenica?
8. Quando suona il campanello?

Vocabolario

Sostantivi

l' **appunto** note
il **campanello** bell
la **casa** house, home; a **casa** home
la **cena** supper
la **classe** class, classroom
il **compagno** friend; chum;
   compagno di scuola school friend
il **compito** homework, assignment
la **domenica** Sunday
il **dottore** doctor
l' **esame** examination
l' **esercizio** exercise
l' **idea** (*pl.* **idee**) idea
l' **inglese** English
la **lettura** reading
il **libro** book
il **liceo** upper secondary school
la **lingua** language, tongue
  Mario *boy's name*
  Michele Michael
la **pagina** page
la **partita** game, match
la **sera** evening; **stasera** this evening, tonight
il **soldo** penny; *pl.* money
il **tempo** time
l' **uscita** exit

Aggettivi

difficile difficult
pronto ready
tanto much, so much
ultimo last

Verbs

aprire to open
dice says
finire (isc) to finish *(takes the preposition **di** before the infinitive)*
prendere to take
scrivere to write
sentire to hear
suonare to ring *(of bells) (takes the preposition **di** before the infinitive)*

Altri vocaboli

anzi on the contrary
da from
dopo after
insieme together
ma but
senza without
verso towards

Espressioni

(andare) a piedi to go on foot
arrivederla good-bye *(pol. sing.)*
a stasera till this evening
ecco fatto all done
è vero it's true

Grammatica

I. Presente indicativo della terza coniugazione (Present indicative of the third conjugation)

Verbs ending in **-ire** fall into two groups: those conjugated like **dormire,** *to sleep,* and those conjugated like **capire,** *to understand.* Note that the endings for both groups are identical. The verbs conjugated like **capire** insert **-isc** between the stem and the endings of all forms of the singular and the third person plural. A verb which follows the model of **capire** will be indicated in the vocabulary thus: **preferire (isc),** *to prefer.* Verbs conjugated like **dormire** will not be marked.

Dormire *to sleep*
Dormo a casa.   *I sleep at home.*

Singolare			
	(io)	**dorm-o**	*I sleep, am sleeping, do sleep*
	(tu)	**dorm-i**	*you* (familiar) *sleep, are sleeping, do sleep*
	(lui) (lei) (Lei)	**dorm-e**	*he, she, it sleeps, is sleeping, does sleep* / *you* (polite) *sleep, are sleeping, do sleep*

Plurale			
	(noi)	**dorm-iamo**	*we sleep, are sleeping, do sleep*
	(voi)	**dorm-ite**	*you* (familiar) *sleep, are sleeping, do sleep*
	(loro) (Loro)	**dọrm-ono**	*they sleep, are sleeping, do sleep* / *you* (polite) *sleep, are sleeping, do sleep*

The following verbs are conjugated like **dormire: aprire,** *to open,* **partire,** *to leave, to depart,* **seguire** *to follow,* **sentire,** *to hear, to feel.*

Capire *to understand*
Capisco la domanda. *I understand the question.*

Singolare			
	(io)	**cap-isc-o**	*I understand, am understanding, do understand*
	(tu)	**cap-isc-i**	*you* (familiar) *understand, are understanding, do understand*
	(lui) (lei) (Lei)	**cap-isc-e**	*he, she, it understands, is understanding, does understand; you* (polite) *understand, are understanding, do understand*

	Plurale	(noi)	**cap-iamo**	*we understand, are understanding, do understand*
		(voi)	**cap-ite**	*you* (familiar) *understand, are understanding, do understand*
		(loro) (Loro)	**cap-isc-ono**	*they understand, are understanding, do understand; you* (polite) *understand, are understanding, do understand*

The following verbs are conjugated like **capire: finire,** *to finish,* **preferire,** *to prefer,* **pulire,** *to clean,* **spedire,** *to send, to mail.*

II. Possesso (Possession)

a. Possession is expressed by the preposition **di,** *of,* which may become **d'** before a vowel.

il maestro **di** Franco.   *Franco's teacher.*
le regioni d'Italia.   *The regions of Italy.*

b. *Whose?* is expressed by **di chi?** Note that the verb follows immediately.

Di chi è questo libro?	*Whose book is this?*
Di chi sono questi soldi?	*Whose money is this?*

III. L'articolo determinativo con i titoli (The definite article with titles)

The definite article is required before a title, except in direct address.

Il **signor Bianchi** apre la porta.	*Mr. Bianchi opens the door.*
Il **professor Corso** finisce la lezione.	*Professor Corso finishes the lesson.*

but

Buon giorno, **signor Bianchi.**	*Good morning, Mr. Bianchi.*
Come sta, **professor Corso?**	*How are you, professor Corso?*

IV. *Molto* come aggettivo e come avverbio (**Molto** as an adjective [*much, a lot of*] and as an adverb [*very*])

a. Before a noun **molto** is an adjective and agrees with the noun it modifies in gender and number.

Molti studenti italiani.	*Many Italian students.*
Mangiamo **molta** carne.	*We eat a lot of meat.*
Molte grazie.	*Many thanks.*

b. Before an adjective and after a verb **molto** is an adverb and is invariable.

È **molto** bella.	*She is very beautiful.*
Sono **molto** modesti.	*They are very modest.*
Studiamo **molto.**	*We study a great deal.*

V. Presente indicativo di *andare* (Present indicative of **andare**)

Andare *to go*	
Vado con un amico.	*I am going with a friend.*

vado	andiamo	*I go, etc.*
vai	andate	
va	vanno	

Andare requires the preposition **a** before an infinitive or a city.

Andiamo **a comprare** un dizionario.	*We are going to buy a dictionary.*
Vado **a Roma** con Olga.	*I am going to Rome with Olga.*

Esercizi

A. Cambiare il verbo seguendo le indicazioni fra parentesi; se il soggetto è un pronome, non ripeterlo. (*Change each verb to agree with the subjects indicated; if the subject is a pronoun, do not repeat it.*)

1. Non dormiamo in biblioteca.
   (voi, gli studenti universitari, Franco, io, io e Franco)
2. Sofia finisce il pesce.
   (tu, voi, io, i ragazzi, noi)
3. Gianni apre la lettera di Adriana.
   (noi, io, tu e Franco, loro, Lei)
4. Preferisco gli spaghetti.
   (tu, noi, Adriana, Gianni e Adriana, voi)
5. Dopo cena il professore finisce le dispense.
   (io, loro, voi, io e Mario, tu)

B. Completare le forme verbali e leggere le frasi ad alta voce. (*Add the endings and read the sentences aloud.*)

1. dormire   Io dorm_____ il meno possibile.
2. dormire   Ora Adriana non dorm_____ .
3. dormire (noi)   Dorm_____ molto e bene.
4. capire   Mi dispiace, non cap_____ l'inglese.
5. capire (voi)   Cap_____ il professore?
6. capire   Michele cap_____ la matematica.
7. capire   Noi non cap_____ la domanda ma tu cap_____ sempre.
8. aprire   Anche Gianni apr_____ il libro.
9. aprire   Gianni, Mario, perchè non apr_____ il libro?
10. finire (io)   Oggi fin_____ il corso di economia.
11. finire   Anche voi fin_____ la lezione?
12. finire   Michele fin_____ la pizza e comincia il pesce.

C. Cambiare i verbi seguendo l'esempio e leggere le due frasi ad alta voce. (*Change the verbs as in the example and read both sentences aloud.*)

Esempio   Aprono le dispense.   →   Apriamo le dispense.

1. Finiscono i compiti.
2. Dormono dopo cena.
3. Capiscono le domande ma non capiscono la lettura.
4. A mezzogiorno preferiscono gli spaghetti.
5. Perchè non aprono i quaderni?

D. Seguendo l'esempio rivolgere le domande alla persona indicata. (*Ask the question of the person indicated as in the example.*)

Esempio   (Mrs. Belloni)   →   Dopo cena Lei dorme o preferisce scrivere?

1. Adriana   3. Professor Centrini   5. your brother and sister
2. many friends   4. your brother   6. Mr. and Mrs. Bellonci

E. Cambiare i verbi di ciascuna frase sostituendo il soggetto con quelli indicati. (*Change the verb in each sentence by substituting the subject indicated.*)

Esempio   Capisce ma non risponde.
            tu   →   Capisci ma non rispondi.

1. Domando perchè non capisco.
    Michele
    Michele e Mario
    Anche noi
2. Il professore apre il libro e incomincia l'esercizio.
    Anche voi
    Io e Michele
    Gli studenti di Liceo
3. Dormiamo sempre e non ascoltiamo.
    Gianni
    Tu e Gianni
    Anch'io

F. Cambiare ciascun verbo sostituendo i soggetti con quelli indicati. (*Change the verbs according to the subjects indicated.*)

1. Mentre *tu* dormi *io* studio.
    noi—lui
    io—tu
    voi—noi
2. Mentre *voi* mangiate *io* finisco il compito.
    tu—loro
    loro—tu
    io—Gianni
3. *Tu* raccomandi i ravioli ma *Micheie* preferisce gli spaghetti.
    io—tu
    voi—noi
    Mario—gli altri studenti

G. Completare ciascuna frase con la forma corretta del titolo. (*Change each sentence using the correct form of the word indicated.*)

Esempio   dottore   _____ Miccoli è a Venezia.   →   Il dottor Miccoli è a Venezia.

  1. dottore   Buon giorno, _____ Miccoli, come sta?
  2. signorina   _____ Silvana arriva a scuola.
  3. signore   Arriverderla, _____ Maratti.
  4. signora   _____ Maratti è a Venezia.
  5. professore   Come sta Lei, _____ Centrini?
  6. professore   Come sta Lei, _____ ?
  7. professore   Come sta _____ ?
  8. dottore   _____ raccomanda questa medicina.
  9. dottore   _____, che cosa raccomanda Lei?
10. signori   Arrivederci, _____ .

H. Inserire la forma corretta di **molto.** (*Insert the correct forms of* **molto.**)

Michele e Mario sono due studenti _____ bravi. Oggi studiano insieme in biblioteca perchè hanno _____ compiti. Non hanno _____ tempo e non vanno a vedere la partita. Ora parlano e Michele dice: « Anche stasera ho _____ fame! Purtroppo io mangio sempre _____ . E tu?» Mario dice: «No. Non ho fame, ma ho _____ sonno e ora ho anche _____ fretta» . I due studenti scrivono _____ e prendono _____ appunti. In biblioteca non vedono _____ studentesse. Ora vanno a casa. Stasera dormono _____ .

Rielaborazione

Dare l'equivalente italiano delle seguenti espressioni. (*Give the Italian equivalent of each of the following sentences.*)

1. In class, we take many notes.
2. I am not going to the game because I am sleepy.
3. Students have a lot of money.
4. Here are the notes for tomorrow.
5. I am in a hurry! I don't have time.
6. Are we going to the game together, after dinner?
7. I don't have the money. Why don't we go buy a pizza? Pizza is not expensive.
8. But I always eat a lot of pizza!

Situazione pratica

Comporre un dialogo orale o scritto basato sulla situazione seguente. (*Prepare an oral or written dialogue based on the following situation.*)

You are at home and are phoning a friend. Greet him (her) and ask if he (she) is going to the game after dinner. The friend replies that he (she) does not have the time or the money, and suggests instead that you go to the library together, as there are many assignments for tomorrow. Answer that it is a good idea but now you are in a hurry. Agree to meet this evening.

Aspetti di vita italiana: **La scuola**

Secondo la legge italiana, tutti i ragazzi e le ragazze dęvono frequentare la scuola fino a quattọrdici anni. I bambini italiani cominciano la scuola a sei anni. Fequęntano la scuola elementare per cįnque anni e la scuola mędia ųnica per tre anni. Dopo pọssono frequentare il liceo, o un istituto commerciale o tęcnico, o le scuole magistrali, e finalmente l'università. L'università di Bologna, in particolare, è molto antica e molto famosa.

In Itạlia quasi tutte le scuole — le elementari, le mędie e l'università — sono statali. Infatti, il Ministero della Pụbblica Istruzione, che è a Roma, ha il controllo di tutto il sistema scolạstico italiano.

antico *ancient, old* / l'aspetto *aspect* / il bambino *child* / dęvono *they must* / finalmente *finally* / fino a *until, up to* / infatti *in fact* / l'istituto *institute* / l'Itạlia *Italy* / la legge *law* / il Ministero della Pụbblica Istruzione *Ministry of Public Education* / quasi *almost* / pọssono (*from potere*) *they may, they can* / la scuola mędia ųnica *junior high school* / le scuole magistrali *teacher's college* / statale *of the state* / tęcnico *technical* / tutto + def. art. *the whole*

Domande

1. In Italia i ragazzi e le ragazze frequentano la scuola fino a diciotto anni?
2. Quando cominciano la scuola i bambini italiani?
3. Dov'è un'antica e famosa università?
4. Cosa è il liceo?
5. Dov'è il Ministero della Pubblica Istruzione?
6. Anche in America quasi tutte le scuole sono statali?

Ripetizione I

A Mettere i seguenti nomi al plurale e completare con la forma appropriata dell'aggettivo **molto**. (*Change the following nouns to the plural and give the correct form of **molto**.*)

Esempio frase → molte frasi

1. dottore
2. studentessa
3. professoressa
4. dottoressa
5. idea
6. lezione
7. aggettivo
8. esame
9. vocabolo
10. copia
11. prezzo
12. paese
13. insalata
14. signore
15. medicina

B Mettere i seguenti nomi al singolare e completare con la forma dell'articolo determinativo e indeterminativo. (*Change the following nouns to the singular and give the correct forms of the definite and indefinite article.*)

Esempio le espressioni → l'espressione; un'espressione

1. i compiti
2. gli stati
3. gl'Indiani
4. le insalate
5. le pagine
6. gli esercizi
7. i ricevitori
8. i tempi
9. i pesci
10. gli appunti

C Formare nuove frasi includendo la forma corretta dell'aggettivo **buono**. (*Form new sentences including the appropriate form of the adjective **buono**.*)

Esempio il salame → È un buon salame.

1. la carne
2. lo zucchino
3. l'anno
4. il congresso
5. la mensa
6. l'insalata
7. l'esercizio
8. il pesce
9. l'automobile
10. lo stato

D Completare con la terminazione verbale appropriata e leggere la frase ad alta voce. (*Complete each sentence with the correct verb form and read aloud.*)

1. raccomandare   Che cosa (tu) raccomand_____ ? I broccoli o gli zucchini?
2. raccomandare   Noi sempre raccomand_____ la carne.
3. mangiare   Voi mangi_____ molte insalate.
4. mangiare   Perchè Gianni non mangi_____ ?
5. mangiare   Anche i professori mangi_____ .
6. pagare   Pag_____ tu o pag_____ io?
7. pagare   Gli studenti francesi pag_____ la pizza.
8. vedere   No. Lui non ved_____ l'elefante.
9. vedere   Ved_____ (voi) Adriana oggi?
10. conoscere   (noi) Non conosc_____ la professoressa.
11. conoscere   Michele, (tu) conosc_____ Mario?
12. conoscere   Loro non conosc_____ il dottor Centrini.
13. conoscere   Dottore, conosc_____ questa signora?
14. aprire   Tutti apr_____ il libro.
15. aprire   Perchè (voi) non apr_____ il dizionario?
16. capire   Purtroppo io e Michele non cap_____ il nuovo professore.
17. capire   Peccato! Gli studenti di primo anno non cap_____ il francese.
18. capire   Io non cap_____ ma lui cap_____ benissimo.
19. finire   Quando fin_____ il congresso universitario?
20. finire   Ragazzi, perchè non fin_____ i compiti?

E Formare le domande che corrispondono alle seguenti risposte. (*Form questions from the following statements.*)

Esempio   Studio economia   →   Che cosa studi?

1. Sono gli appunti di Adriana.
2. Andiamo al congresso con due studenti americani.
3. Vado a casa.
4. Gianni raccomanda la carne.
5. Sto benissimo, grazie.
6. Studiamo sempre in biblioteca.
7. Sì, anche noi abbiamo lezione ora.
8. La signora Maratti alza il ricevitore.
9. Il telefono squilla.
10. Noi capiamo la domanda.

F Cambiare secondo l'esempio. (*Change the following sentences according to the example.*)

Esempio   Lui è americano.   →   Anche lei è americana.

1. Lui è francese.
2. Lui è buono.
3. Lui è molto giovane.
4. Lui è molto cattivo.
5. Lui è pronto.

Esempio   Loro sono italiani.   →   Anche lei è italiana.

1. Loro sono popolari.
2. Loro sono molto modesti.
3. Loro sono universitari.
4. Loro sono molto intelligenti.
5. Loro sono piccoli.

G   Domandare a un altro studente o a un'altra studentessa se lui/lei. . . (*Ask another student if he/she. . .*)

1. is hungry after dinner.
2. is sleepy after the game.
3. is cold now.

4. is in a hurry when he (she) has a class.
5. is thirsty when he (she) eats pizza.
6. is nineteen years old.

H   Formare delle frasi usando il verbo **andare** e le espressioni indicate. (*Form sentences using the verb andare and the words listed.*)

Esempio   A Roma / noi   →   Andiamo a Roma.

1. a casa / tu
2. alla partita / anche il professore
3. a comprare un abito nuovo / io

4. a scuola, non a casa / loro
5. a mangiare / anch'io e Adriana

I   Completare con la forma corretta di **molto.** (*Complete the following with the correct form of molto.*)

1. Mangio sempre _____ insalata.
2. Abbiamo _____ sonno.
3. Vediamo _____ studenti universitari.
4. Quando hanno fame, mangiano _____ .
5. Adriana e Gianni sono _____ giovani.
6. Anna e Maria sono _____ brave.
7. Perchè hai _____ caldo, oggi?
8. Gianni dice: «Arrivederci e _____ grazie!»
9. L'elefante è _____ vecchio. Ha _____ anni.
10. Perchè avete sempre _____ fretta?

Domande

Rispondere alle domande seguenti in modo affermativo o negativo e in prima persona singolare o plurale. (*Answer the following questions using the first person singular or plural, negative or positive.*)

1. Preferisci la matematica o l'italiano?
2. Che cosa studiate, ora?
3. Dove studi tu? A casa o in biblioteca?
4. Preferite la carne o il pesce?
5. Chi vede (Lei), ora?

6. Che cosa vede (Lei) ora?
7. Chi incontrate a scuola?
8. Con chi studia Lei?
9. Capisci sempre bene le lezioni?
10. Che cosa scrivi, ora?

L'Italia

L' ITALIA è una lunga penisola che ha la forma di uno stivale. In Italia ci sono due catene di monti, le Alpi e gli Appennini. Le Alpi e il Mare Mediterraneo circondano l'Italia. Le Alpi separano l'Italia dagli altri paesi d'Europa. Il Mediterraneo che circonda l'Italia ha quattro nomi: Mare Adriatico, Mare Ionio, Mar Tirreno e Mar Ligure. L'Italia ha due isole grandi: la Sicilia e la Sardegna, e molte isole piccole. Vicino a Napoli c'è un'isola piccola ma famosa: Capri. Famosi sono anche il Lago Maggiore, il Lago di Como e il Lago di Garda. Il fiume principale d'Italia è il Po. Altri fiumi famosi sono l'Arno, che passa per Firenze e Pisa, e il Tevere che passa per Roma. Il Vesuvio e l'Etna sono due vulcani italiani.

L'Italia è una repubblica divisa in venti regioni: il Piemonte, il Veneto, la Toscana, l'Umbria, il Lazio, la Calabria, gli Abruzzi, la Sicilia, eccetera.* La capitale d'Italia è Roma.

gli Appennini *Apennines* / la catena *chain* / circondare *to surround* / dagli *from the* / diviso *divided* / Firenze *Florence* / il fiume *river* / la forma *shape* / l'isola *island* / il lago *lake* / il Lazio *Latium* / il mare *sea* / il monte *mountain* / Napoli *Naples* / il nome *name* / passare per *to flow through* / la penisola *peninsula* / separare *to separate* / lo stivale *boot* / il Tevere *Tiber* / vicino (a) *near*

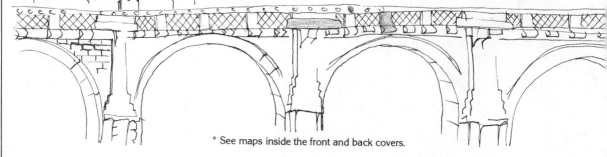

* See maps inside the front and back covers.

Domande

1. Che forma ha la penisola italiana?
2. Cosa sono le Alpi?
3. Dov'è Capri?
4. Che fiume passa per Roma?
5. C'è un vulcano in Italia? Dove?
6. Che cosa sono il Lazio e gli Abruzzi?
7. Passa per Venezia l'Arno?

2

VITA GIORNALIERA

La famiglia Borghini

La famiglia Borghini abita in un appartamento in un bell'edificio in periferia. In quest'appartamento ci sono due camere, il salotto, la sala da pranzo, la cucina e il bagno. Non è un appartamento grande ma è comodo. I Borghini hanno due figlie, Marina e Vanna. Marina ha diciotto anni e va alla Scuola Magistrale. Vanna ha venti anni ed[1] è impiegata in un'agenzia di viaggi. Il signor Borghini è ragioniere e lavora per una ditta di elettrodomestici. Oggi è venerdì. La signora Borghini ha bisogno di calze e di scarpe ed è pronta a uscire per andare al centro. Parla con Marina.

Signora Borghini:	Marina, vado al centro a fare delle compre. Vieni anche tu?
Marina:	No, mamma, non vengo perchè ho un appuntamento. Che compri?
Signora Borghini:	Delle scarpe e delle calze. Queste scarpe sono vecchie.
Marina:	Dove vai, alla Rinascente?
Signora Borghini:	No, vado a quel negozio in Via Verdi.
Marina:	È un bel negozio. Là hanno dei bei vestiti e anche delle scarpe molto eleganti.
Signora Borghini:	Quando ritorni dall'appuntamento?
Marina:	Presto, perchè?
Signora Borghini:	Perchè stasera mangiamo presto. Io e papà andiamo al cinema. Ciao.
Marina:	Ciao, mamma.

[1] **Ed** is often used instead of **e** before a word beginning with an "e", and occasionally with one of the other vowels.

Domande *(2 answers)*

1. Abita al centro la famiglia Borghini?
2. È molto grande l'appartamento della famiglia Borghini?
3. Chi sono Marina e Vanna?
4. Dove lavora Vanna?
5. Hanno bisogno di scarpe le figlie dei signori Borghini?
6. Perchè Marina non va al centro con la mamma?
7. Perchè mangiano presto quella sera?

Vocabolario

Sostantivi

l' **agenzia di viaggi**	travel agency
l' **appartamento**	apartment
l' **appuntamento**	appointment
il **bagno**	bathroom
la **calza**	stocking
la **camera**	bedroom
il **cinema**	movies (m)
la **cucina**	kitchen
la **ditta**	firm
l' **edificio**	building
l' **elettrodomestico**	home appliance
la **famiglia**	family
la **figlia**	daughter
la **mamma**	mother, mama
Marina (f.)	proper name
il **negozio**	store
il **papà**	father, dad
la **periferia**	suburbs
il **ragioniere**	bookkeeper
la **Rinascente**	a department store (proper name)
la **sala da pranzo**	dining room
il **salotto**	living room
la **scarpa**	shoe
Vanna (f.)	proper name
il **vestito**	dress, suit
la **via**	street, road

Aggettivi

comodo	comfortable
elegante	elegant
vecchio	old

Verbi

abitare	to live
comprare	to buy
impiegata	employed
lavorare	to work
ritornare	to return
uscire	to leave, to go out
vengo (for **venire**)	I come
vieni (from **venire**)	you come

Altri vocaboli

presto	early, soon

Espressioni

andare al centro	to go down town
avere bisogno (di)	to need *no bisogno di*
fare delle compre	to shop
là	there

Grammatica

I. Preposizioni articolate (Contractions)

Certain prepositions combine with the definite article as follows:

Preposition +	il	lo	l'	la	i	gli	le
a (*to, at*)	al	allo	all'	alla	ai	agli	alle
da (*from, by*)	dal	dallo	dall'	dalla	dai	dagli	dalle
di (*of*)	del	dello	dell'	della	dei	degli	delle
in (*in*)	nel	nello	nell'	nella	nei	negli	nelle
su (*on*)	sul	sullo	sull'	sulla	sui	sugli	sulle

The preposition **con**, *with*, is seldom combined with the definite article. The only two forms occasionally used are **col** (**con** + **il**) and **coi** (**con** + **i**).

Esempi (Examples)

all'entrata della biblioteca	*at the* entrance of the library
ai ragazzi italiani	*to the* Italian boys
allo studente americano	*to the* American student
all'amico di Carlo	*to* Charles' friend
dal treno di Napoli	*from the* Naples train
dallo studio del maestro	*from the* teacher's study
dello studente di geografia	*of the* student of geography
del professore di greco	*of the* professor of Greek
dell'amico dello zio	*of the* uncle's friend
degli amici preferiti	*of the* favorite friends
nell'esame di lingua	*in the* language examination
nella lettera da Pisa	*in the* letter from Pisa
sui libri della biblioteca	*on the* library books
sulla finestra del salotto	*on the* living room window

col compagno di scuola	**with the** school companion
coi nomi degli autori	**with the** names of the authors

II. Il partitivo (The partitive)

The partitive *some* or *any* may be expressed by the preposition **di** plus the **definite article.**

Compro **dei giornali.**	*I am buying **some** newspapers.*
Scrive **delle lettere.**	*He is writing **some letters.***
Desidero **del caffè.**	*I want **some coffee.***

In interrogative and negative sentences the partitive *any* is usually not expressed in Italian. Do you have *any relatives* in Italy? - Ha **parenti** in Italia? I do not have *any brothers.* - Non ho **fratelli.**

III. Aggettivi dimostrativi (Demonstrative adjectives)

The common demonstrative adjectives are: **questo,** *this* and **quello,** *that.*

1. Like all adjectives in **-o, questo** has four forms: **questo** and **questa, questi** and **queste.** Before a vowel **questo** and **questa** may drop the final **-o** or **-a.**

questa giacca	*this coat*	**questi** cappotti	*these overcoats*
quest'abito	*this suit*	**queste** borsette	*these handbags*

2. The forms of **quello,** which always precedes the noun it modifies, are similar to those of the **definite article** combined with **di.**

(del)	(dei)	(dello)		(dell')	(della)	(degli)	(delle)
quel	quei	quello		quell'	quella	quegli	quelle

Quel fazzoletto è nuovo.	*That handkerchief is new.*
Quell'abito è vecchio.	*That suit is old.*
Quei guanti sono neri.	*Those gloves are black.*

IV. Pronomi dimostrativi (Demonstrative Pronouns)

1. Questo and **quello** are also demonstrative pronouns. The forms of **questo** are the same as those given above. **Quello,** as a pronoun, has four forms: **quello, quella, quelli, quelle.**

Mi dispiace, ma preferisco **questo (questa).**	*I'm sorry, but I prefer **this one.***
Non viene a **questo** magazzino, va a **quello.**	*She does not come to **this** department store, she goes to **that one.***

2. Quello di translates English "one's" meaning *the one of, the one which belongs to.*

Il portafoglio di Mario e **quello di** Giovanni.

Mario's wallet and **John's.**

V. L'aggettivo *bello* (The adjective **bello**)

When **bello,** *beautiful,* precedes a noun, like **quello,** it takes forms that are similar to those of the definite article combined with **di: bel, bei, bello, bell', bella, begli, belle.**

Nella vetrina ci sono delle **belle** pantofole.

In the show window there are some **beautiful** slippers.

È una **bella** camicia.
Mio padre compra un bell'impermeabile.
Ho molti **bei** libri.

It is a **lovely** shirt.
My father is buying a **beautiful** raincoat.
I have many **beautiful** books.

VI. Avverbi di luogo (Adverbs of place)

The following adverbs of place correspond to the demonstrative adjectives and pronouns **questo** and **quello: qui** (also **qua**), *here;* **lì** (also **là**), *there.*

VII. Presente indicativo di *venire* (Present indicative of **venire**)

Venire *to come*
Vengo dalla biblioteca.

I am coming from the library.

vengo	I come, etc.
vieni	
viene	
veniamo	
venite	
vengono	

Esercizi

A. Completare con le preposizioni articolate appropriate (*Complete the expressions, using the correct forms of the prepositions and articles.*)

Esempio   *di*   l'automobile   →   *dell'automobile*

1. *di*   l'appuntamento   _____
2. *di*   il negozio   _____
3. *di*   le figlie   _____
4. *di*   la scuola   _____
5. *di*   gli appartamenti   _____
6. *di*   lo studente   _____
7. *di*   gli zii   _____
8. *di*   i vestiti   _____

Esempio   *da*   i telefoni   →   *dai telefoni*

1. *da*   le agenzie   _____
2. *da*   l'economia   _____
3. *da*   i salotti   _____
4. *da*   l'amico   _____
5. *da*   gli studi   _____
6. *da*   l'Italiano   _____
7. *da*   la frase   _____
8. *da*   i vocaboli   _____

B. Seguendo gli esempi, formare frasi con le espressioni indicate. (*Form sentences using the indicated cues.*)

Esempio   Gianni / l'agenzia di viaggi   →   Oggi Gianni *va* all'agenzia di viaggi.

1. Michele ed io / l'appartamento di Marina
2. tu / la Rinascente
3. Anche loro / le Scuole Magistrali
4. voi / il Liceo
5. altri studenti / i corsi universitari
6. io / le lezioni
7. chi / Venezia?
8. noi / l'uscita

Esempio   anche lui / la casa di Adriana   →   Anche lui *viene* dalla casa di Adriana?

1. anche tu / l'agenzia di viaggi
2. anche voi / la mensa universitaria
3. anche il professore / Roma
4. anche gli studenti di Liceo / il congresso
5. anche la mamma / i negozi del centro
6. anche queste studentesse / le scuole italiane
7. anch'io / gli edifici del centro
8. anche Michele / lo stato di Nuova York

C. Completare con la forma appropriata della preposizione **in** + **articolo.** (*Complete with the correct form of the preposition **in** + the article.*)

1. Tutta la famiglia è _____ salotto.
2. Andiamo a fare delle compre _____ negozi del centro.
3. Mangiano _____ sala da pranzo.
4. Gli studenti universitari studiano _____ biblioteche universitarie.
5. Abito _____ nuovo edificio.

6. Abito _____ edificio nuovo, non in quello vecchio.
7. Troviamo queste parole _____ ultimi appunti.
8. Questo aggettivo è _____ ultima dispensa.

D. Completare con la forma appropriata della preposizione **di** + **articolo.** (*Complete with the correct form of the preposition **di** + the article.*)

1. Mangio _____ spaghetti.
2. Preferiscono _____ insalata.
3. Comprano _____ quaderni e _____ penne.
4. Oggi mangio _____ pesce.
5. Vedo _____ altri studenti.
6. Lui ha sempre _____ denaro.
7. Hanno sempre _____ soldi.
8. A scuola vediamo _____ Italiani.

E. Dare risposte negative alle domande seguenti. (*Answer the following questions in the negative.*)

Esempio   Prendi molti appunti?   →   No, non prendo appunti.

1. Conosci molti studenti stranieri?
2. Conoscete molti autori francesi?
3. Mangi molti zucchini?
4. Raccomandate molti cibi italiani?
5. Scrivi molte lettere in Italia?
6. Hai molti appuntamenti?

F. Completare con la forma appropriata della preposizione necessaria. (*Complete with the correct form of the appropriate preposition.*)

1. Stasera non andiamo _____ partita.
2. Andiamo _____ cinema.
3. _____ finestra vediamo un bell'edificio.
4. È la casa _____ Marina.
5. È la casa _____ famiglia Borghini.
6. _____ periferia le case sono modeste ma comode.
7. Ecco i nomi _____ autori!
8. Questo treno va _____ Firenze.
9. Compriamo _____ insalata e _____ carne.
10. La famiglia _____ studente italiano abita _____ Roma.
11. La ragazza ritorna _____ appuntamento.
12. Gli elettrodomestici sono _____ appartamenti.

G. Preporre alle parole seguenti la forma corretta degli aggettivi **quello** e **bello**. (*Use the correct form of **quello** and **bello** with the following words.*)

Esempio   il ragazzo   →   quel ragazzo; il bel ragazzo

1. le studentesse   _____   _____
2. la scarpa   _____   _____
3. gli edifici   _____   _____
4. l'abito   _____   _____
5. l'appartamento   _____   _____
6. l'insalata   _____   _____
7. i paesi   _____   _____
8. il giorno   _____   _____
9. i negozi   _____   _____
10. le calze   _____   _____

H. Dare risposte negative alle seguenti domande. (*Answer the following questions in the negative.*)

Esempio   È un bel ragazzo?   →   No, quel ragazzo non è bello.

1. È una bella donna?   4. È un bello stato?
2. È un bell'edificio?   5. È un bel vestito?
3. È una bell'idea?

I. Completare con la forma appropriata di **quello**. (*Complete with the correct form of **quello**.*)

1. Non trovo _____ dispense.
2. Dalla finestra vedo _____ ponte.
3. Questi ponti? No, _____ .
4. Questi appartamenti non sono comodi. Preferisco _____ in periferia.
5. Gli studenti non occupano questa tavola. Occupano sempre _____ .
6. In _____ negozio i prezzi sono modesti.
7. Vado alla lezione d'italiano e a _____ di economia.
8. Vanna lavora in _____ agenzia, non in questa.
9. Queste scarpe non sono eleganti. Compro _____ .
10. _____ elettrodomestici sono molto comodi.

Rielaborazione

Dare l'equivalente italiano delle frasi seguenti. (*Give the Italian equivalent of the following sentences.*)

1. This evening I'm eating as little as possible.
2. Mr. and Mrs. Bellonci have three daughters.
3. We are not going to the movies because we are sleepy.
4. We eat meat but we don't eat fish.
5. Those dresses are very elegant. Not these dresses—those!
6. My apartment does not have a living room. It is very modest.
7. Do you live here?
8. No, I live there, in that red house.
9. Do Italians buy home appliances?
10. I work in a store in Via Veneto but I don't have money.
11. Why? Because I eat a lot.
12. We're returning from the game and we're going to sleep. Good night everybody.

Domande

Dare risposte complete alle seguenti domande. (*Answer the following questions with complete sentences.*)

1. Abiti in una casa o in un appartamento?
2. Preferisci abitare nel centro o in periferia?
3. Quanti anni hai?
4. Che cosa compri oggi?
5. Studi all'Università, al Liceo o alla Scuola Magistrale?
6. Vai a dormire quando ritorni dal cinema?
7. Dove andate stasera?
8. Hanno molti appuntamenti gli studenti?

Situazione pratica

Comporre un dialogo basato sulla situazione seguente. (*Prepare a dialogue based on the following situation.*)

You and your mother are having a talk. She asks how your classes are going. Answer her, then discuss how you are going to spend your day, studying, shopping, visiting friends, and going to a movie.

Da Giacomo —
il fruttivendolo

La signora Borghini è una vecchia cliente di Giacomo. I supermercati sono ormai molto comuni in tutte le città italiane, ma la signora Borghini preferisce fare la spesa all'antica. La frutta e la verdura le compra da Giacomo, la carne dal macellaio, e il pane dal fornaio.

Signora Borghini:	Che belle fragole, Giacomo, quanto costano?
Giacomo:	Sono belle, vero? Le vuole?
Signora Borghini:	Sì, ma quanto costano?
Giacomo:	Novantacinque lire l'etto.
Signora Borghini:	Sono molto care.
Giacomo:	Sono le prime della stagione, signora; siamo ancora in primavera.
Signora Borghini:	Sono veramente troppo care; oggi non le prendo.
Giacomo:	Perchè non va al supermercato? Là vendono anche la frutta surgelata.
Signora Borghini:	No, Giacomo, noi non mangiamo frutta surgelata.
Giacomo:	Ma le fragole surgelate sono buone, sa?
Signora Borghini:	No, preferisco la frutta fresca. Stamani prendo soltanto verdura.
Giacomo:	Ecco le carote e i fagiolini. Desidera altro?
Signora Borghini:	No. Che ore sono?
Giacomo:	Le undici e venti . . . no, le undici e mezzo.
Signora Borghini:	È ancora presto. Il signor Borghini ritorna a mezzogiorno e mezzo. Ora vado dal fornaio a comprare il pane. Arrivederci, Giacomo.
Giacomo:	Buon giorno, signora.

Domande

1. Dove compra la carne e il pane la signora Borghini?
2. Perchè non vuole le fragole la signora Borghini?
3. Preferisce fare le spese al supermercato la signora Borghini?
4. Che verdura prende?
5. Perchè non torna a casa presto?
6. Mangiano frutta surgelata a casa della famiglia Borghini?
7. Come sono le fragole surgelate?

fagioli cannellini
Buoncampo gr. 400

1 pezzo	3 pezzi
275	**550**

invece di 825

carne Gustosa Alco
gr. 90

1 pezzo	3 pezzi
395	**790**

invece di 1185

51 fette biscottate
gr. 385

1 pezzo	3 pezzi
620	**1240**

invece di 1860

Vocabolario

Sostantivi

la **carota**   carrot
la **città**   city
il **cliente**   client (also *f.* la **cliente**)
l' **etto**   hectogram (= 100 grams)
il **fagiolino**   string bean
il **fornaio**   baker
la **fragola**   strawberry
la **frutta**   fruit
il **fruttivendolo**   greengrocer
   Giacomo   James
la **lira**   Italian monetary unit
il **macellaio**   butcher
il **mezzogiorno**   noon
il **pane**   bread
la **primavera**   spring
la **stagione**   season
il **supermercato**   supermarket

Aggettivi

caro   dear, expensive
comune   common
fresco   fresh
surgelato   frozen

Verbi

costare   to cost
desiderare   to wish
preferire(isc)   to prefer
sa (from **sapere**)   you know (*pol. sing.*)
vendere   to sell
vuole (from **volere**)   you want (*pol. sing.*)

Altri vocaboli

ancora   still
oggi   today
ormai   by now
quanto?   how much?
soltanto   only
stamani   this morning
troppo   too, too much
veramente   really, truly

Espressioni

all'antica   old-fashioned style
altro?   anything else?
che. . .!   what. . .!
che ore sono?   what time is it?
fare la spesa   to shop (for food)
vero?   right?

Presto = early

È ancora presto = it is still early—

[Grammatica]

I. Pronomi personali in funzione di complemento oggetto—forme atone (Direct object pronouns: unstressed forms)

Direct object pronouns are always used in conjunction with a verb, and therefore are called *conjunctive pronouns*. In general they precede the verb.

mi	*me*		ci	*us*
ti	*you* (familiar singular)		vi	*you* (familiar plural)
lo	*him, it* (masculine)		li	*them* (masculine)
la	*her, it* (feminine)		le	*them* (feminine)
La	*you* (polite singular)		Li	*you* (polite masculine)
			Le	*you* (polite feminine)

Mi, ti, lo, la, vi generally drop the vowel before another vowel or an **h**, and replace it with an apostrophe. When **La, Li, Le** mean "you", they are normally capitalized. When the pronoun refers to a mixed group, the masculine form **li** or **Li** is used.

Sono mele mature, **le** vuole?	*They are ripe apples; do you want them?*
Ci incontrano davanti alla drogheria.	*They meet **us** in front of the grocery store.*
Conosci Mario e Luisa?	*Do you know Mario and Louise?*
Sì, **li** conosco bene.	*Yes, I know **them** well.*
Questo latte non è fresco, non **lo** compro.	*This milk is not fresh, I will not buy **it**.*

Note   (Last example above): In a negative sentence the conjunctive pronouns come between **non** and the verb.

II. Le stagioni dell'anno (The seasons of the year)

la primavera	*spring*		l'autunno	*fall*
l'estate	*summer*		l'inverno	*winter*

Primavera and **estate** are feminine, **autunno** and **inverno** are masculine. In the spring, in the summer, etc. are best translated **in primavera, in estate, in autunno, in inverno.**

III. Numeri cardinali da 21 a 100
(Cardinal numerals from 21 to 100)

21 ventuno	28 ventotto	40 quaranta
22 ventidue	29 ventinove	50 cinquanta
23 ventitrè	30 trenta	60 sessanta
24 ventiquattro	31 trentuno	70 settanta
25 venticinque	32 trentadue	80 ottanta
26 ventisei	33 trentatrè	90 novanta
27 ventisette	38 trentotto	100 cento

Note   (a) **venti, trenta, quaranta, cinquanta, sessanta, settanta, ottanta,** and **novanta** drop the final vowel when they combine with **uno** or **otto**; (b) when **tre** is added to **venti, trenta,** etc., it requires an accent.

Cento means *one hundred,* and therefore the English *one* before *hundred* is never translated into Italian.

IV. L'ora (Time of Day)

1. The Italian equivalent of the question "What time is it?" is either **che ora è?** or **che ore sono?** The reply, or statement, is (*a*) singular for *one o'clock, noon,* and *midnight;* (*b*) plural for the other hours.

È l'una.	*It **is** one o'clock.*
È mezzogiorno.	*It **is** noon.*
È mezzanotte.	*It **is** midnight.*
Sono le due (le tre, le cinque, etc.)	*It is two (three, five, etc.) o'clock.*
Sono le tre in punto.	*It is **exactly** three o'clock.*

It should be noted that the word for *time* (**ora** in the singular, **ore** in the plural) is implied but not expressed in giving the time of day.

2. The following idiomatic constructions are used to express fractions of time.

È l'una **e dieci (quindici, venti,** etc.)	*It is one **ten (fifteen, twenty,** etc.)*
Sono le tre **e un quarto.**	*It is **a quarter past** three.*
Sono le cinque **e mezzo.**	*It is five-**thirty.***
Sono le otto meno venti. (*lit.* "eight minus twenty") *or:* **Mancano venti minuti** alle otto. (*lit.* "twenty minutes are lacking to eight")	*It is **twenty minutes to** eight.*
È mezzogiorno **meno un quarto.** *or:* **Manca un quarto** a mezzogiorno.	*It is **a quarter to** twelve (noon).*
A che ora?	*At what **time?***
A mezzogiorno, alle sei, alle nove e mezzo.	*At **noon,** at **six,** at **nine-thirty.***

3. In referring to train (boat, *etc.*) schedules, theatrical performances, and office hours, Italians sometimes continue counting after twelve (noon) to twenty-four (midnight). In everyday conversation, however, when clarification is needed, it is more common to count from 1 to 12 and to use: **di mattina** A.M. (lit. "of the morning"), **del pomeriggio** early P.M. (lit. "of the afternoon"); and **di sera,** late P.M. (lit. "of the evening").

Il treno parte **alle venti.**	*The train leaves at **8** P.M.*
I cugini arrivano **alle sette di mattina (di sera).**	*The cousins will arrive at **7** A.M. (P.M.).*

V. Uso idiomatico della preposizione *da* (Idiomatic use of the preposition **da**)

Before a name, surname, a pronoun, and before a noun which refers to a person, **da** translates in English as *at somebody's office, place, at the house of,* etc.

Stasera mangiamo **da Alfredo.**	*Tonight we will eat at **Alfredo's.***
Non è a casa, è **dal barbiere.**	*He is not at home, he is at **the barber's.***
Tutte le sere vanno **dai Caracci.**	*Every evening they go to the **Caracci's.***

Note   With a first name no article is needed.

VI. Plurale dei nomi (*continuazione*). (Plural of nouns, (*continued*))

Nouns ending in an accented vowel (including the monosyllabic **il re,** *king,* and **il tè,** *tea*) are invariable.

la **città**	*the city*	le **città**	*the cities*
l'**università**	*the university*	le **università**	*the universities*
il **tassì**	*the taxi*	i **tassì**	*the taxis*

Esercizi

A. Dare risposte affermative e sostituire al complemento diretto il pronome corrispondente. (*Answer the following questions affirmatively using direct object pronouns.*)

Esempio   Studi *il pronome?*   →   Sì, lo studio.

1. Studi *i verbi?*
2. Studi *le parole nuove?*
3. Studi *la matematica?*
4. Studi *l'italiano?*

5. Studi *l'italiano e il francese?*
6. Studi *la matematica e l'economia?*
7. Studi *la grammatica e il vocabolario?*
8. Studi *i vocaboli e le espressioni?*

B. Rispondere negativamente alle domande seguenti e sostituire al complemento diretto il pronome corrispondente. (*Answer the following questions in the negative using direct object pronouns*.)

Esempio   Alzi *il ricevitore?*   →   No, non lo alzo.

1. Trovi *le dispense di economia?*
2. Studi *i verbi italiani?*
3. Capisci *il pronome complemento oggetto?*
4. Occupi *questa tavola?*
5. Vedi sempre *Anna e Franco?*
6. Scrivi *il compito di italiano e quello di francese?*
7. Compri *queste belle fragole?*
8. Hai *il salotto e la sala da pranzo?*
9. Preferisci *la frutta fresca?*

C. Rispondere alle domande secondo le indicazioni. Sostituire al complemento oggetto il pronome corrispondente. (*Answer the questions as indicated and use the correct form of the direct object pronoun*.)

Esempio   Comprate questo elettrodomestico? (no)   →   No. Non lo compriamo.
            Mi conoscete (sì)   →   Sì, ti conosciamo.

1. Capite i pronomi congiuntivi? (sì)
2. Comprate le fragole surgelate? (no)
3. Mangiate la carne e il pesce? (sì)
4. Finite questo esercizio? (sì)
5. Conoscete bene Anna e Franco? (sì)
6. Avete un appuntamento stasera? (no)
7. Mi capisci? (no)
8. Ci conosci? (sì)
9. Mi conoscete? (no)
10. Ci vedi? (sì)
11. Vi vedo? (sì)
12. Ti capisco sempre? (no)

D. Dire che ora è in italiano. (*Say what time it is in Italian*.)

1. It is 5:00.
2. It is 3:45.
3. It is 1:15.
4. It is 1:45.
5. It is 4:00 a.m.
6. It is 10:00 p.m.

E. Usando l'orario ufficiale basato sulle ventiquattro ore, preparare delle frasi con il verbo **arrivare**. (*Using the twenty-four-hour time system, form sentences with the verb **arrivare**.*)

Esempio   3:00 a.m.   →   Arrivano alle tre.

1. 7:30 a.m.
2. 1:00 p.m.
3. 4:15 p.m.
4. 12:00 a.m.
5. 8:00 p.m.
6. 1:30 p.m.

F. Rispondere alle domande seguenti. (*Answer the following questions*.)

1. A che ora arrivi all'università?
2. A che ora mangi oggi?
3. A che ora ritorni a casa oggi?
4. A che ora vai all'appuntamento?
5. A che ora ritorni dal cinema?
6. A che ora andate al supermercato?

Rielaborazione

Dare l'equivalente italiano delle frasi seguenti. (*Give the Italian equivalent of the following sentences.*)

1. I see many beautiful buildings. Yes, I see them.
2. We're going to Mary's (place); we see her in the living room.
3. Do Americans shop the old-fashioned way?
4. I buy carrots and string beans at the greengrocer's.
5. I am a good customer. I buy lots of strawberries. I always buy them.
6. Mrs. Borghini buys fresh fruit. She prefers it.
7. We see supermarkets in all Italian cities.
8. String beans are expensive today because they are the first of the season.
9. It isn't spring, unfortunately.
10. In the winter I am always cold and in the summer I am warm. I am fine in the fall.

Componimento

Preparare un breve componimento riorganizzando le risposte alle domande seguenti. (*Prepare a short composition using the answers to the following questions as a basis*.)

1. Chi studia italiano?
2. Dove? Perchè?
3. Studia molto o poco?
4. Ha un professore o una professoressa? È americano(-a) o italiano(-a)?
5. Lei, risponde sempre alle domande del professore?
6. Quando non risponde?
7. Prende molti appunti?
8. Ha sonno quando arriva all'Università?
9. Dove Lei mangia è buono il cibo? Costa molto?
10. Quando ritorna a casa, va a dormire?

La prima colazione

Signor Borghini:	Buon giorno, Emilia, buon giorno, ragazze.
Signora Borghini:	Buon giorno, Paolo.
Vanna e Marina:	Buon giorno, papà.

Sono le sette e mezzo di mattina e la famiglia Borghini è già seduta a tavola per la prima colazione.

Signor Borghini:	Ho dormito molto bene e ora ho fame.
Signora Borghini:	Com'è andata la riunione ieri sera, Paolo?
Signor Borghini:	È stata molto interessante. È venuto anche il direttore . . . Lo zucchero, per favore.
Vanna:	Ecco. Ancora caffè?
Signor Borghini:	No, grazie. Com'è forte questo caffè! Ho parlato con molti ragionieri.
Signora Borghini:	Hai veduto anche il Dottor Corso?
Signor Borghini:	No, non l'ho veduto. (*Prende un altro panino, del burro e della marmellata.*) E qua a casa che c'è di nuovo? Come va la scuola, Marina?
Marina:	Sempre la stessa storia. Niente di nuovo.
Signor Borghini:	(*a Vanna*) E all'agenzia?
Vanna:	Abbiamo due novità: una gita a Parigi e una a Londra.
Marina:	Mamma, c'è ancora caffellatte?
Signora Borghini:	No, è finito.
Marina:	Che peccato!
Signor Borghini:	(*Guarda l'orologio.*) Sono le otto e un quarto e al solito sono in ritardo. Ciao.

Domande

A che ora è già seduta a tavola la famiglia Borghini?
Ha dormito bene il signor Borghini?
Chi è andato alla riunione?
Che mangia il signor Borghini per la prima colazione?
Cosa c'è di nuovo a scuola?
Con chi ha parlato il signor Borghini?
Perchè Marina dice « Che peccato! »?
Che novità ci sono all'agenzia di viaggi?
Che ore sono quando il signor Borghini guarda l'orologio?

Vocabolario

Sostantivi

il **burro** butter
il **caffè** coffee
il **caffellatte** coffee with milk
la **colazione** lunch; **la prima colazione**
   breakfast
il **direttore** director
   Emilia Emily
la **gita** trip, excursion
   Londra London
la **marmellata** jam
la **novità** news
l' **orologio** watch, clock
il **panino** roll
   Paolo Paul
   Parigi (*f.*) Paris
la **riunione** meeting
la **storia** story
lo **zucchero** sugar

Aggettivi

forte strong
interessante interesting
stesso same

Verbi

guardare to look (at)
seduto seated
stata (*pp.* of **essere**) to be
venuto (*p.p. of* **venire**) to come

Altri vocaboli

ancora more
come how
già already
ieri yesterday

Espressioni

came **al solito** as usual
che peccato! what a pity!
come va la scuola? how is school going?
essere in ritardo to be late (*of a person or thing*)
ieri yesterday; **ieri sera** last night
niente di nuovo nothing new
per favore please

Grammatica

I. Il participio passato (The past participle)

The past participle of regular verbs is formed by dropping the infinitive ending and adding to the stem: **-ato** for verbs in **-are**, **-uto** for verbs in **-ere**, and **-ito** for verbs in **-ire**.

parl-are	*to speak*	parl-ato	*spoken*
ripet-ere	*to repeat*	ripet-uto	*repeated*
cap-ire	*to understand*	cap-ito	*understood*

Many verbs, particularly those in **-ere**, have irregular past participles. Some common irregular past participles are:

scrivere	*to write*	scritto	*written*
leggere	*to read*	letto	*read*
rispondere	*to answer*	risposto	*answered*
prendere	*to take*	preso	*taken*
vedere	*to see*	visto	
		(*and:* veduto)	*seen*
aprire	*to open*	aperto	*opened*
venire	*to come*	venuto	*come*

The past participle is sometimes used as an adjective. In such cases it agrees in number and gender with the noun it modifies:

Il mio colore **preferito.**	*My **favorite (preferred)** color.*
La lezione è **finita.**	*The lesson is **finished.***
Gli esami sono **scritti** in italiano.	*The examinations are **written** in Italian.*
Le canzoni **cantate** a Natale.	*The songs **sung** at Christmas.*

II. Il passato prossimo (Present perfect)

The present perfect is used to express a completed past action or event. As the Italian term indicates, it is usually used to refer to an action completed in a recent past. It is formed by adding the past participle of the verb to the present indicative of the auxiliary verb. Italian has two auxiliaries, **avere** *to have,* and **essere,** *to be.*

1. In general, transitive verbs are conjugated with **avere.** Transitive verbs are those verbs that express an action that carries over from a subject to a direct object: e.g., The teacher *explains* the lesson.

Avere parlato *to have spoken*

In Italia ho **parlato italiano** | *In Italy I spoke Italian*
ogni giorno. | *every day*

Singolare		
	io ho parlato	*I have spoken, I spoke*
	tu hai parlato	*you have spoken, you spoke*
	lui ha parlato	*he has spoken, he spoke*
	lei ha parlato	*she has spoken, she spoke*
	Lei ha parlato	*you have spoken, you spoke*

Plurale		
	noi abbiamo parlato	*we have spoken, we spoke*
	voi avete parlato	*you have spoken, you spoke*
	loro ⎱ hanno parlato	*they* ⎱ *have spoken, spoke*
	Loro ⎰	*you* ⎰

The past participle of verbs conjugated with **avere** agrees with the preceding direct object pronouns **la, le, li;** it may agree with the preceding direct object pronouns **mi, ti, ci, vi.**

Ho mangiato **la frittata.** | *I have eaten **the omelet.***
L'ho **mangiata.** | *I have **eaten it.***
Abbiamo comprato **le uova.** | *We have bought **the eggs.***
Le abbiamo **comprate.** | *We have **bought them.***
Ci hanno **veduti** (or **veduto**). | *They saw **us.***

Agreement is optional if the direct object is not a personal pronoun, but when the past participle is followed by an infinitive there is no agreement.

Questa è **l'automobile che** | *This is the **automobile that**
abbiamo veduto (*or:* | ***we saw** yesterday.*
veduta) ieri. |

but I **mirtilli** che ho dimenticato | *The **blueberries** I have
di **mangiare.** | *forgotten to **eat.***
Le pere che ho desiderato | *The **pears** I wished to **buy.***
comprare. |

2. Many intransitive verbs (verbs which do not take an object) especially those expressing motion (such as **arrivare** *to arrive,* **partire** *to depart, to go away,* **entrare** *to enter,* **uscire** *to go out,* **restare** *to stay, to remain,* **andare** *to go,* **venire** *to come,* [the past participle of **venire** is **venuto**] etc.) are conjugated with the auxiliary **essere** *to be,* and their past participles always agree with the subject.

Ẹssere arrivato *to have arrived*

Io sono arrivato(-a) presto.	*I have arrived early.*

io **sono arrivato(-a)**	*I have arrived, I arrived, etc.*
tu **sei arrivato(-a)**	
lui **è arrivato**	
lei **è arrivata**	
Lei **è arrivato(-a)**	

noi **siamo arrivati(-e)**	
voi **siete arrivati(-e)**	
loro **sono arrivati(-e)**	
Loro **sono arrivati(-e)**	

Benvenuta, **signorina,** quando è **arrivata?**	*Welcome,* **Miss,** *when* **did you arrive?**
Benvenuti, **signori,** quando **sono arrivati?**	*Welcome,* **gentlemen,** *when* **did you arrive?**
Sono venuti, ma non **sono restati** molto.	*They* **came,** *but they* **did not stay** *long.*

III. Il passato prọssimo di *avere, ẹssere* (Present perfect of **avere, ẹssere**)

Avere avuto *to have had*

Io ho avuto molto tempo.	*I have had lots of time.*

io **ho avuto**	*I have had, I had, etc.*
tu **hai avuto**	
lui **ha avuto**	
lei **ha avuto**	
Lei **ha avuto**	

noi **abbiamo avuto**	
voi **avete avuto**	
loro **hanno avuto**	
Loro **hanno avuto**	

Ẹssere stato(-a) *to have been*

Io sono stato(-a) a Venẹzia.	*I have been in Venice.*

io **sono stato(-a)**	*I have been, I was, etc.*
tu **sei stato(-a)**	
lui **è stato**	
lei **è stata**	
Lei **è stato(-a)**	

noi **siamo stati(-e)**	
voi **siete stati(-e)**	
loro **sono stati(-e)**	
Loro **sono stati(-e)**	

IV. Avverbi di tempo (Adverbs of time)

In a compound tense certain adverbs of time such as **già**, *already*, **mai**, *ever, never*, **ancora**, *yet, still*, **sempre**, *always*, are placed between the auxiliary verb and the past participle.

Il caffè è **già** pronto.	The coffee is ready **already.**
Non hanno **mai** assaggiato questo formaggio.	They have **never** tasted this cheese.
Non sono **ancora** arrivati?	Haven't they arrived **yet?**
Sono **sempre** venuti in ritardo.	They **always** came late.

In an interrogative sentence, **mai** may follow the compound tense.

Hai mangiato **mai** il risotto alla milanese?	Have you **ever** eaten rice Milanese style?

V. Uso idiomatico di *Che!, Come!, Quanto!* (Idiomatic use of **Che!, Come!, Quanto!**).

In exclamatory sentences:

a. Che! translates the English "what!", "What a!"

Che fortuna!	**What** luck!
Che disastro!	**What** a disaster!
Che bei fiori!	**What** beautiful flowers!

b. Come! and **Quanto!** (the latter is invariable in such constructions) translate the English "How!", but note that they are immediately followed by the verb.

Com'è (or **Quant'è**) bella!	How beautiful she is!
Come (or **Quanto**) sono interessanti!	How interesting they are!

Esercizi

A. Dare il participio passato di ciascuno dei seguenti infiniti. (*Give the past participle of each of the following infinitives.*)

trovare	continuare	vedere	abitare	parlare
avere	vendere	occupare	finire	preferire

B. Dare l'infinito di ciascuno dei seguenti participi passati. (*Give the infinitive of each of the following past participles.*)

conosciuto	partito	mangiato	invitato	costato
ritornato	dormito	pagato	capito	squillato

C. Rispondere alle domande seguenti secondo le indicazioni. (*Answer the following questions.*)

Esempio   Ha pagato Giovanni? (io)   →   No, ho pagato io.

1. Ha cominciato Giovanni? (noi)
2. Ha lavorato Giovanni? (Anna)
3. Giovanni ha venduto la casa? (loro)
4. Giovanni ha trovato le dispense? (io)
5. Giovanni ha cominciato a parlare? (io e Anna)
6. Giovanni ha raccomandato il pesce? (Anna e Michele)
7. Giovanni ha occupato questa tavola? (tu)
8. Giovanni ha veduto quel bell'edificio? (voi)

D. Formare nuove frasi, secondo gli esempi. (*Form new sentences as indicated in the examples.*)

Esempio   Gina   →   Anche Gina è andata a casa.

1. i signori Borghini
2. io
3. io (*masc.*) e Marina
4. tu (*fem.*) e Marina

Esempio   voi   →   Anche voi siete ritornati all'una?

1. Giacomo, il fruttivendolo
2. il fornaio e il macellaio
3. quei due studenti
4. Marina e Emilia

Esempio   Mariella   →   Perchè Mariella non è uscita?

1. le ragazze
2. il professore e la professoressa
3. io (*masc.*) e Graziella
4. tu (*fem.*) e Vanna

E. Volgere le frasi seguenti al passato prossimo aggiungendo l'avverbio **ieri.** (*Change the following sentences to the present perfect, adding the adverb* **ieri**.)

Esempio   Non capiamo bene.   →   Ieri non abbiamo capito bene.

1. La signora Maratti alza il ricevitore.
2. Non trovo le dispense.
3. Mario e Michele restano qui.
4. Loro vedono i nuovi elettrodomestici.
5. A che ora arrivi tu (*fem.*)?
6. Ho lezione d'italiano.
7. Gianni dorme otto ore.
8. Lui ritorna dal Liceo alle tre del pomeriggio.
9. Lui e lei vanno al cinema.
10. Tutti gli studenti ripetono il participio.

F. Rispondere alle domande seguendo le indicazioni date nell'esempio. (*Answer the following questions in complete sentences according to the example.*)

Esempio   Studi?   →   No, non studio perchè ho studiato molto ieri.

1. Studiate?
2. Mangi?
3. Mangiamo noi?
4. Dormi?
5. Dormo io?
6. Parli?
7. Parlate?
8. Lavori?
9. Lavorate?
10. Lavoro io?

G. Volgere le frasi seguenti al passato prossimo e sostituire al complemento diretto il pronome corrispondente, facendo i cambiamenti necessari. (*Change the following sentences to the present perfect using the correct form of the direct object pronouns.*)

Esempio   Mario trova le dispense.   →   Mario le ha trovate.

1. Anche io compro le fragole surgelate.
2. Mangiamo il pesce e il panino.
3. Vendo tutti i fagiolini.
4. Vedi il dottor Corso?
5. Perchè non capite i pronomi?
6. Capisci questa spiegazione?
7. La signora guarda quelle scarpe.
8. Comprate il pane dal fornaio?
9. Non abbiamo tempo.
10. A Venezia visito i musei.

H. Rispondere alle domande seguendo l'esempio. (*Answer the following questions according to the example*.)

Esempio   Scrivi questo esercizio?   →   No, l'ho già scritto.

1. Comprate lo zucchero?
2. Vedete Vanna e Marina?
3. Compri la verdura e la frutta?
4. Vendete quell'appartamento?
5. Guardi l'orologio?
6. Guardate l'ora?
7. Inviti Gianni e Franco?
8. Visiti quel museo?
9. Cominciate la nuova lezione?
10. Studiate la matematica e l'economia?

Rielaborazione

Dare l'equivalente italiano delle frasi seguenti. (*Give the Italian equivalent of the following sentences*.)

1. I slept eight hours and I am still sleepy.
2. How good this roll is!
3. The class notes? I didn't find them.
4. Frozen vegetables are very expensive.
5. What a beautiful city!
6. Yesterday I ate a roll with butter, as usual.
7. Why are you (*s. familiar*) always late?
8. We went to the meeting with Emily.
9. What a pity! This coffee is not very strong.
10. Always the same story: he went to Paris and she went to London.

Situazione pratica

Comporre un dialogo basato sulla situazione seguente. (*Prepare a dialogue based on the following situation*.)

You are having breakfast with a friend. Ask if he (she) slept well, and for how long. Ask also about his (her) day, yesterday, and briefly describe your own. Comment on what you are eating, and talk about what you plan to do today, at what time.

Che bella giornata!

Oggi è domenica. È una bella giornata di primavera. Vanna è vicino alla porta, pronta a uscire di casa, e parla con sua sorella.

Vanna:	Che bella giornata!
Marina:	Fantastica. È un peccato stare a casa.
Vanna:	Davvero. Io, infatti, non resto a casa.
Marina:	No? Dove vai?
Vanna:	A fare una scampagnata con alcuni amici.
Marina:	Quali amici?
Vanna:	I miei soliti amici, Gianni, Carlo, Adriana e Luisa.
Marina:	Andate con la nostra macchina?
Vanna:	No. Carlo porta la sua; è più grande. E tu che fai?
Marina:	Sto qui, purtroppo. Il professor Tucci ha dato un sacco di lavoro per domani.
Vanna:	Che brutto scherzo! È domenica, è una splendida giornata. Oggi non è una giornata per studiare.
Marina:	Pazienza!
Vanna:	Hai veduto i miei occhiali da sole?
Marina:	No. Se non li trovi ti do i miei.
Vanna:	Grazie. Li ho trovati. Eccoli, nella mia borsetta.
Marina:	Oh, ecco papà e mamma.
Signor Borghini:	Noi andiamo a fare due passi alle Cascine. Voi che fate?
Vanna:	Io vado con alcuni amici.
Marina:	Io, invece, resto a casa a studiare.
Signora Borghini:	Mi dispiace. Desideri qualche cosa?
Marina:	No, grazie.
Vanna:	(*a Marina*) Ciao. Buon divertimento!
Marina:	Quanto sei spiritosa!

Domande

1. Che giorno è quando Vanna è pronta a uscire?
2. Con chi va a fare una scampagnata?
3. Con quale macchina vanno e perchè?
4. Marina parla di un brutto scherzo. Quale brutto scherzo?
5. Che cosa non trova Vanna?
6. Vanno a fare una scampagnata anche il papà e la mamma?
7. E Marina cosa fa?
8. Perchè Marina dice « Quanto sei spiritosa » a Vanna?

Vocabolario

Sostantivi

la **borsetta**   handbag, purse
   Carlo   Charles
le **Cascine**   a park in Florence
la **giornata**   day (*descriptive*)
il **lavoro**   work
   Luisa   Louise
la **macchina**   car, automobile
gli **occhiali da sole**   sunglasses
la **pazienza**   patience
la **porta**   door
la **scampagnata**   outing, picnic
lo **scherzo**   joke, prank: **che brutto scherzo!**
   what a dirty trick!

Aggettivi

fantastico   fantastic
solito   usual
splendido   splendid

è più – it is more.

Verbi

portare   to take, bring
restare   to remain
stare   to stay, remain
trovare   to find

Altri vocaboli

davvero   really
eccoli   here they are
infatti   in fact
invece   instead
qui   here
se   if, whether
vicino (a)   near

Espressioni

è un peccato   it's a shame
fare due passi   to take a short walk
fare una scampagnata   to go on an outing, a
   picnic
un sacco di   a lot of
quanto sei spiritosa!   aren't you funny!

Grammatica

I. Aggettivi e pronomi possessivi (Possessive adjectives and pronouns)

	Singolare		Plurale		
Maschile	**Femminile**	**Maschile**	**Femminile**		
il mio	la mia	i miei	le mie	*my, mine*	
il tuo	la tua	i tuoi	le tue	*your, yours (familiar)*	
il suo	la sua	i suoi	le sue	*his, her, hers, its*	
il Suo	la Sua	i Suoi	le Sue	*your, yours (polite)*	
il nostro	la nostra	i nostri	le nostre	*our, ours*	
il vostro	la vostra	i vostri	le vostre	*your, yours (familiar)*	
il loro	la loro	i loro	le loro	*their, theirs*	
il Loro	la Loro	i Loro	le Loro	*your, yours (polite)*	

As shown in the preceding chart, the forms for the possessive pronouns and adjectives are identical.

1. Possessive adjectives and pronouns are usually preceded by the definite article.

Anna va con **la sua** bicicletta e io con **la mia.**	*Ann goes with **her** bicycle and I with **mine.***

2. The definite article, which precedes the Italian possessive adjectives, is omitted in direct address, and before a singular, unmodified noun denoting family relationship, except **mamma** (*mom*) and **papà** (*dad*).

Buon giorno, **mio** caro nipote.	*Good morning, **my** dear nephew.*
Anna scrive a **sua madre.**	*Ann is writing to **her** mother.*
but **La mia mamma** è ancora giovane.	***My mom** is still young.*

Anna scrive **alla sua vęcchia madre.**	*Ann is writing **to her old mother.***
Anna scrive **ai suoi fratelli.**	*Ann is writing **to her brothers.***

With the possessive **loro** the article is never omitted.

Conosco **il loro zio.**	*I know **their uncle.***

3. Possessives agree in gender and number with the *object possessed* not, as in English, with the *possessor*.

Anna ama **i suoi nonni.**	*Ann loves **her grandparents.***
Carlo vede **le sue sorelle** ogni giorno.	*Charles sees **his sisters** every day.*

4. Possessive adjectives are usually repeated before each noun to which they refer.

La tua camįcia e **la tua** cravatta sono sulla sędia.	***Your** shirt and tie are on the chair.*

5. To avoid ambiguity, instead of **il suo libro**, *his, her book*, one may say **il libro di lui (lei)**, *his (her) book*.

Prendiamo l'ombrello **di lei**, non **di lui.**	*We are taking **her** umbrella, not **his.***

II. Gli aggettivi e pronomi interrogativi *quale* **and** *quanto*
(Interrogative adjectives and pronouns **quale** and **quanto**)

Quale?	*Which? Which one?*
Quanto?	*How much?*

Quanto has these forms: **quanto, quanta, quanti, quante.**

Quanto pane?	***How much** bread?*
Quanta carne?	***How much** meat?*
Quanti pomodori desįdera?	***How many** tomatoes do you wish?*
Compro delle mele.— **Quante?**	*I will buy some apples.— **How many?***
Quanto costa (cǫstano)?	***How much** does it (do they) cost?*

Quale has these forms: **quale, quali.**

Quale zio è in Itǎlia?	***Which** uncle is in Italy?*
Quale automǫbile preferisce?	***Which** car do you prefer?*
Quali occhiali vuole?	***Which** eyeglasses do you want?*
Quali ragazze ci sono?	***Which** girls are there?*

Before **è**, *is*, **quale** usually drops the **e.**

Quǎl è la pronųnzia corretta?	***Which** is the correct pronunciation?*

III. Il partitivo (continuazione)
The partitive (*continued*)

The partitive idea *some* or *any,* which as we saw (Lesson 5, section II) may be expressed by **di** and the definite article, may be expressed also as follows:

1. By **alcuni (-e).**

Ho **alcune cugine** e **alcuni cugini,** ma non molti.	I have **some** cousins, but not many.

2. By **qualche** and the singular form of the noun.

Ogni giorno scrivo **qualche lettera.**	Every day I write **some letters.**

Note that: **alcuni** and **qualche** may be used only when *some* or *any* stand for "several," "a few."

3. By **un po' di,** when *some, any* mean *a little, a bit of.*

Ho mangiato **un po' di** pane e **un po' di** burro.	I ate **some** bread and **some** butter.

4. Note that only **alcuni (-e)** and **un po'** can be used as pronouns.

Quante **persone** ci sono nella banca? — **Alcune.**	How many **people** are there in the bank? — **Some.**
Parla **inglese** tuo padre? — **Un po'.**	Does your father speak **English? —Some.**

IV. Presente indicativo di *dare* e *stare* (Present indicative of **dare** and **stare**)

Both verbs are irregular in the present indicative.

Dare *to give*	**Stare** *to stay**
Oggi do un ricevimento.	Sto a casa tutto il giorno.
Today I am giving a reception.	*I stay at home all day.*

do	sto
dai	stai
dà	sta
diamo	stiamo
date	state
danno	stanno

* As we saw in the introductory lesson on common phrases, **stare** is used to express health: **Come stanno i tuoi genitori?** *How are your parents?*

Esercizi

A. Volgere le frasi seguenti al plurale facendo i cambiamenti necessari. (*Change the following sentences to the plural, making all necessary changes*.)

Esempio   Ecco la sua automobile!   →   Ecco le sue automobili!

1. Ecco il suo professore!
2. Ecco il mio amico!
3. Ecco la tua borsetta!
4. Ecco la loro scarpa!
5. Ecco il tuo vestito!
6. Ecco il nostro panino!

B. Volgere le frasi seguenti al singolare facendo i cambiamenti necessari. (*Change the following sentences to the singular making all necessary changes*.)

Esempio   Questi sono i miei vestiti.   →   Questo è il mio vestito.

1. Queste sono le mie calze.
2. Questi sono i tuoi panini.
3. Queste sono le nostre camere.
4. Questi sono i suoi orologi.
5. Questi sono i miei clienti.
6. Questi sono i loro amici.

C. Rispondere alle domande seguenti, adoperando la forma appropriata dell'aggettivo e del pronome possessivo di prima persona singolare. (*Answer the following questions, in the first person singular, using the correct form of the possessive adjective and the possessive pronoun*.)

Esempio   Sono gli amici di Marina?   →   No, non sono i suoi amici. Sono i miei.

1. È l'appartamento di Vanna?
2. È la scuola di Carlo?
3. È la città di Vanna e di Marina?
4. È il macellaio della signora Borghini?
5. Sono le fragole di Luisa?
6. Sono gli occhiali dei tuoi amici?

D. Seguendo l'esempio, comporre frasi interrogative facendo tutti i cambiamenti necessari. (*Following the example, form questions making all necessary changes*.)

Esempio   figlio   →   Hai conosciuto suo figlio?

1. figlia
2. figlie
3. zii
4. zia
5. padre
6. giovane fratello
7. fratelli
8. fratello
9. madre
10. vecchio zio

E. Comporre frasi con le parole indicate e fare i cambiamenti necessari. (*Form sentences using the words listed and make all necessary changes*.)

Esempio   ditta   →   È la mia ditta. (firm)

1. appartamento
2. compagne di scuola
3. madre
4. ombrelli
5. fratello
6. famiglia
7. figlie
8. fiori
9. vecchia madre
10. caro padre

F. Rispondere alle seguenti domande. (*Answer the following questions.*)

1. Qual è il tuo attore preferito?
2. Hai molte lezioni? Quante lezioni hai avuto ieri?
3. Quale macchina preferisci?
4. Oggi, scrivi a un amico o un'amica?
5. Che cosa scrivi ora?
6. Quanti caffè prendi ogni giorno?
7. Quanti centesimi costa un caffè alla mensa dello studente?
8. Quali esercizi preferisci?

G. Comporre le domande che corrispondono alle risposte seguenti. (*Form any possible questions based on the following answers.*)

Esempio   Le carote costano molto.   →   Quanto costano le carote?
                                                          Che cosa costa molto?

1. Questa è la pronunzia corretta.
2. Noi abbiamo comprato molte fragole.
3. I fagiolini costano 80 lire all'etto.
4. Il padre ha mangiato questo panino.
5. La madre mangia due panini.
6. Gli studenti preferiscono quegli esercizi, non questi.
7. Arrivano oggi, non domani.
8. Il fruttivendolo ha raccomandato i pomodori.

H. Riscrivere le frasi seguenti sostituendo un'altra espressione partitiva. (*Change the following sentences, using another form of the partitive.*)

Esempio   Abbiamo comprato dei libri interessanti   →   Abbiamo comprato alcuni libri interessanti.
                                                                              Abbiamo comprato qualche libro interessante.

1. Oggi mangio della carne e dell'insalata.
2. Ogni giorno scrivo qualche lettera.
3. Il signor Borghini ha mangiato alcuni panini.
4. La signora prende del caffè.
5. Dal fornaio ho comprato un po' di pane.
6. Grazie! Preferisco dei panini e un po' di marmellata.
7. Con il pane, il padre preferisce del burro.
8. Ieri ho comprato qualche mela e alcuni zucchini.

I. Completare le frasi seguenti con l'espressione partitiva corretta. (*Complete the following sentences with the correct partitive expression.*)

   alcune, delle, un po' di, qualche, alcuni, dei

1. Oggi preferisco _____ vino.
2. Abbiamo _____ lezioni nell'edificio nuovo.
3. Vuole _____ pomodoro o _____ fagiolini?
4. Grazie. Preferisco comprare _____ fragole.
5. _____ studenti non rispondono.

Firenze: Veduta da Piazzale Michelangelo

Rielaborazione

Dare l'equivalente italiano delle frasi seguenti. (*Give the Italian equivalent of the following sentences.*)

1. Every day Vanna eats some rolls with a little butter.
2. My father and my mother are not American.
3. Professor Tucci is giving a reception for some new students.
4. How much does that fish cost?
5. If you don't bring your car, I'll bring mine.
6. Which building do you prefer? This one or that one?
7. Today I don't have my sunglasses. I did not bring them.
8. Gianni, Michele! Aren't you funny!
9. I finished all my exercises. Now I am going downtown.
10. This is really a bad joke: it is Sunday and you are staying home because you prefer to study.

Aspetti di vita italiana: **La casa e la famiglia**

Quando un italiano dice: «Perchè non vieni a casa mia?» la casa è molto probabilmente un appartamento. Come la famiglia Borghini, la maggioranza delle famiglie nelle città italiane abita in appartamenti e molto spesso in condomini. Il condominio è una novità in America, ma in Italia esiste da quasi sessant'anni.

Anche oggi la famiglia è molto importante nella vita italiana. Di solito la famiglia italiana consiste dei genitori e di uno o due figli; ma spesso anche uno o due nonni abitano nella stessa casa, e a volte qualche zia. I legami che uniscono la famiglia italiana sono molto forti.

Gli Italiani preferiscono abitare vicino al centro della città, ma gli appartamenti vicino al centro sono molto cari mentre in periferia costano meno. Le città italiane di solito hanno un ottimo servizio di autobus o filobus, e a Roma e a Milano c'è anche la metropolitana.

a volte *sometimes* / di solito *usually* / il figlio *son;* figli *children* / il filobus *trackless trolley* / il genitore *parent* / il legame *bond, tie* / la maggioranza *majority* / meno *less* / la metropolitana *subway* / il nonno *grandfather;* i nonni *grandparents* / la novità *novelty* / ottimo *excellent* / spesso *often* / unire *to unite* / vicino *near* / la zia *aunt*

Domande

1. È una novità il condominio in Italia?
2. Chi abita spesso nella stessa casa in Italia?
3. Dove preferiscono abitare gli Italiani?
4. Dove costano meno gli appartamenti nelle città italiane?
5. Com'è il servizio di autobus nelle città italiane?

Ripetizione II

A Preporre la forma corretta dell'aggettivo **quello,** facendo i cambiamenti necessari. *(Add the correct form of the adjective **quello** making necessary changes.)*

Esempio   il negozio   →   quel negozio

1. la scampagnata
2. l'appartamento
3. le calze
4. gli edifici

5. le automobili
6. lo scherzo
7. i bagni
8. il supermercato

B Dare l'equivalente italiano usando la forma corretta della preposizione articolata **di.** (*Give the Italian equivalents using the correct partitive forms of **di.***)

Esempio   some fruit   →   della frutta

1. some string beans
2. some bread
3. some rolls
4. some pranks

5. some coffee with milk
6. some excursions
7. some jam
8. some sugar

C Invertire il soggetto e il complemento oggetto diretto. Aggiungere la congiunzione **anche.** (*Change the direct object to the subject and viceversa and add the word **anche**.*)

Esempio   Loro mi vedono   →   Anche io li vedo.

1. Io ti conosco bene.
2. Vi capiamo sempre.
3. Li invito a colazione.
4. Voi ci guardate attentamente.

5. Lei li conosce.
6. Lui ci vede.
7. Tu mi inviti la domenica.

D Completare le frasi seguenti con la forma corretta del passato prossimo. (*Complete the following sentences with the correct form of the present perfect.*)

Ieri Vanna e Marina (*andare*) _____ al centro. In Via Verdi (*incontrare*) _____ Gianni. Gianni, Vanna e Marina (*arrivare*) _____ alla Rinascente. Vanna e Marina (*entrare*) _____ . Gianni (*restare*) _____ nella via. Le ragazze (*comprare*) _____ delle scarpe. Alle quattro (*uscire*) _____ ma non (*trovare*) _____ Gianni. Marina (*preferire*) _____ andare a casa. Vanna (*restare*) _____ alla Rinascente.

E Rispondere alle domande seguenti facendo i cambiamenti suggeriti. (*Answer the following questions, making the indicated changes.*)

Esempio   Visitate quel museo?   →   No, l'abbiamo visitato ieri.

1. Compri le fragole?
2. Mangiate i fagiolini?
3. Guardate la televisione?
4. Porti la macchina?

5. Lei ordina il pesce e l'insalata?
7. Comprate le carote e i fagiolini?
8. Hai veduto il ragioniere?

F Completare le frasi seguenti con la forma appropriata dell'aggettivo possessivo. (*Complete the following sentences with the appropriate form of the possessive adjective.*)

Esempio   Ho delle dispense. Sono _____ dispense.   →   Sono le mie dispense.

1. Vanna e Marina hanno degli amici. Sono _____ amici.
2. Anche tu hai dei vestiti. Sono _____ vestiti.
3. La signora Borghini è una cliente di Giacomo. È _____ cliente.
4. Prendiamo del caffè. È _____ caffè.
5. Vanna ha dei bei vestiti. Sono _____ vestiti.
6. Ho due zii. Sono _____ zii.
7. Avete un negozio in periferia. È _____ negozio.
8. I signori Borghini hanno due figlie. Sono _____ figlie.

G Completare le frasi seguenti con l'espressione partitiva appropriata senza fare nessun altro cambiamento. (*Complete the following sentences with the correct partitive form without making any other changes.*)

1. Ho _____ amici inglesi.
2. Buon giorno Giacomo! Desidero _____ fragole surgelate e _____ frutta fresca.
3. Grazie, prendiamo solo _____ panino.
4. _____ agenzia di viaggi non ha escursioni a Londra.
5. Ha dormito _____ ore.
6. Come al solito vuole _____ caffè forte.
7. Ho _____ vestito nuovo ma non ho scarpe.
8. Vuole _____ altri libri?

Domande

Rispondere con frasi complete. (*Answer in complete sentences.*)

1. Che cosa hai comprato ieri?
2. Preferisci fare delle compre o fare una scampagnata?
3. Quando scrivi delle lettere, a chi scrivi?
4. Conosce (Lei) il caffè italiano? Preferisce il caffè italiano o quello americano?
5. Quanti panini mangia Lei a colazione? Quanti panini ha mangiato ieri?
6. Hai dei fratelli? Quanti? Dove abitano? Quanti anni hanno?
7. È già andata in Italia Lei? Quando? Quali città ha visitato?
8. Hai veduto qualche film italiano? Quale? Quale attore italiano preferisci?

La cucina italiana

CI sono molti ricettari di cucina scritti in Italia attraverso i secoli. Molti libri sulla cucina italiana hanno titoli interessanti: *La scienza della cucina, Il re dei cuochi, Il talismano della felicità, Firenze in padella,* eccetera.

La cucina italiana è conosciuta e apprezzata in tutti i paesi del mondo perchè i suoi piatti sono sani e saporiti. Ogni regione ha la sua cucina tipica. Chi non ha gustato la pastasciutta, la pizza napoletana, o i cannoli siciliani?

In Italia ci sono tre pasti principali: la prima colazione, la colazione o pranzo, e la cena. La prima colazione consiste generalmente di caffè o caffellatte e panini con burro o marmellata. Il pranzo è il pasto principale, mentre la cena è più leggera. Con i due pasti principali quasi tutti bevono vino bianco o rosso.

Di solito, molti Italiani finiscono il pranzo o la cena con formaggio e frutta.

apprezzare *to appreciate* / attraverso *through* / bevono (*from* bere) *drink* / bianco *white* / il cannolo *a Sicilian pastry* / la cucina *cuisine, cooking* / il cuoco *cook* / la felicità *happiness* / la fine *end* / il formaggio *cheese* / gustare *to taste* / leggero *light* / il mondo *world* / ogni *every* / la padella *frying pan* / la pastasciutta *noodles with sauce and cheese* / il pasto *meal* / il piatto *dish, specialty* / il pranzo *dinner* / quasi *almost* / il ricettario di cucina *cookbook* / rosso *red* / sano *wholesome* / saporito *tasty* / scritto (*from* scrivere) *written* / il secolo *century* / il titolo *title* / tutto *all* / il vino *wine*

Domande

1. Conosci tre piatti della cucina italiana? Quali?
2. È *Il Talismano della felicità* un buon titolo per un ricettario?
3. Quali sono i pasti principali in Italia?
4. Cosa bevi a pranzo? Caffè? Caffellatte? Latte? Vino rosso? Vino bianco? Acqua (*water*)? Coca cola?
5. Cosa prendono molti Italiani alla fine del pranzo?
6. Mangi spesso cibo italiano? C'è un piatto che preferisci?

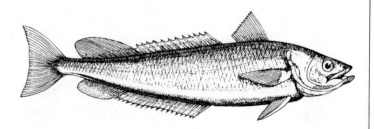

Liguria

Baccalà all'aglio
Baccalà in zimino
Stoccafisso accomodato alla genovese
(stocche accomoddöu a zeneise)
Stoccafisso in tocchetto
Stoccafisso al verde
Stoccafisso in agrodolce
Stoccafisso "brand de cujun"
Budelline di stocco alla genovese

Lombardia

Baccalà in umido
Stoccafisso alla certosina

Trentino

Stoccafisso alla trentina

Friuli-Venezia Giulia

Baccalà alla cappuccina
(stoccafisso alla cappuccina)
Baccalà alla triestina

Veneto

Bacalà conzo (stoccafisso condito)
Bacalà à la visentina
(stoccafisso alla vicentina)
Bacalà à la trevigiana
(stoccafisso alla trevigiana)
Bacalà mantecato à la veneziana
(stoccafisso mantecato)
Trippette di stoccafisso

Emilia-Romagna

Baccalà alla bolognese

Toscana

Baccalà alla fiorentina
Stoccafisso alla livornese

Umbria

Frittelle di baccalà

Marche

Stoccafisso in "potacchio"
Stoccafisso in umido
Stocco all'anconetana

Lazio

Baccalà a filetti
Baccalà in guazzetto

Abruzzo e Molise

Sedani e baccalà
Stoccafisso all'abruzzese

Campania

Baccalà alla napoletana
Baccalà con peperoni
alla napoletana
Stocco a fungitello

Basilicata

Baccalà alla lucana
Baccalà alla potentina
Tortiera di baccalà e patate

Calabria

Baccalà alla verbicarese
Pesce stocco a "ghiotta"
Pesce stocco alla calabrese
Pesce stocco ammollicato

Sicilia

Baccalà al pomodoro
Stoccafisso alla messinese
(piscistoccu a ghiotta o missinisa) △

3

LA STORIA DI MOLTE CITTÀ

La città
dei canali

Due americani, il signor Wheaton e la signora Wheaton, sono andati in Italia per vedere quattro città: Venezia, Firenze, Roma e Napoli. Sono arrivati a Venezia ieri sera e in questo momento il signor Wheaton entra in un'agenzia di viaggi.

Impiegato:	Buona sera, desidera?
Signor Wheaton:	Desidero qualche informazione; desidero fare un giro della città.
Impiegato:	C'è un ottimo giro turistico domani. Comincia alle nove di mattina e finisce alle quattro del pomeriggio.

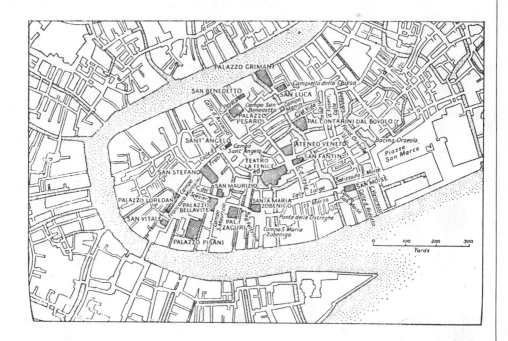

Signọr Wheaton:	Bene.
Impiegato:	Comịncia da Piazza San Marco. . .
Signọr Wheaton:	Un momento . . . ha una . . . come si dice . . . map of Venice?
Impiegato:	Una pianta di Venẹzia?
Signọr Wheaton:	Precisamente.
Impiegato:	(*Dà una pianta al signọr Wheaton*) Ecco, se guarda sulla pianta vede quị Piazza San Marco. Il giro comịncia quị a piedi perchè facciamo prima una vịsita alla chiesa di San Marco e al Palazzo dei Dogi.
Signọr Wheaton:	E il Campanile?
Impiegato:	No, mi dispiace, il Campanile non è mai incluso in questo giro turịstico.
Signọr Wheaton:	Scusi, cosa dice?
Impiegato:	Dico, il Campanile non fa mai parte del giro. Poi con il vaporetto da Piazza San Marco andiamo all'ịsola di Murano. Lì visitiamo una vetreria e poi facciamo colazione. Dopo colazione, sempre in vaporetto, andiamo al Lido.
Signọr Wheaton:	Ah bene, bene.
Impiegato:	Al Lido, se fa bel tempo, facciamo una passeggiata sulla spiạggia.
Signọr Wheaton:	E se fa cattivo tempo?
Impiegato:	In estate non fa quasi mai cattivo tempo, però se piove o tira vento il gruppo torna invece direttamente a Piazza della Stazione, e da lì a San Marco sul Canạl Grande in vaporetto o in gọndola.
Signọr Wheaton:	Molto bene.
Impiegato:	Allora, desịdera un biglietto?
Signọr Wheaton:	Due biglietti, per favore, perchè viene anche mia mọglie.

Domande

1. Perchè sono andati in Italia il signore e la signora Wheaton?
2. Quando comincia e quando finisce il giro turistico?
3. Il giro comincia in gondola o in autobus?
4. Come vanno all'isola di Murano i turisti?
5. Se fa bel tempo cosa fanno al Lido?
6. E se piove o tira vento cosa fa il gruppo?
7. Perchè il signor Wheaton desidera due biglietti?
8. Perchè non ci sono vaporetti nella nostra città?

Vocabolario

Sostantivi

il **biglietto**   ticket
il **campanile**   belfry
il **canale**   canal
   Canal Grande   Grand Canal, *Venice's largest canal*
la **chiesa**   church
   Chiesa di San Marco   Saint Mark's Church
il **Doge**   Doge; *the head of the old Venetian Republic*
   Firenze *f.*   Florence
il **giro**   tour
l' **impiegato**   clerk
l' **informazione** *f.*   one piece of information; *pl.* **informazioni**
l' **isola**   island
il **Lido**   *a small island near Venice with a large beach*
la **moglie**   wife
il **momento**   moment
   Napoli *f.*   Naples
il **palazzo**   palace
la **pianta**   map /cartina
la **piazza**   square; **Piazza San Marco** Saint Mark's Square
il **pomeriggio**   afternoon
la **spiaggia**   beach
la **stazione**   station
il **vaporetto**   ferryboat (*typical of Venice*)
la **vetreria**   glassworks

Aggettivi

incluso   included
ottimo   very good, excellent
turistico   touristic

Verbi

desidera?   what can I do for you?
entrare   to enter
tornare = **ritornare**   to return

Altri vocaboli

direttamente   directly
però   however
più   more
poi   after, afterwards
precisamente   precisely
quasi   almost

Espressioni

come si dice?   how do you say?
da lì   from there
fare parte di   to be part of
mi dispiace   I'm sorry

Grammatica

I. Negazione *(continuazione)*
(Negatives, *continued*)

1. A verb is made negative by placing **non**, *not,* before it.

Non capisco.   *I do **not** understand.*

2. Negative words such as **mai,** *never (ever),* **niente** or **nulla** *nothing, (anything),* **nemmeno** or **neanche,** *not even,* **nessuno,** *no one,* **nè . . . nè,** *neither . . . nor,* usually follow the verb and require **non** before the verb.

Il treno **non** arriva **mai** presto.	*The train **never** arrives early.*
Nel traghetto **non** c'è **nessuno.**	*There is **no one** on the ferryboat.*
Non capisce **niente** se il gondoliere parla veneziano.	*He does **not** understand **anything** if the gondolier speaks Venetian.*
Carlo **non** conosce **nè** Anna **nè** Gina.	*Charles knows **neither** Ann **nor** Gina.*

When, usually for emphasis, the negative words precede the verb, **non** is not needed.

Io **mai** viaggio in prima classe.	*I **never** travel in first class.*
Nessuno li saluta.	***No one** greets them.*
Nemmeno il signor Bianchi vuole fare due passi.	***Not even** Mr. Bianchi wants to take a stroll.*

3. The English *any* is generally not translated in negative or interrogative sentences when the noun in Italian is plural (see Lesson 5).

Hanno invitati?	*Do you have (**any**) guests?*
Non ho sorelle.	*I do not have (**any**) sisters.*

but

Ha **del** pane?	*Do you have **any** bread?*
Non ho **nessuna** sorella.[1]	*I do not have **any** sisters.*

Note 1: In Italian a double negative does not make an affirmative.

Note 2: Note that **non - più** translates the English *no (not any) more, no (not any) longer.*

Non c'è **più** vino.	*There is **no more** wine.*
Non abitano **più** a Padova.	*They do **not** live in Padua **any longer**.*

II. Presente indicativo di *dire* e *fare* (Present indicative of **dire** and **fare**)

Both verbs are irregular in the present tense.

Dire *to say, tell*

Dico che è andata a Pisa.	*I say she went to Pisa.*
dico	*I say, tell, etc.*
dici	
dice	
diciamo	
dite	
dicono	

Fare *to do, make*

Faccio una passeggiata sulla spiaggia.	*I am taking a walk on the beach.*
faccio	*I do, make, etc.*
fai	
fa	
facciamo	
fate	
fanno	

III. Espressioni idiomatiche con *fare* (Idiomatic expressions with *fare*)

fare una domanda	*to ask a question*
fare un viaggio	*to take a trip*
fare una passeggiata	*to take a walk*

[1] **nessuno** as a modifier of a noun has the same forms as the indefinite article: **nessun** libro, **nessuno** zio, **nessuna** casa, **nessun'**amica.

fare due passi	to go for a stroll, to take a short walk
fare colazione	to have breakfast
fare caldo	to be warm (of the weather)
fare freddo	to be cold (of the weather)
fare il bagno	to take a bath
fare la doccia	to take a shower

Dire and **fare** have an irregular past participle: **detto, fatto.**

Ha detto di no.	He said no.
Hanno fatto molte passeggiate.	They took many walks.

IV. Il tempo (The weather)

1. Fare in weather expressions.

Che tempo **fa?**	How **is** the weather?
Fa bel tempo.	It **is** fine weather.
Fa cattivo (*or:* brutto) tempo.	It **is** bad weather.
Ha fatto caldo (molto caldo) oggi.	It **has been** warm (hot) today.
Qui **fa** sempre freddo.	**It's** always cold here.
In primavera **fa** sempre fresco.	In Spring **it's** always cool.

Note In the preceding examples *it* is an impersonal subject and is not translated into Italian.

2. Some other impersonal verbs and expressions that denote weather conditions.

piovere	to rain	Piove.	It is raining.
nevicare	to snow	Pioveva.	It was raining.
tirare vento	to be windy		
grandinare	to hail	Nevica.	It is snowing.
lampeggiare	to flash (of lightning)	Tira vento.	It is windy.
		Grandina.	It is hailing.
tuonare	to thunder	Lampeggia.	It is lightning.
		Tuona.	It is thundering.

These verbs are conjugated with either **essere** or **avere**.   hot used

È (or **Ha**) piovuto.	It rained.
È (or **Ha**) nevicato.	It snowed.

exception   **Ha** tirato vento.   It was windy.

A. Usando la forma appropriata di **nessuno** rispondere alle domande.

Esempio   Hai fatto molti errori?   →   No, non ho fatto nessun errore.

1. Hai visitato molti palazzi a Venezia?
2. Conoscete molti Italiani?
3. Hai molti zii in Italia?
4. Comprano molte automobili straniere gli Italiani?
5. Avete conosciuto molti studenti francesi?

B. Cambiare le frasi seguenti secondo l'esempio e facendo i cambiamenti necessari.

Esempio   Mai dormo in classe!   →   Non dormo mai in classe.

1. Nessuno mi capisce!
2. Niente capisci, purtroppo!
3. Mai prendiamo il vaporetto!
4. Nulla mangia e nulla beve. Perchè?
5. Nè carne nè pesce desideri?

C. Rispondere alle seguenti domande usando la forma appropriata del negativo.

Esempio   Hai molti amici?   →   No, non ho nessun amico.

1. Signore, desidera caffè o latte?
2. Lei ha molti invitati?
3. Fa sempre fresco qui?
4. Mangi tutto?
5. Chi vedi dalla finestra del salotto?
6. C'è una parola nuova in questo esercizio?
7. Signorina, desidera qualche informazione?
8. Capite sempre tutto?

D. Rispondere alle domande seguenti con frasi complete.

1. Che tempo fa oggi?
2. Che tempo ha fatto ieri?
3. Che tempo fa qui in estate?
4. Fa molto freddo a Miami?
5. Quando fa freddo, avete caldo o avete freddo?

E. Cambiare i verbi di ciascuna frase seguendo le indicazioni date.

1. Se tu fai la domanda, io do la risposta.
   voi / noi; io / tu; lui / voi
2. Quando noi diciamo una parola, loro la ripetono.
   io / tu; tu / noi; loro / Alberto
3. Quando stiamo bene, facciamo due passi insieme.
   loro; tu e Alberto; tu

F. Domandare a un altro studente o a un'altra studentessa se lui/lei. . .

1. is asking many questions in class.
2. has breakfast at home.
3. prefers to go for a stroll or to take a walk.
4. shops at the supermarket.
5. goes on a picnic in summer.
6. has taken a trip to Venice.

Rielaborazione

1. I have never taken a trip to Rome.
2. His wife never goes for a stroll.
3. I don't take the ferryboat any longer.
4. There aren't many gondolas any longer, unfortunately.
5. Why are you (Lei) no longer part of this university?
6. Do you (voi) have a map of this city?
7. It didn't rain: it snowed.
8. The visit starts at 10:00 a.m. and ends at 2:00 p.m.
9. How do you say "Pardon me"?
10. Nobody wants to take a walk when it is windy.

Situazione pratica

Comporre un dialogo basato sulla situazione seguente:

Un turista (o una turista) italiano desidera visitare la Sua città. Lei lo accompagna e lo aiuta a conoscere luoghi, edifici e persone.

A Firenze

I signori Wheaton sono a Firenze dove hanno trovato un albergo che gli piace molto. La loro camera dà sull'Arno. La Signora Wheaton desidera impostare alcune lettere che lei e suo marito hanno scritto a dei loro amici. Ora parla col portiere.

Portiere:	Buon giorno, signora, ha già fatto colazione così presto?
Signora Wheaton:	Sì, oggi abbiamo fatto colazione presto perchè stamani vogliamo visitare gli Uffizi, e nel pomeriggio il Duomo. Ma prima devo impostare queste lettere. Sa dov'è la posta?
Portiere:	L'ufficio postale è lontano, ma vendono francobolli anche al negozio qui all'angolo.
Signora Wheaton:	Benissimo! Così compro anche le sigarette per mio marito. Sa se è già aperto il negozio?
Portiere:	Sì, sì, a quest'ora è già aperto.
Signora Wheaton:	(*al commesso*) Dieci francobolli per posta aerea per gli Stati Uniti, per piacere.
Commesso:	Per lettere o per cartoline?
Signora Wheaton:	Per lettere. Che bei francobolli!
Commesso:	Sono nuovi, Le piacciono?
Signora Wheaton:	Molto. Specialmente questo con il Mosè di Michelangelo. Non ho spiccioli. Va bene se le do cinquemila lire?
Commesso:	Sì, certo! Ecco il resto. Arrivederla, signora.
Portiere:	È ritornata presto, signora. È vero che a quest'ora non c'è quasi nessuno nei negozi. Oh, ecco suo marito. Buon giorno, Signor Wheaton.
Signor Wheaton:	Buon giorno.
Portiere:	Allora, signori, gli piace Firenze?
Signor Wheaton:	Non lo sappiamo ancora. Non conosciamo affatto la città.
Portiere:	Se desiderano vedere il panorama di tutta la città, gli consiglio di andare a Piazzale Michelangelo.
Signor Wheaton:	Grazie. Lei è veramente molto gentile!

Domande

1. Perchè l'albergo piace ai signori Wheaton?
2. Cosa desidera la signora?
3. Cosa visitano i signori Wheaton nel pomeriggio?
4. Che cosa compra la signora Wheaton?
5. Perchè dà cinquemila lire al commesso?
6. Chi arriva mentre la signora Wheaton parla con il portiere?
7. Piace Firenze ai signori Wheaton?
8. Cosa consiglia il portiere ai signori Wheaton?

			HOTEL LUNGARNO - FIRENZE				N. APPARTAMENTO	

HOTEL LUNGARNO - FIRENZE
Borgo S. Jacopo, 14 - Telefono 26.03.97 - 98 - Tlx 57110/L

N. APPARTAMENTO **504**

Spett............

N. SCHEDA **12446**

per servizi resi al Sig. ....
N.C.F.

N. PERSONE	PREZZO
2	40.350

N.C.F. 00431950484

Si prega di regolare il conto alla presentazione. - Prière de payer la note à sa présentation. - Hotel accounts are due when rendered. - Die Rechnung ist am Empfangstag zu bezahlen. - Ruégase pagar la cuenta a su entrega.

	DATA	MOTIVAZIONE	ADDEBITI	PAGAMENTI	SALDI	DETTAGLIO	APP.
1	16 SET-79	----APPART.	★ 40.350		★ 40.350		504
2	17 SET-79	CAFFETT.----	★ 7.600				504
3	17 SET-79	BAR ----	★ .900				504
4	17 SET-79	TELEF.----	★ 1.100		★ 49.950		504
5	17 SET-79	----APPART.	★ 40.350		★ 90.300		504
6	18 SET-79	BAR ----	★ 3.200				504
7	18 SET-79	BAR ----	★ 1.800				504
8	18 SET-79	CAFFETT.----	★ 7.600		★ 102.900		504
9	18 SET-79	----APPART.	★ 40.350		★ 143.250		504
10	19 SET-79	CAFFETT.----	★ 5.200				504
11	19 SET-79	LAV/STIR----	★ 1.400		★ 149.850		5
12	19 SET-79	LAV/STIR----	★ 1.650		★ 151.500		504
13	19 SET-79	----APPART.	★ 40.350		★ 191.850		504
14	20 SET-79	CAFFETT.----	★ 5.200				504
15	20 SET-79	BAR ----	★ 2.000		★ 199.050		504
16	20 SET-79	----APPART.	★ 40.350		★ 239.400		504
17	21 SET-79	BAR ----	★ 1.800				504
18	21 SET-79	TELEF.----	★ 1.400				504
19	21 SET-79	CAFFETT.----	★ 2.800		★ 245.400		504
20	21 SET-79	----APPART.	★ 40.350		★ 285.750		504
21	22 SET-79	BAR ----	★ 5.600				504
22	22 SET-79	CAFFETT.----	★ 5.200				504
23	22 SET-79	LAV/STIR----	★ 2.800		★ 299.350		504
24				Bollo	300		

FATTURA N. ....

data ....

Gli importi di cui al dettaglio a fianco comprendono:

L. .... Imp. Sogg.

L. .... I.V.A. 9%

su L. ....

imponibile

I.V.A. COMPRESA

HOTEL CONTINENTAL   HOTEL AUGUSTUS
NAGEMENT IN FLORENCE

Vocabolario

Sostantivi

l' **albergo** (*pl.* **alberghi**)   hotel
l' **angolo**   corner
l' **Arno**   *river in Florence*
la **cartolina**   postcard
il **commesso**   clerk
il **duomo**   cathedral
il **francobollo**   postage stamp
la **lettera**   letter
il **marito**   husband
  Michelangelo   *well-known Renaissance artist*
  Mosè *m.*   Moses
il **panorama**   view
  Piazzale Michelangelo   *a large open terrace overlooking Florence*
la **posta** (= **ufficio postale**)   post office; **posta aerea** air mail
il **portiere**   hotel desk-clerk
il **resto**   change
la **sigaretta**   cigarette *(in Italy tobacco shops sell stamps also)*
gli **spiccioli**   small change
gli **Stati Uniti**   the United States
gli **Uffizi**   *Florence's largest museum*

Aggettivi

aperto   open
gentile   kind

Verbi

consigliare   to advise
devo (from **dovere**)   I must
impostare   to mail
scritto (*p.p.* of **scrivere**)   written
vendere   to sell
visitare   to visit
vogliamo (from **volere**)   we want

Altri vocaboli

affatto   at all
ancora   yet
così   so, thus
lontano   far
prima   before, first
quasi   almost

Espressioni

dare su   to face *(for a place)*
per piacere (= **per favore**)   please
va bene?   is it all right?

Grammatica

I. Pronomi personali come complemento di termine
(Personal pronouns: indirect object)

The indirect object pronoun replaces the indirect object noun of a sentence.

For example: I am writing *to Mary* (indirect object noun).
I am writing *to her* (indirect object pronoun).
He is writing *Mary* (indirect object noun) a letter.
He is writing *her* (indirect object pronoun) a letter.

Like the direct object pronouns, the indirect object pronouns are used in conjunction with verbs and are called conjunctive pronouns. Italian has the following indirect object pronouns (See Lesson 6 which refers to direct object pronouns).

Singolare		**Plurale**	
mi	*to me*	ci	*to us*
ti	*to you* (familiar)	vi	*to you* (familiar)
gli	*to him, to it* (m.)	loro	*to them* (m. and f.)
le	*to her, to it* (f.)	Loro	*to you* (polite, m.
Le	*to you* (polite)		and f.)

Mi, ti, vi may drop the vowel before another vowel or an **h**, and replace it with an apostrophe **m', t', v'. Ci** may drop the vowel only before an **i** or an **e** (**c'**). Like the direct object pronouns, the indirect object pronouns generally precede the verb; **loro** (**Loro**), however, always follows it. It should be noted that in present day usage **gli** is often used instead of **loro** (**Loro**).

Gli parlo in sala d'aspetto.

I speak to him in the waiting room.

Mi ha presentato sua zia.

He has introduced his aunt to me.

Mi hanno scritto due cartoline.

They wrote me two postcards.

Le ho mandato un espresso da Palermo.

I sent her a special delivery letter from Palermo.

C' (*or:* Ci) insegna la strada.	*She teaches **us** the way.*
Portiamo **loro** (*or:* **Gli** portiamo) dei libri.	*We bring **them** some books.*
Maria ha telefonato **Loro** (*or:* **gli** ha telefonato) ieri.	*Mary telephoned **you** yesterday.*

II. Costruzione idiomatica con gli aggettivi possessivi (Idiomatic construction with the possessive adjectives)

The Italian equivalent of the English expressions *a . . . of mine* (*yours, his,* etc.), *this* (*or: two, some, many,* etc.) *. . . of mine* (*yours, his,* etc.) are **un mio (tuo, suo, ecc.)** . . ., **questo** (*or:* **due, alcuni,** etc.) **mio (miei** o **mie)** . . .

Un mio cugino.	*A cousin of **mine.***
Tre tuoi libri.	***Three** books of **yours.***
Alcuni nostri amici.	***Some** friends of **ours.***

Note that with the above construction, the definite article is not needed before the possessive adjective.

III. Il verbo *piacere* (The verb piacere)

Piacere is used to translate the English *to like.* However, it is essential to remember that the subject of the English sentence becomes an indirect object in Italian. Thus, *I like the books,* is translated in Italian as *The books are pleasing to me.* Note the following:

Mi piace questa veduta.	*I **like** this view (This view is pleasing to me).*
Ti piace questa veduta.	*You **like** this view (This view is pleasing to you).*
Gli piace (**Le piace**) questa veduta.	*He (She) **likes** this view (This view is pleasing to him,her).*
Ci piace questa veduta.	*We **like** this view (This view is pleasing to us).*
Vi piace questa veduta.	*You **like** this view (This view is pleasing to you).*
Gli piace questa veduta (*or:* Questa veduta **piace loro**).	*They (you) **like** this view (This view is pleasing to them, to you).*

And these:

Ti piace la musica italiana?	*Do you **like** Italian music?*
Le è piaciuto quel film?	*Did you **like** that film?*
A Maria non piace la scultura.	*Mary does not **like** sculpture.*
Ai miei genitori piacciono i vini italiani.	*My parents **like** Italian wines.*

Note that **piacere** is conjugated with **essere** in the compound tenses. Note also that when the indirect object is a noun or a pronoun, the preposition **a** is needed. The past participle of **piacere** is **piaciuto.**

The verb **piacere,** then, translates the English *to like, to be pleasing* and *to enjoy,* and is irregular in the present indicative. Here is the conjugation of the present indicative, although some of the forms are not often used.

Io piąccio a Luisa. (Io le piąccio.)	*Louise likes me. (She likes me.)*
Tu piaci a Luisa. (Tu le piaci.)	*Louise likes you. (She likes you.)*
Lui (lei, Lei) piace a Luisa. (Lui, lei, Lei le piace.)	*Louise likes him (her, you). (She likes him, her, you.)*
Noi piacciamo a Luisa. (Noi le piacciamo.)	*Louise likes us. (She likes us.)*
Voi piacete a Luisa. (Voi le piacete.)	*Louise likes you. (She likes you.)*
Loro piącciono a Luisa. (Loro le piącciono.)	*Louise likes them (you). (She likes them, you.)*

[handwritten left margin: Voi piacete a noi / Voi mi piacete]

IV. Presente indicativo di *sapere* (Present indicative of **sapere**)

Sapere *to know*
So perchè non studi.

I know why you do not study.

so	*I know, I can (i.e., know how)*
sai	
sa	
sappiamo	
sapete	
sanno	

Whereas **conọscere** means *to know a person, to be acquainted with, to meet,* **sapere** means *to know a fact, to know how (to do something)*.

La conosco molto bene, **l'ho conosciuta** a Roma.	*I know her very well, I met her (became acquainted with her) in Rome.*
Mia madre **non conosce** Gẹnova.	*My mother does not know Genoa.*
Sa quando parte?	*Do you know when she is leaving?*
Non so guidare.	*I do not know how to drive.*
Non sanno lẹggere l'orạrio dei treni.	*They do not know how to read the train schedule.*

Firenze: Il Battistero e la Chiesa di Santa Maria del Fiore.

Esercizi

A. Formare nuove frasi con la forma corretta dei pronomi personali suggeriti.

Esempio   Dà i biglietti. (to Marina)   →   Le dà i biglietti.

1. to me
2. to us
3. to Mr. and Mrs. Wheaton
4. to Gianni
5. to you and Gianni
6. to me and Gianni
7. to you (*sing. familiar*)
8. to her and her brother

B. Cambiare le frasi seguenti usando la forma corretta del pronome di complemento oggetto indiretto.

Esempio   Scrivo a Maria.   →   Scrivo a Maria: sì, le scrivo sempre.

1. Rispondo a mio marito.
2. Giacomo vende le fragole ai clienti.
3. Il signor Wheaton telefona a sua moglie.
4. Gli impiegati danno informazioni ai turisti.
5. Il professore dà un sacco di lavoro a quella studentessa.

C. Cambiare ogni frase seguendo le indicazioni date nell'esempio.

Esempio   Ha dato i biglietti. (ci) →   Ci ha dato i biglietti.

1. Anche lui ha scritto molte cartoline. (vi)
2. Chi ha telefonato? (ti)
3. Quando ha risposto? (vi)
4. Ha dato i biglietti. (loro)
5. Ha dato i biglietti. (gli)
6. Ieri sera ho telefonato. (le)

D. Rispondere alle domande seguenti nella forma negativa.

Esempio   Avete scritto a Graziella? →   No, non le abbiamo ancora scritto.

1. Hai scritto a quei tuoi amici?
2. Mi hai scritto?
3. Avete scritto a Gianni?
4. Ho scritto a Marina?
5. Ci avete scritto?
6. Vi abbiamo scritto?
7. Ti abbiamo scritto?
8. Hai scritto a Marina e a Vanna?

E. Volgere le frasi seguenti al passato prossimo. Sostituire alle parole in corsivo (*in italics*) la forma corretta del pronome.

Esempio   Diamo le informazioni *a questo signore*. →   Anche ieri gli abbiamo dato le informazioni.
           Diamo *le informazioni* a questo signore. →   Anche ieri le abbiamo date a questo signore.

1. Do gli spiccioli *all'impiegato*.
2. Giacomo vende *i fagiolini* alla cliente.
3. I genitori scrivono una cartolina *alle ragazze*.
4. Lui scrive *una cartolina* alla moglie.
5. Gianni porta *le dispense* a Adriana.
6. Bruno raccomanda l'albergo *agli amici*.
7. Lo Stato vende *il sale e il tabacco* agli Italiani.
8. La mamma compra *a Vanna* calze e scarpe.

F. Volgere le frasi seguenti al plurale facendo i cambiamenti necessari.

Esempio   Mi piace la verdura. →   Mi piacciono le verdure.

1. Le piace il vaporetto.
2. Ci piace quest'isola.
3. Ti piace quell'edificio?
4. Non mi piace questo francobollo.
5. Gli piace il campanile.

G. Usando le espressioni suggerite, dite ciò che vi piace o non vi piace.

Esempio   i fagiolini   →   Non mi piacciono i fagiolini.
                              Mi piacciono molto i fagiolini.

1. il panorama di Firenze   5. il vaporetto
2. le sigarette   6. andare in gondola
3. il caffè forte   7. le gondole
4. visitare i musei   8. questa agenzia di viaggi

H. Formare delle frasi seguendo le indicazioni date nell'esempio.

Esempio   Gianni / il corso di economia   →   Gli piace molto il corso di economia.
                                               Non gli piace affatto il corso di economia.

1. io / il Lido di Venezia
2. la signora Wheaton / visitare le vetrerie
3. i signori Wheaton / i vaporetti e le gondole
4. Giacomo / la frutta surgelata
5. tu / mangiare alla mensa dello studente
6. noi / gli elettrodomestici
7. Vanna / fare delle compre
8. voi / la Rinascente

I. Usando le espressioni suggerite nell'esercizio H e seguendo l'esempio, formare nuove frasi.

Esempio   Gianni / il corso di economia   →   A Gianni è piaciuto molto il corso di economia.
                                               A Gianni non è piaciuto affatto il corso di economia.

J. Completare le frasi seguenti con la forma corretta di **sapere** o di **conoscere**.

Esempio   Loro _____ Venezia molto bene.   →   Loro conoscono Venezia molto bene.

1. Anche noi _____ fare la pizza.
2. (voi) _____ il signor Wheaton?
3. Scusi, Lei _____ quando parte il treno per Firenze?
4. Che peccato! Neanche lui _____ questa città.
5. No, io non _____ Adriana.
6. Ieri loro _____ Graziella e suo marito.
7. Purtroppo questo studente non _____ niente.

K. Rispondere in italiano alle domande seguenti usando la forma corretta di **sapere** o di **conoscere**.

1. Are you familiar with Venice?
2. Do you know where the Uffizi is?
3. Do you know how to make good coffee?
4. Where did you meet your professor?
5. Do you know where he (she) is now?
6. Do you know Italian well?
7. Are you familiar with the Italian expression « Mi dispiace »?
8. Do you know how to read the train schedule?
9. When have you met Mrs. Borghini?
10. Do you know where she lives?

11

La Cappella Sistina

*I signori Wheaton sono a Roma. Stamani, dopo la visita al
Colosseo, desideravano vedere il Vaticano, perciò hanno
preso l'autobus che porta a Piazza San Pietro e ora sono
all'entrata della Cappella Sistina. C'è molta gente. Alcune
persone guardano gli affreschi della volta, mentre un altro
gruppo ammira il grande affresco del Giudizio Universale
che è dietro all'altare. I Wheaton ascoltano un gruppo di
studenti sardi.*

Primo studente:	Che opera grandiosa!
Secondo studente:	Sì, veramente un capolavoro.
Prima studentessa:	Gli affreschi della volta rappresentano gli episodi della Genesi, non è vero?
Primo studente:	Sì. Sono tutti belli, ma io preferisco l'episodio della creazione dell'uomo.

La creazione di Adamo di Michelangelo

Seconda studentessa:	Sì, specialmente il particolare della mano di Dio che dà vita ad Adamo.
Primo studente:	Lo sapevate che questa cappella è la sede del conclave quando c'è l'elezione del nuovo papa?
Seconda studentessa:	Sì, lo sapevo.
Secondo studente:	L'anno scorso sono stato qui a Roma una settimana e quasi tutti i giorni venivo al Vaticano.
Primo studente:	Ora andiamo a vedere il Giudizio Universale. (*Vanno verso l'altare e i Wheaton li seguono.*)
Signora Wheaton:	*Let's follow them. It's like a guided tour.*
Prima studentessa:	È veramente un affresco immenso.
Secondo studente:	Infatti, rappresenta sette anni di lavoro.
Primo studente:	Certamente uno sforzo sovrumano; ma Michelangelo faceva sempre sforzi sovrumani.

Gli studenti vanno verso l'uscita, invece i signori Wheaton restano più a lungo ad ammirare il famoso affresco.

San Bartolomeo, particolare del Giudizio Universale di Michelangelo

Domande

1. Cosa hanno preso i signori Wheaton per andare a Piazza San Pietro?
2. Dov'è l'affresco del Giudizio Universale?
3. Chi ascoltano i signori Wheaton?
4. Che rappresentano gli affreschi della volta?
5. Chi dà vita ad Adamo e come?
6. Dove c'è il conclave per l'elezione di un nuovo papa?
7. Quanti anni di lavoro rappresenta il Giudizio Universale?
8. Anche i signori Wheaton vanno verso l'uscita?

Vocabolario

Sostantivi

Adamo Adam
l' **affresco** (*pl.* **affreschi**)   fresco painting
l' **altare** (*m.*)   altar
l' **autobus** (*m.*)   bus
il **capolavoro**   masterpiece
la **cappella**   chapel; **Cappella Sistina** Sistine Chapel (in the Vatican)
il **Colosseo**   Colosseum
il **conclave**   conclave
la **creazione**   creation
Dio   God
l' **elezione** (*f.*)   election
l' **entrata**   entrance
l' **episodio**   episode
la **Genesi**   Genesis
la **gente**   people
il **Giudizio Universale**   Last Judgment
la **mano**   hand
l' **opera**   work
il **papa**   pope
il **particolare**   detail
la **persona**   person
Piazza San Pietro   St. Peter's Square
la **sede**   seat
lo **sforzo**   effort
il **tram** (*pl.* **i tram**)   trolley car
l' **uomo** (*pl.* **gli uomini**)   man
il **Vaticano**   Vatican
la **vita**   life
la **volta**   ceiling

Aggettivi

famoso   famous
grandioso   grandiose
immenso   immense
sardo   Sardinian
scorso   past, last
secondo   second
sovrumano   superhuman

Verbi

ammirare   to admire
preso (*pp.* of **prendere**)   taken
rappresentare   to represent
seguire   to follow

Altri vocaboli

certamente   certainly
dietro   behind
perciò   therefore

Espressioni

più a lungo   longer

[Grammatica]

I. L'imperfetto (The past descriptive tense)

This tense, which is also called the imperfect, expresses the duration or the frequent repetition of an action in the past. The past descriptive is formed by adding the personal endings to the stem of the infinitive. The past descriptive of the three model verbs is:

Parlare *to speak*
Parlavo a Maria ogni giorno.   *I used to speak to Mary every day.*

parl-avo	*I was speaking, used to speak,*
parl-avi	*spoke (habitually), etc.*
parl-ava	
parl-avamo	
parl-avate	
parl-avano	

Ripetere *to repeat*
Ripetevo sempre le stesse cose.   *I always repeated the same things.*

ripet-evo	*I was repeating, used to*
ripet-evi	*repeat, repeated*
ripet-eva	*(habitually), etc.*
ripet-evamo	
ripet-evate	
ripet-evano	

Capire *to understand*
Di solito non lo capivo.   *I usually didn't understand him.*

cap-ivo	*I was understanding, used to*
cap-ivi	*understand, understood*
cap-iva	*(habitually), etc.*
cap-ivamo	
cap-ivate	
cap-ivano	

II. L'imperfetto di *avere* e *essere*
(The past descriptive of **avere** and **essere**)

Avere *to have*
Avevo i capelli neri.

I used to have black hair.

avevo	*I was having, used to have,*
avevi	*had (habitually), etc.*
aveva	
avevamo	
avevate	
avevano	

Essere *to be*
La mattina ero sempre a casa.

I was (habitually) always at home in the morning.

ero	*I was, used to be, etc.*
eri	
era	
eravamo	
eravate	
erano	

III. L'imperfetto di *dire* e *fare*
(Past descriptive of **dire** and **fare**)

Dire *to say, to tell*
Dicevo una preghiera.

I was saying a prayer.

dicevo	*I was saying (telling), used to*
dicevi	*say, (tell), etc.*
diceva	
dicevamo	
dicevate	
dicevano	

Fare *to make, to do*
Facevo troppe cose.

I was doing too many things.

facevo	*I was doing (making), used to*
facevi	*do, (make), etc.*
faceva	
facevamo	
facevate	
facevano	

IV. Uso dell'imperfetto (Use of past descriptive)

Like the present perfect, the past descriptive indicates a past action. However, while the present perfect always indicates an action completed in the past (*what actually did happen*), the past descriptive indicates what was happening. It is used as follows:

1. To describe or express a state of being (physical or mental) in the past (not what happened, but what *was*).

Era una bella giornata.	*It was a beautiful day.*
Era giovane.	*She was young.*
Eravamo felici.	*We were happy.*

2. To express an action going on in the past, in progress (not what happened, but *what was happening*) when another action took place.

Impostava una lettera raccomandata quando **l'ho veduto.**	*He was mailing a registered letter when I saw him.*
Studiavamo quando è **arrivato** tuo zio.	*We were studying when your uncle arrived.*

3. To express an habitual or regularly recurring action in the past (not what happened, but *what used to happen*, or *would happen regularly*).

Giovanni **guardava** sempre le porte della cattedrale.	*John always looked at the cathedral's doors.*
Andavo a scuola alle otto.	*I used to go to school at eight.*
Se era tardi, **restavo** in pensione.	*If it was late, I stayed (would stay) in the boarding house.*
Leggeva il giornale ogni giorno.	*He read the paper every day.*
Quando **faceva** bel tempo, **studiavo** in giardino.	*When the weather was nice, I would study in the garden.*

4. To express time of day in the past, the weather and age.

Erano le sette.	*It was seven o'clock.*
Faceva caldo.	*It was warm.*
Avevo dodici anni.	*I was twelve years old.*

V. Paragone dei tempi passati
(The past tenses compared)

For a comparison of the present perfect and the past descriptive, study the following examples:

Stamani è arrivato alle otto.	*This morning he arrived at eight.*
Tutte le mattine arrivava alle otto.	*Every morning he arrived at eight.*
Abbiamo visitato il museo.	*We visited the museum.*
Quando abbiamo visto Elena **visitavamo** il museo.	*We were visiting the museum when we saw Helen.*

Hanno comprato due cartoline illustrate ma non **le hanno** ancora **scritte.**	**They bought** two picture postcards but **they have not written them** yet.
Andạvano in Itạlia nell'estate* e **scrivẹvano** molte cartoline.	**They used to go** to Italy in the summer and **they would write** many postcards.
Era una giornata calda e così **abbiamo bevuto** una Coca Cola.	**It was** a hot day and so **we drank** a Coke.

VI Gli avverbi e la loro formazione
(Adverbs and their formation)

Most Italian adverbs are formed by adding **-mente** (equivalent to English -*ly*) to the feminine singular of the adjective.

Adjective		**Adverb**	
chiaro	*clear*	chiaraménte	*clearly*
vero	*true*	veramente	*truly*
recente	*recent*	recentemente	*recently*

Aveva una bella voce e parlava **chiaramente.**	*She had a beautiful voice and she spoke **clearly.***

If the last syllable of the feminine adjective is **-le** or **-re,** and it is preceded by a vowel, the final **-e** is dropped before **-mente** is added.

fạcile	*easy*	facilmente	*easily*
regolare	*regular*	regolarmente	*regularly*

Leggeva **facilmente** un libro in due ore.	*He easily read a book in two hours.*

Esercizi

A. Formare nuove frasi, usando i soggetti indicati e seguendo l'esempio.

Esempio   Anche lui desiderava molto andare in Italia ma non aveva soldi.

1. mio fratello e sua moglie
2. io
3. tu e Bruno
4. io e Vanna

5. tu
6. noi
7. Vanna
8. voi

* **Nell'estate** = **in estate** = **d'estate.** The same is true for the other seasons: **nella primavera, in primavera, di primavera,** etc.

B. Seguendo l'esempio, riscrivere le frasi seguenti al passato.

Esempio   Quando Gianni entra nella Cappella Sistina, sono le otto. → Quando Gianni è entrato nella Cappella Sistina, erano le otto.

1. Quando arrivano a Piazza San Pietro è molto tardi.
2. Vediamo il Campanile mentre andiamo a Murano.
3. Il signor Wheaton fa una passeggiata mentre sua moglie dorme.
4. Quando arrivo a San Marco, piove.
5. Prendo il tram perchè sono in ritardo.
6. Mi dice che desidera visitare il Colosseo.
7. Bruno ci telefona mentre studiamo.
8. Non visitiamo gli Uffizi perchè non fanno parte del giro.

C. Rispondere alle domande seguenti, usando la forma corretta dell'imperfetto.

Esempio   Mangi la pizza? → No, ma la mangiavo ogni giorno in Italia.

1. Compri le fragole?
2. Parlate l'italiano?
3. Visitate molti musei?
4. Prendo il tram, io?
5. Fai due passi?

D. Completare le frasi seguenti con la forma corretta dell'imperfetto o del passato prossimo, a seconda del contesto.

1. Ogni estate i signori Wheaton (andare) _____ in Italia.
2. Ieri Bruno (visitare) _____ gli Uffizi.
3. Mentre la signora (scrivere) _____ delle lettere, suo marito (andare) _____ a comprare i francobolli.
4. Alcuni miei amici (essere) _____ a Firenze una settimana.
5. Joan (restare) _____ a Roma solamente un giorno.
6. Quasi tutti i giorni io (prendere) _____ il tram.
7. Nessuno (sapere) _____ dov'è il Vaticano?
8. Perchè tu non (capire) _____ mai niente?

E. Completare con la forma corretta dell'imperfetto di un verbo scelto secondo il contesto.

Esempio   Bruno non è andato al Lido perchè. . .   →   Bruno non è andato al Lido perchè aveva sonno.

1. La signora Wheaton non ha imbucato la cartolina perchè. . .
2. Non ho visitato la Cappella Sistina perchè. . .
3. Abbiamo mangiato molto perchè. . .
4. Ha dato diecimila lire all'impiegata perchè. . .
5. Sono ritornata presto perchè. . .
6. Non gli è piaciuto quel film perchè. . .
7. Ci sono piaciuti molto i vini italiani quando. . .
8. Vanna ha conosciuto Gianni quando. . .

F. Completare le frasi seguenti con l'avverbio che corrisponde all'aggettivo fra parentesi.

Esempio   (chiaro) Il professore parlava. . .   →   Il professore parlava chiaramente.

1. (pronto) Quello studente rispondeva sempre. . .
2. (recente) Siamo andati all'isola di Murano. . .
3. (aperto) Il dottor Centrini ha parlato molto. . .
4. (regolare) In Italia, prendevamo il tram. . .
5. (splendido) Gli affreschi rappresentano la Genesi. . .

Rielaborazione

Dare l'equivalente italiano.

1. The *Last Judgment* is truly a masterpiece.
2. I was listening to a student.
3. Three Sardinian students were talking among themselves.
4. We visited the cathedral this morning.
5. While we were visiting the Sistine Chapel, it was raining.
6. I did not like that city at all.
7. Last year we stayed in Genoa two weeks.
8. Almost every day we went to Piazzale Michelangelo.
9. The travel agency was not open yet.
10. We already had breakfast.

Componimento

Selecting one of the suggested topics, write a short composition. Use the appropriate past tenses.

1. La mensa dello studente nella tua università.
2. La tua casa.
3. La tua città.

12

A Napoli

*Tre giorni fa il signore e la signora Wheaton sono arrivati a
Napoli in treno. Oggi è il 31 maggio e domani, venerdì
primo giugno, è la data della loro partenza per l'America.
Ieri l'altro hanno visitato Amalfi, Capri e, naturalmente, la
famosa Grotta Azzurra. Ieri, invece sono stati a Pompei e ora
fanno una passeggiata in tassì lungo il mare. Prima, però, la
signora è andata in una delle banche vicino all'albergo.*

Signora Wheaton:	Desidero cambiare questi assegni, per favore.
Impiegato:	Sono assegni per viaggiatori?
Signora Wheaton:	Sì.
Impiegato:	Ha il passaporto?
Signora Wheaton:	Sì, eccolo.
Impiegato:	Desidera lire o dollari?
Signora Wheaton:	Lire, per favore.
Impiegato:	Lei mi ha dato duecento dollari e io le do centosessanta mila lire. Ecco, signora.

*La signora Wheaton esce dalla banca. Fuori suo marito
l'aspetta in un tassì.*

Tassista:	I signori sono fortunati. C'è un bel sole oggi e non fa caldo.
Signora Wheaton:	Dove siamo ora?
Tassista:	Proprio davanti al Teatro San Carlo.
Signor Wheaton:	È un teatro famoso come La Scala di Milano?
Tassista:	Per noi napoletani è anche più famoso. Ecco, lì a sinistra c'è il Palazzo Reale. È stato costruito verso il mille seicento. E ora andiamo a Santa Lucia.
Signora Wheaton:	È la Santa Lucia della famosa canzone?
Tassista:	Sì, una delle antiche canzoni napoletane. Scendono un momento? C'è una veduta bellissima.
Signora Wheaton:	Meravigliosa. Ecco, là c'è il Vesuvio, là Sorrento, e là Capri.
Signor Wheaton:	È davvero una veduta meravigliosa.

Napoli: L'università

Castel dell'Ovo

Domande

1. Come sono arrivati a Napoli il signore e la signora Wheaton?
2. Il trentuno maggio è il giorno della loro partenza per l'America, è vero?
3. Perchè va a una banca la signora Wheaton?
4. Quando cambia gli assegni, la signora desidera dollari?
5. Dove l'aspetta suo marito?
6. Perchè il tassista dice che i signori Wheaton sono fortunati?
7. Perchè li porta a Santa Lucia?
8. Vedono soltanto il Vesuvio da Santa Lucia?

Vocabolario

Sostantivi

   Amalfi (*f.*)   *city near Naples*
l' **assegno**   check; **assegno per viaggiatori**
travelers' check
la **banca** (*pl.* **banche**)   bank
il **cambio**   exchange
la **canzone**   song
   Capri (*f.*)   *island off Naples*
la **data**   date
il **dollaro**   dollar
la **Grotta Azzurra**   Blue Grotto
il **mare**   sea
il **passaporto**   passport
   Pompei (*f.*)   *ancient city buried by an
eruption of Vesuvius in 79 A.D.*
   Santa Lucia   *a section of Naples with
beautiful view of the gulf*
la **Scala**   *theater in Milan*
il **sole**   sun
   Sorrento (*f.*)   *a town south of Naples*
il **tassì** (*pl.* **tassì**)   taxi
il **Teatro San Carlo**   *theater in Naples*
il **treno**   train
la **veduta**   view
il **venerdì**   Friday
il **Vesuvio**   Vesuvius, *a volcano near Naples*

Aggettivi

antico (*pl.* **antichi**)   ancient, old
bellissimo   very beautiful
meraviglioso   marvellous
napoletano   Neapolitan
piccolo   little, small
reale   royal

Verbi

cambiare   to change
costruire (**isc**)   to build
esce (from **uscire**)   goes out
scendere   to get off

Altri vocaboli

davanti(a)   in front (of), before
fa   ago
fuori   outside
ieri l'altro (*or:* **l'altro ieri**)   the day before
   yesterday
lungo   along
proprio   exactly, just
verso   around (*of time*)

Espressioni

in tassì   in a taxi, by taxi
in treno   on the train, by train
a sinistra   to the left

Napoli: Una veduta

[Grammatica]

I. Numeri Cardinali (Continuazione) Cardinal numerals *(Continuation)*

100	cento	300	trecento	1200	mille duecento
101	cento uno	400	quattrocento	1500	mille cinquecento
102	cento due	500	cinquecento	2000	due mila
103	cento tre	600	seicento	100.000	cento mila
110	cento dieci	700	settecento	1.000.000	un milione
121	cento ventuno	800	ottocento	2.000.000	due milioni
130	cento trenta	900	novecento	1.000.000.000	un miliardo
143	cento quarantatrè	1000	mille	2.000.000.000	due miliardi
200	duecento	1001	mille uno		

Numerals above one hundred are often written as one word: **centoquattro, trecentocinquanta, milleduecento,** etc. Note that Italians use a period instead of a comma when dividing numerals into groups.

II. Uso dei numeri cardinali (Use of cardinal numerals)

1. We saw (Lesson 6) that the English *one* is not translated before **cento**; the same is true of **mille,** which means *one thousand.* Note that **mille** has the irregular plural **mila.**

2. The English *eleven hundred, seventeen hundred, twenty-four hundred, etc.,* are always broken down into *thousands and hundreds.*

Quest'automobile costa **otto mila novecento dollari.**

*This car costs **eighty-nine hundred dollars.***

3. **Milione** and its plural, **milioni, miliardo** and its plural, **miliardi,** unless followed by another numeral, take the preposition **di.**

La nostra biblioteca ha un **milione di** libri.	Our library has **one million** books.
Quella città ha **due milioni di** abitanti.	That city has **two million** inhabitants.
Un milione di dollari corrisponde a quasi **un miliardo di** lire.	**One million** dollars is equivalent to nearly **one billion** lire.

III. Date (Dates)

1. When used alone, the year requires the definite article.

Il mille novecento cinquantasette.	*1957*
Nel mille trecento ventuno.	*In 1321.*

2. In Italian a date which includes the month, the day and the year is expressed in this order: *day, month, year.* Except for the first day of the month, which is always **il primo,** the other days are expressed by the cardinal numerals. Note that the English *on* is translated by the definite article.

Siamo partiti **il primo luglio,** mille novecento ottanta.	*We left on July 1, 1980.*
L'anno scolastico è finito **il trenta giugno.**	*The school year ended on June 30th.*

Quanto

3. The expression *What's today's date?* is **Quanti ne abbiamo oggi?** and the answer is either **Oggi ne abbiamo. . .** or **Oggi è il. . .**

Oggi ne abbiamo tre (*or:* **Oggi è il tre**).	*Today is the third.*
Ieri ne avevamo dieci (*or:* **Ieri era il dieci**).	*Yesterday was the tenth.*

4. The English *What day is today?* is expressed by **Che giorno è oggi?**

Che giorno era ieri?	*What day was yesterday?*
Ieri era martedì.	*Yesterday was Tuesday.*

IV. I mesi dell'anno
(The months of the year)

gennaio *January*	luglio *July*
febbraio *February*	agosto *August*
marzo *March*	settembre *September*
aprile *April*	ottobre *October*
maggio *May*	novembre *November*
giugno *June*	dicembre *December*

Esercizi

A. Formare nuove frasi seguendo le indicazioni nell'esempio.

Esempio   il caffè / 750 l'etto   →   Il caffè costa settecentocinquanta lire l'etto.

1. le scarpe / 55.000 lire *cinquantacinquemila*   4. l'appartamento / 36.000.000 *trentasei milioni di lire*
2. il parmigiano / 950 l'etto *novecentocinquanta.*   5. le fragole / 95 l'etto *novantacinque*
3. il pane / 45 l'etto *quarantacinque*   6. le dispense di economia / 6.800 lire *seimila ottocento*

B. Leggere le frasi seguenti ad alta voce.

1. Ci sono 112 chiese in questa città. *Cento dodici*
2. Quando eravamo in Italia, abbiamo visitato 222 musei. *due cento ventidue*
3. L'appartamento di mio zio è costato 43.000.000 lire. *Quarantatre milioni*
4. A Venezia ci sono 176 vaporetti. *cento settantasei*
5. La prima colazione costa 1.100 lire. *mille cento*
6. Abbiamo cambiato 1.600 dollari. *mille seicento*

C. Rileggere le frasi nell'esercizio B, aggiungendo (adding) **venti** a ogni numero.

D. Seguendo l'esempio, assumere il ruolo di un impiegato di banca. Fare il cambio sulla base di 800 lire per un dollaro.

Esempio   30   →   Lei mi ha dato trenta dollari e io le do ventiquattromila lire.

1. 50 *cinquanta*   3. 250 *due cento cinquanta*   5. 500 *cinquantacento*
2. 100 *cento*   4. 335 *tre cento trentacinque*   6. 875 *otto cento setanta cinque*

E. Dare i numeri corrispondenti.

Esempio   trecentotrentatré   →   333

1. un milione duecentomila *1,200,000*   4. settecentodiciannove *415*
2. quattrocentosedici *460*   5. duemilaottocentodieci *2,810*
3. milletrecento *1,300*   6. millenovecentottanta *1,980*

F. Riscrivere in italiano usando le espressioni **Oggi è. . .** oppure **ieri era. . .**

Esempio   January 5, 1981 (oggi)   →   Oggi è il 5 gennaio 1981.

1. August 16, 1980 (ieri) *era agusto seidici milanovecento ottanta*   4. July 10, 1992 (oggi) *era dieci fuglio milanovecento novantadue sette milanovecento settanta cinque*
2. December 1st, 1967 (ieri) *era un primo dicembre milanovecento seidantasil*   5. October 7, 1975 (ieri) *era otobre mile novecento settanta cinque*
3. April 20, 1910 (oggi) *era venti aprile mille novecentodieci*   6. May 2, 1913 (oggi) *era due maggio mille novecento tredici*

G. Rispondere alle domande seguenti.

1. Quali sono i mesi dell'inverno?
2. Quali sono i mesi dell'autunno?
3. Quali sono i mesi dell'estate?
4. Quali sono i mesi della primavera?
5. Che data è oggi?
6. Che data era ieri l'altro?
7. Quante lire ci sono in un dollaro?
8. Quanti dollari hai oggi?
9. Quanti dollari avevi ieri?
10. Quanti giorni ci sono nel mese di gennaio?
11. Quanto è costato il tuo libro di italiano?
12. Che giorno era ieri?

Rielaborazione

Dare l'equivalente italiano.

1. We arrived at Murano by ferryboat.
2. It was the 10th of July.
3. I visited Amalfi yesterday and Capri the day before yesterday.
4. Last week the dollar was worth (**valere**, to be worth) 800 lire but last month it was worth 850.
5. His wife was waiting outside.
6. It was not sunny, however, it was not raining.
7. I prefer La Scala. It is a very famous theater.
8. Here is Vesuvius. Santa Lucia is on the left.
9. I like Neapolitan songs.
10. We had neither a passport nor travelers' checks.

Una via della vecchia Napoli

Situazione pratica

Preparare un dialogo basato sulla situazione seguente.

Lei è un turista a Roma (o a Firenze o a Venezia).
È in una banca per cambiare degli assegni per viaggiatori
ma non trova il passaporto. Un'impiegata l'aiuta.

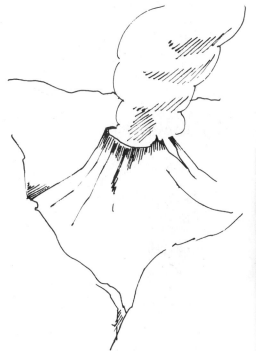

Pompei

Aspetti di vita italiana: «**Paese che vai, usanza che trovi**»

Durante la loro visita a quattro città italiane i signori Wheaton hanno notato certamente una cosa: la varietà del loro aspetto, delle loro usanze, della loro cucina e del modo come gli abitanti parlano italiano. Ma hanno notato anche che, in generale, il tenore e il ritmo della vita sono quasi gli stessi in tutte le città.

Gli Italiani preferiscono una lunga sosta per la colazione di mezzogiorno. Quasi tutti gli uffici e i negozi chiudono fra il mezzogiorno e l'una, e aprono di nuovo verso le tre. Gli operai, però, come in America, lavorano dalle otto di mattina alle quattro o alle cinque del pomeriggio. La sera, gli Italiani cenano verso le otto o le nove.

Malgrado il grande numero di macchine, agli Italiani piace ancora passeggiare per le piazze e per le vie delle loro città. Il centro della città rimane il centro della vita cittadina, non solo durante i giorni della settimana ma anche il sabato e la domenica. E i caffè? I caffè sono dappertutto. Una città senza caffè... non è una città italiana.

l'abitante (*m. & f.*) *inhabitant* / il caffè *coffee shop, café* / cenare *to have supper* / certamente *certainly* / chiudere *to close* / cittadino adj. *of the city* / dappertutto *everywhere* / di nuovo *again* / durante *during* / fra *between* / malgrado *in spite of* / il modo *manner* / il numero *number* / l'operaio *worker* / «Paese che vai, usanza che trovi» *"When in Rome, do as the Romans do"* / passeggiare *to stroll* / rimanere *to remain* / il ritmo *rhythm* / solo (*adv.*) *only* / la sosta *break* / il tenore *tone, character* / l'ufficio *office* / l'usanza *custom*

Firenze: L'Arno

Domande

1. Cosa hanno notato i signori Wheaton nelle città italiane?
2. Perchè i negozi chiudono per due o tre ore dopo mezzogiorno in Italia?
3. Anche gli operai hanno una lunga sosta per la colazione di mezzogiorno?
4. Di solito cenano presto come gli Americani, gl'Italiani?
5. Passeggiano per le vie delle loro città gli Americani?
6. Vanno al centro la domenica gl'Italiani?
7. Perchè si dice che una città senza caffè non è una città italiana?

Ripetizione III

A   Formare domande e risposte seguendo le indicazioni date nell'esempio.

Esempio   visitare dei musei   →   Hai visitato dei musei recentemente?
                                      No, non ho visitato nessun museo.

1. trovare degli spiccioli
2. comprare dei francobolli
3. vedere delle isole italiane

4. conoscere degli italiani
5. ammirare delle cappelle romane
6. fare degli sforzi sovrumani

B   Formare domande e risposte seguendo l'esempio.

Esempio   i biglietti / Marina   →   Hai dato i biglietti a Marina?
                                        No, non le ho dato i biglietti perchè non l'ho veduta.

1. gli spiccioli / Bruno e Vanna
2. quelle lettere / gli studenti sardi
3. il passaporto / la signora Wheaton

4. le dispense / le compagne di scuola
5. il denaro / il dottore
6. gli appunti / la professoressa

C   Formare domande e risposte usando pronomi di complemento oggetto indiretto singolari e plurali, come nell'esempio.

Esempio   la birra / il vino   →   Ti piace la birra? No, la birra non mi piace. Preferisco il vino.
           ascoltare / parlare   →   Vi piace ascoltare? No, ascoltare non ci piace. Preferiamo parlare.

1. aspettare / andare alla posta
2. il vaporetto / la gondola
3. gli affreschi della volta / l'altare

4. il Vesuvio / la Grotta Azzurra
5. le lire / i dollari
6. camminare / prendere il tram

D   Formare nuove frasi seguendo le indicazioni nell'esempio.

Esempio   quegli edifici / io   →   Quegli edifici? No, purtroppo non mi sono piaciuti.

1. le fragole / noi
2. questa canzone napoletana / il signor Wheaton
3. andare in gondola / io

4. il lido di Venezia / gli studenti sardi
5. visitare le vetrerie / voi
6. queste chiese antiche / tu

E   Riscrivere le frasi seguenti, usando l'imperfetto e aggiungendo le espressioni **ieri** o **ieri l'altro**.

Esempio   Oggi c'è il sole   →   Anche ieri c'era il sole.

1. C'è un bel sole ma fa fresco.
2. Oggi piove.
3. Grandina e lampeggia: il tempo è molto brutto!
4. Fa freddo e non c'è nessuno sulla spiaggia.
5. Oggi il dollaro vale ottocentodieci lire.
6. In piazza San Pietro c'è molta gente.

F   Formare delle frasi all'imperfetto seguendo le indicazioni date nell'esempio.

Esempio   incontrare Vanna / ritornare dalla Rinascente   →   Quando l'ho incontrata, ritornava dalla Rinascente.

1. vedere gli studenti americani / andare a Pompei
2. conoscere il signor Wheaton / essere a Napoli
3. incontrare le ragazze / scendere dal tassì
4. vedere Adriana e Gianni / fare due passi
5. visitare la mia amica / aspettare Roberto
6. cambiare i dollari / valere molto poco

Descrizione

Dare la descrizione delle fotografie a pagina 140, al presente e al passato.

Pompei

Le città italiane

LA storia d'Italia è la storia di Napoli, Venezia, Roma, Genova, Milano e di tutte le altre città. L'Italia come la conosciamo oggi, cioè come una nazione unita e indipendente, ha una storia piuttosto breve. Infatti, la storia dell'Italia moderna incomincia nel 1861. Prima di questa data e per circa undici secoli, l'Italia era divisa in piccoli stati, repubbliche marinare e territori feudali.

Dopo la caduta dell'Impero Romano e durante il periodo medioevale, il comune o la repubblica erano le due forme di governo di molte città italiane. Anche durante il Rinascimento e fino al secolo scorso, la penisola non ha mai avuto un governo centrale. Questo ha dato al paese una diversità eccezionale.

Roma, la capitale moderna e anche dell'antico Impero Romano, è nell'Italia centrale, sul fiume Tevere. Le altre grandi città sono al nord e al sud di Roma. E poi ci sono molte piccole città pittoresche, specialmente sulle colline e lungo le coste: Siena, Perugia, Orvieto, Salerno, Ragusa, Taormina, San Remo e molte altre.

Le città italiane sono costruite di pietra, hanno molte piazze, e le vie sono strette. Una delle caratteristiche delle città italiane, grandi e piccole, è la varietà, e questo è vero anche del paesaggio, dei costumi, dei dialetti e dei tipi etnici.

la bellezza *beauty* / breve *brief* / la caduta *fall* / cioè *namely* / circa *about* / la collina *hill* / il comune *city-state* / il costume *custom* / diverso *different* / il governo *government* / marinaro *maritime* / il nord *north* / il paesaggio *landscape* / la pietra *stone* / piuttosto *rather* / poco *little* / poi *then* / il regno *kingdom* / il Rinascimento *Renaissance* / scorso *last* / il secolo *century* / la storia *history* / lo straniero *foreigner* / stretto *narrow* / subito *right away, at once* / il sud *south*

1. Sai il nome di cinque città italiane? Quali sono?
2. Perchè è breve la storia dell'Italia moderna?
3. Il « comune » e la « repubblica » sono due forme di governo dell'Italia moderna, è vero?
4. Che cosa notano gli stranieri in Italia?
5. Sono diversi i dialetti italiani?
6. Quale città italiana è chiamata la Città Eterna? Perchè?

4

SVAGHI E DIVERTIMENTI

CINEMA DEL POPOLO
CINEMA DEL POPOLO
CLINT WARNER
SANTANA
IL KILLER DAL MANTELLO NERO
ANTHONY MILLER - MICKEY BRANDER - EVE HAMILTON
RAUL DE ANDA
CINE CE
L'ASSASSIN
AD UCCID

Andiamo al cinema?

Anche se, come in molti paesi del mondo, oggi in Italia quasi tutti hanno un televisore in casa, il cinema continua a essere popolare e ad attirare molte persone. In questi giorni è in visione un film di un giovane regista che ha avuto molto successo, non solo in Italia, ma anche negli Stati Uniti dove ha vinto un Oscar.

Due amiche, Adriana e Lidia, fanno la coda al botteghino del cinema.

Adriana:	Quanto tempo è che non ci vediamo?
Lidia:	Almeno due mesi. Non ho avuto un momento libero. Sai che stai molto bene?
Adriana:	Anche tu stai bene.
Lidia:	Senti, sei sicura che questo è un bel film?
Adriana:	Tutti dicono che è un film stupendo.
Lidia:	È un giallo?
Adriana:	No, no. È un film storico e in generale nei film storici ci sono molti bei costumi.
Lidia:	Io di solito preferisco i film che affrontano la politica, l'energia, oppure l'inquinamento dell'ambiente.
Adriana:	Mi ricordo che una volta eri appassionata dei film di Antonioni e di Visconti.
Lidia:	E tu dei film dell'*Underground* americano e di quelli di fantascienza.
Adriana:	È vero, mi entusiasmavo facilmente, ma i miei gusti sono cambiati.
Lidia:	Eccoci allo sportello.
La ragazza del botteghino:	Quanti biglietti?
Lidia:	Due.
Adriana:	Dove ci sediamo?
Lidia:	Nelle prime file perchè ho dimenticato gli occhiali a casa.
Adriana:	Troveremo posto perchè molte persone escono in questo momento.

Domande

1. È popolare il cinema in Italia?
2. Quando Adriana e Lidia arrivano al cinema comprano subito (*immediately*) il biglietto?
3. Quanto tempo è che Adriana e Lidia non si vedono?
4. Lidia sta bene ma vede che Adriana non sta bene, vero?
5. È un bel film perchè è un giallo, vero?
6. Quali film preferisce Lidia?
7. Perchè le due amiche si siedono nelle prime file?

CINEMA
— PRIME VISIONI —

ARISTON (Aria cond. e refrig.). « Prima ». **Il giorno del cobra** di Enzo G. Castellari, in technicolor, con Franco Nero, Sybill Danning. Spett.: 15,30; 17,20; 19,10; 20,55; 22,45.

ARLECCHINO SEXY MOVIES (Via Dei Bardi, telefono 284.332). « Prima ». **Apriti con amore**, con Jennifer Welles, Jody Maxwell, Cary Lacy, Ras Kean, Eve Adams, in technicolor. V. m. 18 anni. Inizio spett.: 15,30.

CAPITOL (Aria cond. e refrig.). « Prima ». Film thrilling. **Saturn 3**, a colori, con Kirk Douglas e Farrah Fawcett. Regia di Stanley Donen. Spett.: 16; 17,45; 19,15; 20,45; 22,45.

CORSO SUPERSEXY MOVIES 2 « Prima ». **Superexcitation love**, in technicolor, con Barbara Moose, Nadia Santos, Nicole Morot. V. m. 18. Spett.: 15,30; 17; 18,30; 20; 21,15; 22,45.

EDISON (Aria cond. e refrig.). « Prima ». **Fontamara**. Vincitore del Festival di Montreal 1980, dal romanzo di Ignazio Silone. Diretto da Carlo Lizzani, con Michele Placido e Antonella Murgia. Spett.: 15; 17,35; 20,10; 22,45.

EXCELSIOR (Aria cond. e refrig.). **American gigolò** di Paul Schrader, in technicolor, con Richard Gere, Lauren Hutton, Anthony Perkins. V. m. 18. Spett.: 15,50; 18,05; 20,25; 22,45. (Ap. 15,30).

GAMBRINUS (Aria cond. e refrig.). Edwige Fenech, Barbara Bouchet, Renzo Montagnani e Lino Banfi in **La moglie in vacanza, l'amante in città** di Sergio Marino, in technicolor, per tutti. Spett.: 15,30; 17,25; 19,05; 20,50; 22,45.

FULGOR SUPERSEXY-MOVIES « Prima ». **Eros love,** in technicolor, con Lonny Fedderson, Leni Kjellander, Ingerlise Gaarde. V. m. 18. Spett.: 15,30; 17; 18,30; 20; 21,20; 22,45.

METROPOLITAN « Prima ». Francis Ford Coppola presenta: **Black stallion**, in technicolor, con Kelly Reno, Teri Garr, Clarence Muse. Spett.: 15,30; 17; 18,30; 20; 21,45; 22,45.

MODERNISSIMO **Maledetti vi amerò**, diretto da Marco Tullio Giordana, in technicolor, con Flavio Bucci, Michaele Pignatelli. V. m. 14. Spett.: 15,30; 17,20; 19,05; 20,55; 22,45.

ODEON (Aria cond. e refrig.). « Prima ». **Desideria - La vita interiore** di Alberto Moravia, diretto da Gianni Barcelloni, in technicolor, con Stefania Sandrelli, Laura Wandel, Klaus Lowitsch. V. m. 18. Spett.: 15,50; 18,10; 20,25; 22,45. (Ap. 15,30).

PRINCIPE (Tel. 575.891 - Aria cond. e refrig.). Ore 16. « Prima ». Esilarante film di Carl Reiner: **Lo straccione**, in technicolor, interpretato dal nuovo supercomico Steve Martin. Per tutti. Spett.: 16; 17,40; 19,20; 21; 22,45.

SUPERCINEMA (Aria cond. e refrig.). « Prima ». Premiato al XVIII Festival della Fantascienza!!! **Quatermass conclusion, la terra esplode**, a colori, con Sir John Mills. Spett.: 15,15; 17; 19; 20,45; 22,45.

TEATRO VERDI Film spettacolare. **Ormai non c'è più scampo**, a colori, con Paul Newman, Jacqueline Bisset, William Holden, Valentina Cortese, Ernest Borgnine, James Franciscus. Spett.: 15,30; 17,45; 20,15; 22,45.

Vocabolario

Sostantivi

l' **ambiente** *m.*   environment
Antonioni, Michelangelo   *Italian movie
   director*
il **botteghino**   ticket-booth
il **costume**   costume
l' **energia**   energy
la **fantascienza**   science fiction
la **fila**   line
il **giallo**   mystery (movie), "a whodunit"
il **gusto**   taste
l' **inquinamento**   pollution
il **mondo**   world
la **politica**   politics
il **posto**   place
il **regista**   movie director
lo **sportello**   window (*of booth*)
il **successo**   success
il **televisore**   television set
Visconti, Luchino   *Italian movie director*

Aggettivi

appassionato   very fond of
libero   free
sicuro   sure
storico   historical
stupendo   stupendous

Verbi

affrontare   to face up (to)
attirare   to attract
dimenticare   to forget
entusiasmarsi   to be carried away
immaginarsi   to imagine
ricordarsi   to remember
sedersi   to sit down
vinto (*p.p.* of **vincere**)   won

Altri vocaboli

almeno   at least
anche   also
facilmente   easily
oppure   or else
solo   only

Espressioni

di solito   usually
fare la coda   to wait in line
in visione   being shown
quanto tempo   how long
senti   tell me
stare bene   to look well
una volta   once (upon a time)

Grammatica

I. Forme riflessive (Reflexive forms)

In a reflexive sentence the action of the verb reverts back to the subject, as in the following examples: *I* wash *myself*, *They* enjoy *themselves*.

Pronomi riflessive (*Reflexive pronouns*)
Italian has the following reflexive pronouns:

Singolare		
	mi	*myself*
	ti	*yourself* (familiar)
	si	*himself, herself, itself, yourself* (polite)

Plurale		
	ci	*ourselves*
	vi	*yourselves* (familiar)
	si	*themselves, yourselves* (polite)

Mi, ti, si and **vi** may drop the **i** before another vowel or an **h** and replace it with an apostrophe. **Ci** may drop the **i** only before an **i** or an **e**.

The present indicative of the reflexive form of a verb is as follows:

Divertirsi *to amuse oneself, have a good time*

La domęnica (io) mi diverto.	On Sundays I have a good time.
io mi diverto	*I amuse myself, etc.*
tu ti diverti	
lui (lei) si diverte	
Lei si diverte	
noi ci divertiamo	
voi vi divertite	
loro si divęrtono	
Loro si divęrtono	

Note that the infinitive form of a reflexive verb ends in **-si** (**alzarsi, sedersi, vestirsi,** etc.), but that when a verb is conjugated, **-si** is replaced by the appropriate reflexive pronoun which is usually placed *before* the verb.

Anna **si** diverte.   Ann amuses **herself.**
Noi non **ci** divertiamo.   We do not enjoy **ourselves.**
Io **m'alzo** sempre presto.   I always **get up** early.
C'imbarchiamo oggi.   **We sail** today.

c. In general, when a verb is reflexive in English, it is also reflexive in Italian. Certain verbs, however, are reflexive in one language but not necessarily in the other.

Mi vesto in cinque minuti.   *I get dressed in five minutes.*

Giovanni **s'alzava** presto.   *John used to get up early.*

d. In the compound tenses (we have studied only the present perfect so far) reflexives always take the auxiliary **essere,** and therefore the past participle agrees with the subject.

Non mi **sono divertito(-a).**   *I did not have a good time (I did not enjoy myself).*

Si **sono lavati(-e).**   *They washed themselves.*

e. Forma reciproca (*Reciprocal form*)
The plural reflexive pronouns are also used with the reciprocal meaning of *each other* or *one another.*

Maria e Carlo **si scrivono.**   *Mary and Charles write to each other.*

Ci vediamo tutti i giorni.   *We see one another every day.*

Vi siete mandati molte cartoline?   *Did you send each other many postcards?*

Si sono veduti la settimana scorsa.   *They saw one another last week.*

II. Nomi e aggettivi femminili
(Feminine nouns and adjectives)

Feminine nouns and adjectives ending in **-ca** and **-ga** take an **h** in the plural.

amica (*sing.*)	*friend*	lunga (*sing.*)	*long*
amiche (*pl.*)	*friends*	lunghe (*pl.*)	*long*

III. Il presente indicativo di
sedersi (Present indicative of
sedersi)

Sedersi *to sit down*
Io mi siedo a questa tavola.   *I'm going to sit down at this table.*

essere - Seduto (past tense)

io mi siedo   *I sit down, etc.*
tu ti siedi
lui, lei (Lei) si siede
noi ci sediamo
voi vi sedete
loro (Loro) si siedono

IV. Il presente indicativo del verbo
irregolare *uscire*

Uscire *to go out, to leave*

**Esco sempre prima di
mezzogiorno.**

*I always go out before
noon.*

esco	*I go out, I leave, etc.*
esci	
esce	
usciamo	
uscite	
escono	

Esercizi

A. Formare nuove frasi seguendo le indicazioni nell'esempio.

Esempio   Adriana e Lidia   →   Adriana e Lidia si divertono molto al cinema.

1. anch'io
2. anche tu
3. i Napoletani

4. io e Adriana
5. tu e Adriana
6. quel signore

B. Formare nuove frasi seguendo le indicazioni nell'esempio.

Esempio   mio fratello   →   Quando era a Capri, mio fratello si lavava in albergo.

1. noi
2. Adriana e Lidia
3. tu e la tua compagna di scuola

4. i signori Wheaton
5. tu
6. anch'io

C. Seguendo l'esempio formare nuove frasi.

Esempio   Alberto   →   Anche ieri Alberto si è alzato alle sei.

1. Adriana
2. io (*f.*) e Vanna
3. tu (*m.*) e Alberto

4. i signori Wheaton
5. Giacomo il fruttivendolo
6. tu (*f.*)

D. Seguendo l'esempio formare nuove frasi.

Esempio   tu (*f.*) / a Pompei   →   Ti sei divertita a Pompei?

1. tu (*m.*) / a Capri
2. voi (*m.*) / ad Amalfi
3. loro (*f.*) / al Lido

4. voi (*f.*) / al cinema
5. loro (*m.*) / alla spiaggia
6. io (*f.*) e Alberto / a Venezia

E. Formare nuove frasi seguendo le indicazioni nell'esempio.

Esempio   io   →   Oggi non esco: mi siedo davanti al televisore.

1. i miei amici
2. Adriana
3. noi due

4. tu e Lidia
5. Lidia e sua madre
6. tu

F. Rispondere alle domande in frasi complete, seguendo l'esempio.

Esempio   Vi parlate in italiano?   →   Sì, ci parliamo in italiano ogni giorno.

1. Vi scrivete?
2. Vi vedete?
3. Vi parlate?
4. Vi mandate cartoline?
5. Vi visitate?
6. Vi telefonate?

G. Cambiare le frasi seguenti usando la forma reciproca.

Esempio   Vanna scrive a Gianni e Gianni scrive a Vanna.   →   Vanna e Gianni si scrivono.

1. Vanna piaceva a Gianni e Gianni piaceva a Vanna.
2. Carlo telefona a Maria e Maria telefona a Carlo.
3. Lidia ha visitato Adriana e Adriana ha visitato Lidia.
4. Il professore aspettava lo studente e lo studente aspettava il professore.
5. L'impiegato parla al turista e il turista parla all'impiegato.
6. Il portiere ha veduto il signore e il signore ha veduto il portiere.

H. Cambiare le frasi seguenti al passato prossimo.

Esempio   Ci telefoniamo quasi ogni giorno.   →   Vi siete telefonati anche ieri?

1. Ci vediamo quasi ogni giorno.
2. Ci visitiamo quasi ogni giorno.
3. Ci scriviamo quasi ogni giorno.
4. Ci troviamo in Piazza San Marco quasi ogni giorno.
5. Ci aspettiamo quasi ogni giorno.
6. Ci parliamo quasi ogni giorno.

I. Rispondere alle domande seguenti con frasi complete.

1. A che ora ti alzi di solito?
2. A che ora ti sei alzato(-a) stamani?
3. Sei uscito domenica scorsa? Con chi?
4. Ti sei divertito?
5. Ti ricordi qualche film italiano?
6. Dove ti siedi quando vai al cinema?
7. Hai un televisore?
8. Ti diverti quando lo guardi?
9. Ti piace la televisione o preferisci il cinema?
10. Ti piacciono i film brillanti o preferisci i film che affrontano la politica?

Rielaborazione

Dare l'equivalente italiano.

1. I don't like to wait in line.
2. Adriana remembers many old mystery films.
3. That movie director had a lot of success.
4. Unfortunately Gianni forgot his glasses.
5. He and I sat in the first row.
6. Carlo and Maria like each other a lot. They telephone each other every day.
7. Did they see each other yesterday?
8. Nobody has a free moment any longer.
9. Once upon a time I too was very fond of historical movies.
10. Who advised you to see this movie? It is neither a brilliant movie nor a science fiction movie. I did not like it.

Situazione pratica

Preparare un dialogo basato sulla situazione seguente.

Un amico o un'amica Le telefona e Lei gli (le) parla di un film veduto la sera prima.

«Pista!»

Ciò che molti non sanno è che oggi in Italia ci sono circa quattro milioni di sciatori. Da qualche anno lo sci è uno sport di moda e ogni anno il numero di sciatori aumenta. E così, in dicembre, gennaio e febbraio non è facile trovare una stanza libera in montagna, specialmente durante le vacanze di Natale quando molti studenti vanno a sciare. E poi, chi non sa sciare può andare in montagna a vedere la neve e a respirare l'aria pura, così diversa dall'aria contaminata delle città.

Per gli sciatori tutto è più semplice oggi; per esempio, chi vuole può raggiungere i campi di sci con la sciovia. Così c'è più tempo per le lunghe discese, specialmente per chi va soltanto per il sabato e la domenica. E dopo una lunga discesa sulle piste, a chi non piace riposarsi davanti al fuoco allegro di un bel caminetto?

In Italia ci sono molti centri invernali, come Cortina d'Ampezzo e Sestriere sulle Alpi. Ma ci sono centri invernali anche sugli Appennini: l'Abetone in Toscana, Roccaraso negli Abruzzi, l'Altopiano di Laceno a un'ora da Napoli, e molti altri.

Gianni e Franco hanno approfittato di alcuni giorni di vacanza e sono andati a sciare all'Abetone. Hanno appena finito una lunga discesa e ora si tolgono gli stivali.

Gianni: Ti sei divertito?

Franco: Molto. Non sciavo da due anni. Ma che freddo, però!

Gianni: È vero, ma devi ammettere che l'aria di montagna fa bene.

Franco: Vado d'accordo. Io sono un po' stanco, e tu?

Gianni: Non sono stanco, ma mi fa male un piede. E ora?

Franco: Be', c'è ancora un po' di sole e, se vuoi, possiamo ritornare a Firenze.

Domande

1. Perchè il numero di sciatori aumenta in Italia?
2. Soltanto in inverno non è facile trovare una stanza libera nei centri invernali?
3. Soltanto chi sa sciare va in montagna quando c'è la neve?
4. Com'è l'aria in montagna? E nelle città?
5. Dove si riposano gli sciatori dopo una giornata sulle piste?
6. Dov'è un centro invernale in Italia?
7. Quando c'è la neve sulle montagne?
8. Dove sono andati Franco e Gianni?
9. Perchè fa bene l'aria di montagna?
10. Perchè possono ritornare a Firenze?

Cortina d'Ampezzo

Vocabolario

Sostantivi

l' **altopiano** plateau
l' **aria** air
l' **attenzione** *(f.)* attention
il **caminetto** fireplace
il **campo** field; **campo di sci** skiing slope
il **centro invernale** winter resort area
la **discesa** descent
l' **esempio** example
il **fuoco** fire
la **montagna** mountain; **in montagna** in the mountains
il **Natale** Christmas
la **neve** snow
la **pista** ski run (*the word is shouted by skiers to warn others of their coming*)
lo **sci** skiing; ski
lo **sciatore** skier
la **sciovia** ski lift
la **stanza** room
la **vacanza** vacation

Aggettivi

allegro cheerful
contaminato contaminated
diverso different
facile easy
puro pure
stanco tired

Verbi

ammettere to admit
approfittare to take advantage
aumentare to increase
divertirsi to have a good time
raggiungere to reach
respirare to breathe
riposarsi to rest
sciare to ski
si tolgono (from **togliere**) they take off

Altri vocaboli

appena just
ciò che what
circa about
così so, thus
fare bene to be good (for)
fare male to hurt
poichè since
specialmente especially

Espressioni

bè (*colloquial form of* **bene**) well
di moda fashionable

Grammatica

I. Pronomi relativi (Relative pronouns)

1. The relative pronouns are **che, cui, quale, chi.**
a. che (*who, whom, that, which*) is invariable, and is never used with prepositions.

Il ragazzo **che** gioca a tennis è italiano.	*The boy **who** is playing tennis is Italian.*
La signorina **che** abbiamo incontrato(-a) è una studentessa.	*The young lady **whom we** met is a student.*
Gli sci **che** abbiamo comprato(-i) sono usati.	*The skis we bought are used.*

Note 1: As we saw in Lesson 7, in a relative clause introduced by **che,** the agreement of the past participle of a transitive verb is optional.

Note 2: (last example): The relative pronoun is never omitted in Italian as it frequently is in English.

b. cui (*whom, which*) is also invariable and may be used only after a preposition.

Questa è la bicicletta **di cui** ti ho parlato.	*This is the bicycle **of which** I spoke to you.*
La piscina **in cui** nuota è olimpionica.	*The swimming pool **in which** he swims is olympic-size.*

c. quale (*who, whom, that, which*) is variable and is always preceded by the definite article **il (la) quale, i (le) quali.** This form is not common in speech. It is occasionally used after a preposition and to avoid ambiguity.

La signorina **con la quale** sono andato allo stadio fa il tifo per il Milan.	*The young lady **with whom** I went to the stadium cheers for the Milan team.*
Ha visto la sorella di Giovanni, **la quale** è arrivata ieri?	*Did you see John's sister, **who** (the sister) arrived yesterday?*

d. chi is invariable and translates *he who, the one who.*

Chi studia, impara.	**He who** studies, learns.
Chi dorme, non piglia pesci.	*The early bird catches the worm (*lit. ***"He who** sleeps, catches no fish"*).*
Ho dato i pattini **a chi** ha finito prima.	*I gave the skates **to the one who** finished first.*

2. *What* with the meaning of *that which* is expressed by **quello che** (or its shortened form **quel che**) and also by **ciò che.**

È **quello che** (*or:* **Ciò che**) le ho detto.	*That's **what** I told her.*

II. Uso idiomatico del presente e dell'imperfetto (Idiomatic use of the present and past)

1. The present indicative can be used to indicate an action or a condition which began in the past and is still going on in the present. Note that this can be expressed in two different ways.

Sono due anni **che** non ci **vediamo** (*or:* Non ci **vediamo da** due anni).	*We **haven't seen** each other **for** two years.*
Sono molti mesi **che** Barbara **è** a Firenze (*or:* Barbara **è** a Firenze **da** molti mesi).	*Barbara **has been** in Florence **for** many months.*

2. Likewise, the imperfect followed by the preposition **da** is used to indicate that an action or condition, which had begun in the past, was still going on at a certain time. This, too, can be expressed in two ways.

Quando l'ho conosciuto **studiava** l'italiano **da** un anno (*or:* era un anno **che studiava** l'italiano).	*When I met him, he **had been studying** Italian for one year.*

III. Presente indicativo di *dovere, potere, volere*

Dovere *to have to, must*
Devo imparare a nuotare.   *I must learn to swim.*

devo	*I have to, I must, etc.*
devi	
deve	
dobbiamo	
dovete	
devono	

Potere *to be able, can, may*
Non posso giocare oggi.   *I can't play today.*

posso	*I can, am able, may, etc.*
puoi	
può	
possiamo	
potete	
possono	

Volere *to want*
Voglio andare a cavallo.   *I want to go horseback riding*

voglio	*I want, etc.*
vuoi	
vuole	
vogliamo	
volete	
vogliono	

Esercizi

A. Usando il pronome relativo **che,** formare delle frasi seguendo l'esempio.

Esempio   Il signore parla. È italiano.   →   Il signore che parla è italiano.

1. La ragazza ha telefonato. Si chiama Adriana.
2. Le persone non hanno televisore. Di solito preferiscono i film storici.
3. La ragazza aveva sonno. Era nel botteghino.
4. La gente non sa sciare. Respira l'aria pura.
5. Lo sci è molto caro. È uno sport di moda.
6. Roccaraso è negli Abruzzi. È un centro invernale.

Esempio   Il centro invernale è in Toscana. Lo preferisco   →   Il centro invernale che preferisco è in Toscana.

1. Gli studenti sono sardi. Li abbiamo conosciuti.
2. Le fragole sono fresche. Giacomo le vende.
3. L'aria è contaminata. La respiriamo.
4. La stanza era molto comoda. L'hanno trovata.
5. Il film è di un giovane regista italiano. L'ho visto recentemente.
6. Roccaraso è negli Abruzzi. È un centro invernale.

B. Formare nuove domande usando il verbo riflessivo **chiamarsi** e il pronome relativo **che.**

Esempio   Ho conosciuto un signore americano.   →   Come si chiama il signore americano che hai conosciuto?

1. A Roccaraso abbiamo incontrato degli sciatori sardi.
2. Sul lungomare ho visto un amico americano.
3. Sulla pista dell'Abetone abbiamo conosciuto un giovane regista italiano.
4. A Cortina ho trovato un albergo molto comodo.
5. Ammiro grandemente un pittore italiano del cinquecento.
6. Abbiamo ascoltato un'antica canzone napoletana.

C. Inserire la forma corretta del pronome relativo.

Esempio   Cortina e Sestriere sono i centri invernali di _____ ti parlavo.   →
Cortina e Sestriere sono i centri invernali di cui ti parlavo.

1. Questa è la sciovia _____ preferisco.
2. Dove sono le piste delle _____ ci parlavi?
3. Mi sono dimenticata _____ che hai detto.
4. L'albergo in _____ siamo stati non è grande.
5. _____ scia, respira aria pura.
6. I film dei _____ lui si ricorda sono brillanti.

D. Completare le frasi seguenti usando il pronome relativo **cui** e la forma corretta di un verbo appropriato al contesto.

Esempio   Sono gli sciatori con. . .   →   Sono gli sciatori con cui abbiamo fatto colazione.

1. Ecco il caminetto davanti a. . .
2. Non conosco il nome della banca in. . .
3. Ecco il tassì in. . .
4. Questo è il fruttivendolo da. . .
5. A Roma c'è un congresso a. . .
6. Ecco a sinistra il palazzo di. . .

E. Rispondere alle domande seguendo le indicazioni date nell'esempio. Usare la forma corretta del relativo **cui** oppure **il quale.**

Esempio   Ho parlato con lo studente sardo. È già partito?   →   Sì, lo studente sardo con cui (col quale) Lei ha parlato è già partito.

1. Una volta compravo le verdure dal fruttivendolo. Come si chiamava?
2. Ho parlato dei pronomi relativi. Sono facili?
3. Ho scritto agli amici. Hanno risposto?
4. Ho telefonato a quella bella ragazza. È italiana?
5. Sono stato due giorni in questo albergo. Vi piace?
6. Parlo col professor Centrini. Lo conoscete?

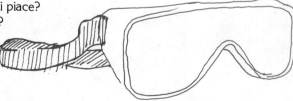

F. Cambiare le frasi seguenti usando l'espressione alternativa.

Esempio   Non mi scrive da tre mesi.   →   Sono tre mesi che non mi scrive.

1. È quasi un mese che non piove.
2. Sono tre giorni che non vuole mangiare.
3. Non vado a sciare da molti anni.
4. A Cortina non c'è una stanza libera da tre settimane.
5. Sono mesi che dobbiamo scrivere a Giovanni.
6. È molto tempo che studiate l'italiano?

G. Cambiare le frasi seguenti usando l'espressione alternativa.

Esempio   Quando li ho conosciuti abitavano a Roma da due anni.   →   Quando li ho conosciuti, erano due anni che abitavano a Roma.

1. Quando li ho visti erano due settimane che stavano a Cortina.
2. Quando li abbiamo incontrati erano a Firenze da un mese.
3. Quando ti ho visto non mi scrivevi da quasi un anno.
4. Quando eravamo a Firenze erano due anni che non nevicava.
5. Quando siamo arrivati a Roma faceva cattivo tempo da cinque giorni.
6. Quando ero in Italia, erano sei settimane che faceva bel tempo.

Lago Maggiore: L'Isola Bella

H. Completare le frasi seguenti con la forma corretta del verbo **volere** o **potere**.

Esempio   Devo imparare a nuotare. . .   →   Devo imparare a nuotare, però non voglio.

1. Devi studiare molto. . .
2. Dobbiamo scrivere alcune lettere. . .
3. Anche lui deve alzarsi presto. . .
4. Molta gente deve fare esercizio. . .
5. Anche voi dovete affrontare l'inquinamento dell'ambiente. . .
6. Vogliamo andare a piedi. . .
7. Anche loro vogliono respirare aria pura. . .
8. Volete cambiare appartamento. . .

Situazione pratica

Scrivere una lettera a un amico o a un'amica e descrivere un viaggio a un centro sciistico invernale, oppure a una gita in montagna. Cominciare con **Caro (cara)** . . . e finire con l'espressione **Molto affettuosamente, tuo (tua)** . . .

Le Dolomiti

15

A un bar

Gli Italiani vanno al bar o al caffè per cento ragioni: per appuntamenti, per fare due chiacchiere con gli amici, per scrivere lettere, per leggere il giornale e, naturalmente, per prendere l'espresso o l'aperitivo.

Adriana entra in un bar con Bob, un italo-americano che studia all'Università per Stranieri. Si sono conosciuti a casa di una cugina di Adriana alcune sere fa.

Cameriere:	Preferiscono sedersi fuori?
Bob:	Come fuori? Non vede che piove?
Cameriere:	Scherzavo. Va bene questo tavolo in un angolo?
Adriana:	Sì.
Cameriere:	Che prendono, un gelato?
Adriana:	Le piace scherzare! Con questo freddo? Io, un caffè.
Bob:	E io un cappuccino bollente.
Cameriere:	Benissimo, signori.
Bob:	Allora, che facciamo stasera?
Adriana:	Be', stamani ho telefonato a mia cugina e abbiamo deciso di andare a ballare.
Bob:	Dove, a casa sua?
Adriana:	No, andremo a una discoteca molto carina.
Bob:	Viene anche Gianni?
Adriana:	Vengono Gianni e Lidia. Gianni balla molto bene, sai.
Bob:	Vedrai che sono bravo anch'io.
Adriana:	Ci credo.
Bob:	Porterò la macchina fotografica, così la settimana prossima potrò mandare qualche fotografia a mia sorella.
Adriana:	O alla tua ragazza?
Bob:	No, no, a mia sorella. Lei sa tutti i balli moderni. Dove sarà il cameriere? Non è ancora tornato.
Adriana:	Eccolo.
Cameriere:	Prego, signori. Ecco il tè per la signorina e il cappuccino freddo per il signore.

Adriana:	Ma Lei scherza sempre?
Cameriere:	No, soltanto quando piove.
Bob:	(*più tardi*) Cameriere, il conto per favore.
Cameriere:	Pago io!

Domande

1. Perchè gl'Italiani vanno al bar?
2. Si conoscono da molto tempo Adriana e Bob?
3. In che consiste lo scherzo del cameriere?
4. Di che parlano Bob e Adriana?
5. Andranno soli alla discoteca?
6. Sa ballare Bob?
7. Perchè vuole portare la macchina fotografica?
8. Chi sa tutti i balli moderni?
9. Perchè Adriana dice che il cameriere scherza sempre?
10. Pagherà davvero il cameriere?

Vocabolario

Sostantivi

l' **aperitivo**   apéritif (*a light alcoholic drink taken usually before meals*)
il **ballo**   dance
il **bar**   café, bar
il **caffè**   coffee shop, café
il **cameriere**   waiter
il **cappuccino**   coffee with milk
il **conto**   bill, check
la **cugina**   cousin
la **discoteca**   discotheque
l' **espresso**   espresso coffee
la **fotografia**   picture, photo
il **gelato**   ice cream
il **giornale**   newspaper
l' **italo-americano**   Italian-American
la **macchina fotografica**   camera
la **ragazza**   girlfriend
la **ragione**   reason
la **sorella**   sister
lo **straniero**   foreigner
il **tavolo**   table
il **tè**   tea

Aggettivi

bollente   boiling hot
bravo   good
prossimo   next

Verbi

ballare   to dance
deciso (*p.p. of* **decidere**)   to decide
leggere   to read
mandare   to send
pagare   to pay (for)
scherzare   to joke, to kid

Altri vocaboli

naturalmente   naturally

Espressioni

a casa sua   at (to) her house
ci credo   I believe it
come. . .!   what do you mean. . .!
fare due chiacchiere   to have a chat
prego!   beg your pardon!

Grammatica

I. Il futuro (The future tense)

1. The future tense of regular verbs is formed by adding the endings to the infinitive after dropping the final **-e.** Verbs of the first conjugation change the **a** of the infinitive ending (**-are**) to **e.** The future endings are identical for all verbs, regular and irregular.

Parlare *to speak*
Parlerò con l'autista.   *I will speak with the driver.*

parler-ò	*I will speak*
parler-ai	*you* (familiar) *will speak*
parler-à	*he, she, it, you* (polite) *will speak*
parler-emo	*we will speak*
parler-ete	*you* (familiar) *will speak*
parler-anno	*they, you* (polite) *will speak*

Ripetere *to repeat*
Ripeterò la nuova domanda.   *I will repeat the new question.*

ripeter-ò	*I will repeat*
ripeter-ai	*you* (familiar) *will repeat*
ripeter-à	*he, she, it, you* (polite) *will repeat*
ripeter-emo	*we will repeat*
ripeter-ete	*you* (familiar) *will repeat*
ripeter-anno	*they, you* (polite) will repeat

Capire *to understand*

Capirò la ragazza genovese.	*I will understand the Genoese girl.*

capir-ò	*I will understand*
capir-ai	*you (familiar) will understand*
capir-à	*he, she, it, you (polite) will understand*
capir-emo	*we will understand*
capir-ete	*you (familiar) will understand*
capir-anno	*they, you (polite) will understand*

a. Verbs ending in **-care** and **-gare** add an **h** to the stem to retain the hard sound: **dimenticare: dimenticherò,** *etc.;* **pagare: pagherò,** *etc.*

b. Verbs ending in **-ciare** and **-giare** drop the **-i** of the stem: **cominciare: comincerò,** *etc.;* **mangiare: mangerò,** *etc.*

II. Uso idiomạtico del futuro
(Idiomatic use of the future)

1. The future tense may be used to express conjecture or probability in the present.

Dove **sarà**?	*Where **can he be**?*
Non lo conosco, ma **sarà** americano.	*I do not know him, but **he is probably** an American.*
Che ora **sarà**?	*I **wonder** what time **it is**.*
Saranno le dieci.	*It's **probably** ten o'clock.*

2. The future is often used if the future is implied in the English sentence.

Se visiterò il Colosseo, visiterò anche il Foro.	*If I **visit** the Colosseum, I will also visit the Forum.*
Quando arriveranno, pranzeremo.	***When they arrive,** we shall dine.*
Appena ritornerà, telefonerò.	***As soon as she returns,** I'll telephone.*

3. The future is used to translate the English progressive present of *to go* when denoting futurity and no motion.

Quando **partirete**?	*When **are you going to leave**?*

4. The English future is often rendered in Italian by the present, when the action is about to take place.

Lo **compro io,** se tu non lo vuoi.	*I'll **buy it,** if you do not want it.*

5. The English future, when used to make a suggestion, is rendered in Italian by the present.

Andiamo insieme?   ***Shall we go*** *together?*

III. Il futuro di *avere, ẹssere* (Future tense of avere, ẹssere)

Avere *to have*
Avrò l'indirizzo di Gina.   *I will have Gina's address.*

avrò	*I will have*
avrai	*you* (familiar) *will have*
avrà	*he, she, it, you* (polite) *will have*
avremo	*we will have*
avrete	*you* (familiar) *will have*
avranno	*they, you* (polite) *will have*

Ẹssere *to be*
Sarò all'aeroporto.   *I will be at the airport.*

sarò	*I will be*
sarai	*you* (familiar) *will be*
sarà	*he, she, it, you* (polite) *will be*
saremo	*we will be*
sarete	*you* (familiar) *will be*
saranno	*they, you* (polite) *will be*

IV. Il futuro di alcuni verbi irregolari (The future tense of a few irregular verbs)

Some verbs have an irregular future stem, but regular endings. Here are a some:

andare:	andrò, andrai, andrà, andremo, andrete, andranno
dare:	darò, darai, darà, daremo, darete, daranno
fare:	farò, farai, farà, faremo, farete, faranno
dovere:	dovrò, dovrai, dovrà, dovremo, dovrete, dovranno
potere:	potrò, potrai, potrà, potremo, potrete, potranno
sapere:	saprò, saprai, saprà, sapremo, saprete, sapranno
vedere:	vedrò, vedrai, vedrà, vedremo, vedrete, vedranno
venire:	verrò, verrai, verrà, verremo, verrete, verranno
volere:	vorrò, vorrai, vorrà, vorremo, vorrete, vorranno

Esercizi

A. Completare le frasi seguenti con la forma corretta del futuro.

1. (*portare*) Sì, (noi) le _____ i saluti di sua sorella.
2. (*portare*) Io, invece, le _____ un regalo.
3. (*visitare*) Che cosa _____, quando sarete in Italia?

4. (*visitare*) Anche tu _____ Fiesole?
5. (*mangiare*) Almeno (noi) _____ bene!
6. (*mangiare*) Forse quei turisti _____ troppo.
7. (*raggiungere*) Anche voi _____ i campi di sci con la sciovia.
8. (*piacere*) Certamente questo film vi _____ molto.
9. (*piacere*) Anche Cortina e Sestriere ti _____ .
10. (*capire*) Al solito io non _____ niente.
11. (*capire*) Noi però _____ tutto, sempre.
12. (*riposarsi*) Quando arriveremo a Siena _____ .
13. (*riposarsi*) Sì! Tutti _____ .
14. (*divertirsi*) Chi non _____ sulle piste?
15. (*divertirsi*) Io _____ immensamente.

B. Volgere le forme verbali seguenti al futuro.

Esempio   cambiano   →   cambieranno

1. cambio
2. dimentichi
3. scendete
4. scrivono
5. indicano

6. ripetiamo
7. consigliate
8. fiorisci
9. seguiamo
10. ritorna

11. partono
12. entriamo
13. prendo
14. aprite
15. capisco

C. Seguendo l'esempio, riscrivere le frasi seguenti.

Esempio   No, oggi loro non pagano l'espresso.   →   No, domani loro non pagheranno l'espresso.

1. No, oggi non vado alla discoteca.
2. No, oggi tu non devi nuotare.
3. No, oggi non piove.
4. No, oggi non vengono.

5. No, oggi non ci ricordiamo nulla.
6. No, oggi non dimentico il biglietto.
7. No, oggi non potete venire.
8. No, oggi non li vediamo.

D. Rispondere alle domande seguenti al futuro.

Esempio   Hai già scritto a Marina?   →   No, ma le scriverò presto.

1. Avete già telefonato a Bob?
2. Avete già veduto la zia?
3. Hai già preso l'autopullman?

4. Hai già studiato le forme del futuro?
5. Vi siete già riposati?
6. Hai già pagato il conto?

E. Dare l'equivalente in inglese.

1. Che ore sono? Non sono sicuro; saranno le quattro o le quattro e un quarto.
2. Dov'è Bob? Non sono sicuro; sarà sulla pista.
3. Quanti anni ha Giacomo? Non sono sicuro; avrà cinquanta o cinquantacinque anni.
4. Che cosa mangia quel turista? Non sono sicuro; mangerà una pizza o un panino.
5. Chi è quella ragazza? Non la conosco ma sarà italiana.
6. Com'è il tuo cappuccino? Non so, sarà freddo.
7. Quando i miei genitori arriveranno, prenderanno un caffè bollente.
8. Appena finiremo questo esercizio, ci riposeremo.
9. Quando sarai in Italia, mi scriverai?
10. Se il tempo sarà bello, domani andremo a sciare.

11. Se non pioverà, farò due passi lungo il golfo.
12. Quando ritornerete, vi diremo tutto.

F. Rispondere alle domande seguenti in frasi complete.

1. A che ora si è alzato(a) Lei ieri? A che ora si alzerà domani?
2. Che cosa farà Lei in autunno?
3. Dove andrà domani?
4. Dove passerà l'estate?
5. Quanti anni avrà nel 1989?
6. Che cosa mangerà domani a colazione?
7. Sa Lei che ore saranno adesso?
8. Sa Lei quanti anni avrà lo studente vicino a Lei?
9. Chi conoscerà quando andrà in Italia?
10. Chi vedrà domani?

Rielaborazione

Dare l'equivalente italiano.

1. As soon as we arrive in Siena, I will phone my aunt.
2. When I see him, I will give him your gift.
3. Are you joking? He is probably fifty years old.
4. I will never go downtown on foot. I will take the bus.
5. Yes, you will have to take a cab. It is a very long trip.
6. We will go around the city and see the nativity scenes.
7. Why are you (*sing. fam.*) always joking?
8. Because I like joking.
9. How is the weather in Siena? I don't know; it may be raining.
10. Will you (*plur. fam.*) go to the movies this evening?

Situazione pratica

Parli con un amico del viaggio che farà in Italia, dei luoghi e delle città che visiterà e delle persone che spera di conoscere.

Duomo di Volterra: La Natività

Un incontro di calcio

Come tutti sanno il calcio è popolare in tutti i paesi del mondo, ma in particolare in Europa e nell'America Latina. Oggi il calcio comincia a essere popolare anche negli Stati Uniti. Agl'Italiani piacciono tutti gli sport: il calcio, lo sci, il tennis, il pugilato e le corse, ma lo sport preferito è il calcio, e ogni domenica milioni di tifosi seguono le partite di calcio o negli stadi o alla televisione. In Italia il settantacinque per cento della popolazione segue, almeno occasionalmente, gl'incontri di calcio per il campionato. Comunque, la metà lo fa regolarmente.

Mario e Michele sono appassionati per il calcio. Oggi è domenica e, seduti davanti al televisore, seguono la trasmissione di una partita fra il Milan e la Fiorentina.

Michele: Va male per la Fiorentina perchè l'arbitro è partigiano.
Mario: I nostri calciatori non gli sono simpatici!
Michele: È invidia, perchè i nostri sono in ottima forma.
Mario: Ecco Fattori; bravo Fattori, forza!
Michele: Dài, bravo! Evviva, ha segnato.
Mario: Ora siamo due a due.
Michele: Ricordi quando la nostra squadra ha giocato in Spagna?
Mario: Come no! Volevo andare a fare il tifo, ma il viaggio era troppo caro.
Michele: Ma che fa Parducci? Dove ha imparato a giocare?
Mario: Gli ultimi minuti sono sempre lunghi.
Michele: Se continuano a giocare così stiamo freschi.
Mario: Finalmente! La partita è finita.
Michele: Be', meglio un pareggio che una sconfitta. Che ore sono?
Mario: Sono appena le quattro e dieci.
Michele: È presto. Perchè non giochiamo a carte?
Mario: È un'ottima idea. Ma domani giochiamo a tennis, eh?
Michele: D'accordo.

Alla televisione

RETEUNO

Telegiornale: 13,30; 20, 23,25
12.30 **Chep-up** (c). Programma di medicina di Biagio Agnes, conduce Luciano Lombardi - **Che tempo fa** (c)
15.25 Via satellite : **Lake Placid: Olimpiadi invernali,** bob a due (c)
17 — **Apriti sabato** (c): «Viaggio in carovana», di M. Marcucci e L. Martelli, M. Zavattini. Regia di Luigi Martelli. Nel corso della trasmissione via satellite: **Lake Placid: Olimpiadi invernali**
18.35 **Estrazioni del Lotto** (c)
18.40 **Le ragioni della speranza** (c), di mons. Giuliano Agresti
18.50 **Speciale Parlamento** (c), a cura di Gastone Favero e Gianni Colletta
19.20 **Doctor Who** (c): «Esperimento Santoran», regia di Rodney Bennet
19.45 **Almanacco del giorno dopo** (c) - **Che tempo fa** (c)
20.40 **Non è vero ma ci credo** (c), commedia di Peppino De Filippo. Altri interpreti: Elio Bertolotti, Salvo Gioncardi, Lelia Mangano, Nuccia Fumo, Gabriella Placci.
23.25 **Telegiornale.** Nel corso della trasmissione via satellite: **Lake Placid: Olimpiadi invernali** (c) - **Che tempo fa** (c)

RETEDUE

Telegiornale: 13; 19,45; 23,15
12.30 **Il ragazzo Dominic** (c). Telefilm: «L'uomo dal volto truccato».
13.30 **Di tasca nostra** (c). Programma della redazione economica del TG 2
14 — **Giorni d'Europa** (c), di Gastone Favero, a cura di Gianni Colletta
14.30 **Scuola aperta** (c). Settimanale di problemi educativi, regia di F. Venier
14.55 **Napoli: calcio** (c): **Italia-Romania**
16.45 **Roma: motocross internazionale** (c)
17 — **Il giardino segreto** (c). Telefilm diretto da Dorothea Brooking: «Una lezione per Colin», 5° episodio
17.30 **Finito di stampare** (c), di Guido Davido Bonino, regia di Vladi Orengo. Quindicinale di informazione libraria (replica)
18.15 **Cineclub** (c) di Luciano Michetti Ricci: «Louise Brooks, antidiva»
18.55 **Estrazioni del Lotto** (c)
19 — **TG 2 - Dribbling** (c). Rotocalco sportivo del sabato - **Previsioni del tempo** (c)
20.40 **Odissea** (c) dal poema di Omero, riduzione televisiva di Giampiero Bona, regia di Franco Rossi. Tra gli attori: Bekim Fehmiu, Irene Papas, Renaud Verley.
21.40 **Saltimbanchi si muore** (c). Testi e musiche di Enzo Jannacci, regia di Franco Campigotto ed Enzo Jannacci. Prima puntata
22.40 A Castellana Grotte: **Incontri di alternativa musicale** (c). Regia di Carlo Nistri

RETETRE

Telegiornale: 19; 21,55
Questa sera parliamo di... (c), con Letizia Bettini. Programmi del pomeriggio
18.30 **Il pollice** (c). Programmi visti e da vedere sulla Terza rete tv
19.35 **Tuttinscena** (c). Rubrica settimanale di Folco Quilici e di Silvia D'Amico Bendicò - **Questa sera parliamo di...** (c), con L. Bettini. Programmi della serata
20.05 **Li zite 'n galera** (c) (Gli sposi sulla nave). Commedia per musica di Bernardo Saddumene. Musiche di Leonardo Vinci. Direttore Massimo De Bernart.
22.25 **Teatrino** (c). Piccoli sorrisi: «Il pranzo è servito» (replica)

Domande

1. È vero che il calcio è popolare soltanto in Italia?
2. È vero che in Italia nessuno gioca a tennis?
3. È vero che in Italia tutti séguono il calcio?
4. Chi segue l'incontro fra il Milan e la Fiorentina? Dove, allo stadio?
5. Chi vince l'incontro?
6. Mario dice che all'arbitro piacciono molto i calciatori della Fiorentina, è vero?
7. Chi è Parducci?
8. Dopo la trasmissione che fanno Mario e Michele?
9. E domani che faranno?

Vocabolario

Sostantivi

l' **arbitro** referee
il **calciatore** soccer player
il **calcio** soccer
il **campionato** championship
la **carta** playing card
la **corsa** race
l' **Europa** Europe
la **Fiorentina** *Florentine soccer team*
la **forma** form
l' **incontro** match
l' **invidia** envy
la **metà** half
il **Milan** *Milan's soccer team*
il **minuto** minute
il **pareggio** tie
la **popolazione** population
il **pugilato** boxing
la **sconfitta** defeat
la **squadra** team
il **tennis** tennis
la **trasmissione** telecast
il **viaggio** trip

Aggettivi

latino Latin
partigiano partisan
preferito favorite
simpatico likeable

Verbi

giocare (a + *noun*) to play *(a game or sport)*
imparare to learn
segnare to score

Altri vocaboli

comunque at any rate
finalmente finally
fra between, among
male badly
occasionalmente occasionally
regolarmente regularly

Espressioni

bravo good for you, great
come no! of course!
d'accordo agreed
dài! go!
eh? O.K.?
evviva! hurrah!
fare il tifo to cheer *(as a fan)*
forza! keep it up! go to it!
in particolare in particular
non gli sono simpatici he does not like (them)
per cento percent
stiamo freschi we're in trouble

Grammatica

I. Uso idiomatico dell'articolo determinativo (Special uses of the definite article)

1. Contrary to English usage, the definite article is required in Italian before a noun used in a general or abstract sense.

L'esercizio fa bene.	*Exercise is good for you.*
Il denaro è necessario.	*Money is necessary.*
Preferisco **la lotta al pugilato.**	*I prefer wrestling to boxing.*
La vita è breve.	*Life is short.*

2. The name of a continent, country, region or large island is always preceded by the definite article.

L'Italia è una nazione.	*Italy is a nation.*
L'Europa ha molti paesi.	*Europe has many countries.*
Vuole visitare **la Sicilia.**	*He wants to visit Sicily.*
Sono venuti **dall'Inghilterra.**	*They came from England.*
I laghi **della Svizzera.**	*The lakes of Switzerland.*

but   **Capri** è una piccola isola.   *Capri is a small island.*

The article, however, is dropped when the name of an *unmodified* feminine continent, country, region, or large island is preceded by the preposition **in** which means both *in* and *to*.

L'Italia è **in Europa.**	*Italy is in Europe.*
Andiamo **in America.**	*We are going to America.*
Mosca è **in Russia.**	*Moscow is in Russia.*

but   Roma è **nell'Italia centrale.**   *Rome is in central Italy.*
       I miei amici andranno **nell'Africa equatoriale.**   *My friends will go to equatorial Africa.*

When the name of a country, region, or island is masculine, the article is usually retained after **in.**

Acapulco è **nel Messico.**	*Acapulco is in Mexico.*
(*but also:* in Messico.)	

Siamo stati **nel Giappone.** (*but also:* **in Giappone.**)	*We have been **in Japan.***
Torino è **nel Piemonte.** (*but also:* **in Piemonte.**)	*Turin is **in Piedmont.***

exception | Sono **in Egitto.** | *They are **in Egypt.*** |

For phonetic reasons the article is always retained with the two Italian regions, **Vẹneto** and **Lạzio.**

Venẹzia è **nel Vẹneto.**	*Venice is **in Veneto.***
Roma è **nel Lạzio.**	*Rome is **in Latium.***

II. La preposizione *a* con i nomi di città (The preposition **a** with names of cities)

The Italian preposition **a** translates English *to* and *in* when they are used in connection with the name of a city.

Vado **a Venẹzia.**	*I am going **to Venice.***
Ạbitano **a Venẹzia.**	*They live **in Venice.***

It should be noted that **a** is used in the same manner with the name of small islands.

Vanno **a** Capri.	*They are going **to** Capri.*
Ạbitano **a** Ịschia.	*They live **in** Ischia.*

III. La preposizione *a* con l'infinito (The preposition **a** with infinitives)

Certain verbs that indicate motion, or the beginning or continuation of an action, such as **andare, continuare, imparare, incominciare, invitare, insegnare, portare** and **venire,** require the preposition **a** before an infinitive.

Vọglio **imparare a parlare** italiano.	*I want **to learn to speak** Italian.*
Sono venuti **a vedere** Giovanni.	***They have come to see** John.*
Incomịncia a cantare.	***She begins to sing.***

IV. Plurale dei nomi e degli aggettivi in -co (Plural of nouns and adjectives in **-co**)

If a noun or an adjective ends in **-co** and the stress falls on the syllable preceding it, in the plural it takes an **h** and retains the hard sound of the singular.

l'affresco	*the fresco painting*
gli affreschi	*the fresco paintings*
il fuoco	*the fire*
i fuochi	*the fires*
il rinfresco	*the refreshment*
i rinfreschi	*the refreshments*
bianco (*sing.*)	*white*
bianchi (*pl.*)	*white*
fresco (*sing.*)	*fresh*
freschi (*pl.*)	*fresh*

poco (*sing.*)	*little*
pochi (*pl.*)	*few*
ricco (*sing.*)	*rich*
ricchi (*pl.*)	*rich*

The others form the plural in **-ci.**

il mędico	*the physician*
i mędici	*the physicians*
il meccąnico	*the mechanic*
i meccąnici	*the mechanics*
magnịfico (*sing.*)	*magnificent*
magnịfici (*pl.*)	*magnificent*
simpątico (*sing.*)	*likeable*
simpątici (*pl.*)	*likeable*

There are, however, a few exceptions, the most common of which are **amico,** *friend,* **nemico,** *enemy,* **greco,** *Greek,* whose plurals are **amici, nemici, greci.**

V. Plurale dei nomi e degli aggettivi in *-go* (Plural of nouns and adjectives in **-go**)

These usually take an **h** to retain the hard sound of the **g.**

l'albergo	*the hotel*	gli alberghi	*the hotels*
il catạlogo	*the catalogue*	i catạloghi	*the catalogues*
lungo (*sing.*)	*long*	lunghi (*pl.*)	*long*
largo (*sing.*)	*wide*	larghi (*pl.*)	*wide*

There are a few exceptions, among them nouns ending in **-logo** which refer to scientists: **geọlogi,** *geologists,* **radiọlogi,** *radiologists,* etc.

Esercizi

A. Dare l'equivalente italiano.

1. Life is not easy.
2. She does not like ice cream.
3. Books are expensive.
4. They are leaving for Switzerland.
5. My parents came from Italy.
6. Winter is a season.
7. Today is May 1.
8. Half the students did not understand.

B. Completare le frasi seguenti con la forma appropriata dell'articolo quando è necessario.

1. Agl'Italiani piacciono molto _____ sport.
2. _____ chiese italiane sono affollate.
3. _____ sci è uno sport caro.
4. Visiterai _____ Capri?
5. _____ signori Wheaton hanno visitato anche _____ Svizzera.
6. Come sta Lei oggi, _____ signora Wheaton?

C. Volgere le frasi seguenti al plurale o al singolare.

Esempio   Il lago è molto grande.   →   I laghi sono molto grandi.

1. Quell'arbitro non era simpatico.
2. Questo impianto è magnifico.
3. I meccanici ricchi non sono simpatici.
4. Stai fresco!
5. Questo meccanico è napoletano.
6. Siete stanche? State fresche: qui non ci sono alberghi!
7. Quel catalogo è troppo lungo.
8. Quegli affreschi erano comunque magnifici.
9. I medici non scherzano.
10. Il medico greco non è molto ricco.
11. I miei amici non vogliono i rinfreschi.
12. Perchè gli arbitri non sono simpatici ai calciatori?

D. Completare le frasi seguenti con la forma appropriata della preposizione.

1. Andrete _____ Firenze?
2. So che sono _____ Italia ma non so se sono _____ Roma.
3. No, Napoli non è _____ Italia centrale.
4. Voglio andare _____ Europa e precisamente _____ Europa centrale.
5. Mio nipote abita _____ Capri; mia nipote invece abita _____ Sicilia.
6. _____ Italia ci sono molti laghi.

E. Formare delle domande seguendo le indicazioni nell'esempio.

Esempio   tu (f.) / Italia   →   Sei mai stata in Italia?

1. voi (m.) / Cortina
2. tu (m.) / Africa
3. loro (m.) / Africa centrale
4. lei / America
5. lui / America Latina
6. loro / Spagna

F. Rispondere alle domande seguenti in frasi complete.

1. Ti sono simpatici gli arbitri?
2. Fai il tifo qualche volta?
3. C'è una squadra di calcio nella tua città?
4. Giochi al tennis o al calcio?
5. Giocate a carte in classe?
6. Chi ti ha insegnato a leggere?
7. Continuerai a studiare la lingua italiana?
8. Oggi sei in forma o desideri soltanto riposarti davanti al fuoco?

Situazione pratica

A un amico, o ad un'amica, spieghi perchè uno sport le (gli) piace o non le (gli) piace.
Allo stesso amico o alla stessa amica chieda quali sport piacciono a lui (a lei) e
perchè.

Aspetti di vita italiana: Un'usanza curiosa

La fine dell'anno vecchio e l'inizio di quello nuovo sono festeggiati in vari modi in varie parti del mondo e nelle varie regioni d'Italia. Per esempio, in alcune parti d'Italia nelle campagne la notte di capodanno accendono fuochi. Chi sa qual era il significato di questi fuochi secoli fa?

C'è poi l'usanza del veglione, cioè di un grande ballo, spesso in maschera, che dura quasi tutta la notte. Molto importante, naturalmente, è l'usanza universale di festeggiare l'attimo in cui scocca la mezzanotte. In quel momento tutti vogliono trovarsi uniti; o in casa, o al ristorante o al veglione.

Ma c'è un'altra usanza, un'usanza curiosa davvero, che è viva tuttora in molte città italiane: a mezzanotte in punto, molti aprono le finestre e gettano fuori oggetti vecchi, preferibilmente di ceramica e di metallo. Naturalmente, quando questi oggetti cadono per terra fanno molto rumore e quelli di ceramica si frantumano in mille pezzi. Secondo gli

Natale a Roma

antichi, i forti rumori scacciavano gli spiriti maligni. Oggi l'usanza continua perchè il rumore degli oggetti che si frantumano aumenta l'allegria, e perchè molti vogliono liberarsi degli oggetti vecchi all'arrivo dell'anno nuovo. Per fortuna poche sono le persone che rischiano di trovarsi per la via a mezzanotte di capodanno.

accendere *to light* / l'allegria *cheer, joy* / l'attimo *moment* / cadere *to fall* / la campagna *countryside* / il Capodanno *New Year's Day* / davvero *indeed* / durare *to last* / la fine *end* / la finestra *window* / forte *loud* / frantumarsi *to break up* / gettare *to throw* / gettar fuori *to throw out* / l'inizio *beginning* / in punto *on the dot* / liberarsi *to get rid* / maligno *evil, malignant* / la maschera *mask* / la notte *night* / o...o *either...or* / per fortuna *fortunately* / per la via *in the street* / per terra *on the ground* / il pezzo *piece* / poi *then* / il rumore *noise* / scacciare *to drive away* / scoccare *to strike (of a clock)* / il significato *meaning* / spesso *often* / trovarsi *to be, to happen to be* / tuttora *even now* / vario *various* / il veglione *masked ball* / vivo *alive*

Domande

1. La fine dell'anno nuovo è festeggiata nello stesso modo in tutte le regioni d'Italia?
2. Sappiamo qual era il significato dei fuochi che accendono nelle campagne?
3. Cos'è il veglione?
4. Anche in America festeggiamo il momento in cui scocca la mezzanotte?
5. Che cosa gettano dalla finestra molti Italiani a mezzanotte in punto?
6. Secondo gli antichi cosa facevano i forti rumori?
7. Perchè molti gettano gli oggetti vecchi dalla finestra quando arriva l'anno nuovo?
8. In Italia ci sono molte persone per le vie a mezzanotte di capodanno? Perchè?

Ripetizione IV

A   Rispondere alle domande seguendo le indicazioni date nell'esempio:

Esempio   C'è un affresco in questa chiesa?   →   No, ma ci sono molti affreschi in quella là.

1. C'è un medico americano in questa città?
2. C'è una pasticceria in questo piccolo paese?
3. C'è una discesa lunga in questo centro invernale?
4. C'è una squadra di calcio in questo stato?
5. C'è un albergo comodo e modesto in questa via?
6. C'è uno studente greco in questa classe?

B   Formare nuove frasi seguendo le indicazioni date nell'esempio:

Esempio   Spagna / noi (*masc.*)   →   In Spagna non ci siamo divertiti affatto.

1. Perugia / loro (*fem.*)   4. Africa equatoriale / io (*fem.*)
2. Sicilia / voi (*masc.*)   5. Capri / tu (*masc.*)
3. Roccaraso / Guido e Vanna   6. Egitto / noi (*fem.*)

C   Completare con la forma appropriata del pronome relativo. Usare una sola parola.

Esempio   Ecco l'arbitro a _____ la nostra squadra non è simpatica.   →
          Ecco l'arbitro a cui la nostra squadra non è simpatica.

1. _____ gioca male non ha tifosi.
2. Questi sono gli sport _____ mi piacciono.
3. Ecco il paese nel _____ abita mia zia.
4. Ci riposeremo nell'albergo di _____ ci hai parlato.
5. Nessuno ha capito _____ che dicevi.
6. È la figlia di quel professore il _____ insegnava al Liceo.

D   Volgere al plurale facendo tutti i cambiamenti necessari.

1. L'arbitro era partigiano ma il portiere era meraviglioso.
2. Là c'è una chiesa antica e immensa.
3. Quello è un albergo elegante e molto comodo.
4. Oggi la verdura è ottima perchè è fresca.
5. La lezione non è nè lunga nè difficile.
6. La popolazione del Lazio è simpatica e brillante.

E   Cambiare le frasi seguenti per indicare probabilità. Seguire l'esempio.

Esempio   Sono le dieci e un quarto.   →   Non sono sicuro: saranno le dieci e un quarto.

1. La partita è finita.
2. Non si vedono da due o tre anni.
3. Il professore vuole vedere quello studente.
4. Desiderano imparare a parlare italiano.
5. Va in montagna a respirare l'aria pura.
6. Si riposano davanti al fuoco.

F   Volgere il brano seguente al passato, usando le forme appropriate dell'imperfetto o del passato prossimo. Cominciare con: **Ieri pomeriggio**. . .

Oggi io e Fulvio andiamo a una partita di calcio. Il tempo è splendido e c'è molta gente. I tifosi sono molto allegri perchè i giocatori sono in forma e giocano proprio bene. Ci sediamo nella prima fila perchè vogliamo vedere tutto. Nella nostra squadra ci sono due calciatori italo-americani. Fulvio non fa (mai) il tifo. Tutti e due, però, seguiamo il gioco perchè è interessante. Ci ricordiamo di una partita vista in Spagna e parliamo di quell'arbitro partigiano. La partita finisce alle cinque con un pareggio. Abbiamo freddo e andiamo a prendere un espresso bollente.

G   Rispondere in frasi complete.

1. Che cosa farà Lei subito dopo la lezione?
2. Che cosa ha mangiato stamattina?
3. Chi ha visto ieri?
4. Quando prende il caffè?
5. Quando Lei e i Suoi amici si incontrano, dove vanno?
6. Le piace scherzare? Le piacciono le persone che scherzano?

La vita cittadina

UNA delle parole italiane che ormai fa parte del vocabolario internazionale è *galleria.* C'è una galleria a Roma, a Milano, a Napoli, a Genova e in molte altre città italiane. Un'altra parola italiana internazionale è *piazza.* Anche il più piccolo paese italiano ha una piazza. Le grandi città hanno molte piazze e alcune sono famose per la loro bellezza, come per esempio Piazza San Marco a Venezia, Piazza Navona a Roma, Piazza del Plebiscito a Napoli, Piazza dei Miracoli a Pisa, Piazza della Signoria a Firenze, e tante altre.

Siena: Piazza del Campo

Milano: La Galleria

La piazza di solito è il centro del paese o della città e, se la città è grande, la piazza è il centro di un rione. Gli Italiani « vivono », nel vero senso della parola, nelle loro città. Le piazze e le strade sono per gli abitanti come un'estensione della loro casa. Nei piccoli villaggi gli artigiani portano il loro lavoro sulla strada. Nelle grandi città ogni piazza ha un caffè all'aperto e i ristoranti spesso mettono i loro tavoli sui marciapiedi delle vie o in piazza. E tanto nelle grandi città come nei piccoli paesi c'è sempre una piazza o una strada dove ha luogo la passeggiata la sera o la domenica. Alla passeggiata s'incontrano gli amici di tutto il paese, o del rione della città, e perfino della città stessa. Mentre passeggiano, parlano di politica o di sport, e poi si fermano al caffè preferito per l'espresso o per l'aperitivo, e magari per una pasta o per un gelato.

Basta pensare a Piazza San Marco. È come un grande salotto dove (sembra che) tutti i Veneziani e tanti turisti si ritrovano per passare un'ora o due insieme.

all'aperto *in the open* / l'artigiano *artisan* / aver luogo *to take place* / bastare *to be sufficient, to be enough* / il marciapiede *sidewalk* / magari *perhaps even* / mettere *to put* / la parola *word* / la passeggiata *promenade* / la pasta *pastry* / pensare *to think* / perfino *even* / il rione *neighborhood* / ritrovarsi *to meet* / sembrare *to seem* / stesso *itself* / la strada *street, road* / tanto. . .come *both. . .and* / vivere *to live*

Domande

1. Ci sono gallerie nelle città americane?
2. Cosa c'è in ogni paese italiano?
3. Qual è una piazza famosa di Pisa?
4. Perchè le piazze e le vie sono un'estensione della casa di molti italiani?
5. Cos'è un caffè o un ristorante all'aperto?
6. Cosa fanno gl'Italiani alla passeggiata?
7. Quando ha luogo la passeggiata?
8. Perchè Piazza San Marco a Venezia è una piazza tipica?

LINGUA E LETTERATURA

Che accento ha?

Eugęnia, una signorina vicentina che ha studiato a Firenze e che insegna l'italiano in un liceo di Mạntova, è ritornata a Firenze per una breve vịsita. In questo momento è nella sua cạmera in una pensione vicino alla stazione e telęfona alla sua amica Adriana.

Eugęnia: Pronto? Adriana? Finalmente, è la quarta volta che provo.

Adriana: Chi parla?

Eugęnia: Non riconosci la mia voce? Sono Eugęnia.

Adriana: Ah, ben tornata! Quando sei arrivata?

Eugęnia: Ieri sera alle 20. Mi tratengo quattro giorni a Firenze.

Adriana: Sono rientrata pochi minuti fa. Ero andata a far la spesa con mia cugina. Ti ricordi di lei?

Eugęnia: Come no. Non è quella giọvane donna che parla con un leggero accento siciliano?

Adriana: No, quella è Carmela, mia cognata.

Eugęnia: Ora ricordo; sbagliavo.

Adriana: Mia cugina è Lạura, e lei parla con l'accento fiorentino come me.

Eugęnia: Allora, come vanno gli studi?

Adriana: Non c'è male. Prenderò la lạurea quest'anno. Ma tu non scrivi mai!

Eugęnia: Ho pensato a te tante volte, ma l'insegnamento non mi lạscia un momento lịbero. Lạura come sta?

Adriana: Benịssimo. L'ho vista giovedì scorso. Siamo andate a una commẹdia di Carlo Goldoni.

Eugęnia: Scommetto che era *La locandiera.*

Adriana: No. Abbiamo visto *Arlecchino servitore di due padroni.*

Eugęnia: Fortunata te! Sai se la danno anche stasera?

Adriana: No. Il lunedì il teatro è chiuso. E poi siamo andate all'ụltima rappresentazione. Non ci crederai, ma era la quindicẹsima rẹplica.

Eugęnia: Peccato! Be', senti, quando ci vediamo?

Adriana: Se vuoi, oggi verso le quattro. Va bene?

Eugęnia: Benịssimo. Allora, alle quattro davanta a Santa Maria Novella.

Adriana: Ciao!

Domande

1. Dove insegna Eugenia?
2. Quanto tempo si trattiene a Firenze?
3. Con chi era andata a fare la spesa Adriana?
4. Chi è Carmela e chi è Laura?
5. Quando prenderà la laurea Adriana?
6. *La locandiera* è il titolo di che cosa?
7. Cosa danno lunedì sera al teatro?
8. Dove si vedranno le due amiche?
9. Parlano con lo stesso accento tutti gl'Italiani?
10. E negli Stati Uniti parliamo tutti con lo stesso accento?

Vocabolario

Sostantivi

l' **accento**   accent
l' **amica**   friend
  Arlecchino   Harlequin
la **cognata**   sister-in-law
la **commedia**   comedy
la **donna**   woman
  Goldoni, Carlo   18th century playwright
l' **insegnamento**   teaching
la **locandiera**   innkeeper
  Mantova   city in northern Italy
il **padrone**   master
la **pensione**   boarding house
la **replica**   (repeat) performance
la **rappresentazione**   performance
  Santa Maria Novella   a church in Florence
il **servitore**   servant
la **signorina**   Miss, young lady
lo **studio**   study, school
la **voce**   voice
la **volta**   time, occurrence

Aggettivi

breve   short, brief
fiorentino   Florentine
leggero   light, slight
libero   free
siciliano   Sicilian
vicentino   of the city of Vicenza

Verbi

chiuso *(pp. of* **chiudere***)*   closed
credere   to believe
insegnare   to teach
lasciare   to leave
pensare(a)   to think (of) *(a person or thing)*
provare   to try
riconoscere   to recognize
rientrare   to return home
sbagliare   to make a mistake, to be wrong
scommettere   to bet
telefonare   to telephone
mi trattengo (from **trattenersi**)   I remain
visto *(p.p. of* **vedere***)*

Espressioni

ben tornata   welcome back
è chiuso   is closed, in dark
non ci crederai   you won't believe it
prendere la laurea   to graduate *(from college)*

[Grammatica]

I. Pronomi personali in funzione di complemento — forme tọniche (The disjunctive pronouns: stressed forms)

The disjunctive pronouns are so called because they are "disjointed" from the verb, namely they are used as objects of prepositions. Here is a list of the Italian disjunctive pronouns.

Singolare		
me	*me*	
te	*you* (familiar)	
lui	*him*	
lei	*her*	
Lei	*you* (polite)	
sè	*himself, herself, itself, yourself,* (polite)	

Plurale		
noi	*us*	
voi	*you* (familiar)	
loro	*them*	
Loro	*you* (polite)	
sè	*themselves, yourselves* (polite)	

These pronouns are used as follows:

1. After a preposition.

Enzo canta **con me.**	*Enzo sings **with me.***
Lei ha molti amici **fra noi.**	*You have many friends **among us.***
Mạrio lo fa **per Lei.**	*Mario is doing it **for you.***
Parla spesso **di te.**	*He speaks often **of you.***
L'ha fatto **da sè.**	*She did it **by herself.***
Stụdiano **da sè.**	*They study **by themselves.***

2. In place of the other object pronouns for emphasis, contrast, or when the verb has two or more objects.

Conjunctive (unemphatic) Use	**Mi** vede.	*He sees **me**.*
	Ci riconoscono.	*They recognize **us**.*
	L'inviterà.	*He will invite **her**.*

Disjunctive (emphatic) Use	Vede **me**.	*He sees **me**.*
	Riconoscono **noi** non **lui**.	*They recognize **us**, not **him**.*
	Inviterà **lei** e **me**.	*He will invite **her** and **me**.*

3. In a few exclamations.

| **Povero me!** I biglietti sono esauriti. | ***Poor me!** The tickets are sold out.* |
| **Fortunato te** che vai in vacanza! | ***Lucky you** to be going on a vacation!* |

II. Numeri ordinali
(Ordinal numerals)

primo	*1st*	dodicesimo	*12th*
secondo	*2nd*	tredicesimo	*13th*
terzo	*3rd*	quattordicesimo	*14th*
quarto	*4th*	ventesimo	*20th*
quinto	*5th*	ventunesimo	*21st*
sesto	*6th*	ventiduesimo	*22nd*
settimo	*7th*	ventitreesimo	*23rd*
ottavo	*8th*	trentesimo	*30th*
nono	*9th*	centesimo	*100th*
decimo	*10th*	millesimo	*1,000th*
undicesimo	*11th*	milionesimo	*1,000,000th*

Note: After **decimo**, one can easily get any ordinal numeral merely by dropping the last vowel of a given cardinal numeral and adding **-esimo.** If a cardinal number ends in **-tre** (*three*), the final **-e** is retained. Ordinal numerals are adjectives and agree with the noun modified in gender and number.

La **prima** ballerina.	*The **first** ballerina.*
Le **prime** scene.	*The **first** scenes.*
Il **quarto** programma.	*The **fourth** program.*
I **secondi** posti.	*The **second** places.*

As in English, ordinal numerals precede a noun and require the definite article. As in English, they follow the names of dignitaries but, unlike English, do not require the definite article.

| Napoleone **Terzo**. | *Napoleon **the Third**.* |
| Pio **Nono**. | *Pius **the Ninth**.* |

III. Plurale dei nomi e degli aggettivi in *-cia* e *-gia.* (Plural of nouns and adjectives in **-cia** and **-gia**)

These words drop the **i** in the plural, unless the **i** is stressed in the singular.

l'arancia	*the orange*	le arance	*the oranges*
la quercia	*the oak*	le querce	*the oaks*
marcia (*sing.*)	*rotten*	marce (*pl.*)	*rotten*
la valigia	*the suitcase*	le valige	*the suitcases*
grigia (*sing.*)	*gray*	grige (*pl.*)	*gray*

but

la farmacia	*the drugstore*	le farmacie	*the drugstores*
la bugia	*the lie*	le bugie	*the lies*

IV. I giorni della settimana (Days of the week)

lunedì	*Monday*	venerdì	*Friday*
martedì	*Tuesday*	sabato	*Saturday*
mercoledì	*Wednesday*	domenica	*Sunday*
giovedì	*Thursday*		

With the exception of **domenica**, which is feminine, all the others are masculine. Days of the week are not capitalized in Italian.

Il **lunedì** vado a scuola.	**On Mondays,** *I go to school.*
La **domenica** non ci sono rappresentazioni.	**On Sundays,** *there are no performances.*
Parto **martedì.**	**On Tuesday,** *I am leaving.*

Note that the English expressions *on Mondays, on Tuesdays, etc.* are rendered in Italian by the singular name of the day preceded by the definite article; and that *on Monday, on Tuesday, etc.* when only one day is meant (or when the word "last" or "next" is understood), are rendered by the name of the day without the article.

Esercizi

A. Rispondere a ciascuna delle domande seguenti, usando la forma appropriata del pronome disgiuntivo.

Esempio   Il Goldoni? (noi)   →   Sì, parlavamo proprio di lui.

1. Adriana? (io)
2. Laura e Carmela? (Eugenia)
3. Tu e Adriana? (noi)
4. Tu? (io)
5. Tuo padre e tua madre? (noi)
6. Carmela ed io? (I suoi fratelli)

B. Completare ciascuna delle frasi seguenti usando la forma appropriata del pronome disgiuntivo.

Esempio   Mia cugina? Sì, vado spesso da _____ .   →   Sì, vado spesso da lei.

1. I signori Wheaton? Sì, ho fatto due passi con _____ .
2. Il cameriere? Sì, abbiamo chiamato proprio _____ .
3. Parducci e Fattori? Tutti parlano di _____ .
4. Quello studente? Studia sempre da _____ .
5. Sarai a Roma? Allora visiterò anche _____ .
6. Se sarete in Italia durante l'estate, visiteremo anche _____ .

C. Riscrivere ciascuna delle frasi seguenti facendo i cambiamenti suggeriti nell'esempio.

Esempio   Io gli piaccio ma lui non mi piace.   →   Io piaccio a lui ma lui non piace a me.

1. Loro ti visiteranno ma tu non li visiterai.
2. Eugenia ci ascolta ma noi non l'ascoltiamo.
3. Io li ho invitati ma loro non mi hanno invitato.
4. Lui le telefona sempre ma lei non gli telefona mai.
5. Io vi scrivo sempre ma voi non mi scrivete mai.
6. Se tu mi scriverai, anch'io ti scriverò.

D. Formare domande e risposte, usando le parole indicate.

Esempio   mercoledì   →   Che giorno è mercoledì? È il terzo giorno della settimana.
             febbraio   →   Che mese è febbraio? È il secondo mese dell'anno.

1. sabato   6. giovedì
2. lunedì   7. aprile
3. gennaio   8. ottobre
4. domenica   9. martedì
5. agosto   10. dicembre

E. Completare le frasi seguenti usando la forma corretta del numero ordinale appropriato. Osservare l'esempio:

Esempio   Il _____ programma non mi piace. (2)   →   Il secondo programma non mi piace.

1. Quel Papa era Pio _____ . (11)
2. Ci hanno invitati a vedere la _____ replica. (25)
3. Oggi Guido è seduto nella _____ fila. (13)
4. Questa è la _____ lezione di oggi. (4)
5. Io sono la _____ persona che è entrata nel museo. (100)
6. Fulvio è il loro _____ figlio. (1)

F. Riscrivere le frasi seguenti al singolare. Rileggere ad alta voce.

Esempio   Quelle belle querce non sono vecchie.   →   Quella bella quercia non è vecchia.

1. Le mie valige sono grandi e grige.
2. Purtroppo queste verdure sono marce.
3. Queste arance non mi piacciono.
4. Le bugie non sono facili.
5. Quelle case grige sono molto vecchie.
6. In quegli edifici ci sono delle farmacie.

G. Riscrivere in italiano.

1. On Sundays the university is closed.
2. On Thursday we will go to the game.
3. We go to the game on Thursdays.
4. On Saturdays we go shopping downtown.
5. Guido and Fulvio are leaving on Friday.
6. Last Sunday we waited in line for the ticket.

H. Descrivere la posizione degli studenti della classe di italiano. Cominciare con:
Joan e Joel sono seduti nella prima fila. Joan è seduta al primo posto, Joel è seduto
al secondo posto.

I. Rispondere in frasi complete.

1. Con chi vai a fare la spesa di solito?
2. Come vanno i tuoi studi quest'anno? Come sono andati l'anno scorso?
3. Quali giorni della settimana vai all'Università?
4. Quando sono chiusi i teatri nella tua città?
5. Quanti cugini e cugine hai? Dove abitano?

Situazione pratica

Usando gli aggettivi e le espressioni appropriate e i numeri ordinali, descrivere almeno
cinque studenti della classe di italiano. Es.: Il primo studente della seconda fila si
chiama. . . . è di San Francisco ed è molto intelligente. Risponde a tutte le
domande ma non ascolta sempre. . . . . .

Firenze: Studenti
davanti a San Lorenzo

Due biglietti per due poltrone

Eugenia e Adriana hanno comprato due biglietti per la rappresentazione di Corruzione al Palazzo di Giustizia *di Ugo Betti. Ora sono nel ridotto durante l'intervallo fra il primo e il secondo atto.*

Eugenia: Come t'ho detto, volevo vedere *Il servitore di due padroni* di Carlo Goldoni, ma ti confesso che il primo atto di questo dramma m'è piaciuto.

Adriana: È un dramma serio, e a me piacciono i drammi seri.

Eugenia: Gli attori sono dei veri artisti. A me Betti m'interessa perchè in uno dei miei corsi parlo un po' del teatro italiano moderno.

Adriana: Non parli della *Commedia dell'arte?*

Eugenia: Naturalmente; ne parlo in un corso che do ogni due anni sulla cultura italiana del Rinascimento.

Adriana: E del Goldoni[1] non ne parli mai ai tuoi studenti?

Eugenia: Sì che gliene parlo. È vero che le sue commedie rappresentano la vita veneziana del secolo diciottesimo, ma *Il servitore di due padroni* risale alla commedia improvvisata, cioè alla *Commedia dell'arte.*

Adriana: Infatti uno dei personaggi è Arlecchino, che è una delle maschere più caratteristiche della *Commedia dell'arte.*

Eugenia: Se non sbaglio, era una maschera bergamasca.

Adriana: E infatti parla bergamasco.

Eugenia: Poichè mi dicevi che conosci bene i drammi di Betti, perchè non me ne parli un po'?

Adriana: Betti era giudice e la sua ispirazione deriva dalle crisi, dai problemi della giustizia e della responsabilità umana.

Eugenia: Io questo non lo sapevo.

Adriana: Te ne parlerò più a lungo fra il secondo e il terzo atto.

Eugenia: Già. Infatti il secondo atto sta per cominciare.

[1] The definite article is sometimes used before the last name of a famous person.

Milano: Il Teatro della Scala

Domande

1. Dove sono e che fanno Eugęnia e Adriana fra il primo e il secondo atto?
2. È piaciuto il primo atto del dramma a Eugęnia? Perchè?
3. Perchè trova Betti interessante?
4. Eugęnia dà il corso sul Rinascimento tutti gli anni?
5. Perchè sono interessanti le commędie del Goldoni?
6. Chi era Arlecchino?
7. Che cosa non sapeva Eugęnia?
8. Chi di voi sa che dialetto parlava Arlecchino?

Vocabolario

Sostantivi

l' **artista** artist
l' **atto** act
  Betti, Ugo *20th century playwright*
  Commędia dell'Arte *Improvised Comedy*
la **corruzione** corruption
la **crisi** crisis
la **cultura** culture
il **dramma** play
il **giudice** judge
l' **intervallo** intermission
la **poltrona** orchestra seat
il **problema** problem
la **responsabilità** responsibility
il **ridotto** lobby
il **Rinascimento** Renaissance
il **sęcolo** century
il **teatro** theatre

Aggettivi

bergamasco *of the city of Bergamo (as a noun, it means the dialect spoken in Bergamo)*
caratterįstico characteristic
moderno modern
sęrio serious
umano human
veneziano Venetian

Verbi

confessare to confess
derivare to derive
detto (*p.p.* of **dire**) said
improvvisato (*p.p.* of **improvvisare**) improvised
risalire to go back

Altri vocąboli

durante during
ogni every, each
po' a little (from **poco**)

Espressioni

già all right
stare per to be about to

Grammatica

I. Plurale dei nomi e degli aggettivi (continuazione)
(Plural of nouns and adjectives, *continued*)

1. Masculine nouns and adjectives ending in unstressed **-io** have only one **i** in the plural.

il figlio	*the son*	i figli	*the sons*
un vecchio libro	*an old book*	dei vecchi libri	*some old books*
but lo zio	*the uncle*	gli zii	*the uncles*

2. Masculine nouns ending in **-a** (they are not too numerous), form the plural in **-i,** the typical masculine plural ending. Most of them are of Greek origin and exist in almost identical form in English.

il programma	*the program*	i programmi	*the programs*
il telegramma	*the telegram*	i telegrammi	*the telegrams*
il poeta	*the poet*	i poeti	*the poets*

EXCEPTIONS: **il cinema, i cinema; il vaglia,** *money order,* **i vaglia,** *money orders.*

The student should learn these nouns as he meets them.

3. Several nouns, which usually refer to professions, end in **-ista** in the singular. These nouns are masculine if they refer to a man, feminine if they refer to a woman. The masculine forms the plural in **-i,** the feminine in **-e.**

il violinista	*the (man) violinist*	i violinisti	*(pl.)*
la violinista	*the (woman) violinist*	le violiniste	*(pl.)*

4. Nouns ending in: (a) an accented vowel (including the two monosyllables **il re,** *king,* and **il tè,** *tea*); (b) a consonant; (c) **-ie** (except **la moglie,** *wife,* whose plural is **le mogli**); (d) and nouns in **-i** are invariable.

la città	*the city*	le città	*the cities*
l'università	*the university*	le università	*the universities*
il re	*the king*	i re	*the kings*
lo sport	*sport*	gli sport	*sports*
il film	*the film*	i film	*the films*
la serie	*the series*	le serie	*the series*
la crisi	*the crisis*	le crisi	*the crises*

To the above must be added family names, which are also invariable.

la signora Rossi	*Mrs. Rossi*
i signori Rossi	*Mr. & Mrs. Rossi*
i fratelli Recchia	*the Recchia brothers*

II. Cambiamento di posizione del soggetto (Position of subject in emphatic statements)

When the subject of a verb is especially stressed, it is placed after the verb.

Se non lo vuole fare **lui,** lo farò **io.**	*If **he** doesn't want to do it, **I** will.*
Lo dice **lui.**	***He** says it.*
L'ha mandato **Carlo.**	***Charles** sent it.*

III. Il pronome congiuntivo *ne* (The conjunctive pronoun *ne*)

1. Ne is used when referring back to a noun preceded by the preposition **di** + an article, or by the preposition **di** alone. Its meaning, therefore, is *of it, of him, of her, of them, some of them, any, a few,* etc.

Vuole **del pane.**	*He wants **some bread.***
Ne vuole.	*He wants **some of it.***
Vuole **del vino?**	*Do you want **some wine?***
No, non **ne** voglio.	*No, I do not want **any.***
Parliamo **dell'autore della commedia.**	*We speak **of the author of the comedy.***
Ne parliamo.	*We speak **of him.***
Ha parlato **dell'operetta.**	*He has spoken **about the musical comedy.***
Ne ha parlato.	*He has spoken **of it.***

2. In English *of it, of them,* etc., is often not expressed. The Italian equivalent **ne** must always be expressed.

Quanti dischi hai? —**Ne** ho sei.	*How many records do you have? —I have six (**of them**).*
È un formaggio squisito. Quanto **ne** vuole?	*It's an exquisite cheese. How much (**of it**) do you want?*
Ne compriamo molti.	*We buy many (**of them**).*

3. The position of **ne** in the sentence is the same as that of any other conjunctive pronoun. When **ne** is used with a compound tense in place of a direct object, the past participle agrees with it in number and gender.

Quante ọpere hai visto? — **Ne** ho **viste** molte.	*How many operas have you seen? —I have seen many (of them).*
Quanti concerti di Vivaldi avete sentito? —**Ne** abbiamo **sentiti** sei.	*How many concertos by Vivaldi have you heard? —We have heard six (of them).*

IV. I verbi con il dọppio oggetto
(Double object of verbs)

When a verb has two object pronouns, contrary to English usage the indirect object comes before the direct, and both precede or follow the verb according to the rules given for a single object pronoun. (See Lessons 6, 7 and 10.) Note, however, that the indirect object pronouns:

a. **mi, ti, si, ci, vi,** when followed by the direct object pronouns **lo, la, li, le, ne,** change the final -i to -e and become respectively **me, te, se, ce, ve.**

Ci danno un libro.	*They give **us** a book.*
Ce lo danno.	*They give **it to us.***
Mi parla.	*He speaks **to me.***
Me ne parla.	*He speaks **of it to me.***
Vi legge la lẹttera.	*He reads **you** the letter.*
Ve la legge.	*He reads **it to you.***
Non **c'è** pane.	***There is** no bread.*
Non **ce n'è.**	***There isn't any.***
Ci sono molti libri.	***There** are many books.*
Ce ne sono molti.	***There** are many (**of them**).*
Mi sono lavato le mani.	*I washed **my hands.***
Me le sono lavate.	*I washed **them.***

b. **gli, le,** when followed by the direct object pronouns **lo, la, li, le, ne,** become **glie** and combine with the pronoun that follows: **glielo, gliela, glieli, gliele, gliene.**

Gli parlo dell'Itạlia.	*I speak **to him** of Italy.*
Gliene parlo.	*I speak **of it to him.***
Le scrivo **queste lẹttere.**	*I write **her these letters.***
Gliele scrivo.	*I write **them to her.***

c. **Loro** *(to you, to them)* always follows the verb.

Ne parlo **loro** *(also:* **gliene** parlo).	*I speak **of it to them.***

Ne parlo **Loro** (*also:* **gliene** parlo).   *I speak **of it to you.***

It should be noted that today the combinations of **lo, la, li, le,** and **ne** + **loro** are frequently replaced by **glielo, gliela, glieli, gliele,** and **gliene.**

Esercizi

A. Volgere ciascuna delle espressioni seguenti al singolare.

Esempio   Ecco dei bravi violinisti!   →   Ecco un bravo violinista!

1. Ecco delle vere artiste!
2. Ecco dei programmi interessanti!
3. Ecco delle città italiane moderne!
4. Ecco due tè bollenti!
5. Ecco due caffè freddi!
6. Ecco dei film musicali!

B. Rispondere a ciascuna delle domande seguenti usando il pronome congiuntivo **ne.**

Esempio   Vuoi del pane fresco?   →   Sì, ne voglio.

1. Volete del vino?
2. Avete parlato di questo dramma?
3. Parlerai di Goldoni?
4. Signor Wheaton, vuole del caffè?
5. Signora, vuole delle fragole fresche?
6. Manderete qualche fotografia?

C. Rispondere a ciascuna delle domande seguenti usando il pronome congiuntivo **ne** e il numero cardinale **due.**

Esempio   Conoscete qualche regista italiano?   →   Sì, ne conosciamo due.

1. Vuoi qualche panino?
2. Hai qualche biglietto per la rappresentazione?
3. Conosci qualche maschera italiana?
4. Signorina, ha visitato qualche museo italiano?
5. Visiterete qualche città del Lazio?
6. Avete studiato qualche dramma del Goldoni?

D. Formare nuove frasi seguendo le indicazioni date nell'esempio.

Esempio   La ragazza vende il biglietto a noi.   →
         a. La ragazza lo vende a noi.
         b. La ragazza ci vende il biglietto.
         c. La ragazza ce lo vende.

1. Scriveremo una cartolina a voi.
2. Dà gli spiccioli a me.
3. Giacomo ha venduto la verdura alla cliente.
4. Perchè lo Stato vende il tabacco agli Italiani?
5. Adriana porterà un dono alla zia.
6. Il professore parla sempre di Goldoni agli studenti.

E. Formare nuove frasi usando la forma appropriata del pronome di complemento oggetto indiretto, secondo le indicazioni.

Esempio   a me   →   I biglietti? Sì, me li ha dati.

1. a noi
2. a Bruno e a Vanna
3. a te
4. a te e a tua madre
5. allo sciatore
6. a me e a te

F. Rispondere a ciascuna delle domande seguenti, usando i pronomi congiuntivi doppi.

Esempio   Può dare questa lettera al professore?   →   Sì, gliela darò domani.

1. Può parlare del Goldoni a questa classe?
2. Può dire questo ai suoi studenti?
3. Può consigliare un buon ristorante a me e a mio marito?
4. Può presentarci l'arbitro?
5. Può comprarmi tre biglietti?
6. Può dare il conto al nostro amico?

G. Rispondere a ciascuna delle domande seguenti.

Esempio   Scriverai a Maria, oggi?   →   No, oggi non posso proprio scriverle.

1. Professore, spiegherà i pronomi, oggi?
2. Mangerai del pesce, oggi?
3. Professoressa, parlerà della *Commedia dell'arte,* oggi?
4. Prenderai un tassì, oggi?
5. Pagherete il conto, oggi?
6. Vedrai questo film musicale, oggi?

H. Rispondere a ciascuna delle domande seguenti, usando entrambe *(both)* le forme grammaticalmente corrette.

Esempio   Professore, può darci un altro esercizio?   →   Sì, posso darvelo.
                                                                                     Sì, ve lo posso dare.

1. Maria, puoi darmi un panino?
2. Dottore, può darci dei consigli?
3. Cameriere, può darmi un gelato e una pizza?
4. Cameriere può dare il conto al mio amico?
5. Professore, può parlarci di Michelangelo?
6. Mamma, puoi darmi diecimila lire?

I. Rispondere alle seguenti domande, usando i pronomi congiuntivi doppi.

Esempio   Mi manderai una cartolina da Vicenza?   →   Sì, te la manderò.
                                                                                       No, non te la manderò.

1. Mi dici i nomi delle maschere italiane?
2. Professore, ci parlerà di ecologia?
3. Mi presenterete la ragazza del botteghino?
4. Bruno, mi puoi raccomandare il pesce, oggi?
5. Mamma, ci compri un gelato?
6. Mi date i vostri biglietti?

J. Formare delle domande e delle risposte usando i pronomi congiuntivi.

Esempio   gli spiccioli   →   *Q.* Non ho soldi. Mi puoi dare tutti i tuoi spiccioli?
                                      A. Scherzi! Non te li do affatto.

1. i panini
2. le commedie italiane
3. gli ultimi appunti
4. la lezione di matematica
5. il portiere

6. il conto
7. un'antica canzone napoletana
8. gli occhiali da sole
9. l'appartamento di Vanna
10. le informazioni

Situazione pratica

Tu e un amico o amica siete andati a teatro. Dopo la rappresentazione parlate del dramma e degli attori i quali sono piaciuti a uno di voi ma non all'altro.

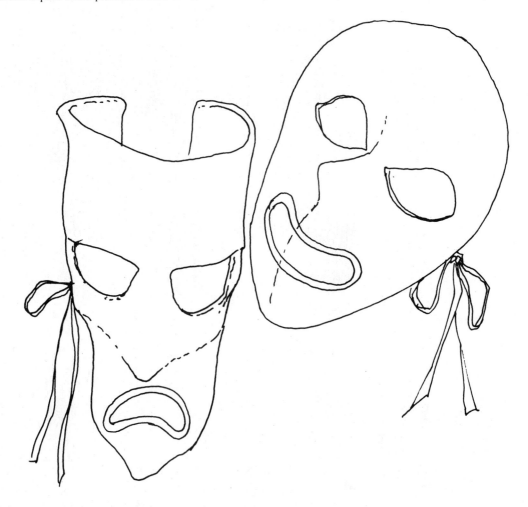

La Chiesa
di Santa Croce

Eugęnia e Adriana si sono incontrate presto e sono andate direttamente in una libreria in Piazza Mercato Nuovo perchè Adriana voleva comprare l'ultimo romanzo di Įtalo Calvino e un'antologia delle poesie di Eugęnio Montale. Da tempo le piacęvano i romanzi di Calvino e le poesie di Montale, vincitore del Pręmio Nobel nel 1975. Ora sono davanti alla Chiesa di Santa Croce e si sono avvicinate a un gruppo di turisti italiani che ascọltano la guida, una signorina fiorentina che conosce bene le chiese e i musei di Firenze.

Guida: Andiamo da questa parte! Vengano qui vicino a me. Dunque, sono certa che molti di Loro hanno già visto questa chiesa, ma non importa. Ci sono delle cose che è bene vedere più volte. La chiesa di Santa Croce è una chiesa molto antica. Quella statua in mezzo alla grande piazza è la statua di Dante Alighieri che, come ricordano, è l'autore della *Divina Commedia*. Quale italiano non sa a memoria alcuni versi di Dante? Dante veniva spesso in questa chiesa dove c'erano degli eccellenti maestri. Naturalmente, la chiesa oggi non è come era nel secolo tredicesimo. Allora era più piccola e più semplice. E ora, entriamo in chiesa . . . Come vedono, l'interno è molto bello e importante, non solo artisticamente, ma anche perchè ci sono le tombe di molti grandi Italiani: Michelangelo, Niccolò Machiavelli, Galileo Galilei, Gioacchino Rossini, eccetera. C'è anche un cenotafio . . . vengano, è questo; è una tomba vuota in onore di Dante. Come sanno Dante è sepolto a Ravenna. E ora andiamo a vedere gli affreschi di Giotto.

Dopo circa un'ora la visita è finita e tutti escono. Eugenia e Adriana si avviano subito verso Piazza del Duomo.

Adriana: Veramente la guida non ha detto un gran che di nuovo.

Eugenia: È vero, però è una ragazza spigliata e sa quello che dice. Per di più, io non ricordavo molte cose; ma non sono fiorentina come te!

Adriana: Sciocca! Abbi pazienza; entriamo un momento in questa cartoleria. Devo comprare una biro e della carta da scrivere.

Eugenia: Io t'aspetto fuori. Fa' presto, però, non provare tutte le penne che vedi.

Domande

1. Che vuole comprare Adriana?
2. Hanno conferito un premio a Montale? Quando?
3. Visitano Santa Croce da sole (*all alone*) Adriana e Eugenia?
4. Perchè c'è una statua di Dante in Piazza Santa Croce?
5. Cos'è un cenotafio?
6. Quali sono alcuni dei grandi Italiani sepolti in Santa Croce?
7. Dov'è sepolto Dante?
8. Va in una libreria a comprare una biro Adriana?
9. Quando diciamo che una persona è spigliata?

Vocabolario

Sostantivi

Alighieri, Dante (1265–1321) *Italy's greatest poet*
l' **antologia**   anthology
l' **autore**   author
la **biro**   ball-point pen
Calvino, Italo   *20th century writer*
la **carta**   paper; **carta da scrivere** stationery
la **cartoleria**   stationery store
il **cenotafio**   cenotaph
la **Chiesa di Santa Croce**   Church of the Holy Cross
la **cosa**   thing
la **Divina Commedia**   the Divine Comedy, *Dante's main work*
Galilei, Galileo (1564–1642)   *Italian scientist*
Giotto (1276–1337)   *Florentine painter and architect*
la **guida**   guide
l' **interno**   interior
la **libreria**   bookstore
Machiavelli, Niccolò (1469–1527)   *writer, historian*
il **maestro**   teacher
il **mercato**   market
Montale, Eugenio   *20th century poet*
il **museo**   museum
l' **onore** *(m.)*   honor
la **penna**   pen
la **poesia**   poetry
il **premio**   prize
Ravenna   *city, south of Venice*
il **romanzo**   novel
Rossini, Gioacchino (1792–1868)   *composer*
la **statua**   statue
la **tomba**   tomb
il (la) **turista**   tourist
il **verso**   verse

Aggettivi

certo   certain, sure
importante   important
sciocco   silly
semplice   simple
sepolto   buried
spigliato   free and easy
vuoto   empty

Verbi

avviarsi   to get started
avvicinarsi   to approach, go near
conferire (isc)   to confer
escono (from **uscire**)   they go out

Altri vocaboli

artisticamente   artistically
dunque   well then, well
spesso   often
subito   at once
veramente   as a matter of fact

Espressioni

da questa parte   this way
da tempo   for a long time
fare presto   to do quickly, hurry up
in mezzo   in the middle
per di più   moreover
più volte   many times
sapere a memoria   to know by heart
un gran che (di)   much

Grammatica

I. L'imperativo (The imperative)

The imperative mood expresses the will to influence the behavior of someone.

Parlare *to speak*
(tu) **Parla ad alta voce!**   *Speak up (aloud)!*

First conjugation

(tu)	parl-a	*speak*
(Lei)	parl-i	*speak*
(noi)	parl-iamo	*let's speak*
(voi)	parl-ate	*speak*
(Loro)	parl-ino	*speak*

Ripetere *to repeat*
(tu) **Ripeti questa parola!**   *Repeat this word!*

Second conjugation

(tu)	ripet-i	*repeat*
(Lei)	ripet-a	*repeat*
(noi)	ripet-iamo	*let's repeat*
(voi)	ripet-ete	*repeat*
(Loro)	ripet-ano	*repeat*

Dormire *to sleep;* **Finire** *to finish*
(tu) **Dormi in questo letto!**   *Sleep in this bed!*

Third conjugation

(tu)	dorm-i	*sleep*
(Lei)	dorm-a	*sleep*
(noi)	dorm-iamo	*let's sleep*
(voi)	dorm-ite	*sleep*
(Loro)	dorm-ano	*sleep*

(tu) **Finisci, è un ordine!**   *Finish, it's an order!*

(tu)	fin-isci	*finish*
(Lei)	fin-isca	*finish*
(noi)	fin-iamo	*let's finish*
(voi)	fin-ite	*finish*
(Loro)	fin-iscano	*finish*

The imperative is used to express commands, requests, advice, etc. and its usage in Italian is much the same as in English. Subject pronouns are not used with the imperative. Note that in the second and third conjugations the forms for **tu, noi,** and **voi** are the same as for the present indicative. In the first conjugation, the forms for **noi** and **voi** only are the same as for the present indicative forms.

II. L'imperativo: *avere, essere* (The imperative: **avere, essere**)

Avere *to have*
(tu) **Abbi pazienza!**   *Have patience! Be patient!*

(tu)	abbi	*have*
(Lei)	abbia	*have*
(noi)	abbiamo	*let's have*
(voi)	abbiate	*have*
(Loro)	abbiano	*have*

Essere *to be*
(tu) **Sii buono!**   *Be good!*

(tu)	sii	*be*
(Lei)	sia	*be*
(noi)	siamo	*let's be*
(voi)	siate	*be*
(Loro)	siano	*be*

III. L'imperativo negativo (The negative imperative)

The negative imperative of the familiar singular (**tu**) is an infinitive.

(tu) **Non parlare.**   *Do not speak.*
(tu) **Non leggere.**   *Do not read.*

but   (Lei) **Non scriva.**   *Do not write.*
(voi) **Non aprite.**   *Do not open.*
(Loro) **Non rispondano.**   *Do not answer.*

IV. Alcuni imperativi irregolari (Some irregular imperatives)

Fare *to do, make*
(tu) **Fa' presto!**   *Hurry up!* (Lit. *Do quickly!*)

(tu)	fa'	*do*
(Lei)	faccia	*do*
(noi)	facciamo	*let us do*
(voi)	fate	*do*
(Loro)	facciano	*do*

Venire *to come*
(tu) **Vieni subito!**   *Come at once!*

(tu)	**vieni**	*come*
(Lei)	**venga**	*come*
(noi)	**veniamo**	*let us come*
(voi)	**venite**	*come*
(Loro)	**vengano**	*come*

Andare *to go*
(tu) **Va' a casa!**   *Go home!*

(tu)	**va'**	*go*
(Lei)	**vada**	*go*
(noi)	**andiamo**	*let us go*
(voi)	**andate**	*go*
(Loro)	**vadano**	*go*

Sapere *to know*
(tu) **Sappi che il telegiornale**   *I want you to know that*
comincia alle otto!   *the TV news starts at*
                                          eight.

(tu)	**sappi**	*know*
(Lei)	**sappia**	*know*
(noi)	**sappiamo**	*let us know*
(voi)	**sappiate**	*know*
(Loro)	**sappiano**	*know*

Esercizi

A. Osservare l'esempio e formare frasi con l'imperativo.

Esempio   mangiare le verdure   →   Mangia le verdure!

1. pagare questo conto
2. ricordare i versi di Dante
3. festeggiare il Natale
4. cominciare a scrivere
5. continuare a mangiare
6. prendere la sciovia
7. scendere dal tassì
8. scrivere questi verbi
9. aprire il libro
10. finire il gelato
11. partire con me
12. costruire una casa nuova

B. Formare frasi con l'imperativo usando le espressioni suggerite nell'esercizio A.

Esempio   mangiare le verdure   →   Mangiate le verdure!

C. Formare frasi con l'imperativo usando le espressioni suggerite nell'esercizio A.

Esempio   Mangiare le verdure   →   Signor Wheaton, mangi le verdure, per favore!

D. Formulare nuove frasi facendo il cambiamento suggerito.

Esempio   Eugenia, non prendere il tassì.   →   Signora Wheaton, non prenda il tassì.

1. Eugenia, non essere spiritosa.
2. Eugenia, non avere fretta.
3. Eugenia, non ripetere queste parole.
4. Eugenia, non entrare in Santa Croce.
5. Eugenia, non venire qui.
6. Eugenia, non andare là.
7. Eugenia, non fare due passi quando piove.
8. Eugenia, non finire tutto il gelato.
9. Eugenia, non leggere le mie lettere.
10. Eugenia, non pagare il mio conto.
11. Eugenia, non cominciare un altro giro.
12. Eugenia, non giocare al tennis.

Chiesa di Santa Croce:
La tomba di Michelangelo

Un affresco di Giotto

E. Completare le frasi seguenti usando la forma appropriata dell'imperativo.

Esempio   (ripetere) Professore, _____ questo esempio, per favore.   →
          Professore, ripeta questo esempio, per favore.

1. (mangiare) Figlia mia, _____ anche un po' di pane.
2. (prendere) Papà, _____ un po' di caffè.
3. (entrare) Signorina, non _____ nella Cappella Sistina.
4. (entrare) Mamma, non _____ nella mia stanza.
5. (fare) Signorina, _____ in fretta.
6. (dormire) Figlie mie, non _____ di giorno.
7. (andare) Professoressa, _____ alla biblioteca, per favore.
8. (andare) Adriana, _____ a lezione.
9. (venire) Adriana, _____ a lezione con me.
10. (venire) Adriana, non _____ a lezione con me.
11. (seguire) Signorine, non _____ gli studenti sardi.

F. Rispondere in frasi complete.

1. Le piacciono i romanzi o preferisce la poesia?
2. Qual è l'ultimo romanzo che ha letto?
3. Conosce il nome di un autore americano che ha vinto il Premio Nobel di letteratura?
4. Compra molta carta da scrivere Lei? Dove la compra?
5. A chi scrive di solito? Scrive lettere lunghe o corte?
6. Da chi riceve lettere?

Rielaborazione

Dare l'equivalente italiano.

1. We're starting toward the church to see the frescos.
2. Many tourists have already seen this museum.
3. No, this is not Dante's tomb. It is a cenotaph.
5. Let's go, let's go. And you, Adriana, listen. Don't talk.
6. Where is Dante's statue? Is it inside the church?
7. A tourist asked if they had given Dante the Nobel Prize.
8. This building is not very ancient. I don't like it.
9. But the inside is very beautiful and cheerful.
10. I don't like cheerful buildings. I like ancient churches, frescos, and cenotaphs.

Situazione pratica

Un amico — o un'amica — che abita in un'altra città desidera visitare la città dove Lei abita. Gli dia i suggerimenti e le istruzioni necessarie. Poi dia gli stessi suggerimenti e le stesse istruzioni a un amico della Sua famiglia, con il quale userà il Lei.

Dopo una conferenza

La conferenza del professor Balducci sulla poesia italiana moderna è finita. Adriana e Gianni escono di classe e si siedono su una panchina della piazza vicina.

Adriana: Dimmi la verità, ti è piaciuta la conferenza?
Gianni: Sì, perchè il professor Balducci conosce bene la poesia moderna, in particolare quella di Ungaretti, Montale e Quasimodo.
Adriana: È un conferenziere brillante, ma non condivido le sue preferenze.
Gianni: Perchè? Non ti piace la poesia moderna?
Adriana: Non tutta. La poesia moderna è meno bella della poesia romantica.

Giuseppe Ungaretti

Salvatore Quasimodo

Gianni: Io preferisco la poesia contemporạnea, anche se non è così armoniosa come quella romạntica.

Adriana: Per me la poesia contemporạnea è troppo diffịcile.

Gianni: È meno diffịcile di quẹl che sembra.

Adriana: Io, invece, la trovo diffịcile.

Gianni: Allora ti piacerà la poesia crepuscolare.

Adriana: Sì, perchè la capisco.

Gianni: E poi perchè parla delle cose sẹmplici. . .e a te piạcciono le cose sẹmplici!

Adriana: Non fare lo spiritoso!

Gianni: Ho detto sẹmplici nel senso di ụmili. Ti piace Guido Gozzano?

Adriana: Sì, molto.

Gianni: Be', i gusti son gusti. Ma non mi negare, anzi ammetterai che oggi la poesia italiana è conosciuta fuori d'Itạlia più di una volta grạzie a Ungaretti, Montale e Quasịmodo.

Adriana: Sì, ma anche Dante e Petrarca ẹrano conosciuti fuori d'Itạlia.

Gianni: Ma io non parlavo dei tempi antichi.

Adriana: Come sei noioso! Andiạmocene.

Domande

1. Di che parlano Adriana e Gianni quando si siedono su una panchina?
2. Chi sono tre poeti italiani moderni?
3. Che dice della poesia moderna Adriana?
4. Gianni condivide le preferenze di Adriana?
5. A chi piacciono le cose semplici?
6. È conosciuta soltanto in Italia la poesia italiana moderna?
7. È un poeta moderno Petrarca?
8. Perchè Adriana vuole andarsene?

Vocabolario

Sostantivi

la **conferenza**   lecture
il **conferenziere**   lecturer
   Gozzano, Guido (1833–1916)   *poet*
la **panchina**   bench
   Petrarca, Francesco (1304–1374)   *poet and humanist*
la **preferenza**   preference
   Quasimodo, Salvatore   *20th century poet*
   Ungaretti, Giuseppe   *20th century poet*
la **verità**   truth

Aggettivi

armonioso   harmonious
brillante   brilliant
contemporaneo   contemporary
crepuscolare   twilight; *as a noun it refers to an Italian school of poetry*

Verbi

condividere   to share
negare   to deny
sembrare   to seem

Espressioni

fare lo spiritoso   to (try) to be funny
i gusti son gusti   everyone to his/her taste

Grammatica

I. Imperativi irregolari
(Irregular imperatives
Continuazione)

Dare *to give*
(tu) **Da' questo libro a Maria!**

Give this book to Mary!

(tu)	da'	give
(Lei)	dia	give
(noi)	diamo	let's give
(voi)	date	give
(Loro)	diano	give

Stare *to stay*
(tu) **Sta' a Firenze un'altra settimana!**

Stay in Florence another week!

(tu)	sta'	stay
(Lei)	stia	stay
(noi)	stiamo	let's stay
(voi)	state	stay
(Loro)	stiano	stay

Dire *to say, tell*
(tu) **Di' a Carlo che arriverò domenica!**

Tell Charles I'll arrive on Sunday!

(tu)	di'	tell, say
(Lei)	dica	tell, say
(noi)	diciamo	let's tell, say
(voi)	dite	tell, say
(Loro)	dicano	tell, say

II. I pronomi personali con l'imperativo (Conjunctive pronouns with the imperative)

1. The conjunctive pronouns, we have learned, almost always precede a conjugated verb. But they precede or follow the imperative forms as will be explained below.

a. They precede all forms of command (imperative) of **Lei** and **Loro**.

Ecco il mio libro, **lo legga** (non **lo legga**).	*Here is my book, **read it** (do not **read it**).*
Signorina, ecco le caramelle, **le assaggi** (non **le assaggi**).	*Miss, here is the candy, **taste it** (do not **taste it**.)*
Questi dolci non sono buoni, signori, non **li comprino**.	*These sweets are not good, gentlemen, do not **buy them**.*

b. They follow the affirmative imperative forms of **tu, noi, voi** and are directly attached to the verb. (**Loro** is the only exception and is not attached to the verb.)

A̧lzati, è tardi!	***Get up**, it's late!*
Ecco il sonetto; **impara̧telo** a memo̧ria!	*Here is the sonnet; **memorize it!***
Alzia̧moci, è tardi!	***Let's get up**, it's late!*
Questo è il dramma che ho comprato, Maria; **lȩggilo!**	*This is the play I bought, Mary; **read it!***
C'è un vȩcchio presȩpio; **mostria̧molo loro**.	*There is an old Nativity Scene; let's **show it to them**.*

c. They usually precede the negative forms of **tu, noi**, and **voi**, but one comes across instances in which they follow.

Non ti vestire (*or:* **non vestirti**), è ancora presto.	***Don't get dressed,** it is still early.*
Non vi avvicinate (*or:* **non avvicina̧tevi**), sono raffreddato.	***Don't come near me.** I have a cold.*

2. In combining with a monosyllabic imperative (**da', fa', sta', di', va'**), the initial consonant of the conjunctive pronoun is doubled (**gli** being the only exception.)

Ecco il mio libro; **dallo** a Maria!	*Here is my book; **give it** to Mary.*
Fammi questo favore!	***Do me** this favor!*
Dicci quali romanzi preferisci.	***Tell us** which novels you prefer.*
but Quando vedi Giovanni, **dagli** questo libro!	*When you see John, **give him this book!***

3. The conjunctive pronouns are always attached to **ecco**.

Ȩccomi!	*Here I am!*
Ȩccoli!	*Here they are!*
Ȩccone due!	*Here are two of them!*

III. Comparativo (Comparison)

1. Comparison of equality. The English *as (so) . . . as* is translated by **così . . . come** (also: by **tanto . . . quanto.**) It should be noted, however, that the first part of the comparison is usually omitted, unless it is needed for emphasis.

Questa chiesa è **bella come** quella.	This church is **as beautiful as** that one.
Queste caramelle sono **dolci come** il miele.	This candy is **as sweet as** honey.

but

Questa poesia non è così **difficile** come credevo.	This poem is not as **difficult as** I thought.

2. Comparison of inequality: *more (or less) . . . than*. *More* is translated by **più**; *less* by **meno**. *Than* is translated as follows:

a. generally by **di**.

Lisa è più bella **di** sua sorella.	Lisa is more beautiful **than** her sister.
Giovanni è più alto **di** me.	John is taller **than** I.
L'italiano è più fạcile **del** francese.	Italian is easier **than** French.
Leonardo ha dipinto meno affreschi **di** Michelạngelo.	Leonardo painted less frescoes **than** Michelangelo.
Parla più **di** due lịngue.	She speaks more **than** two languages.

b. By **che** when the comparison concerns the same subject and is made between two nouns, two adjectives, two verbs or two adverbs.

A Venẹzia ci sono più ponti **che** canali.	In Venice there are more bridges **than** canals.
È più ricca **che** bella.	She is more rich **than** beautiful.
Mi piace più nuotare **che** camminare.	I like swimming more **than** walking.
L'ạria è più buona quị **che** là.	The air is better here **than** there.
Vediamo mẹglio da vicino **che** da lontano.	We see better from closeup **than** from far away.

c. By **di quẹl che** before a conjugated verb, namely when *than* introduces a clause.

È più vicino **di quẹl che sembra.**	It is nearer **than it seems.**
Questa antologia costa meno **di quẹl che credevo.**	This anthology costs less **than I thought.**

Esercizi

A. Rispondere alle seguenti domande.

Esempio   Mamma, posso stare a Firenze un altro giorno?   →   Sì, sta' a Firenze un altro giorno.

1. Posso dire questo ad alta voce?
2. Devo avere pazienza?
3. Dobbiamo andare a scuola?
4. Possiamo dire la verità?
5. Posso dare i miei spiccioli a Vanna?
6. Possiamo dare i biglietti a Gianni?

B. Riscrivere ciascuna delle frasi seguenti facendo il cambiamento suggerito dall'esempio.

Esempio   Mi dica la verità.   →   Dimmi la verità.

1. Mi faccia questo favore.
2. Ci parli di Ungaretti, non di Montale.
3. Gli mandi delle cartoline.
4. Mi porti un caffè bollente.
5. Le dia qualche spicciolo.
6. Mi spieghi i pronomi congiuntivi.
7. Si alzi presto.
8. Si diverta a teatro.

C. Riscrivere ciascuna delle frasi seguenti, facendo i cambiamento suggeriti dall'esempio.

Esempio   Vestiamoci in fretta.   →   Vestitevi in fretta.
                                              Si vestano in fretta.

1. Laviamoci qui.
2. Alziamoci subito.
3. Divertiamoci se possiamo.
4. Sediamoci davanti al fuoco.
5. Ricordiamoci di telefonare.
6. Telefoniamoci giovedì.

D. Riscrivere ciascuna delle frasi seguenti, facendo il cambiamento suggerito dall'esempio.

Esempio   Dacci i biglietti.   →   Dacceli subito!

1. Dagli una caramella.
2. Leggimi questo sonetto.
3. Falle questo favore.
4. Mostraci un presepio italiano.
5. Parlami delle maschere italiane.
6. Comprami una biro.

E. Rispondere alle seguenti domande nelle forme positive e negative:

Esempio   Devo comprarti una biro?   →   Sì, compramela.
                                                        No, non comprarmela.
                                                        No, non me la comprare.

1. Devo darti una pianta?
2. Devo mostrarvi il cenotafio di Dante?
3. Devo parlarti della poesia crepuscolare?
4. Devo spiegarle i pronomi congiuntivi e i disgiuntivi?
5. Devo dirvi il mio nome?
6. Devo fargli un caffè?

F. Formare frasi singole includenti un'espressione comparativa.

Esempio   Adriana è intelligente. Anche Vanna è intelligente.   →
          Vanna è così intelligente come Adriana.
                       o
          Vanna è intelligente come Adriana.

1. Montale è conosciuto. Anche Ungaretti è conosciuto.
2. La chiesa è antica. Anche la statua è antica.
3. Gli affreschi di Michelangelo sono famosi. Anche gli affreschi di Giotto sono famosi.
4. Quella pasticceria è popolare. Anche questa pasticceria è popolare.
5. Quell'albergo è lontano. Questo albergo invece non è così lontano.
6. Cortina è affollata. Anche l'Altopiano di Laceno è affollato.

G. Formare frasi singole includenti un'espressione comparativa.

Esempio   I film storici sono abbastanza divertenti. I film brillanti sono molto divertenti.   →
          I film brillanti sono più divertenti dei film storici.
                       o
          I film storici sono meno divertenti dei film brillanti.

1. Pantalone è una maschera abbastanza conosciuta. Arlecchino è una maschera molto conosciuta.
2. Il caffè è abbastanza caldo. Il cappuccino è molto caldo.
3. La mensa dello studente è abbastanza cara. La pasticceria è molto cara.
4. L'aria di Firenze è abbastanza contaminata. L'aria di Venezia è molto contaminata.
5. Il cambio di oggi è abbastanza favorevole. Il cambio della settimana scorsa era abbastanza favorevole.
6. Io sono abbastanza simpatico. Tu sei molto simpatico.

H. Cambiare ciascuna delle frasi seguenti facendo il cambiamento suggerito.

Esempio   Questa commedia è brillante ma poco conosciuta.   →
          Questa commedia è più brillante che conosciuta.
          Questa commedia è meno conosciuta che brillante.

1. La poesia moderna è semplice ma non molto facile.
2. Questa discesa è lunga ma non molto difficile.
3. Era una giornata bella ma molto fredda.
4. Ho mangiato delle fragole abbastanza buone ma molto care.
5. È un'opera grandiosa ma non molto bella.
6. È un giro molto lungo ma non molto interessante.

I. Completare le frasi seguenti con la forma appropriata della preposizione **di** o con la congiunzione **che**.

1. Mangi molto: sei più largo _____ lungo.
2. Quegli studenti non sono affatto più studiosi _____ voi.
3. Purtroppo Gianni è più noioso _____ spiritoso.
4. Il gelato è più caro _____ cappuccino.
5. Il Palazzo dei Dogi non è più lontano _____ chiesa di San Marco.
6. Parlare in italiano è più difficile _____ parlare in inglese.
7. L'aria è più pura in montagna _____ in città.
8. Il calcio è più popolare _____ pugilato.

J. Rispondere in frasi complete.

1. Vai spesso alle conferenze? Con chi?
2. Conosci i nomi di alcuni poeti contemporanei italiani?
3. Trovi più difficile la poesia contemporanea o quella romantica?
4. Conosci i nomi di alcuni poeti romantici che hanno scritto in lingua inglese?
5. Quando vai a una conferenza condividi sempre le preferenze del conferenziere?

Rielaborazione

Traducete in italiano.

1. Vanna, Marina, get up. It's late.
2. Waiter, bring me an ice cream, please.
3. I told you that this is a pastry shop, not a bar.
4. Ungaretti, Montale and Quasimodo are not as well known here as they are in Italy.
5. Going shopping downtown is less fun than going to the theater.
6. In the suburbs the air is cleaner (fresher) than downtown.
7. Do you like all modern poetry?
8. I only like poetry when I understand it.
9. We were not talking about Dante or Petrarch; we were talking of some Italian poets of the XVIIth century.
10. And now, please take me home.

Situazione pratica

Comporre un dialogo fra alcuni studenti che parlano di due conferenze e di due conferenzieri. Usare espressioni comparative.

Aspetti di vita italiana:

La trombettina*

Ecco che cosa resta
di tutta la magia della fiera:
quella trombettina,
di latta azzurra e verde,
che suona una bambina
camminando, scalza, per i campi.
Ma, in quella nota sforzata,
ci sono dentro i pagliacci bianchi e rossi,
c'è la banda d'oro rumoroso,
la giostra coi cavalli, l'organo, i lumini.
Come, nel sgocciolare della gronda,
c'è tutto lo spavento della bufera,
la bellezza dei lampi e dell'arcobaleno;
nell'umido cerino d'una lucciola
che si sfa su una foglia di brughiera,
tutta la meraviglia della primavera.

The Little Trumpet

All that is left
of the magic of the fair
is this little trumpet
of blue and green tin,
blown by a girl
as she walks, barefoot, through the fields.
But within its forced note
are all the clowns, white ones and red ones,
the band all dressed in gaudy gold,
the merry-go-round, the calliope, the lights.
Just as in the dripping of the gutter
is all the fearfulness of the storm
the beauty of lightning and the rainbow;
and in the damp flickers of a firefly
whose light dissolves on a heather branch
is all the wondrousness of spring.

* Corrado Govoni, the author of this poem, was active in the early part of the 20th century, and was known for his impressionistic and vivid images. In *La trombettina* the image he evokes of the village fair transcends quickly into a deeper consciousness of life. (Translated by Carlo L. Golino)

Domande

1. Cosa resta della fiera?
2. Chi suona la trombettina?
3. Dove cammina la bambina?
4. Com'è la nota della trombettina?
5. Dov'è la meraviglia della primavera?

Ripetizione V

A Rispondere a ciascuna delle domande seguenti usando la forma appropriata del pronome disgiuntivo.

Esempio   Signorina, viene a sciare con noi?   →   No, non voglio venire a sciare con voi.

1. Parlate di Ugo Betti oggi?
2. Parti per Mantova con Gianni e Guido?
3. Signora, va da Giacomo a comprare i broccoli?
4. Vieni con me in libreria?
5. Adriana, studi da te anche oggi?
6. Per favore, fai questo esercizio per me e per Vanna?

B Riscrivere le frasi seguenti al singolare.

1. Le ultime repliche erano eccellenti.
2. Gli accenti stranieri sono sempre diversi.
3. Queste antologie sono brevi ma molto bene illustrate.
4. Quei drammi erano un po' lunghi ma allegri e brillanti.
5. Di solito i poeti moderni sono impegnati.
6. I tuoi sforzi sono stati proprio sovrumani.

C Rispondere a ciascuna delle domande seguenti usando il pronome congiuntivo **ne**.

Esempio   Ha qualche amico in Italia?   →   Sì, ne ha molti.

1. Ha qualche antologia?
2. Ha fatto qualche domanda intelligente?
3. Ha qualche parente nel Veneto?
4. Ha visitato qualche chiesa antica?
5. Ha conosciuto qualche regista italiano?
6. Ha veduto qualche affresco di Giotto?

D Rispondere a ciascuna delle domande seguenti usando le due forme indicate dell'imperativo.

Esempio   Devo proprio parlare?   →   Sì, signore, parli!
                                                    Sì, parla!

1. Devo proprio partire?
2. Devo proprio pagare?
3. Devo proprio riflettere?
4. Devo proprio andare?
5. Devo proprio venire?
6. Devo proprio stare qui?

E Rispondere a ciascuna delle domande seguenti usando le due forme indicate dell'imperativo.

Esempio   Posso fare una domanda?   →   Sì, signorina, la faccia.
                                                      Sì, falla.

1. Posso leggere questo libro?
2. Posso parlare di Guido Gozzano?
3. Posso assaggiare questo formaggio?
4. Posso rispondere al conferenziere?
5. Posso avvicinarmi?
6. Posso mostrare i presepi italiani?

F Riscrivere le frasi seguenti sostituendo il nome complemento oggetto col pronome appropriato. Fare tutti i cambiamenti necessari.

Esempio   Ci legge le poesie di Gozzano.   →   Ce le legge.

1. Gli vende questi formaggi.
2. Mi fa un favore.
3. Ci ha fatto molti favori.
4. Ti mostrerò il cenotafio di Dante.
5. Vi insegnavano l'italiano.
6. Le ha portato un caffè bollente.

G Rispondere a ciascuna delle domande seguenti.

Esempio   Darai delle sigarette a Gianni?   →   No, preferisco non dargliene.

1. Professore, farà questa domanda ai suoi studenti?
2. Gianni, leggerai questa poesia a Graziella?
3. Signorina, porterà i biglietti a Gianni?
4. Farai questo favore a tua cognata?
5. Ripeterà le informazioni ai turisti?
6. Darà degli spiccioli ai clienti?

H Rispondere a ciascuna delle domande seguenti.

Esempio   Chi è più simpatico? Tu o lui?   →   Lui è più simpatico di me e io sono meno simpatico di lui.

1. Chi è più spiritoso? Tu o lei?
2. Chi è più allegro? Voi o loro?
3. Chi è più noioso? Lui o lei?
4. Chi è più giovane? Tu o loro?
5. Chi è più fortunato? Noi o voi?
6. Chi è più brillante? Io o tu?

I Riscrivere il brano seguente al passato, usando le forme corrette del passato prossimo e dell'imperfetto, secondo il contesto. Incominciare con: **Quando, nel 1979, Joan e Barbara. . .**

Joan e Barbara sono a Firenze e vógliono vedere un dramma italiano moderno. Il teatro è chiuso ogni lunedì. Una bella domenica le due ragazze prendono un tassì alle sette di sera e arrivano al teatro verso le sette e mezza. Mentre Joan aspetta, Barbara fa la coda al botteghino. L'impiegata le vende due biglietti di seconda fila. Poi le due amiche si siedono nel ridotto, dove ci sono molte persone che parlano fra loro. Il dramma incomincia alle otto precise e finisce alle undici. È un dramma in tre atti che affronta il problema della responsabilità umana. Joan e Barbara si divertono e imparano molto. Prima di ritornare all'albergo si fermano in una pasticceria e ordinano due cappuccini.

J Rispondere in frasi complete:

1. Le piace la poesia?
2. Preferisce la poesia contemporanea a quella romantica?
3. Ha mai scritto delle poesie, Lei?
4. Quando va a una conferenza, si diverte?
5. Preferisce il cinema, il teatro o le conferenze?
6. Come vanno i suoi studi?
7. Quando Lei parla italiano, che accento ha?

La lingua italiana

LA lingua italiana deriva dal latino, la lingua dell'antica Roma. Naturalmente, tutti gl'Italiani parlano italiano, ma molti Italiani parlano anche un dialetto. Come abbiamo veduto, l'Italia è divisa in regioni—il Piemonte, l'Umbria, il Lazio, eccetera—e, in generale, ogni regione ha il suo dialetto. Cosicchè, per esempio, un veneziano parla italiano, ma anche il dialetto di Venezia, cioè il veneziano; un napoletano parla italiano, ma anche il dialetto di Napoli, cioè il napoletano. Alcuni dialetti si somigliano, altri sono molto differenti l'uno dall'altro. Come l'italiano, i dialetti derivano dal latino parlato che si è trasformato in modi diversi attraverso i secoli. L'italiano è la lingua nazionale, la lingua che tutti studiano a scuola, e la lingua della radio, della televisione e della stampa; è difficile dire, quindi, per quanto tempo i dialetti sopravvivranno.

Negli ultimi decenni il mondo è diventato « più piccolo » di una volta e le comunicazioni più frequenti. Non deve sorprendere, quindi, se l'italiano si è arricchito non solo di termini tecnici, ma anche di parole straniere. Molte parole sono entrate in italiano dall'inglese, specialmente a causa dell'influenza economica e politica degli Stati Uniti. Ecco alcune parole che ormai fanno parte dell'italiano moderno: *sport, hostess, jet, leader, staff, summit, boom, jazz, week-end* e, fra varie altre, *blue jeans*.

a causa di *because of* / arricchirsi *to become enriched* / attraverso *through* / cosicchè *so that* / il decennio *decade* / diventare *to become* / la lingua *language, tongue* / quindi *therefore* / somigliarsi *to resemble (each other)* / sopravvivere *to survive* / la stampa *press* / straniero *foreign* / il termine *term* / trasformarsi *to change*

Domande

1. Com'è divisa l'Italia?
2. Da quale lingua derivano l'italiano e i dialetti?
3. Si somigliano tutti i dialetti?
4. Come si è trasformato il latino attraverso i secoli?
5. Perchè è difficile dire se i dialetti sopravviveranno?
6. Che lingua parlano alla televisione in Italia?
7. È diventato più piccolo il mondo?
8. Che cosa non deve sorprendere?
9. Quale lingua straniera ha contribuito molte parole nuove all'italiano?

6

L'EREDITÀ CULTURALE

Alla stazione ferroviạria

Ieri Adriana ha ricevuto un telegramma da Roma: « Parto domani ore diciotto. Arriverò alle ventitrè. Vieni alla stazione. Marina. » Adriana è alla stazione da pochi minuti quando il treno arriva.

Adriana:	Ciao, Marina. Hai fatto buọn viạggio?
Marina:	Sì; ma sai? Mi è successa una cosa curiosa.

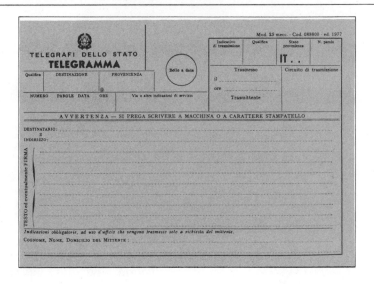

Adriana:	Ti sei innamorata d'un « romano de Roma! »
Marina:	Magari! Avevo appena cominciato a leggere *Eva,* quando sono entrate due vecchie signore nel mio scompartimento.
Adriana:	E così?
Marina:	Mi hanno detto: chiuda la rivista, signorina. Condivida questi deliziosi panini con la mortadella.
Adriana:	Hai accettato l'invito?
Marina:	No. Avevo mangiato con degli amici.
Adriana:	Sei stata scortese.
Marina:	No, loro sono state scortesi. Sai cos'hanno fatto? Si sono alzate e sono andate in un altro scompartimento.
Adriana:	Ricordo che non eri stata a Roma da qualche anno. Dimmi un po', cosa c'è di nuovo?
Marina:	Finalmente hanno finito un nuovo tratto della metropolitana, e hanno installato un *nastro trasportatore* che va da Piazza di Spagna a Villa Borghese. E poi è aumentato il numero di isole pedonali.
Adriana:	Meno male! Così ci sarà meno inquinamento e meno pericolo per gli antichi monumenti.
Marina:	E anche meno ingorghi di traffico, sebbene per me anche con gl'ingorghi Roma è la più bella città d'Italia.
Adriana:	Non esagerare. Diciamo che è una delle città più belle e più antiche d'Italia.
Marina:	Lo so che tu hai le tue preferenze!. . . Ma guarda un po', non c'è nemmeno un facchino.
Adriana:	Non importa. Qui ci sono dei carrelli.
Marina:	Meno male.
Adriana:	Lo sapevi che c'è lo sciopero dei tassisti a Firenze?
Marina:	Pazienza, prenderemo il filobus.

Domande

1. Da chi ha ricevuto una lettera Adriana?
2. È già alla stazione Adriana quando arriva il treno?
3. Accetta l'invito Marina? Perchè?
4. Sono restate con Marina le due signore?
5. Che c'è di nuovo a Roma?
6. Per Marina qual è la più bella città d'Italia?
7. Perchè le due ragazze prendono un carrello?
8. Ci sono ingorghi di traffico soltanto a Roma?
9. Prendono un tassì Marina e Adriana? Perchè?

Vocabolario

Sostantivi

il **carrello**   baggage cart
 Eva   (Eve) *a ladies' magazine*
il **facchino**   porter
l' **ingorgo**   obstruction; **ingorgo di traffico**
   traffic jam
l' **invito**   invitation
l' **isola pedonale**   pedestrian zone, mall
la **metropolitana**   subway
il **monumento**   monument
la **mortadella**   a variety of baloney
il **nastro trasportatore**   conveyor belt (for
   people)
il **pericolo**   danger
 Piazza di Spagna   *a square in Rome*
la **rivista**   magazine
lo **sciopero**   strike
lo **scompartimento**   compartment
la **stazione ferroviaria**   railroad station
il **tassista**   taxi driver
il **telegramma**   telegram
il **tratto**   section, tract
 Villa Borghese   *a large park in Rome*

Aggettivi

curioso   curious
delizioso   delicious, delightful
scortese   impolite

Verbi

accettare   to accept
alzarsi   to get up
chiudere   to close
condividere   to share
esagerare   to exaggerate
innamorarsi   to fall in love
installare   to install
partire   to leave
ricevere   to receive
successo (*p.p.* of **succedere**)   happened; **mi
   è successa una cosa curiosa**   something
   funny happened to me

Altri vocaboli

pochi   few, a few
sebbene   although

Espressioni

dimmi un po'   tell me (something)
guarda un po'   of all things
hai fatto buon viaggio?   did you have a good
   trip?
magari!   I only wish it!
meno male   it's a good thing
«romano de Roma»   (*Roman dialect*) a real
   Roman

Grammatica

I. Il trapassato prossimo (The past perfect tense)

As in English, the past perfect is used in Italian to express what *had taken place.* The **trapassato prossimo** is formed with the past descriptive of **avere** or **essere** plus the past participle of the verb.

(a) Avere parlato *to have spoken*
Avevo parlato ad alta voce.   *I had spoken aloud.*

avevo		I had	
avevi		you had	
aveva	parlato	he (she) had	spoken
avevamo		we had	
avevate		you had	
avevano		they had	

(b) Essere arrivato(-a) *to have arrived, come*
Ero arrivato(-a) presto.   *I had come early.*

ero		I had	
eri	arrivato(-a)	you had	
era		he (she) had	arrived
eravamo		we had	
eravate	arrivati(-e)	you had	
erano		they had	

Sapevo che **aveva comprato** l'acqua minerale.   *I knew **she had bought** the mineral water.*

Il treno **era arrivato** in ritardo.   *The train **had arrived** late.*

II. Gli avverbi di luogo *ci* e *vi* (Adverbs of place **ci** and **vi**)

Ci and **vi** (they are interchangeable, but the latter is not common in everyday speech) are used as unstressed adverbs of place, and mean *there, here.* They are used to refer to a place already mentioned in the sentence, and they precede or follow the verb according to the rules already given for **ci** and **vi** as conjunctive pronouns (see Lesson 17).

Conosce molte persone a Roma, così **ci** va tutti gli anni.	*He knows many people in Rome, so he goes **there** every year.*
Sono andati alla stazione; andiamo**ci** anche noi.	*They went to the station; let us go **there** too.*

III. Il superlativo relativo
(The relative superlative)

1. The relative superlative is formed by placing the definite article before the comparative **più** or **meno**. Thus, *the most interesting (beautiful, etc.)*, *the tallest (greatest, etc.)* is translated by **il più, la più, i più, le più** plus the adjective; or, if the idea of *least* is implied, by **il meno, la meno, i meno, le meno** plus the adjective.

Roma è **la più grande** città d'Italia.	*Rome is **the largest** city in Italy.*
Questo è il parco **meno interessante** della città.	*This is **the least interesting** park in the city.*

2. Note that in the relative superlative construction, the English preposition *in* is rendered in Italian by **di**.

3. When the superlative follows the noun, the definite article is not needed with **più** or **meno**.

	Il *Corriere della sera* è **il più noto** giornale d'Italia.	*The* Corriere della sera *is **the best-known** newspaper in Italy.*
but	Il *Corriere della sera* è il giornale **più noto** d'Italia.	*The* Corriere della sera *is **the best-known** newspaper in Italy.*

Esercizi

A. Completare ciascuna delle frasi seguenti con la forma appropriata del trapassato prossimo del verbo fra parentesi.

Esempio   (studiare fino a mezzanotte)   →   Avevo sonno perchè *avevo studiato fino a mezzanotte.*

1. (camminare tutto il giorno)   Volevamo sederci perchè. . .
2. (non finire l'esercizio)   Adriana scriveva ancora perchè. . .
3. (incominciare a leggere)   Marina non desiderava parlare perchè. . .
4. (non capire niente)   Voi avete fatto molte domande perchè. . .
5. (non portare i gelati)   Non abbiamo pagato perchè il cameriere. . .
6. (non trovare i biglietti)   Le ragazze non sono andate a teatro perchè. . .

B. Osservare l'esempio e formare frasi singole.

Esempio   Siamo arrivati alla stazione. Il treno è già partito.   →   Quando siamo arrivati alla stazione il treno era già partito.

1. Sono entrate le vecchie signore. Ho già mangiato.
2. Hanno veduto il nastro trasportatore. Hanno chiamato il tassì.
3. Gianni è arrivato. Ho già ordinato.
4. Siamo andati a teatro. Mio marito ha già comprato i biglietti.
5. Ho conosciuto Montale. Gli hanno già dato il Premio Nobel.
6. Finalmente abbiamo visitato Firenze. Abbiamo già letto la *Divina Commedia*.

C. Rispondere a ciascuna delle domande, usando il pronome avverbiale congiuntivo **ci**.

Esempio   Andrai a Roma? (in agosto)   →   Sì, ci andrò in agosto.

1. Verrete a Mantova? (fra una settimana)
2. Signora, quando andrà alla Rinascente? (domani)
3. Ritornerai a Cortina d'Ampezzo? (in inverno)
4. Andrete al parco? (presto)
5. Professoressa, quando andrà in biblioteca? (fra due ore)
6. Quando verrà a Capri suo cognato? (in estate)

D. Rispondere alle domande usando il pronome avverbiale **ci** nella posizione indicata nell'esempio.

Esempio   Volete andare al cinema?   →   No, non ci vogliamo andare.

1. Vuoi ritornare al Lido?
2. Signora, vuole abitare in Piazza Mercato Nuovo?
3. Volete andare alla partita?
4. Vuoi venire dal macellaio con me?
5. Vuoi andare in un altro scompartimento?
6. Vuole ritornare all'Università suo cugino?

E. Formare frasi singole includendo il superlativo relativo e la forma appropriata della preposizione **di**. Alternare le due forme.

Esempio   È una piazza famosa. È a Firenze.   →   È la piazza più famosa di Firenze.
                                                   È la più famosa piazza di Firenze.

1. È una ragazza scortese. È in questa classe.
2. È un albergo comodo. È in questa città.
3. Era un parco interessante. Era nel Lazio.
4. È una rivista nota. È in Italia.
5. È uno studente spiritoso. È nel vostro Liceo.
6. Sarà un conferenziere brillante. Sarà nella nostra Università.

F. Osservare l'esempio e formare frasi includendo il superlativo relativo e la forma appropriata della preposizione **di**.

Esempio   professore — noioso — Università   →   È il professore più noioso dell'Università.

1. poeta — conosciuto — Italia
2. poesia — difficile — antologia
3. Liceo — antico — Roma
4. pasticceria — conosciuta — città
5. esercizio — difficile — questo libro
6. arbitro — partigiano — America Latina

G. Rispondere in frasi complete:

1. Quando hai incominciato a studiare l'italiano, avevi già studiato un'altra lingua?
2. Quando sei andato(a) all'Università oggi, avevi già mangiato?
3. Quando sei uscito(a) di casa, avevi già letto il giornale?
4. Ieri mattina alle nove, avevi già fatto qualche telefonata?
5. C'è una stazione ferroviaria nella tua città? È grande? Come si chiama?
6. Ti piacciono i viaggi in treno?
7. Ci sono ingorghi di traffico nella tua città? Dove, specialmente?

Rielaborazione

Dare l'equivalente italiano.

1. Young lady, share these strawberries with me.
2. I remembered that they had not been here since 1975.
3. Ladies and gentlemen, close the book.
4. Please go to the railroad station, Ann. They will arrive at 8:00 p.m.
5. Are you telling me that university professors were on strike in Italy?
6. Finally they installed a subway in our city.
7. It was the largest and most comfortable hotel in the whole town.
8. When we arrived, they had already left.
9. Don't be unkind; she is a very old lady.
10. He is the oldest student in this class. He is older than our professor.

Situazione pratica

Comporre un breve dialogo fra due persone che si trovano nello stesso scompartimento di un treno e che desiderano sapere il nome del compagno di viaggio, la sua destinazione, ecc.

22

Davanti a un'edicola

Sono le quattro del pomeriggio. Adriana e Marina ritornano a casa dall'università e si fermano davanti a un'edicola.

Marina:	(*al giornalaio*) Ha *La Nazione?*
Giornalaio:	No, *La Nazione* è esaurita. Sa com'è, qui a Firenze la comprano tutti.
Marina:	Allora mi dia *La Stampa.*
Giornalaio:	Benissimo, eccola. Sono quattrocento lire.
Marina:	Ce l'ha il *Daily American?*
Giornalaio:	Sì, guardi, è l'ultimo. Eccolo.
Adriana:	Cos'è il *Daily American?*
Marina:	Non lo conosci? È un giornale in lingua inglese che stampano a Roma. Esce da molti anni. Lo devi leggere.
Adriana:	Sì, sì, voglio leggerlo. Sarà molto utile per chi impara l'inglese.
Marina:	Quando l'avrò finito, te lo darò; ma dovrai restituirmelo.
Adriana:	Guarda com'è spinta la copertina di *Epoca!*
Marina:	Mio padre dice sempre che i tempi sono cambiati.
Adriana:	E il mio dice che il mondo va a rotoli.
Marina:	Mia madre, poi, non capisce nè il divorzio nè il movimento femminista.
Adriana:	*Epoca* è una buona rivista, però.
Marina:	Io di solito leggo *Oggi.*
Adriana:	Io le leggo tutt'e due, ma sai qual è una rivista che mi piace moltissimo?
Marina:	Quale? *La rivista d'antropologia?*
Adriana:	Non scherzare. La *Selezione* del *Reader's Digest.*
Marina:	A me no. È una pessima rivista.
Adriana:	Ma no! È piena d'informazioni e a volte dà anche il riassunto d'un romanzo di successo.
Marina:	È una rivista di divulgazione. Io preferisco le riviste di discussione politica, per esempio *L'Espresso.*
Adriana:	Ammetto che *L'Espresso* è un'ottima rivista.
Marina:	Andiamo?

ammajorana
centro arredamento
Via Benedetto Dei n. 70
FIRENZE
Tel. (055) 434.892

LA NAZIONE

DIREZIONE, REDAZIONE e AMMINISTRAZIONE: (50100) Firenze, via F. Paolieri 2, v.le Giovine Italia; Ingr. stab. tip.: p.zza Ghiberti; tel. cntr. 27.811; telex 570.271. Abb. semestrale 50.000 lire; trimestrale 26.000 lire. Cumul. con « La Nazione » del lunedì: semestrale 58.000 lire; trimestrale 31.000 lire. Un numero arretrato 800 lire. C.C.P. n. 355503 - Abbon. post. Gruppo 170 - QUOTIDIANO.
PUBBLICITA': Soc. Pubblicità Editoriale - Milano (20124), via Pirelli 30; Succ. Firenze (50122): Direz. Amminist. v.le Giovine Italia 17, tel. 676.906-7-8-9, sport. p.za Antinori 8 r., tel. 296.289. Prezzi (Italia) per pubblicità a modulo di c.e mm. 42x43 commerciali fer. L. 75.000, fest. L. 90.000 ed.; pubblicità politica ed elettorale feriale L. 90.000, festivo 108.000; Ricerca collab. feriale L. 83.000, festivo L. 99.600; Fra Economici feriale L. 90.000, festivo L. 108.000; Vita aziende, Legali, Arte, Sentenze, Concorsi, Appalti, Gare, Finanziari e mm.-colonna feriali L. 2.300, festivo L. 2.760. Supplemento del 20 per cento per data di rigore, posizione di rigore ultima pagina. Piccola pubblicità vedi rubrica. IVA 15 per cento in più. Necrologie: fino a mezzo modulo L. 41.482 IVA compresa cd.

ANNO CXXII · N. 211 · Edizione del mattino

NELLA NOTTE COLPO DI STATO INCRUENTO

GRANDE EMOZIONATA AT

I militari al pot

Destituito il primo ministro, sciolto il Parl
capi politici agli arresti - Preoccupazioni in

PRIMA DEL CAOS

Ci sono colpi di Stato attesi che giungono dopo una lunga maturazione, quando il quadro politico civile sembra avere esaurito ogni possibile alternativa. Un primo esempio è costituito dal colpo di Stato che nel 1976 portava al potere a Buenos Aires le forze armate; un secondo esempio è costituito dall'odierno colpo di Stato turco.

La somiglianza tra i due interventi militari è sorprendente almeno nelle premesse oggettive. In Argentina la vedova Peron non riusciva a governare paralizzata dagli insanabili contrasti tra peronismo di destra e peronismo di sinistra; il paese, sconvolto da un'inflazione a ruota libera, era in una situazione di guerra civile latente. In Turchia Ecevit e Demirel, i capi dei due maggiori partiti, il partito repubblicano del popolo e il partito della giustizia, si avvicendano al potere, obbediscono alle regole del bipartitismo perfetto, al principio dell'alternanza tra governo e opposizione, ma oltre a litigare tra loro mostrano una comune inefficienza nella gestione di un sistema economico in piena bancarotta e nel contenimento del terrorismo di destra e di sinistra, che si sfoga in un massacro permanente (più di duecento morti dall'inizio di questo settembre giustamente battezzato « settembre nero »).

Inoltre, sia in Argentina sia in Turchia i militari si presentano come dei golpisti riluttanti, trascinati per i capelli al colpo di Stato, dopo aver fatto il possibile per restare o rientrare nelle caserme. In Argentina, appena tre anni prima del *golpe* di Videla, l'ultimo presidente militare il generale Lanusse, aveva liquidato il regime di eccezione

Il nuovo capo

Dal nostro co

LONDRA — colpo di Stato è to la notte in militari in Tur di stato magg Kenan Evren, s ni, ha assunto di un « consigli rezza nazionale po indeterminat governo.

L'esautorato Demirel, *leader* stizialista, e il ci zione parlame *leader* socialde primo ministro, restati insieme centinaio di due che.

Dopo avere stituzione della il generale Evr so *via radio* in nazione per inf sedamento di litare che form pone di « restau l'ordine interno do il pericolo

Continua nella

PRIMO

Riprend

Dopo una giornata di collo
stano distanti - Appello dell

Cossiga ha c

ROMA — Le posizioni tra Fiat e sindacati restano distanti ma il ministro del lavoro Foschi è riuscito a riallacciare il filo sottile del dialogo tra le parti. Questo risultato, importante anche se lascia aperte tutte le incognite della vertenza, è giunto al termine di una intensa giornata di sondaggi e di colloqui, dopo che da Torino gli appelli a Dan

sponibilità sind blocco del turn mobilità interna forme di prepen FLM ha invece sue perplessità niti dalla Fiat bilità di un ni bimento della eccedente del g l'area torinese. Su queste pos

Domande

1. Quando si fermano davanti a un'edicola Adriana e Marina?
2. Perchè Marina vorrà comprare *La Nazione?*
3. Quanto costa un giornale in Italia?
4. Per chi è utile il *Daily American?*
5. Cosa dovrà fare Adriana quando avrà finito il *Daily American?*
6. Perchè il padre di Marina dice che i tempi sono cambiati?
7. Che dice Marina, che le piace la *Selezione?*
8. È una rivista di divulgazione *L'Espresso?*

Vocabolario

Sostantivi

l' **antropologia**   anthropology
la **copertina**   cover
la **discussione**   discussion
il **divorzio**   divorce
la **divulgazione**   popularization
l' **edicola**   newsstand
   Epoca   (Epoch) *a magazine*
il **giornalaio**   newspaper vendor
il **movimento femminista**   feminist movement
la **Nazione**   (Nation) *Florence's leading newspaper*
il **riassunto**   summary
la **selezione**   selection
la **Stampa**   (Press) *Turin's leading newspaper*

Aggettivi

esaurito   sold out
pessimo   terrible, awful
politico   political
spinto   daring
utile   useful

Verbi

restituire (isc)   to give back
stampare   to print, to publish

Espressioni

a rotoli   to rack and ruin (to the dogs)
ce l'ha?   do you have? (something)
di successo   successful, best seller
poi   moreover
tutti e due   both (**tutti e tre** all three, **tutti e quattro** all four, *etc.*)

[Grammatica]

I. Il futuro anteriore (The future perfect tense)

The future perfect is formed with the future of **avere** or **ẹssere** plus the past participle of the main verb.

(a) **avere parlato (ripetuto, capito,** ecc.), *to have spoken (repeated, understood,* etc.)

Gli avrò parlato prima di lunedì.	*I will have spoken to him before Monday.*

avrò		*I will have spoken (repeated, understood, etc.)*
avrai		
avrà	parlato (ripetuto, capito)	
avremo		
avrete		
avranno		

(b) **ẹssere andato (-a)** (**partito, uscito,** ecc.), *to have gone (left, gone out,* etc.)

Domani mattina sarete già arrivati.	*Tomorrow morning you will have arrived already.*

sarò		*I will have gone, etc.*
sarai	andato(-a)	
sarà		
saremo		
sarete	andati(-e)	
saranno		

The future perfect is used according to the rules given for the future. Just as probability in the present is expressed by the simple future, probability in the past is expressed by the future perfect.

Gli darò il libro quando **l'avrò finito.**	*I will give him the book when **I have finished it.***
Sarà partito di mattina.	***He probably left** in the morning.*
L'avranno letto sul giornale.	***They must have read it (they probably read it)** in the newspaper.*

II. Futuro anteriore di *avere, essere* (Future perfect of avere, essere)

Avere avuto *to have had*
Ne avrò avuto abbastanza.   *I will have had enough [of it].*

avrò		*I will have had, etc.*
avrai		
avrà	avuto	
avremo		
avrete		
avranno		

Essere stato *to have been*
Quando Maria arriverà a Venezia, ci sarò stato una settimana.   *When Mary gets to Venice, I will have been there a week.*

sarò		*I will have been, etc.*
sarai	stato (-a)	
sarà		
saremo		
sarete	stati (-e)	
saranno		

III. I pronomi con l'infinito (Conjunctive pronouns with the infinitive)

1. Conjunctive pronouns always follow the infinitive and, with the exception of the indirect pronouns **Loro, loro** (*to you, to them*), are directly attached to it. In such cases the infinitive drops the final **-e.**

È venuto per **vederla.**	*He has come in order to **see her.***
Siamo venuti per **parlarLe.**	*We came to **talk to you.***
Ha telefonato per **spiegarglielo.**	*He telephoned to **explain it to you (Lei).***

Vọgliono **vẹndercene** cịnque.	They want to **sell us** five **(of them).**
Vọglio **vẹnderne loro** (or: **vẹndergliene**) due.	I want to **sell them** two **(of them).**

2. When the infinitive is preceded by **dovere, potere, volere** and **sapere** (which at times have a semi-auxiliary function), the conjunctive pronouns may either precede the conjugated verb or follow the infinitive.

Non **la** vọglio **vedere** (or: Non vọglio **vederla**).	I do not want **to see her.**
Me lo deve **mostrare** (or: Deve **mostrạrmelo**).	He must **show it to me.**

IV. Il superlativo assoluto (The absolute superlative)

The absolute superlative, which translates the English adjective preceded by such adverbs as *very, extremely,* etc., is formed as follows:

1. By translating the English adverb with one of its Italian equivalents: **molto** or **assai** (*very*), **estremamente** (*extremely*), etc.

È una rivista **molto** (or **assai**) spinta.	It's a **very** daring magazine.
È stata una discussione **estremamente** ụtile.	It was an **extremely** useful discussion.

2. By adding **-ịssimo** (**-a, -i, -e**) to the adjective after dropping its final vowel.

È una **bellịssima donna.**	She is a **very beautiful**
È una **donna molto bella.**	**woman.**

Adjectives in **-co** and **-go** add an **h** to the stem, and adjectives in **-cio** and **-gio** drop the **i** before **-ịssimo**.

La neve è **bianchịssima.**	Snow is **very white.**
Il cielo è **grigịssimo.**	The sky is **very gray.**

3. Buono and **cattivo** have a regular and an irregular absolute superlative.

buono	*good*	buonịssimo ọttimo	*very good*
cattivo	*bad*	cattivịssimo pẹssimo	*very bad*

Esercizi

A. Formare nuove frasi usando il futuro anteriore dei verbi o delle espressioni fra parentesi.

Esempio   Ti risponderò dopo che mi avrai ripetuto la risposta (scrivere)   →
                Ti risponderò dopo che mi avrai scritto.

parlare	spedire una lettera	leggere il giornale
telefonare	mandare una cartolina	spiegare questa regola

B. Formare nuove frasi usando il futuro anteriore. Fare tutti i cambiamenti necessari.

Esempio   La lettera? La leggerò.   →   L'avrò letta prima di domani.

1. I vostri compiti? Li vedremo.
2. Le riviste? Le finirete.
3. La regola? La studierò.
4. L'esercizio? Lo scriverà.
5. Gli appunti? Li restituirai.
6. Le cartoline? Le riceveremo.

C. Formare nuove frasi al futuro anteriore per esprimere probabilità.

Esempio   Forse sono arrivati.   →   Saranno già arrivati.

1. Forse è andato in un altro scompartimento.
2. Forse non hanno saputo dello sciopero.
3. Forse ha fatto la spiritosa.
4. Forse non hai condiviso le loro preferenze.
5. Forse non avete mai veduto un cenotafio.
6. Forse quella rivista non gli è piaciuta.

D. Formare nuove frasi usando pronomi congiuntivi doppi.

Esempio   Devi spiegarmi questa poesia.   →   Me la devi spiegare.
                                        Devi spiegarmela.

1. Dovete darci la rivista *Epoca*.
2. Non doveva raccomandarti questo bar.
3. Deve leggermi una poesia di Gozzano.
4. Dovevano mostrargli un affresco di Giotto.
5. Perchè io dovevo comprarti della carta da scrivere?
6. Non dovevi mandarmi delle cartoline?

E. Rispondere a ciascuna delle domande seguenti usando l'esempio.

Esempio   È davvero un dramma interessante?   →   Sì, è interessantissimo.

1. È davvero una statua antica?
2. È davvero una poesia semplice?
3. Era davvero un conferenziere brillante?
4. È davvero un dramma serio?
5. Sono davvero delle belle donne?
6. Saranno davvero dei giornali utili?

F. Rispondere a ciascuna delle domande seguenti usando le forme del superlativo indicate nell'esempio.

Esempio   Sono comodi?   →   Sì, sono estremamente comodi, sono comodissimi.

1. È vicina?
2. Sono piccole?
3. È leggero?
4. Sono fresche?
5. Sono vecchi?
6. È simpatico?

G. Rispondere alle seguenti domande.

1. Legge molto, Lei? Che cosa legge, generalmente? Libri o riviste?
2. Compra il giornale ogni giorno? Se sì, quale? Quanto costa il giornale? È caro?
3. Le piace il giornale della domenica? Com'è?
4. Preferisce le riviste di discussione politica o quelle di divulgazione? Perchè?
5. Quali sono le riviste di discussione politica più conosciute degli Stati Uniti? E quelle di divulgazione?
6. Hai mai letto una rivista italiana? Se sì, quale?
7. Quando avrà finito di leggere il giornale, a chi lo darà?

Rielaborazione

Dare l'equivalente italiano.

1. Every day, when she went to school, she bought the *Daily American*.
2. I never liked this newspaper. I think that only the *Corriere della Sera* gives good information. Yes, and it is a very well-known newspaper.
3. But the *Daily American* is the only newspaper useful to those who want to learn English.
4. How much does the *Espresso* cost now? Six hundred lire? It is indeed very expensive.
5. You will admit, however, that it is an excellent magazine.
6. Let's not exaggerate. And I don't like political debates.
7. I will have read it by tomorrow and then I will return it to your brother.
8. She will give you *Epoca* when she has finished it.
9. They must have left for Amalfi.
10. Next week you will have already returned to the United States.

Dopo la visita a una mostra

Adriana è stata con i suoi genitori a Forte Belvedere dove c'è una mostra dedicata alla storia del Maggio Musicale fiorentino, e ora sono seduti a una tavola in un ristorante in Borgo San Jacopo.

Signora Maratti:	Certo che la veduta di Firenze dal Forte Belvedere è meravigliosa.
Signor Maratti:	Potrei andarci tutte le settimane e sono sicuro che non mi annoierei.
Adriana:	Ricordo benissimo quando siamo andati lassù a vedere la mostra delle sculture di Henry Moore.
Signora Maratti:	Indimenticabile! Ma dovete ammettere che anche la mostra del Maggio Musicale è stupenda.
Cameriere:	Buon giorno, signori. Che cosa prendono oggi?
Signora Maratti:	Io una minestra in brodo e poi pollo arrosto e insalata di radicchio.
Adriana:	Io tagliatelle alla bolognese e fritto misto.
Signor Maratti:	Per me, minestrone di riso e bollito.
Cameriere:	Acqua minerale?
Signor Maratti:	Sì, acqua minerale gassata e vino bianco della casa.
Signora Maratti:	Avresti dovuto ordinare acqua minerale senza gas; l'acqua gassata fa male.
Signor Maratti:	Storie! Anzi, fa bene.
Adriana:	Sai, papà, una visita non basta; io vorrei proprio vedere la mostra una seconda volta.
Signor Maratti:	Sono d'accordo. Ti rendi conto che ci sono circa mille bozzetti, figurini, costumi, e tante altre cose nella mostra?
Signora Maratti:	È una vera storia degli spettacoli del Maggio Musicale dal 1933 a oggi.
Adriana:	Quanto vorrei il bozzetto di De Chirico per *I Puritani!*
Cameriere:	Ecco il pane, l'acqua minerale e il vino, signori.
Signor Maratti:	(*brinda alla salute di Adriana*) Auguri! Cento di questi giorni!
Adriana:	Grazie, papà! L'avevo dimenticato; oggi festeggiamo il mio compleanno.

Ristorante «Il Profeta»
Borgognissanti, 93r—Firenze

ANTIPASTI

Prosciutto di Parma con melone	3200
Salame, Acciughe, Sott'olii Crostini	2300

MINESTRE

Minestrone di riso	1500
Pastina in brodo	1500
Tortellini in brodo di pollo	2000
Lasagne verdi alla ferrarese	2400
Spaghetti al sugo di carne	2000
Taglierini al burro e piselli	3100
Riso al pomodoro fresco	2000
Taglierini al burro e funghi	3300

BOLLITI

Piccola marmitta della casa	4200
1/4 di pollo e sott'aceti	3400
Zampone di Modena e fagioli	3500

PESCE

Sogliola alla griglia	6000
Trota bollita e maionese	4400
Scampi fritti con zucchini	7300
Tonno e fagioli con cipolla	4400

ARROSTI

Noce di vitella e patate	4300
1/4 di cappone e patate	3400
Agnello al forno e patate	5400

PIATTI FREDDI

Insalata di pollo e maionese	4200
1/4 di pollo e sott'aceti	3400
Insalata della casa	3200

PIATTI DA FARE

Costola alla milanese	5400
Fritto di pollo e funghi	5800
Costolette d'agnello	5000

Petti di pollo al burro	4300
Fegatini di pollo alla salvia	4000
Fegato di vitella alla griglia	4200
Frittata di piselli	2700

VERDURE E CONTORNI

Patate arrosto	700
Melanzane alla parmigiana	2500
Piselli freschi alla toscana	4500
Fritto di zucchini	2900
Fagioli lessi	2700
Fritto di funghi porcini	5700
Insalata verde o mista	1400

FORMAGGI

Pecorino - Grana - Gorgonzola Belpaese	1900

FRUTTA

Pere cotte in forno	900
Macedonia di frutta fresca	1400
Lamponi a piacere	1800

DOLCI

Zuccotto - Torta di more - Gelato di crema	1800
CAFFÈ	450
ACQUA MINERALE	400

LIQUORI   Italiani 500
             Stranieri 1200

PANE E COPERTO	700

SERVIZIO 12/%

Domande

1. Perchè sono stati a Forte Belvedere Adriana e i suoi genitori?
2. Dove vanno i Maratti dopo la visita a Forte Belvedere?
3. Perchè non si annoierebbe a Forte Belvedere il signor Maratti?
4. Ordinano tutti la stessa cosa al ristorante?
5. Vendono acqua minerale nei ristoranti americani?
6. Che vorrebbe Adriana?
7. Perchè il signor Maratti dice « Cento di questi giorni »?

Ristorante

Il Profeta s.r.l.

Borgognissanti, 93 r - FIRENZE - Tel. 21 22 65

Partita Iva 01682900483

Sede legale Viale G. Matteotti, 60 - Firenze

(Art. 1 - D.M. 13-10-1979)

Ricevuta Fiscale №️ 101692 /80 Mod. XA

del 5/9/80

Mod. XA - Ricevuta fiscale - T.A.F. - Via Scarlatti, 4 r. - 50144 Firenze - Aut. Min. Finanze 367324/79 del 9-11-79

Coperto	2	L.	1400
Aperitivi		»	
Vini e Acqua Minerale		»	2500
Antipasto		»	
Minestra	1	»	2200
Pietanza	2	»	7800
Legumi	2	»	2000
Formaggio		»	
Dolce	1	»	1800
Frutta		»	
Caffè	2	»	1200
Digestivi		»	
			18900
Servizio		L.	2100
Totale I.V.A. Compresa		L.	21000

— Potremmo evadere lunedì?
Domani c'è la torta di ribes...

COMUNE DI SIENA
PALAZZO CIVICO

№️ 117703

**INGRESSO AL MUSEO
SALE MONUMENTALI
TORRE DEL MANGIA**

L. **1.000**

AVVERTENZA
Conservare il presente biglietto per presentarlo ad ogni richiesta.

Vocabolario

Sostantivi

l' **acqua**   water
il **bollito**   boiled meat
Borgo San Jacopo   *a street in Florence*
il **bozzetto**   sketch
il **compleanno**   birthday
De Chirico, Giorgio   *20th century painter*
il **figurino**   (fashion) model, plate
Forte Belvedere *(m.)*   *old fortress on a hill in Florence*
il **gas**   gas
il **genitore**   parent
l' **insalata**   salad
il **Maggio Musicale**   May Music Festival, *an annual festival in Florence*
la **minestra**   soup, **minestra in brodo** a soup consisting of some type of pasta cooked in broth
il **minestrone**   vegetable soup; **. . .di riso** with rice
la **mostra**   exhibit
il **pollo**   chicken
i **Puritani**   (Puritans) *an opera by Vincenzo Bellini*
il **radicchio**   chicory
il **ristorante**   restaurant
la **salute**   health
la **scultura**   sculpture
lo **spettacolo**   performance
le **tagliatelle**   noodles
il **vino**   wine

Aggettivi

arrosto   roasted
bianco   white
dedicato   dedicated, devoted
indimenticabile   unforgettable
gassato   carbonated, with gas
minerale   mineral

Verbi

annoiarsi   to be bored
bastare   to be enough
brindare (a)   to toast (*a person*)
festeggiare   to celebrate
ordinare   to order

Altri vocaboli

lassù   up there

Espressioni

alla bolognese   in the Bolognese style, *namely, with a meat sauce*
auguri!   best wishes!
cento di questi giorni!   many happy returns!
certo che   there's no doubt that
essere d'accordo   to be in agreement
fare male   to be bad (for one)
fritto misto   mixed fry (plate)
rendersi conto   to realize
storie!   nonsense
vorrei proprio (vedere)   I really would like (to see)

SERIE **C**   N° 114937

REPUBBLICA ITALIANA
MINISTERO PER I BENI CULTURALI E AMBIENTALI
UFFICIO CENTRALE PER I BENI AMBIENTALI
ARCHITETTONICI ARCHEOLOGICI E STORICI
BIGLIETTO D'INGRESSO
LIRE 250
(TARIFFA INTERA)

L.1250

[Grammatica]

I. Il condizionale (The conditional tense)

As in English, in Italian the conditional tense expresses uncertainty, doubt, hypothesis. In general, the conditional translates the English auxiliary verb *would*. In Italian the stem of the conditional is the same as the future and, as in the future, verbs of the first conjugation change the **a** of the infinitive ending to **e**. The endings are identical for all three conjugations.

Parlare *to speak*
Gli parlerei volentieri, ma è fuori città.

I would gladly speak to him, but he is out of town.

parler-ei	*I would speak, etc.*
parler-esti	
parler-ebbe	
parler-emmo	
parler-este	
parler-ębbero	

Ripętere *to repeat*
Ripeterei volentieri lo stesso ballo.

I would gladly repeat the same dance.

ripeter-ei	*I would repeat, etc.*
ripeter-esti	
ripeter-ebbe	
ripeter-emmo	
ripeter-este	
ripeter-ębbero	

Capire *to understand*
È una mụsica che non
   capirei.

*It's a music that I wouldn't
understand.*

---

capir-ei
capir-esti
capir-ebbe
capir-emmo
capir-este
capir-ẹbbero

I would understand, etc.

L'inviterei volentieri, ma non
   è in città.
Quando **ritornerebbe**,
   Signọr Wheaton?

*I would gladly invite him,
but he is not in town.
When would you come
back, Mr. Wheaton?*

II. Il condizionale di *avere, ẹssere*
(Conditional of **avere, ẹssere**)

Avere *to have*
Io non avrei paura.

I wouldn't be afraid.

---

avrei
avresti
avrebbe
avremmo
avreste
avrẹbbero

I would have, etc.

Ẹssere *to be*
Ne sarei sicuro.

I would be sure of it.

---

sarei
saresti
sarebbe
saremmo
sareste
sarẹbbero

I would be, etc.

III. Forme irregolari del
condizionale (Irregular forms of
the conditional)

a. Those verbs that have an irregular stem in the future, have it
also in the conditional:

dare: darei, *etc.*
fare: farei, *etc.*
stare: starei, *etc.*
andare: andrei, *etc.*
dovere: dovrei, *etc.*
potere: potrei, *etc.*

sapere: saprei, *etc.*
vedere: vedrei, *etc.*
venire: verrei, *etc.*
volere: vorrei, *etc.*

b. Verbs ending in **-ciare** and **-giare** drop the **i** of the stem:
cominciare: comincerei, *etc.;* **mangiare: mangerei**, *etc.*

IV. Il condizionale passato
(The conditional perfect tense)

(a) Avere parlato (ripetuto, capito, avuto, etc.) *to have spoken (repeated, understood, had,* etc.*)*

Ne avrei parlato a Maria, ma era già uscita.	*I would have spoken to Maria about it, but she had already left.*

avrei		*I would have spoken, etc.*
avresti		
avrebbe	parlato	
avremmo		
avreste		
avrębbero		

(b) ęssere arrivato(-a) (partito, uscito, etc.), *to have arrived (left, gone out,* etc.*)*

Sarei arrivato (-a) più presto, ma il treno era in ritardo.	*I would have arrived earlier, but the train was late.*

sarei		*I would have arrived, etc.*
saresti	arrivato(-a)	
sarebbe		
saremmo		
sareste	arrivati(-e)	
sarębbero		

The conditional perfect, though ordinarily translated as above, also renders the simple English conditional *(would speak, would understand, etc.)* in certain cases. For example, when the simple English conditional depends on a verb of saying, telling, informing, etc., and expresses a future in past time, Italian expresses the idea with the conditional perfect.

Gli ho detto che gli **avrei telefonato** alle nove.	*I told him that **I would telephone** him at nine o'clock.*
Ha telefonato per dire che **sarebbe venuto.**	*He telephoned to say that **he would come.***

V. Verbi servili (The semi-auxiliary verb with a dependent infinitive)

When **dovere, potere** and **volere** govern an infinitive, they are conjugated with either **ęssere** or **avere**, depending on whether the dependent infinitive is conjugated with **ęssere** or **avere**.

Maria **ha mangiato,** ma io non **ho potuto mangiare.**	*Mary **ate,** but I have not **been able to eat.***
Giovanni **è partito,** ma Barbara non **è potuta partire.**	*John **left,** but Barbara has not **been able to leave.***

VI. Il condizionale di *dovere* e *potere* (Special meanings of **dovere** and **potere**)

The present conditional of **dovere** denotes obligation and is rendered by *should, ought to*. The present conditional of **potere** is equivalent to *could* or *might*. Likewise, the perfect conditional of **dovere** and **potere** translates *ought to have*, *should have* and *could have, might have* respectively.

Dovrebbe studiare.	He **ought to** study.
Avrebbe dovuto studiare.	He **ought to have** studied.
Potremmo farlo.	We **could do** it.
Avremmo potuto farlo.	We **could have** done it.
Dovremmo partire oggi.	We **should** leave today.
Saremmo dovuti partire ieri.	We **should have** left yesterday.

Esercizi

A. Completare ciascuna delle frasi seguenti usando la forma appropriata del condizionale.

Esempio   Non gli scrivo oggi e. . .   →   Non gli scrivo oggi e non gli scriverei mai.

1. Non la ordino oggi e. . .
2. Non lo leggete oggi e. . .
3. Non lo mangia oggi e. . .
4. Non ci ritorniamo oggi e. . .
5. Non esagero oggi e. . .
6. Non lo ricordano oggi e. . .
7. Non la visiti oggi e. . .
8. Non lo compriamo oggi e. . .
9. Non sbagliano oggi e. . .
10. Non ne parlate oggi e. . .
11. Non lo prende oggi e. . .
12. Non lo impari oggi e. . .

B. Completare ciascuna delle frasi seguenti usando la forma appropriata del condizionale.

Esempio   Ci andrò anche domani, anzi. . .   →   Ci andrò anche domani, anzi ci andrei ogni giorno.

1. Lo farà anche domani, anzi. . .
2. Ci verranno anche domani, anzi. . .
3. Ti vedremo anche domani, anzi. . .
4. Lo dovrete fare anche domani, anzi. . .
5. Lo vorrai mangiare anche domani, anzi. . .
6. Te li daranno anche domani, anzi. . .

C. Formare nuove frasi usando le forme corrette del condizionale, secondo i soggetti indicati.

Esempio   pane, tagliatelle, fritto misto / io / ordinare   →   Li ordinerei tutti!

1. pizza, minestra, insalata / noi / mangiare
2. Firenze, Roma, Bologna / tu / visitare
3. riviste, libri, giornali / loro / leggere
4. caffè, cappuccino, gelato / voi / prendere
5. accento fiorentino, siciliano, romano / noi / ascoltare
6. drammi, commedie, partite / loro / vedere

D. Rispondere a ciascuna delle domande seguenti.

Esempio   Visiterete la mostra?   →   La visiteremmo volentieri, ma non abbiamo tempo.

1. Vedrai le scultore di Henry Moore?
2. Andrete a Pompei?
3. Studieranno l'italiano?
4. Mi aspetterete?
5. Entreranno in questo museo?
6. Verrai a Mantova?

E. Completare ciascuna delle frasi seguenti usando la forma appropriata del condizionale passato:

Esempio   Ci siamo andati ieri e...   →   Ci siamo andati ieri e ci saremmo andati ogni giorno.

1. L'hanno visitato ieri e...
2. Le ha telefonato ieri e...
3. Li ho veduti ieri e...

4. Ci sono venuti ieri e...
5. C'è ritornata ieri e...
6. L'abbiamo mangiata ieri e...

F. Dare l'equivalente italiano.

1. He ought to listen.
2. We ought to have listened.
3. I might do it.
4. She could have done it.
5. I ought to learn the conjugations.

6. You (*tu*) ought to have ordered soup.
7. He should have telephoned.
8. He might come tomorrow.
9. They should not come at all.
10. You (*voi*) should have left.

G. Usare le espressioni seguenti per formare domande con i soggetti **tu, Lei,** o **voi** al condizionale. Un compagno, o una compagna, dovrebbe rispondere. Osservare l'esempio, ma formare domande e risposte originali.

Esempio   abitare a Roma o a Bologna   →   Preferiresti abitare a Roma o vorresti abitare a Bologna? (Preferirei abitare a Bologna, perchè Roma è una città molto cara.)

1. leggere un giornale o una rivista
2. mangiare broccoli o zucchini
3. prendere acqua minerale o vino bianco
4. visitare la mostra del Maggio Musicale o quella di Henry Moore
5. sciare o seguire un incontro di calcio
6. vedere un dramma serio o un dramma brillante
7. parlare di politica o di musica
8. essere nello scompartimento con due vecchie signore o con « un romano (una romana) de Roma »

H. Rispondere in frasi complete.

1. Hai visto una mostra di sculture, recentemente?
2. Ti piacciono le sculture di Henry Moore? Dove le hai viste?
3. Quando vai al ristorante, in generale?
4. Come si chiama il tuo ristorante preferito? Dov'è? È caro?
5. Ti piace l'acqua minerale o preferisci il vino? Bianco o rosso?
6. Hai mai fatto le tagliatelle?

Situazione pratica

Lei è a un ristorante italiano nella Sua città, insieme a una persona amica. Il cameriere viene e Lei ordina, per sè e per l'amico o l'amica. Se lo desidera, può chiedere anche i prezzi.

Avrei preferito vedere «Un Ballo in Maschera»

Adriana ha fatto da guida a Bob, lo studente italo-americano che voleva vedere il David *di Michelangelo nel Museo dell'Accademia. Ora camminano lungo un marciapiede di Via Cavour.*

Bob: Non ricordo bene, mi hai detto che il *David* è stato scolpito fra il 1503 e il 1505?

Adriana: No, fra il 1501 e il 1503. Si dice che il blocco di marmo. . .

Bob: Lo so, il blocco di marmo era difettoso. Era stato rifiutato da vari scultori.

Adriana: Vedi? Il bello del Museo dell'Accademia è che è un gran museo, ma allo stesso tempo è piccolo; si può vedere tutto in poco tempo.

Bob: È vero; invece il Museo degli Uffizi è così vasto che in un intero pomeriggio si possono vedere soltanto alcuni dei quadri più importanti.

Adriana: Pensa al povero turista che ha soltanto poche ore per gli Uffizi, Palazzo Pitti e l'Accademia.

Bob: Allora, andiamo al Teatro Comunale stasera?

Adriana: No, i biglietti per *Un Ballo in Maschera* sono esauriti. Dovrai contentarti del *Trovatore* domani sera.

Bob: Ora che sono stato avvertito non mi lamenterò, ma avrei preferito vedere il *Ballo in Maschera*.

Adriana: In ogni modo la musica ti piacerà perchè, come la musica del *Ballo in Maschera*, è stata scritta da Giuseppe Verdi.

Bob: Fermiamoci a questo bar; ti offro un toast.

Adriana: Accettato!

Domande

1. Perchè vanno al Museo dell'Accademia Bob e Adriana?
2. È vero che Bob fa da guida a Adriana?
3. Era eccellente il blocco di marmo che Michelangelo usò per il *David?*
4. Quando è stato scolpito il *David?*
5. Che opera vedranno Bob e Adriana?
6. Perchè alcune persone preferiscono visitare un museo piccolo?
7. Chi ha scritto la musica del *Trovatore?*
8. Ha mai visto un'opera Lei? Quale? Dove?
9. Cosa accetta Adriana?

Michelangelo: Il David

Vocabolario

Sostantivi

l' **accademia**   academy
il **Ballo in Maschera**   Masked Ball *(an opera by Giuseppe Verdi)*
il **blocco**   block
il **David**   David *(a sculpture by Michelangelo)*
il **marciapiede**   sidewalk
il **marmo**   marble
la **musica**   music
   Palazzo Pitti   *a large Renaissance palace in Florence, now a museum*
il **quadro**   painting, picture
lo **scultore**   sculptor
il **toast**   grilled sandwich
il **Trovatore**   *an opera by Giuseppe Verdi*
   Verdi, Giuseppe   *19th century Italian composer*

Aggettivi

difettoso   defective
intero   entire
povero   poor
vario   various
vasto   vast

Verbi

avvertire   to warn
camminare   to walk
contentarsi   to be satisfied
fermarsi   to stop
lamentarsi   to complain
offrire   to offer
rifiutare   to refuse
scolpire (isc)   to sculpture

Espressioni

accettato!   I accept!
fare da guida (a)   to act as a guide (for)
il bello   the beauty
in ogni modo   at any rate
si dice   they say

Museo degli Uffizi: Sala della Scuola Toscana

Grammatica

I. Uso del riflessivo in senso generale (The reflexive used in a general sense)

In English we express an indefinite subject with the impersonal construction *one, they, you, people, we,* etc. + verb.

One must not read here.
They say that he will come.
People will say we are in love.

In Italian this construction is best translated as follows:

a. The indefinite or generic subject (*one, they, people,* etc.) should be translated by **si** and the 3rd person singular of the active verb.

Non **si deve** lęggere qui.	*One must not read here.*
Si dorme quando **si ha** sonno.	*We sleep when we are sleepy.*
In chiesa non **si parla, si prega.**	*In church one does not talk, one prays.*
Si diceva che ęrano partiti.	*People said they had left.*

b. If the indefinite subject has a singular direct object, **si** and **the 3rd person singular** of the active verb should be used; if the direct object is plural, **si** and **the 3rd person plural** should be used.

Si mangiava molta polenta allora.	*People ate a lot of corn-meal then.*
Si cantạvano canzoni che non ęrano belle.	*People sang songs that were not beautiful.*

II. La forma passiva (The passive form)

In Italian the passive voice is much less common than in English. To indicate that the subject does not carry out the action, but receives it, in Italian as well as in English, the passive voice is formed by the verb **ęssere** and the past participle of the verb. Thus, in Italian the past participle agrees in gender and number with the subject.

La lezione è letta dagli studenti.	*The lesson is read by the students.*
Questo libro sarà stampato con molte illustrazioni.	*This book will be printed with many illustrations.*
Tua sorella è stata avvertita.	*Your sister has been warned.*
Questi assegni sono stati mandati da mio cugino.	*These checks have been sent by my cousin.*

III. La forma impersonale invece della forma passiva (The impersonal form instead of the passive form)

When no specific agent is expressed, Italian uses the reflexive construction explained above instead of the passive. Needless to say, if the subject is singular, the verb is singular, and if the subject is plural, the verb is plural.

Questo **libro si legge** facilmente.	*This **book is** easily **read**.*
Queste **cose si fanno** facilmente.	*These **things are** easily **done**.*
Si sono scritti molti **libri** quest'anno.	*Many **books have been written** this year.*

You must have noticed that *all* reflexive forms are conjugated with essere.

IV. Gli aggettivi irregolari *grande* e *santo* (Irregular adjectives **grande** and **santo**)

a. **Grande** may become **gran** before a noun beginning with a consonant (except **z** and **s** + consonant), and **grand'** before a noun beginning with a vowel.

So che è un **gran romanzo** ma non l'ho letto.	*I know it is a **great novel**, but I have not read it.*
Abbiamo studiato una **gran parte** della grammatica.	*We have studied a **large part** of the grammar.*
Bernini era un **grand'architetto**.	*Bernini was a **great architect**.*
Si guardava in un **grande specchio**.	*She was looking at herself in a **large mirror**.*
È stata una **grand'artista**.	*She was a **great artist**.*

b. **Santo** becomes **san** before a masculine noun beginning with a consonant, except **s** + consonant, and **sant'** before any noun beginning with a vowel.

La basilica di **San Pietro** è a Roma.	*Saint Peter's basilica is in Rome.*
Abbiamo visitato la Chiesa di **Sant'Ignazio** e quella di **Santo Stefano**.	*We visited the Church of **Saint Ignatius** and **Saint Stephen's**.*
L'Isola di **Sant'Elena** è famosa.	*The island of **Saint Helena** is famous.*

Esercizi

A. Riscrivere ciascuna delle frasi seguenti facendo i cambiamenti suggeriti.

Esempio   Qui la gente canta volentieri. →   Qui si canta volentieri.

1. Qui la gente legge abbastanza.
2. Qui la gente cammina lungo il marciapiede.
3. Qui la gente esagera sempre.
4. In questa città discutono molto.
5. In questa città costruiscono molto.
6. In questa città scommettono molto.

B. Riscrivere ciascuna delle frasi seguenti facendo i cambiamenti suggeriti.

Esempio   Nel secolo quindicesimo non sciavano. →   Nel secolo quindicesimo non si sciava.

1. Nel secolo quindicesimo non telefonavano.
2. Nel secolo quindicesimo non scommettevano.
3. Nel secolo quindicesimo non andavano in America.
4. Nel secolo quindicesimo non prendevano il tram.
5. Nel secolo quindicesimo non respiravano aria contaminata.
6. Nel secolo quindicesimo non giocavano al calcio.

C. Riscrivere ciascuna delle frasi seguenti facendo i cambiamenti suggeriti.

Esempio   Oggi tutti vanno all'opera. →   Anche domani si andrà all'opera.

1. Oggi tutti discutono di politica.
2. Oggi tutti leggono il giornale.
3. Oggi tutti ordinano acqua minerale.
4. Oggi tutti parlano dello sciopero.
5. Oggi tutti seguono la partita alla televisione.
6. Oggi tutti dicono questo.

D. Volgere le frasi seguenti alla forma passiva.

Esempio   Il giornalaio vende i giornali e le riviste. →   I giornali e le riviste sono venduti dal giornalaio.

1. La ragazza del botteghino vende i biglietti.
2. Le commedie del Goldoni rappresentano la vita veneziana.
3. L'impiegato cambia gli assegni per viaggiatori.
4. Tutti riconoscono quell'affresco di Giotto.
5. I turisti comprano tutti i biglietti.
6. Non tutti gl'Italiani parlano l'italiano.
7. Il nastro trasportatore eliminerà gli ingorghi.
8. Arlecchino parlava il bergamasco.
9. Tu hai spiegato la poesia moderna.
10. Molti conoscevano Dante e Petrarca.
11. I turisti leggeranno il *Daily American.*
12. Anch'io visiterò Santa Croce.

E. Rispondere a ciascuna delle frasi seguenti nella forma passiva, esprimendo il complemento d'agente.

Esempio   Chi ha costruito questa casa? (mio padre) →   È stata costruita da mio padre.

1. Chi ha scolpito il David? (Michelangelo)
2. Chi ha scritto il *Trovatore?* (Giuseppe Verdi)
3. Chi ha visitato la mostra del Maggio Musicale? (molti turisti)

4. Chi aveva fatto il bozzetto per *I Puritani?* (De Chirico)
5. Chi aveva ordinato minestrone e bollito? (il signor Maratti)
6. Chi aveva rifiutato il blocco di marmo? (vari scultori)

F. Formare frasi con il **si** passivante, senza complemento d'agente.

Esempio   parlare bergamasco   →   Qui non si parla bergamasco.
               comprare i biglietti   →   Qui non si comprano i biglietti.

1. cambiare dollari
2. trovare i carrelli
3. ordinare la mortadella
4. eliminare gli ingorghi
5. condividere le idee
6. conferire il premio Nobel
7. vedere l'isola delle capre
8. ascoltare la guida
9. conoscere i libri di Calvino
10. rifiutare le responsabilità

G. Completare con la forma corretta dell'aggettivo **grande**.

1. Michelangelo era un _____ scultore.
2. Molti scultori avevano rifiutato quel _____ blocco di marmo.
3. Gianni è il _____ amico di Franco.
4. Ho letto _____ parte di questo libro.
5. Sono delle _____ tombe.
6. È un edificio _____ e bello.
7. È una _____ violinista.
8. A Firenze ci sono molti _____ musei.
9. Questo è davvero un _____ problema.
10. No, la mia non è una _____ casa. È piccola.

H. Completare con la forma corretta dell'aggettivo **santo**.

1. Non lo conosco, ma deve essere un _____ uomo.
2. Ecco la chiesa di _____ Giuseppe.
3. Non è un uomo: è un _____ .
4. Sai dov'è il vulcano di _____ Elena?
5. È una semplice e _____ donna.
6. La chiesa di _____ Ugo non è a Venezia.

I. Rispondere in frasi complete.

1. Ti piace l'opera italiana? Quali sono le tue opere preferite?
2. Quale opera hai veduto recentemente?
3. A te e alla tua famiglia piace visitare i musei?
4. Qual è il tuo museo preferito? Perchè?
5. Nella tua città, i musei sono aperti la domenica?
6. A che ora aprono? A che ora chiudono?

Situazione pratica

Lei lavora in uno dei musei della Sua città. Guidi un gruppo di visitatori e dia tutte le spiegazioni necessarie.

Aspetti di vita italiana: **Il festival dei due mondi**

In Italia ci sono vari festival d'interesse internazionale. Molto noti sono il *Maggio Musicale Fiorentino,* durante il quale presentano opere, balletti e concerti sinfonici nel Teatro Comunale, nel Giardino dei Boboli e nel grandioso Palazzo Pitti, e il *Festival del Cinema,* chiamato anche *Mostra del Cinema,* che ha luogo a Venezia verso la fine di agosto e i primi di settembre. C'è, poi, il *Festival di San Remo,* sulla riviera di ponente, che è la più importante manifestazione della canzone italiana. Durante gran parte di febbraio il festival trasforma la piccola città ligure in un gran « Baraccone canoro».

Ma dal 1958 c'è un altro festival importante in Italia, il *Festival dei due mondi.* Il fondatore di questo festival è Gian Carlo Menotti, un compositore italiano che da molti anni risiede negli Stati Uniti, dove ha scritto *The Telephone, The Consul, Amahl and the Night Visitors,* eccetera. Il *Festival dei due mondi* si svolge durante l'estate nella piccola città di Spoleto in Umbria, e consiste di musica, opera, dramma, danza e arte. Ma, come indica il titolo, questo festival non è esclusivamente italiano, ed infatti dal 1977 ha luogo anche negli Stati Uniti, e più precisamente a Charleston, nella Carolina del Sud, durante il mese di maggio, con il nome *Spoleto Festival U.S.A.* In anni recenti il Governo Italiano ha partecipato al festival di Charleston con mostre d'arte.

il baraccone *large barn* / canoro *melodious* / il compositore *composer* / il fondatore *founder* / il Giardino dei Boboli *a park connected with the Pitti Palace* / i primi *the beginning (of the month)* / ligure *Ligurian (of the Liguria region)* / la manifestazione *display, festival* / noto *known, well-known* / il ponente *west* / risiedere *to reside, to live*

Gian Carlo Menotti

Spoleto durante il Festival

Domande

1. Che presentano durante il *Maggio Musicale Fiorentino?*
2. Attirano le stesse persone il *Festival di San Remo* e il *Festival del Cinema?*
3. Perchè San Remo si trasforma in un gran « Baraccone canoro»?
4. Chi ha fondato il *Festival dei due mondi?*
5. Dov'è Spoleto?
6. In che mese c'è lo *«Spoleto Festival USA?»*
7. In che anno è cominciato il *Festival dei due mondi?*

Ripetizione VI

A   Formare la domanda appropriata per ciascuna delle frasi seguenti, secondo la parte in corsivo.

Esempio   Preferirei vedere *un'opera di Verdi.*   →   Che cosa preferiresti vedere?
Che cosa preferirebbe (Lei) vedere?

1. Il Daily American si stampa *a Roma.*
2. *Io* di solito leggo La Nazione.
3. È aumentato *il numero di isole pedonali.*
4. *Qui* ci sono dei carrelli.
5. Mi piace *la mortadella.*
6. *Alle vecchie signore* non piace questo scompartimento.
7. *Noi* siamo andati lassù.
8. Andrei a sciare *con te.*
9. Gli avevano conferito il Premio Nobel *nel 1975.*
10. La sua ispirazione deriva *dai problemi della giustizia.*

B   Riscrivere le frasi includendo il comparativo di uguaglianza.

Esempio   Adriana e Bob sono noiosi.   →   Adriana è (così) noiosa come Bob.
Adriana è (tanto) noiosa quanto Bob.

1. I romani e i fiorentini sono spigliati.
2. L'accento bergamasco e quello siciliano sono caratteristici.
3. La mostra di Henry Moore e quella del Maggio Musicale sono indimenticabili.
4. La copertina di *Epoca* e la copertina di *Oggi* sono spinte.
5. Adriana e le vecchie signore sono state scortesi.
6. I poeti italiani e i poeti americani saranno conosciuti.

C   Osservare l'esempio e rispondere alle frasi seguenti.

Esempio   Professore, potrei leggere queste espressioni?   →   Sì, signorina. Le legga.

1. Potrei dire le parole nuove?
2. Potrei fare questo esercizio?
3. Potrei condividere la mia idea?
4. Potrei mostrare *L'Espresso?*
5. Potrei chiudere il libro e il quaderno?
6. Potrei ordinare qualche romanzo italiano?

D   Rispondere alle frasi seguenti.

Esempio   Papà, posso ordinare un toast?   →   No, non lo ordinare.
                                                    No, non ordinarlo.

1. Posso lasciare l'Università?   4. Posso telefonare a Giuseppe?
2. Posso vendere i miei libri?   5. Posso andare all'Abetone?
3. Posso chiamare il facchino?   6. Posso ritornare a Villa Borghese?

E   Riscrivere in italiano usando prima la forma **tu,** poi la forma **Lei** dell'imperativo.

Esempio   Don't make a mistake.   →   Non sbagliare.
                                            Non sbagli, signorina.

1. Come this way.   6. Don't forget the traveler's checks.
2. Say "welcome back" to Gianni.   7. Don't speak to her.
3. Order soup for me and a pizza for you.   8. Stay longer.
4. Take this money.   9. Have patience.
5. Don't go today. Go tomorrow.   10. Tell everything.

F   Rispondere a ciascuna delle domande usando il pronome avverbiale congiuntivo **ci** e la forma appropriata del trapassato prossimo.

Esempio   Siete andati al Museo dell'Accademia   →   No, c'eravamo andati giovedì.

1. Sei andato a Palazzo Pitti ieri?   4. Sei entrata in Santa Croce ieri?
2. Signor Maratti, è venuto qui ieri?   5. Signora Maratti, è stata al mercato ieri?
3. Siete ritornati a Forte Belvedere ieri?   6. Sei stata da Adriana ieri?

G   Osservare l'esempio e rispondere a ciascuna delle domande seguenti.

Esempio   Hai ascoltato la sua conferenza?   →   L'avrei ascoltata volentieri, ma non avevo tempo.

1. Sei entrata in Santa Maria Novella?
2. Hai imparato a memoria questa poesia?
3. Avete studiato antropologia?
4. Siete ritornati a Ercolano?
5. Signorina, ha letto l'ultimo libro di Calvino?
6. Ti sei riposata, finalmente?

H   Completare le frasi seguenti usando **di** (nella forma semplice o composta), **che** o **di quel che**, secondo la necessità.

1. Il Museo degli Uffizi è più vasto _____ Museo dell'Accademia.
2. L'America è più larga _____ lunga.
3. L'aria di Roma era più contaminata _____ aria di Firenze.
4. L'inquinamento è più pericoloso _____ crediamo.
5. Montale è meno conosciuto _____ Dante.
6. Tu sei più scortese _____ me.
7. Quella piccola città era più antica _____ bella.
8. Il nastro trasportatore è più comodo _____ carrelli.
9. La signora Maratti è più simpatica _____ intelligente.
10. Sua figlia è meno spigliata _____ te.
11. È più sciocco _____ pensavo.
12. È un albergo più caro _____ buono.

I Dare l'equivalente italiano.

1. They will be invited by Adriana.
2. She was recognized by everybody.
3. The *Divine Comedy* is remembered by all Italians.
4. *La Locandiera* had been written by Goldoni.
5. *Un ballo in Maschera* is preferred by some.
6. This was made by me.
7. All the tickets had been bought by the tourists.

J Rispondere alle frasi seguenti usando le forme del superlativo degli aggettivi appropriati al contesto.

Esempio   Com'era la conferenza del professor Balducci?   →
            Era assai brillante, veramente brillantissima.

1. Com'è questo vino?
2. Com'era il tempo a Firenze?
3. Com'è la poesia romantica?
4. Com'è la copertina di *Epoca?*

5. Com'è l'accento siciliano?
6. Come sono quelle antologie?
7. Com'erano i professori?
8. Come sono gli affreschi di Giotto?

Situazione pratica

Usando i tempi passati con molta attenzione, descriva un giorno qualunque della Sua vita di studente, includendo tutti i dettagli che ricorda.

Vicenza: La Villa Rotonda del Palladio

Le arti figurative e la musica

L'ARTE e la musica sono fiorite in Italia in ogni secolo. Nell'arte è soprattutto agli artisti del Rinascimento che l'Italia deve la sua fama di madre delle arti figurative. Fra i numerosi grandi artisti troviamo Giotto, a cui dobbiamo gli affreschi ad Assisi e a Padova, e la bella *Torre di Giotto* a Firenze; Sandro Botticelli, di cui tutti ricordano la *Nascita di Venere;* Leonardo da Vinci, il genio universale, a cui dobbiamo la *Monna Lisa;* e poi Michelangelo che sarà sempre ricordato per i grandi affreschi della Cappella Sistina e per le molte sculture, fra le quali il *Mosè* e il *David.* Per gli Americani è d'interesse speciale Andrea Palladio perchè ha avuto grande influsso sull'architettura americana: basterà ricordare *Monticello,* la casa di Thomas Jefferson in Virginia.

Roma: Amore sacro e profano del Tiziano

TIZIANO VECELLIO 1477 · 1576

Come le arti figurative, la musica italiana ha una lunga storia, ed è facile fare una lunga lista di famosi compositori italiani, quali Domenico Scarlatti (1685–1757), Angelo Corelli (1655–1713), Antonio Vivaldi (1675–1743) e Ottorino Respighi (1879–1936). Ma l'Italia è specialmente famosa per l'opera. Dalle origini, verso la fine del secolo sedicesimo, fino ai tempi moderni la tradizione dell'opera in Italia non è mai stata interrotta. Tutti gli anni in molti paesi del mondo, in italiano o in traduzione, continuano a rappresentare *Il barbiere di Siviglia* di Gioacchino Rossini (1792–1868), la *Lucia di Lammermoor* di Gaetano Donizetti (1797–1848), la *Norma* di Vincenzo Bellini (1801–1835), la *Bohème* e *Madame Butterfly* di Giacomo Puccini (1858–1924), e le numerose opere di Giuseppe Verdi (1813–1901), l'*Aïda,* il *Rigoletto,* la *Traviata,* il *Trovatore,* eccetera.

Oggi l'opera è ancora uno degli spettacoli musicali più coltivati in tutto il mondo, e in Italia la tradizione continua a vivere nei grandi teatri come La Scala di Milano, il San Carlo di Napoli, il Teatro dell'Opera a Roma, il Teatro Massimo di Palermo, e durante l'estate, all'aperto, nell'Arena di Verona e alle Terme di Caracalla a Roma.

Botticelli, Sandro (1444–1510) *Florentine painter* / coltivato *cultivated* / dovere *to owe* / la fama *reputation* / figurativo *visual* / fiorire *to flourish* / il genio *genius* / Giotto (1276–1337) *Florentine painter and architect* / l'influsso *influence* / interrotto *interrupted* / Leonardo da Vinci (1452–1519) *well-known artist and scientist* / la madre *mother* / Michelangelo (Buonarroti) (1475–1564) *well-known artist and poet* / la nascita *birth* / Palladio, Andrea (1518–1580) *architect* / quale *such as* / Siviglia *Seville* / soprattutto *above all* / la torre *tower* / la traduzione *translation* / Terme di Caracalla *ancient Roman baths* / Venere *Venus* / vivere *to live, to survive*

Firenze: (Museo del Duomo)
Scultura di Donatello

Domande

1. In che periodo sono fiorite soprattutto le arti in Italia?
2. Che cosa ci sono ad Assisi e a Padova?
3. Chi ha avuto un grand'influsso sull'architettura americana?
4. Soltanto le arti figurative hanno una lunga storia in Italia?
5. Soltanto l'opera è importante nella storia della musica italiana?
6. È un'opera di Verdi la *Norma?*
7. Dov'è il teatro *Massimo?*
8. Che cosa hanno in comune l'Arena di Verona e le Terme di Caracalla?

Museo degli Uffizi: La Primavera di Botticelli

7

TUTTO CAMBIA

Sul Ponte Vecchio

Un signore di Bari è entrato in una gioielleria sul Ponte Vecchio per comprare un regalo per sua madre e mentre guarda vari gioielli parla con l'orefice.

Cliente: Ha mai pensato di cambiare mestiere?
Orefice: Lei scherza!
Cliente: Perchè?
Orefice: Nella mia famiglia siamo sempre stati orefici.
Cliente: Sempre?
Orefice: Be', quasi. Bastiano Signorini, un mio antenato, aprì una bottega a Firenze nel 1749 e fondò la Casa Signorini nel 1774.
Cliente: E Lei quando ha cominciato a fare l'orefice?
Orefice: Cominciai a lavorare in bottega quando avevo undici anni e presi la direzione degli affari quando morì mio padre sei anni fa.

Cliente:	La bottega è sempre stata qui sul Ponte Vecchio?
Orefice:	Sempre. Il negozio qui e la bottega su, al secondo piano.
Cliente:	Quante botteghe ci sono sul Ponte Vecchio?
Orefice:	Non so con precisione. Direi una cinquantina.
Cliente:	Tutte antiche?
Orefice:	Non tutte, ma la maggior parte. Alcune risalgono al Rinascimento, ai tempi di Cellini. Ma ormai l'artigianato tende a scomparire in Italia. L'industria ha cambiato tante cose e a volte penso che andiamo di male in peggio.
Cliente:	Ha figli Lei?
Orefice:	Sì, uno.
Cliente:	Suo figlio ha intenzione di continuare la tradizione della famiglia?
Orefice:	È meglio non parlarne. Ha dodici anni ora e gl'interessa soltanto lo sport e la musica rock.
Cliente:	Ritorniamo al regalo per mia madre quando torno a Bari. . .
Orefice:	Mi lasci aprire questa scatola. . .
Cliente:	Con la Sua storia affascinante degli orefici di Ponte Vecchio dimenticavo perchè sono entrato qui.
Orefice:	Le consiglio quest'anello; un piccolo capolavoro.
Cliente:	O forse andrebbe meglio uno di questi orologi con il topolino.
Orefice:	Al signore piace scherzare. Li tengo per i turisti. Non sono opere d'arte, ma dobbiamo contentare tutti.

Domande

1. Chi parla con l'orefice?
2. Perchè l'orefice non pensa di cambiare mestiere?
3. È stata fondata pochi anni fa la bottega?
4. A che piano sono la bottega e il negozio?
5. A quando risalgono alcune delle botteghe?
6. È contento di come vanno le cose l'orefice?
7. Continuerà la tradizione della famiglia il figlio?
8. Che cosa compra il cliente?

Vocabolario

Sostantivi

l' **affare** business transaction; **gli affari** business (*in general*)
l' **anello** ring
l' **antenato** ancestor
l' **arte** (*f.*) art
l' **artigianato** handicraft
Bari (*f.*) *city on south-east coast of Italy*
la **bottega** shop, workshop
Cellini, Benvenuto *an Italian goldsmith of the Renaissance*
la **direzione** management, direction
il **figlio** son; **i figli** children
la **gioielleria** jewelry shop
il **gioiello** jewel
l' **industria** industry
il **mestiere** trade
l' **orefice** (*masc.*) goldsmith
il **padre** father
la **parte** part
il **piano** floor; **al secondo piano** on the second floor
il **Ponte Vecchio** *oldest bridge in Florence, lined with jewelry shops*
la **precisione** precision
la **scatola** box
il **topolino** little mouse, Mickey Mouse
la **tradizione** tradition

Verbi

contentare to please
fondare to found
lasciare to let
morire to die
presi (*past abs.* of **prendere**) I took
scomparire to disappear
tendere to tend
tengo (*pres. ind. of* **tenere**) I keep

Altri vocaboli

forse perhaps

Espressioni

andare di male in peggio to go from bad to worse
andare meglio to be best, to be more advisable
avere intenzione (di) to intend (to)
fare l'orefice to be a goldsmith
una cinquantina about fifty

Grammatica

I. Comparativo e superlativo irregolare (Irregular comparative and superlative)

1. Certain adjectives have regular as well as irregular *comparative* and *relative superlative* forms. Here are the most common:

Adjective		Comparative		Relative superlative	
buono	*good*	più buono miglior(e) ⎤	*better*	il più buono il miglior(e) ⎤	*the best*
cattivo	*bad*	più cattivo peggior(e) ⎤	*worse*	il più cattivo il peggior(e) ⎤	*the worst*
grande	*large, great*	più grande maggior(e) ⎤	*larger,* *greater*	il più grande il maggior(e) ⎤	*the largest,* *the greatest*
piccolo	*small, little*	più piccolo minor(e) ⎤	*smaller*	il più piccolo il minor(e) ⎤	*the smallest*

The irregular forms are used along with the regular ones. In general, the regular forms have a literal sense, whereas the irregular forms have a figurative meaning.

Questo braccialetto è **più grande** di quello.	*This bracelet is **larger** than that one.*
Questi orecchini sono **più piccoli** di quelli.	*These earrings are **smaller** than those.*
Questa frutta è **più buona**.	*This fruit is **better** (**tastier**).*

but	Quest'orologio è buono ma quello è **migliore**.	*This watch is good, but that one is **better**.*
	È **la peggiore** professione di tutte.	*It's **the worst** profession of all.*
	È **il miglior*** gioielliere della città.	*He is **the best** jeweller in the city.*

* **Migliore, peggiore, maggiore** and **minore** drop the final **-e** before nouns that do not begin with **z** or **s** + **consonant**.

Maggiore and **minore** are often used with the meaning of *older, oldest,* and *younger, youngest* respectively when referring to somebody's relatives.

Il fratello **maggiore** è in Argentina.	*The **older** brother is in Argentina.*
La sorella **minore** ha cinque anni.	*The **youngest** sister is five years old.*

Certain adverbs also form the comparative and the relative superlative irregularly. Here are four of the most common ones:

Adverb		Comparative		Relative Superlative	
bene	*well*	meglio	*better*	il meglio	*the best*
male	*badly*	peggio	*worse*	il peggio	*the worst*
poco	*little*	meno	*less*	il meno	*the least*
molto	*much*	più	*more*	il più	*the most*

Questo libro è scritto **bene**, ma quello è scritto **meglio**.	*This book is **well** written, but that one is written **better**.*
Studia il **meno** possibile.	*He studies **the least** possible.*

II. Il passato remoto (The past absolute tense)

The past absolute is formed by adding the past absolute endings to the stem of the infinitive.

Parlare *to speak*

Gli parlai al telefono.	*I spoke to him on the phone.*

parl-ai	*I spoke, I did speak, etc.*
parl-asti	
parl-ò	
parl-ammo	
parl-aste	
parl-arono	

Ripetere *to repeat*

Le ripetei la stessa cosa.	*I repeated the same thing to her.*

ripet-ei	*I repeated, I did repeat, etc.*
ripet-esti	
ripet-è	
ripet-emmo	
ripet-este	
ripet-erono	

Capire *to understand*

Capii che era tardi.	I understood that it was late.

cap-ii	I understood, I did understand,
cap-isti	etc.
cap-ì	
cap-immo	
cap-iste	
cap-irono	

Like the present perfect (Lesson 7), the past absolute is used to express an action completed in the past, but whereas the present perfect indicates an action which has some relation to the present (note that **passato prossimo** means *near past*), the past absolute indicates an action that has no relation to the present (note that **passato remoto** means *remote past*). In actuality, the choice between the two tenses is based on two factors: time lapse between the event and the present situation, and relevance of the event to the present situation. Thus, the choice is often subjective. In conversational Italian the past absolute is not very frequently used except in southern Italy, unless the speaker is referring to historical events in the distant past, or is relating or narrating an event or story far in the past.

	Molti anni fa **visitai** Roma.	Many years ago I **visited** Rome.
	Michelangelo **lavorò** a Roma per molti anni.	Michelangelo **worked** in Rome for many years.
	Pinocchio **entrò** nel teatro di Mangiafoco.	Pinocchio **entered** the theater of Fire-eater.
but	Quando è **partito** per l'Italia? —È **partito** l'altro giorno.	When **did** he **leave** for Italy? —He **left** the other day.
	Quest'anno non **siamo andati** in vacanza.	This year we **did** not **go** on vacation.

**III. Il passato remoto di
*avere, essere*** (The
absolute past of
avere, essere)

Avere *to have*

Ebbi un invitato.	I had a guest.

ebbi	I had, etc.
avesti	
ebbe	
avemmo	
aveste	
ebbero	

Essere *to be*	
Fui coraggioso a farlo.	*I was brave to do it.*

fui	*I was, etc.*
fosti	
fu	
fummo	
foste	
fùrono	

Esercizi

A. Completare le frasi seguenti usando la forma appropriata del comparativo irregolare, secondo l'espressione in inglese.

1. Sì, Montale è un grande poeta ma Dante è _____ . (*greater*)
2. Questa antologia è _____ di quella. (*worse*)
3. Questi orologi sono _____ di quelli con il topolino. (*better*)
4. Le mie due sorelle sono _____ di me. (*older*)
5. È vero che tuo fratello è _____ di te? (*younger*)
6. Le fragole del fruttivendolo sono _____ di quelle comprate al supermercato. (*better*)

B. Rispondere a ciascuna delle domande seguenti usando le forme appropriate del comparativo irregolare.

Esempio   I broccoli sono buoni come gli zucchini?   →   No, sono migliori.
No, sono peggiori.

1. Il vino bianco è buono come il vino rosso?
2. I fratelli di Gianni sono giovani come i miei?
3. Lo scultore Henry Moore è grande come Michelangelo?
4. La frutta fresca è cattiva come quella surgelata?
5. Gli affari oggi sono stati buoni come ieri?
6. Le botteghe del Ponte Vecchio sono buone come quelle del centro?

C. Completare le frasi seguenti usando la forma appropriata del superlativo irregolare, secondo l'espressione in inglese:

1. Adriana è _____ di tutte le sorelle. (*the oldest*)
2. Questi negozi sono _____ di Ponte Vecchio. (*the best*)
3. Gianni è _____ dei nostri cugini. (*the youngest*)
4. Per il ragazzo, la musica rock è _____ . (*the best*)
5. Mio padre dice che queste riviste sono _____ . (*the worst*)
6. Di tutti i personaggi di questa commedia, Arlecchino è _____ . (*the smallest*)

D. Completare le frasi seguenti con la forma appropriata del comparativo **meglio; migliore** o **migliori.**

1. Marina canta _____ di me.
2. Io ho una voce _____ di quella di Marina.
3. Gli orefici fiorentini sono _____ degli orefici romani.
4. Sì, perchè lavorano _____ degli orefici romani.
5. Le mie risposte sono sempre _____ delle vostre.
6. Ieri il Lazio ha giocato _____ del Milan.

E. Dare l'equivalente italiano.

1. She sings better than her sister.
2. They understand less than we do.
3. The third performance was the best.
4. She always eats the least possible.
5. His youngest brother is twenty-two years old.
6. The best shops are on Via Cavour.
7. This is not the smallest problem that we have.
8. Franco is the youngest boy in his class.
9. Is Verdi the greatest Italian composer?
10. Which accent is better?

F. Riscrivere ciascuna delle seguenti forme verbali al passato remoto.

Esempio   telefono   →   telefonai

1. compri
2. invita
3. mangiamo
4. ricordate
5. confessano
6. scherzo
7. ripeti
8. apre
9. ritorniamo
10. costruite
11. partono
12. io sono
13. ho
14. avete
15. siamo
16. hanno

G. Formare frasi con il passato remoto.

Esempio   visitare le isole italiane   →   Io ho visitato le isole italiane nel 1975 ma i miei genitori le visitarono nel 1940.

1. comprare un appartamento
2. incontrare i cugini italiani
3. cambiare mestiere
4. finire i corsi universitari
5. seguire l'ultima partita di calcio
6. respirare l'aria di Firenze

H. Riscrivere ciascuna delle frasi seguenti al passato remoto.

Esempio   Ho imparato a sciare.   →   Nel 1967 imparai a sciare.

1. Gli hanno conferito il premio.
2. Abbiamo pensato di cambiar casa.
3. Sei ritornato da Bari.
4. Avete dimenticato tutto.
5. Ti alzi e ti vesti.
6. Si diverte moltissimo.
7. Ci incontriamo in Piazza del Duomo.
8. Vi avvicinate al museo.

I. Rispondere in frasi complete.

1. Quest'anno Lei studia più o meno degli altri anni?
2. È Lei il maggiore (la maggiore) della Sua famiglia?
3. Qual è il peggior ristorante che Lei conosce?
4. Lei parla l'italiano meglio o peggio degli altri studenti?

5. Chi scrive l'italiano meglio di tutti?
6. Chi studia più di tutti?
7. Chi parla il meno possibile?
8. Qual è il migliore film italiano che Lei ha visto recentemente?

Situazione pratica

Descrivete due persone che conoscete bene. Una vi è molto simpatica, l'altra molto antipatica. Fate dei paragoni fra le due.

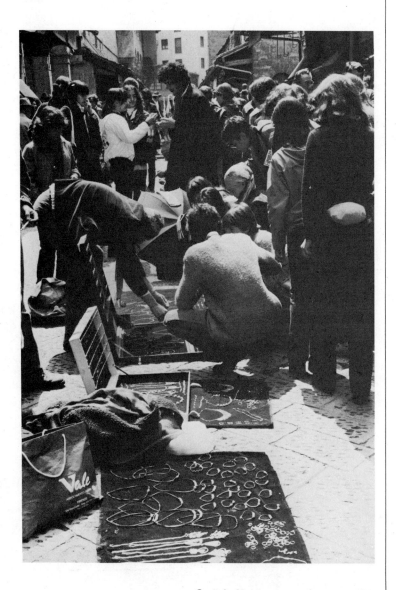

Una manifestazione politica

L'avvocato Bertini e l'ingegner Frugoni stanno camminando per Corso Italia a Milano. Sono ansiosi di arrivare in tempo a una seduta della direzione della Società Lombarda di Auto-trasporti. Tutto ad un tratto, arrivando in Piazza del Duomo, l'ingegner Frugoni si ferma. In piazza ci sono molte persone, molte con un manifesto in mano.

Bertini:	Che c'è? Che succede?
Frugoni:	Non lo so.
Bertini:	Guarda, c'è la polizia.
Frugoni:	Dev'essere una manifestazione politica per le elezioni comunali. Questa dev'essere del partito socialista.

— Sta parlando tra sè e sè...

Democristiani	Comunisti	Socialisti
LIBERTAS	P.C.I.	PARTITO SOCIALISTA PSI
Socialdemocratici	**Repubblicani**	**Liberali**
SOCIALISMO	PARTITO REPUBBLICANO ITALIANO	LIBERALE E DEMOCRATICO EUROPEO P.L.I.
Missini	**PdUP**	**DP (NSU)**
M.S.I.	PdUP	DEMOCRAZIA PROLETARIA

Bertini:	Poi ci sarà quella del partito liberale, del repubblicano, eccetera. Proprio come le manifestazioni che ci furono qualche anno fa.
Frugoni:	Già; in Italia siamo ricchi di partiti politici.
Bertini:	E di manifestazioni, di scioperi, e di tante altre belle cose che ci ha portato l'industrializzazione.
Frugoni:	Eppure, vedi, malgrado l'irrequietezza politica, l'Italia ha una sua stabilità.
Bertini:	Sarà! Ma la guerra è finita da quasi quarant'anni e ancora cambiamo governo quasi ogni anno.
Frugoni:	Oggi i governi cambiano spesso perchè l'opinione pubblica cambia più spesso. Per me è una prova che un governo democratico può funzionare.
Bertini:	Nel frattempo sarà meglio cambiare strada. Andando di qui arriveremo tardi.
Frugoni:	A che ora comincia la seduta?
Bertini:	Alle cinque.
Frugoni:	Guarda che girando qui a sinistra risparmieremo dieci minuti.
Bertini:	Dicono che la seduta di oggi sarà difficile.
Frugoni:	Molto. Sono cinque anni che lavoro per la società e non ho mai visto tante difficoltà.
Bertini:	Sei proprio un pessimista oggi.
Frugoni:	Al contrario, sono un ottimista ma anche un realista.
Bertini:	Sai che? Il sole scotta, io mi levo la giacca.
Frugoni:	Anch'io. Io sto sudando.

Domande

1. Dove e perchè si ferma l'ingegner Frugoni?
2. Perchè c'è la polizia?
3. Ci sono soltanto due partiti politici in Italia?
4. Cambia spesso come quello italiano il governo americano?
5. Dove vogliono arrivare in tempo Bertini e Frugoni?
6. È un pessimista Frugoni?
7. Perchè si leva la giacca Bertini?

Vocabolario

Sostantivi

gli **auto-trasporti**   trucking
l' **avvocato**   lawyer
il **corso**   avenue
la **difficoltà**   difficulty
la **giacca**   coat, jacket
il **governo**   government
la **guerra**   war
l' **industrializzazione**   (f.) industrialization
l' **ingegnere**   (m.) engineer
l' **irrequietezza**   restlessness
la **manifestazione**   demonstration
il **manifesto**   placard, poster
l' **opinione**   (f.) opinion
il **partito**   party
la **polizia**   police
la **prova**   proof
la **seduta**   meeting
la **società**   company, society
la **stabilità**   stability
la **strada**   road, street

Aggettivi

ansioso   anxious
comunale   municipal
democratico   democratic
liberale   liberal
lombardo   Lombard (*of Lombardy*)
ottimista   optimist
pessimista   pessimist
pubblico   public

realista   realist
repubblicano   republican
ricco (di)   rich (in)
socialista   socialist

Verbi

funzionare   to function
girare   to turn
levarsi   to take off
risparmiare   to save
scottare   to be hot, to burn
succedere   to happen
sudare   to perspire

Altri vocaboli

eppure   and yet
malgrado   in spite of
per   through
tardi   late

Espressioni

al contrario   on the contrary
che c'è?   what's up?
cambiare strada   to go another way
di qui   this way
già!   that's right!
in tempo   on time
nel frattempo   meanwhile
sarà!   may be! could be!
tutto ad un tratto   all of a sudden

Grammatica

I. Il gerundio (The gerund)

The gerund is used to express an action in progress. It is formed by adding **-ando** to the stem of the verbs of the first conjugation and **-endo** to the stem of the verbs of the second and third conjugations.

parl-are:	**parl-ando**	*speaking*
ripet-ere:	**ripet-endo**	*repeating*
cap-ire:	**cap-endo**	*understanding*
avere:	**avendo**	*having*
essere:	**essendo**	*being*

II. Il gerundio passato
(The past gerund)

avendo ⎡ parlato / ripetuto / capito / avuto ⎤   *having*   ⎡ *spoken / repeated / understood / had* ⎤

essendo ⎡ arrivato (-a, -i, -e) / stato (-a, -i, -e) ⎤   *having*   ⎡ *arrived / been* ⎤

Note: The gerund is invariable; however, in the past gerund the past participle may change according to the rules given for the agreement of past participles. (See Lesson 7.)

III. Usi del gerundio
(Uses of the gerund)

1. It is used to translate the English present participle in *-ing*, whenever the latter has a verbal function.

| **Camminando** per la strada incontrai Luisa. | ***Walking*** *down the street, I met Louise.* |
| **Guidando** ad alta velocità, non videro il vigile. | ***Driving*** *at high speed, they did not see the traffic cop.* |

2. It is used to render the English gerund (also in *-ing*) preceded by the prepositions *while, on, in, by*.

Aspettando l'architetto, fumò una sigaretta.	***While waiting for*** *the architect, he smoked a cigarette.*
Impariamo **studiando**.	*We learn* ***by studying***.
Scherzando diceva la verità.	***(In) joking*** *she was telling the truth.*

3. It is used with **stare** to express an action in progress.

Stava studiando il codice della strada.	*He was studying the traffic laws.*
Stavo mangiando quando Anna arrivò.	*I was eating when Ann arrived.*

4. Conjunctive and reflexive pronouns follow the gerund and, except for **loro**, which is written separately, are attached to the verb.

Guardandola, l'ho riconosciuta.	*While looking at her, I recognized her.*
Essendosi fermati vicino al lago, videro che l'acqua era inquinata.	*Having stopped near the lake, they saw that the water was polluted.*

IV. Uso speciale del pronome riflessivo (Special use of the reflexive pronoun)

The reflexive pronouns are used instead of the English possessive with parts of the body or one's clothing.

Mi metto **la cravatta.**	*I am putting on **my tie.** (**lit.** To myself I put on the tie.)*
Si è lavato **le mani.**	*He washed **his hands.** (**lit.** To himself he washed the hands.)*

In some cases where possession is clearly implied, the definite article instead of the possessive or reflexive is used.

Alzò **la** mano.	*He raised **his** hand.*
Hanno perduto **il** padre.	*They have lost **their** father.*
Preferisce **la** nonna **al** nonno.	*She prefers **her** grandmother to **her** grandfather.*

V. Il passato remoto di *vedere, venire, volere, fare* **and** *dire* (The past absolute of **vedere**, **venire**, **volere**, **fare** and **dire**)

Dire *to say, to tell*

Disse che le cose andavano di bene in meglio.	*He said that things were going better all the time.*

dissi	*I said, I told, etc.*
dicesti	
disse	
dicemmo	
diceste	
dissero	

Fare *to do, to make*

Mio nonno fece questa spilla, e il mio bisnonno fece questa catenina.

My grandfather made this brooch, and my great grandfather made this little chain.

feci	*I did, I made, etc.*
facesti	
fece	
facemmo	
faceste	
fęcero	

Vedere *to see*

Vịdero che era inụtile insịstere.

They saw (realized) that it was useless to insist.

vidi	*I saw, etc.*
vedesti	
vide	
vedemmo	
vedeste	
vịdero	

Venire *to come*

Venni in Itạlia a dieci anni.

I came to Italy when I was ten.

venni	*I came, etc.*
venisti	
venne	
venimmo	
veniste	
vęnnero	

Volere *to want*

Vọllero comprarmi una svęglia.

They insisted on buying me an alarm clock.

volli	*I wanted, etc.*
volesti	
volle	
volemmo	
voleste	
vọllero	

It should be noted that the past absolute of **volere** is used to express that a certain person *was determined* to do something, and actually *did it*. To express a *state of desire* in the past, or a *past intention* of doing something, the imperfect of **volere** is used.

Volle fare il mestiere di suo padre.	**He decided** to take up his father's trade.
Vollero partire prima di notte.	**They insisted on leaving (and did)** before dark.

but

Volevo comprare un brillante, ma poichè era troppo caro comprai un rubino.	*I wanted* to buy a diamond, but since it was too expensive, I bought a ruby.
Le scriveva tutti i mesi, ma lei proprio **non voleva** rispondere.	He wrote her every month, but she just **didn't want** to answer.

Esercizi

A. Completare ciascuna delle frasi seguenti usando la forma appropriata del presente progressivo.

Esempio   Parla sempre. . .   →   Parla sempre; sta parlando anche ora.

1. Studio sempre. . .
2. Pensi sempre. . .
3. Lavora sempre. . .
4. Camminiamo sempre. . .
5. Leggete sempre. . .
6. Risponde sempre. . .
7. Dormono sempre. . .
8. Studi sempre. . .

B. Rispondere alle domande seguenti usando le forme appropriate del progressivo.

Esempio   Che cosa facevate? (ordinare)   →   Stavamo ordinando.

1. scioperare
2. ammirare gli affreschi della volta
3. vendere tutti i libri
4. prendere appunti
5. scherzare con lui
6. dormire

C. Formare frasi singole usando la forma appropriata del gerundio a sostituzione del primo verbo.

Esempio   Studi ogni giorno. Imparerai l'italiano.   →   Studiando ogni giorno imparerai l'italiano.

1. Corrono rapidamente. Arriveranno in tempo.
2. Guida ad alta velocità. Non vedrà il panorama.
3. Girate a sinistra. Risparmierete mezz'ora.
4. Riflettiamo sempre. Non sbaglieremo mai.
5. Dormo. Non mi ricorderò di te.
6. Abiti con me. Non pagherai l'albergo.

D. Formare frasi singole usando la forma appropriata del gerundio passato a sostituzione del primo verbo:

Esempio Dorme tutta la notte. Può andare alla manifestazione. →
         Avendo dormito tutta la notte, può andare alla manifestazione.

1. Vanno alla manifestazione. Non sono andati a scuola.
2. Cambi mestiere. Puoi abitare in un appartamento elegante.
3. Scioperiamo per un mese. Non abbiamo soldi.
4. Comincia a fare il fornaio nel 1960. Ha molti clienti.
5. Ritorno presto. Ho dormito molto.
6. Sono sempre pessimisti. Vedono tutte le difficoltà.

E. Formare nuove frasi usando i soggetti indicati.

1. Dovendo uscire, mi metto le scarpe nuove.
   (tu, Gianni, tu e Gianni, io e Gianni, voi due, anche loro)
2. Prima di mangiare Adriana si è lavata le mani.
   (io, io e Franco, tu e Vanna, Marina e Vanna, lui)

F. Riscrivere ciascuna delle seguenti forme verbali al passato remoto.

1. vedo	5. fate	9. vuoi
2. dici	6. dicono	10. facciamo
3. veniamo	7. vengono	11. volete
4. vogliamo	8. faccio	12. fanno

G. Completare il brano seguente con le forme corrette dei verbi fra parentesi. Usare il passato remoto o l'imperfetto, secondo il contesto.

Il mio bisnonno (*venire*) negli Stati Uniti quando (*avere*) dieci anni. La sua famiglia (*essere*) povera. Quando (loro) (*arrivare*) a San Francisco, il padre e la madre (*incominciare*) a lavorare. Mentre suo padre (*lavorare*) come orefice, il mio bisnonno (*andare*) a scuola per imparare l'inglese. Lo (*imparare*) molto presto e molto bene. Non (*volere*) fare il mestiere di suo padre perchè (*desiderare*) fare il professore. Quando (*morire*), il mio bisnonno (*avere*) novant'anni e (*ricordare*) ancora l'italiano.

H. Rispondere in frasi complete.

1. Ci sono state delle manifestazioni politiche nella tua città recentemente? Perchè?
2. Tu hai partecipato? Con chi?
3. Quando c'è una manifestazione politica, dov'è la polizia?
4. È vero che negli Stati Uniti ci sono molti partiti politici?
5. Negli Stati Uniti, quando cambia il governo?
6. Che cosa significa che un governo è democratico?
7. È democratico il nostro governo?

Situazione pratica

Come cronista (*reporter*) della stazione radio universitaria parli di una manifestazione
politica alla quale hanno partecipato studenti e altre persone.

Visita a
un podere

*Un uomo d'affari milanese sta parlando col proprietario
d'un piccolo podere in Umbria.*

Agricoltore:	È un piccolo podere; ormai sono solo.
Ospite:	Cosa coltiva?
Agricoltore:	Ho un piccolo orto, degli alberi da frutta, e il resto è tutta uva. Cosa vuole, non posso fare molto da solo.
Ospite:	Non ha figlioli?
Agricoltore:	Sì, quattro maschi; ma si sono trasferiti tutti in città.
Ospite:	A cercare lavoro nelle fabbriche?
Agricoltore:	Eh, sì! Uno è a Torino, due a Milano e uno a Bologna.
Ospite:	Guadagnano bene?
Agricoltore:	Be', insomma, diciamo che guadagnano abbastanza bene per tirare avanti.

*Sicilia:
La raccolta
dei carciofi.*

Ospite:	Allora perchè i giovani lasciano le campagne?
Agricoltore:	Perchè se in città guadagnano poco, cosa crede che guadagnino qui? Niente.
Ospite:	E così la campagna diventa un deserto.
Agricoltore:	Purtroppo. Qui a Frattaroli una volta c'erano più di trecento persone. Quante crede che ce ne siano oggi?
Ospite:	Non so; duecento?
Agricoltore:	Magari! Soltanto cinquantaquattro e siamo tutti vecchi.
Ospite:	A proposito, non credo di averle spiegato la ragione della mia visita.
Agricoltore:	No; mi dica.
Ospite:	Cerco una vecchia fattoria per un noto chirurgo di Milano.
Agricoltore:	Per un chirurgo di Milano? Che ne vuole fare?
Ospite:	Vorrebbe convertirla in una villa. La sua fattoria mi sembra ideale.
Agricoltore:	Il mio podere? La mia casa?
Ospite:	Se le interessa posso farle un'ottima offerta.
Agricoltore:	Ma neanche per sogno! Vuole che abbandoni la mia casa? Alla mia età? Dove andremmo io e mia moglie? Cosa faremmo?
Ospite:	Ci pensi. Ripasserò fra un paio di settimane.
Agricoltore:	No, è inutile che ripassi. In questa casa sono nato e in questa casa intendo morire.

Sicilia: Un giovane agricoltore.

Domande

1. Che cosa coltiva l'agricoltore?
2. Chi è l'ospite e che vuole?
3. Ha figlioli l'agricoltore? Dove sono?
4. Perchè i figli sono andati in città?
5. Perchè vuole una fattoria il chirurgo milanese?
6. Perchè non vuole vendere la fattoria l'agricoltore?

Vocabolario

Sostantivi

l' **agricoltore** (m.) farmer
l' **albero** tree; **albero da frutta** fruit tree
  Bologna a city in the Po valley
la **campagna** countryside
il **chirurgo** surgeon
il **deserto** desert
l' **età** age
la **fabbrica** factory
la **fattoria** farm house
il **figliolo** son
il **giovane** young man
  Milano (f.) Milan
il **mercante** merchant, businessman
l' **offerta** offer
l' **orto** vegetable garden
l' **ospite** guest
il **paio** couple, pair
il **podere** farm
il **proprietario** proprietor
il **resto** rest
  Torino (f.) Turin
l' **Umbria** a region in central Italy
l' **uva** grapes
la **villa** villa, country house

Aggettivi

ideale ideal
inutile useless
maschio male
milanese Milanese
noto well known

Verbi

abbandonare to abandon
cercare to look for
coltivare to cultivate
convertire to convert
diventare to become
guadagnare to earn
intendere to intend
nato (p.p. of **nascere**) born
ripassare to come back, to come again
spiegare to explain
trasferirsi (isc) to move (location)

Altri vocaboli

abbastanza enough
insomma in short

Espressioni

ci pensi think it over
da solo by myself, all alone
neanche per sogno not on your life
tirare avanti to make ends meet
eh, sì! that's right!

Grammatica

I. Il congiuntivo presente (The present subjunctive)

The subjunctive mood is used in Italian more frequently than it is in English. It is used mainly in subordinate clauses introduced by **che**. The present subjunctive is formed by adding certain endings to the stem of the infinitive. Note that, as in the present indicative, verbs like **capire** take **isc** between the stem and the ending in the first, second and third person singular and in the third person plural.

The present subjunctive of the model verbs:

Parlare *to speak*

Vuole che (io) parli piano.	*She wants me to speak slowly.*

parl-i	*I (may) speak, etc.*
parl-i	
parl-i	
parl-iamo	
parl-iate	
parl-ino	

Ripetere *to repeat*

È necessario che (io) lo ripeta.	*It is necessary that I repeat it.*

ripet-a	*I (may) repeat, etc.*
ripet-a	
ripet-a	
ripet-iamo	
ripet-iate	
ripet-ano	

Dormire *to sleep*

Pẹnsano che (io) non dorma abbastanza.	*They think that I do not sleep enough.*

dorm-a	*I (may) sleep, etc.*
dorm-a	
dorm-a	
dorm-iamo	
dorm-iate	
dọrm-ano	

Capire *to understand*

Maria non crede che (io) capisca.	*Mary doesn't believe I understand.*

cap-isca	*I (may) understand, etc.*
cap-isca	
cap-isca	
cap-iamo	
cap-iate	
cap-ịscano	

II. Il congiuntivo presente di *avere* e *ẹssere* (Present subjunctive of **avere** and **ẹssere**)

Avere *to have*

Non sanno che (io) ạbbia il libro.	*They do not know I have the book.*

ạbbia	*I (may) have, etc.*
ạbbia	
ạbbia	
abbiamo	
abbiate	
ạbbiano	

Ẹssere *to be*

Pensa che (io) sia ammalato (-a).	*He thinks that I am ill.*

sia	*I (may) be, etc.*
sia	
sia	
siamo	
siate	
sịano	

As the above examples show, the subjunctive ordinarily is used in a subordinate clause introduced by **che**. Unlike the indicative mood, which is used to state facts, or ask direct questions, the subjunctive mood usually expresses an action, an event, or a state which is not positive or certain, but uncertain, doubtful, desirable, possible, or merely an opinion. Since the 1st, 2nd, and 3rd persons singular are identical in form, the subject pronoun is usually used with these forms to avoid ambiguity.

Crede che **io ạbbia** un mạschio e una femmina.	*He thinks **I have** a boy and a girl.*
Dụbita che **tu capisca**.	*She doubts **you understand**.*
Vuole che **Lei vịsiti** la vigna.	*He wants **you to visit** the vineyard.*

Note that:

a. Verbs ending in **-care** and **-gare** insert an **h** between the stem and the endings:

cercare: cerchi, cerchi, cerchi, cerchiamo, cerchiate, cẹrchino
pagare: paghi, paghi, paghi, paghiamo, paghiate, pạghino

b. Verbs like **cominciare** and **mangiare** combine the **i** of the stem with the one of the endings: **cominci, cominci, cominci, cominciamo, cominciate, comịncino; mangi, mangi, mangi, mangiamo, mangiate, mạngino.**

III. Il congiuntivo passato
(The present perfect subjunctive)

a. avere parlato (ripetuto, avuto, etc.) *to have spoken* (*repeated, had,* etc.)

Crede che (io) le ạbbia parlato.	*He believes I have spoken to her.*

ạbbia parlato	*I (may) have spoken, etc.*
ạbbia parlato	
ạbbia parlato	
abbiamo parlato	
abbiate parlato	
ạbbiano parlato	

b. ẹssere andato (-a) (partito, stato, etc.) *to have gone* (*left, been,* etc.)

Hanno paura che (io) sia andato (-a) via.	*They are afraid I have gone away.*

sia andato (-a)	*I (may) have gone, etc.*
sia andato (-a)	
sia andato (-a)	
siamo andati (-e)	
siate andati (-e)	
sịano andati (-e)	

IV. Usi del congiuntivo (Uses of the subjunctive)

1. With impersonal verbs, the subjunctive is used in a subordinate clause after an impersonal expression implying doubt, necessity, possibility, desire, or emotion.

È necessạrio che Lei capisca.	*It is necessary that you understand.*
È possịbile che io parta.	*It is possible that I may leave.*
È mẹglio che tu glielo chieda.	*You had better ask him.*

Impersonal expressions which are positive assertions do not require the subjunctive.

È vero che è quị.	*It is true that he is here.*

If the subordinate clause has no subject, the infinitive is used instead of the subjunctive.

È importante **arrivare** presto.	*It is important to arrive early.*
but È importante che **io arrivi** presto.	*It is important that I arrive early.*

2. The subjunctive is also used in subordinate clauses after a verb expressing *wish, command, belief, doubt, hope, ignorance, emotion* (namely, after such verbs as: **desiderare, volere, pensare, crẹdere, dubitare** (*to doubt*), **sperare** (*to hope*), **non sapere, avere paura,** etc.).

Desịdero che Lei veda il frutteto.	*I want you to see the orchard.*
Non vọglio che tu le parli.	*I don't want you to speak to her.*
Credo che piova.	*I think it is raining.*
Dụbito che mi ạbbia sentito.	*I doubt that he has heard me.*
Non so se sịano pere o mele.	*I do not know whether they are pears or apples.*
Ho paura che ạbbia venduto i cavalli e i buoi.	*I am afraid he has sold the horses and the oxen.*

a. If the verb in the dependent clause expresses a future idea, or action, the future tense may be used instead of the subjunctive, *but not for verbs expressing wish or command.*

Credo che **verrà** domani.	*I think he **will come** tomorrow.*
Siamo contenti che **partirà**.	*We are glad **he will leave**.*
but Vọglio che ritọrnino domẹnica prọssima.	*I want them to return next Sunday.*

b. If the subject of the main clause and of the dependent clause is the same, the infinitive or perfect infinitive is used instead of the subjunctive.

Vǫglio vederlo.	*I want to see him.*
Ha paura di ęssere malato.	*He is afraid he is* sick.
Crędono di avere letto la sua lęttera.	*They believe they have read* his letter.
Speriamo di vederlo a Roma.	*We hope to see him* in Rome.
Pęnsano di partire domani.	*They are thinking of leaving* tomorrow.

Esercizi

A. Formare nuove frasi sostituendo il soggetto del verbo della proposizione subordinata con quelli indicati.

1. Preferisco che tu parli italiano in classe.
   (voi, anche loro, tutti, Lei, tu e lui)
2. Vuole che io abbandoni questa casa.
   (l'agricoltore e sua moglie, noi, anche tu, voi)
3. È meglio che Lei ripeta ad alta voce.
   (anch'io, tu, noi tutti, voi, il professore e gli studenti)
4. Dubito che dormano in classe.
   (tu, voi due, Lei, i suoi figlioli)

B. Riscrivere le frasi seguenti incorporando il verbo che richiede l'uso del congiuntivo.

Esempio   Ricordo il mio maestro.   →   Desiderano che io ricordi il mio maestro.

1. Rifletti prima di parlare.
2. L'agricoltore abbandona la sua casa.
3. Discutiamo di politica.
4. Convertite la vecchia fattoria.
5. Anch'io guadagno abbastanza bene.
6. I governi non cambiano spesso.

C. Riscrivere le frasi seguenti incorporando il verbo che richiede l'uso del congiuntivo.

Esempio   Anche lui converte la fattoria.   →   Raccomandiamo che anche lui converta la fattoria.

1. Anche Adriana spiega la ragione della visita.
2. Anche tu vendi il podere.
3. Anche voi due cambiate strada.
4. Anche loro risparmiano.
5. Anche tu e Gianni costruite una villa.
6. Anche lei gioca a tennis.

D. Riscrivere le frasi seguenti facendo il cambiamento suggerito nell'esempio.

Esempio   È necessario riflettere. (io)   →   È necessario che io rifletta.

1. È necessario guadagnare bene. (l'orefice)
2. È necessario dormire abbastanza. (tu)
3. È necessario finire il lavoro. (tu)
4. È necessario vedere i capolavori. (anche voi)
5. È necessario ritornare alla campagna. (tutti)
6. È necessario conoscere la grammatica. (noi)

E. Riscrivere le frasi seguenti facendo il cambiamento suggerito.

Esempio   È meglio che vi alziate presto.   →   È meglio alzarsi presto.

1. È meglio che vi trasferiate in città.
2. È meglio che vi accontentiate di poco.
3. È meglio che vi avviciniate alla piazza.
4. È meglio che vi incontriate qui.
5. È meglio che vi rendiate conto della verità.
6. È meglio che vi tratteniate più a lungo.

F. Riscrivere le frasi seguenti facendo il cambiamento suggerito nell'esempio.

Esempio   Dice che sono già arrivati.   →   Crede che siano già arrivati.

1. Dice che hanno guadagnato poco.
2. Dice che la campagna è diventata un deserto.
3. Dice che lui ha spiegato la ragione.
4. Dice che noi abbiamo convertito la fattoria.
5. Dice che i poveri turisti hanno mangiato male.
6. Dice che anch'io sono stato a Siena.

G. Riscrivere le frasi seguenti facendo il cambiamento suggerito.

Esempio   È possibile che intendano morire qui.   →   È vero che intendono morire qui.

1. È possibile che il chirurgo cerchi una vecchia fattoria.
2. È possibile che in città guadagnino abbastanza bene.
3. È possibile che la seduta cominci alle otto.
4. È possibile che il sole scotti anche oggi.
5. È possibile che tu preferisca il partito repubblicano.
6. È possibile che io lo conosca.

H. Rispondere in frasi complete.

1. Ci sono ancora poderi e orti nella tua città o vicino?
2. Tu hai un orto? Grande, piccolo? Se non l'hai, vorresti averlo?
3. Anche negli Stati Uniti i giovani lasciano le campagne? Perchè?
4. Dove è possibile guadagnare meglio: in città o in campagna?
5. Ti piacerebbe abitare in campagna? Cosa faresti?

Rielaborazione

Dare l'equivalente italiano.

1. We don't want him to abandon his old house.
2. I prefer that you not sell it.
3. I know that he does not want to sell it.
4. They want me to speak slowly.
5. The surgeon thinks that the offer is very good.
6. The farmers want to earn enough.
7. Nobody thinks that the farmers earn too much.
8. It is necessary that you come close to see the tree.
9. She believes that there are two hundred trees in that farm.
10. His wife is afraid he has sold the house and the farm.

Situazione pratica

Un figlio (o una figlia) sta parlando con i genitori. Vuole convincerli a lasciarlo andare in Italia per studiare. Discutere i vantaggi e gli svantaggi della proposta in forma di dialogo.

Una conferenza mancata

Gianni e Franco sono alla porta dell'aula magna
dell'università dove deve parlare un famoso conferenziere.

Gianni: Io ho sonno. Ho dormito male ieri sera.

Franco: Niente scuse. Dormirai meglio stasera. Ci sono due posti lì a destra.

Gianni: Non ti sembra che siano troppo vicini alla cattedra?

Franco: Credo che siano gli unici due liberi.

Gianni: Mettiamoci qui vicino alla porta.

Franco: Ma non ci sono posti.

Gianni: Staremo in piedi.

Franco: In piedi? Credo che tu stia ancora cercando una scusa per andar via.

Gianni: Qual è il titolo della conferenza?

Franco: L'industria italiana alla fine del Novecento.

Gianni: Che noia! Ma perchè siamo venuti?

Franco: Perchè ce l'ha consigliato il professor De Rosa.

Gianni: Chi è il conferenziere?

Franco: Un famoso industriale: Giovanni Ansaldi.

Gianni: Lo conosco. Non deve essere un gran che.

Franco: È uno dei più ricchi industriali d'Europa.

Gianni: Siamo ancora in tempo; andiamocene!

Franco: No, è una conferenza importante.

Gianni: Ti porto al Caffè Blue Jazz. Ti offro il caffè.

Franco: No.

Gianni: Ti offro anche le paste.

Franco: No.

Gianni: Un panino imbottito. . .una coca cola. . .una granita di caffè con panna.

Franco: No.

Gianni: Ma cosa te ne importa dell'industria italiana della fine dell'Ottocento?

Franco: Del Novecento, non dell'Ottocento. Non capisci che l'avvenire dell'Italia dipende dal continuo sviluppo dell'industria?

Gianni:	Adesso ho fame e ho sete. Dopo il caffè ti prometto di preoccuparmi dell'industria.
Franco:	L'Italia deve aumentare la produzione del. . .
Gianni:	Pago tutto io.
Franco:	Va bene; mi hai convinto.
Gianni:	Svelto; andiamo. Sta arrivando il conferenziere.
Franco:	Dov'è?
Gianni:	È quel giovanottone biondo in corridoio. Usciamo prima che ci veda.

Domande

1. Perchè non vuole sentire la conferenza Gianni?
2. Perchè non vuole i posti vicini alla cattedra?
3. Perchè Gianni sarebbe contento di stare in piedi?
4. Perchè i due compagni sono andati alla conferenza?
5. Perchè Gianni offre tante cose a Franco?
6. Da che cosa dipende l'avvenire dell'Italia?
7. Gliene importa a Gianni dell'industria dell'Italia?
8. Quando escono Franco e Gianni?

— Sono fiero di lui: ieri ha detto la sua prima parolaccia!

Vocabolario

Sostantivi

l' **ạula magna**   public hall (*of a university*)
l' **avvenire** (*m.*)   future
la **cạttedra**   desk, podium
il **corridọio**   corridor
la **fine**   end
il **giovanotto**   young man
la **granita di caffè**   coffee ice
l' **industriale** (*m.*)   industrialist
il **panino imbottito**   French roll sandwich
la **panna**   (whipped) cream
la **pasta**   pastry
la **produzione**   production
la **scusa**   excuse
lo **sviluppo**   development
il **tịtolo**   title

Aggettivi

biondo   blond
contịnuo   continuous
svelto   quick
ụnico   only

Verbi

andạr via   to go away
convinto (*p.p.* of **convịncere**)   convinced
dipẹndere   to depend
mancare   to miss
mẹttersi   to place oneself, to stand
preoccuparsi   to worry
promẹttere   to promise

Espressioni

adesso   now
a destra   to the right
che nọia   how boring
cosa te ne importa?   what do you care?
niente scuse   no excuses
stare in piedi   to stand (up)
svelto!   hurry!

Grammatica

I. Usi del congiuntivo (continuazione) (Uses of the subjunctive [continued])

The subjunctive is used in the following cases:

1. After the relative superlative or the adjectives **ụnico, solo, primo, ụltimo,** when the subordinate clause is introduced by **che** and other relative pronouns.

È il conferenziere meno interessante che ạbbia sentito.	He is **the least interesting lecturer** I have heard.
È il libro più interessante che io ạbbia letto.	It is **the most interesting book** I have read.
È l'ụnico prodotto italiano che io conosca.	It is **the only Italian product** I know.

2. After the conjunctions **affinchè,** *so that, in order that;* **a meno che . . . non,** *unless;* **benchè,** *although;* **sebbene,** *although;* **perchè,** *in order that;* **prima che,** *before;* **purchè,** *provided that;* **senza che,** *without.*

Lo comprerò **sebbene costi** troppo.	I*l will buy it **although it costs** too much.*
Lo spiega **affinchè lo capịscano.**	*He explains it **so that they may understand it**.*
Partiranno **purchè non piova.**	*They will leave **provided it does not rain**.*
Parlo forte **perchè mi senta.**	*I am speaking loudly **so that he may hear me**.*
Ti comprerò una mạcchina per scrịvere **purchè tu la usi.**	*I will buy you a typewriter **provided you use it**.*

II. I suffissi e il loro uso (Suffixes and their uses)

Italian is extremely rich in suffixes which, when added to a noun, an adjective, or an adverb (after the final vowel has been dropped), alter the meaning. The most common suffixes are:

-ino ⎤ denote smallness and, but not necessarily, affection
-etto ⎦   (*little, pretty, fairly, sweet, dear*).
-uccio denotes smallness and insignificance, and also affection.
-one   (*f.* -ona) implies bigness.
-accio indicates worthlessness, scorn.

Abitano in una **casetta**.	*They live in a **little (pretty) house**.*
Di chi è quel **librone**?	*Whose **large book** is that?*
Canta **benino**.	*She sings **fairly well**.*
Quella ragazza è **bellina**.	*That girl is **rather pretty**.*
Carluccio.	***Dear little Charles**.*
È una **pennaccia** che non scrive mai bene.	*It is a **terrible pen** that never writes well.*

In general a noun modified by a suffix retains the original gender. However, in certain instances, a feminine noun is made masculine by the addition of a suffix.

una tavola	*a table*	un tavolino	*a **little** table*
una finestra	*a window*	un finestrone	*a **big** window*

The student should be rather cautious in the use of suffixes until, through long experience, he has acquired a certain degree of familiarity with their proper usage.

III. Uso speciale di alcuni numerali (Special uses of some numerals)

Generally, especially in connection with literature, art and history, Italian uses the following forms to refer to centuries from the thirteenth on:

il Duecento (*or:* il secolo tredicesimo)	*the 13th century*
il Trecento (*or:* il secolo quattordicesimo)	*the 14th century*
il Quattrocento (*or:* il secolo quindicesimo)	*the 15th century*
il Cinquecento (*or:* il secolo sedicesimo)	*the 16th century*
il Seicento (*or:* il secolo diciassettesimo)	*the 17th century*
il Settecento (*or:* il secolo diciottesimo)	*the 18th century*
l'Ottocento (*or:* il secolo diciannovesimo)	*the 19th century*
il Novecento (*or:* il secolo ventesimo)	*the 20th century*

Note that these substitute forms are usually capitalized.

La scultura fiorentina del **Quattrocento** (*or* del **secolo quindicesimo**).	*Florentine sculpture of the **fifteenth century**.*
La pittura veneziana del **Settecento** (*or* del **secolo diciottesimo**).	*Venetian painting of the **eighteenth century**.*

IV. Presente del congiuntivo di *andare, dire, fare e stare* (Present subjunctive of **andare, dire, fare** and **stare**)

Andare *to go*

Dubita che io vada all'adunata. *She doubts that I will go to the assembly.*

vada	*I (may, should) go, etc.*
vada	
vada	
andiamo	
andiate	
vạdano	

Dire *to say, to tell*

Spẹrano ch'io dica la verità. *They hope I will tell the truth.*

dica	*I (may, should) tell, say, etc.*
dica	
dica	
diciamo	
diciate	
dịcano	

Fare *to make, to do*

Vuole che io fạccia colazione con lui. *He wants me to have lunch with him.*

fạccia	*I (may, should) make, do, etc.*
fạccia	
fạccia	
facciamo	
facciate	
fạcciano	

Stare *to be, to stay*

Ci andrò purchè io stia bene. *I will go there, provided I feel well.*

stia	*I (may, should) be, stay, etc.*
stia	
stia	
stiamo	
stiate	
stịano	

Esercizi

A. Osservare l'esempio e rispondere alle seguenti domande.

Esempio   Posso fare colazione al bar? (a casa)   →   No, preferisco che tu faccia colazione a casa.

1. Posso andare al cinema? (alla partita)
2. Possiamo stare a Firenze? (a Mantova)
3. Possiamo dire la verità a lui? (a me)
4. Possiamo fare un'offerta all'agricoltore? (a sua moglie)
5. Posso stare con te? (con lui)
6. Posso dire il nome del conferenziere? (il titolo della conferenza)

B. Completare le frasi seguenti con il presente indicativo dei verbi suggeriti: **essere, avere, andare, dire, fare** e **stare**. Usare ciascun verbo una sola volta.

1. Non è possibile che (voi) _____ a piedi fino alla vigna.
2. È necessario che tu mi _____ la tua opinione.
3. Preferiscono che noi non _____ gli spiritosi.
4. Perchè hai paura che io _____ fame?
5. È meglio che Adriana _____ a casa della sua amica.
6. Credo che nell'orto ci _____ più di centocinquanta alberi.

C. Formare nuove frasi sostituendo la forma corretta degli infiniti indicati al verbo della subordinata.

1. È possibile che non *capiscano* niente?
   (dire, studiare, leggere, fare, avere)
2. È vero che non *capiscono* niente?
   (dire, studiare, leggere, fare, avere)
3. Ho paura che tu non *rifletta* abbastanza.
   (spiegare, dormire, fare, dire, fermarsi)
4. Tutti sono sicuri che tu non *rifletti* abbastanza.
   (spiegare, dormire, fare, dire, fermarsi)

D. Completare le frasi seguenti usando i verbi o le espressioni fra parentesi nella forma passata dell'indicativo o del congiuntivo. Variare i soggetti della subordinata.

Esempio   È il miglior libro che . . . (leggere)   →   È il miglior libro che Gianni abbia letto.

1. Sono le peggiori mele che. . . (comprare)
2. Sono sicuri che. . . (non capire niente)
3. Credo che. . . (arrivare tardi)
4. È l'unica fattoria che. . . (visitare)
5. Questo è il podere che. . . (convertire)
6. È il primo telegramma. . . (ricevere)
7. È la sola cosa che. . . (dire)
8. È la più bella ragazza che. . . (conoscere)

E. Formare frasi singole includendo le congiunzioni che introducono il congiuntivo.

Esempio   L'orefice apre la porta. Il cliente entra. (affinchè)   →   L'orefice apre la porta affinchè il cliente entri.

1. Andrò alla conferenza. Non piove. (purchè)
2. In campagna si guadagna poco. La vita è bella. (sebbene)
3. Staremo in piedi. Ci sono molti posti. (benchè)
4. Ti offro il caffè. Tu dici che pagherai. (a meno che)
5. I giovani lasciano le campagne. In città stanno male. (sebbene)
6. Voglio arrivare a casa. Comincia la manifestazione. (prima che)

F. Osservare l'esempio e rispondere a ciascuna delle seguenti domande usando parole alterate.

Esempio   È vero che suo figlio è un ragazzo molto grande?   →   Sì, è un ragazzone.

È vero che . . .

1. Adriana è abbastanza bella?
2. il suo bel podere non è molto grande?
3. la vostra villa è abbastanza piccola e bella?
4. il partito dell'ingegnere è il peggiore di tutti?
5. il tempo oggi è freddo e brutto?
6. la bottega dell'orefice è piccola e modesta?

G. Completare ciascuna delle frasi seguenti usando un verbo o un'espressione appropriata, nella forma corretta.

Esempio   Non posso condividere questi panini sebbene. . .   →
          Non posso condividere questi panini sebbene abbia molta fame.

1. In generale non ci preoccupiamo di politica, a meno che. . .
2. L'agricoltore non vende il podere benchè. . .
3. Siamo d'accordo con te purchè. . .
4. Mi hanno mandato un telegramma affinchè. . .
5. Vi farò da guida senza che. . .
6. Andiamo tutti a Villa Borghese prima che. . .

H. Rispondere in frasi complete.

1. Dove si fanno le conferenze nella tua città?
2. Hai tempo di andare alle conferenze?
3. Che tipo di conferenza preferisci?
4. Con chi vai, di solito?
5. Ti interessano i problemi dell'industria? Quali altri problemi ti interessano?
6. Dove vai, di solito, quando la conferenza finisce?

Rielaborazione

Tradurre in italiano.

1. That one is the only Florentine girl we know.
2. Which one? That big girl?
3. Professor De Rosa will not go to the lecture unless we go with him.
4. The lecturer will speak loudly so that everybody may hear him.
5. Was Dante the greatest poet of the sixteenth century?
6. Before he pays, I must talk with him.
7. The farmer doesn't worry unless it rains a lot.
8. Your little house is rather pretty. When did you finish building it?
9. It is possible that he may convince me, although I am not sure.
10. In the nineteenth century people started to worry about industry.

Situazione pratica

Con un amico(a) che non è potuto andare a una conferenza recente, parli della
conferenza stessa e del conferenziere.

Aspetti di vita italiana: **L'industria ha cambiato l'Italia**

L'Italia oggi è diventata un paese industriale. Infatti è considerata una delle sette o otto maggiori nazioni industriali del mondo. Questo cambiamento cominciò al principio del Novecento ed è ora in pieno sviluppo. L'industrializzazione del paese è l'avvenimento più importante del secolo ventesimo, infatti ha cambiato la struttura sociale, economica e politica dell'Italia. L'emigrazione interna ha spopolato la campagna, specialmente nel sud, e ha raddoppiato la popolazione delle città industriali del nord.

L'artigianato, una delle maggiori risorse italiane per secoli, è in declino. Il numero di operai è in continuo aumento e i sindacati sono diventati una nuova forza politica. Non c'è dubbio che lo sviluppo dell'industria abbia migliorato le condizioni generali del paese, ma è anche vero che oggi gl'Italiani devono affrontare problemi nuovi e complessi.

l'aumento *increase* / è in continuo aumento *grows continuously* / l'avvenimento *event, happening* / il dubbio *doubt* / la forza *force* / migliorare *to better, to improve* / il principio *beginning* / raddoppiare *to double* / il sindacato *labor union* / spopolare *to depopulate*

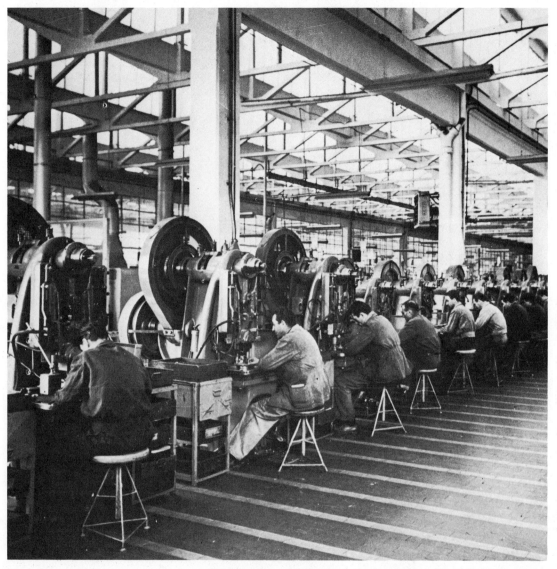

Fabbrica di macchine da cucire (sewing machines) *in Lombardia*

Domande

1. È sempre stato un paese industriale l'Italia?
2. Quando cominciò l'industrializzazione dell'Italia?
3. Perchè le campagne si sono spopolate?
4. Dove è raddoppiata la popolazione?
5. Che cosa è un sindacato?
6. Che risultato ha avuto lo sviluppo dell'industria?
7. Sono semplici i problemi dell'Italia?

Ripetizione VII

A Completare le frasi seguenti con la forma appropriata del comparativo **peggiore, peggiori** o **peggio.**

1. In questa città il tempo è _____ che a Firenze.
2. Ieri ho mangiato male ma oggi ho mangiato _____ .
3. Gli orologi col topolino non sono _____ degli altri.
4. Credo proprio che l'industria sia _____ dell'artigianato.
5. Purtroppo le cose stanno andando di male in _____ .
6. Poche riviste sono _____ di questa.

B Rispondere a ciascuna delle frasi seguenti usando la forma appropriata del passato remoto.

Esempio Lei ha costruito questa casa? → No, la costruì mio padre nel 1935.

1. Lei ha ordinato queste sculture?
2. Lei ha scolpito questa statua?
3. Lei ha fondato la Casa Signorini?
4. Lei ha convertito questi poderi?
5. Lei ha fatto questo anello?
6. Lei ha veduto i vulcani italiani?

C Riscrivere le frasi seguenti al passato remoto.

1. È venuto, ha veduto e non ha detto niente.
2. Ha ricevuto il premio ma non l'ha accettato.
3. Abbiamo restituito questi libri molto tempo fa.
4. Hanno rifiutato di ascoltare e non si sono fermati.
5. Te l'hanno detto? Si sono contentati.
6. Purtroppo vi siete sbagliati e non avete voluto cambiare.

D Formare nuove frasi usando gli elementi nel modo indicato nell'esempio.

Esempio leggere, ascoltare, lui → No, non legge; sta ascoltando.

1. passeggiare, cercare la libreria, noi
2. andare a casa, andare alla manifestazione, io
3. dire la verità, scherzare, tu
4. dormire, finire la lezione, voi
5. guadagnare bene, convertire il podere, lui
6. mangiare, fumare una sigaretta, loro

E Dare l'equivalente italiano.

1. Looking for a farm house, we saw some beautiful vegetable gardens.
2. Listening is very useful.
3. I don't like waiting.
4. Waiting for my sister, I read the *Daily American*.
5. Joking, he told us the truth.
6. Everybody likes joking.

F   Riscrivere le frasi seguenti facendo il cambiamento suggerito nell'esempio.

Esempio   Gianni finisce il corso questo mese.   →   È probabile che Gianni finisca il corso questo mese.

1. Il chirurgo desidera convertire la fattoria.
2. Anche loro cercano un poderetto vicino a Firenze.
3. Anch'io faccio sciopero.
4. Nella piazza c'è la polizia.
5. Abbandoniamo la casa e andiamo in città.
6. Tu mi convinci.

G   Riscrivere le frasi seguenti facendo i cambiamenti suggeriti nell'esempio.

Esempio   Mi sembra che l'orefice contenti i clienti.   →   Mi sembra che abbia contentato i clienti.

1. Credo che guadagni una trentina di dollari al giorno.
2. Non ti sembra che la democrazia funzioni sempre?
3. Speriamo che gli agricoltori possano tirare avanti.
4. È probabile che la metropolitana elimini molti ingorghi di traffico.
5. Non capisco perchè tu ti preoccupi.
6. Tutti pensano che noi diventiamo ricchi.

H   Riscrivere le frasi seguenti sostituendo le parole indicate con quelle fra parentesi e fare tutti i cambiamenti necessari.

Esempio   So che ad Amalfi il tempo è sempre bello. (credo)   →   Credo che ad Amalfi il tempo sia sempre bello.

1. La bottega è stata fondata dal nonno. (le botteghe)
2. Purtroppo quella vecchia fattoria sarà convertita in una villa. (fattorie)
3. Io e Franco preferiamo che voi non cambiate opinione. (tu)
4. Dice che le cose vanno di male in peggio. (Ha paura)
5. Ho pagato tutto io! (noi)
6. È un ricco industriale che tutti conoscono. (il più ricco)

Situazione pratica

Usare le seguenti espressioni in frasi il più possibile complete, impiegando tempi, modi e soggetti diversi. Osservare l'esempio:

Esempio   meno male...   →   Meno male che c'è un orefice qui vicino perchè devo comprare un regalo per mia madre.

1. avere intenzione di...
2. guarda un po'...
3. essere d'accordo...
4. rendersi conto di...
5. sapere a memoria...
6. fare bene...; fare male...

La politica in Italia

LA Costituzione Italiana, promulgata nel 1947, è la base della struttura politica del paese. « L'Italia è una Repubblica democratica fondata sul lavoro. La sovranità appartiene al popolo, che la esercita nelle forme e nei limiti della Costituzione. » (Articolo 1).

Il popolo esercita la sua sovranità eleggendo il Parlamento e attraverso l'attività dei partiti politici. Quanti partiti politici ci sono in Italia? È difficile sapere il numero preciso perchè sembra che il numero cambi di anno in anno. Nondimeno, dalla fine della seconda guerra mondiale, due partiti in particolare hanno dominato la scena politica italiana: la democrazia cristiana e il partito comunista.

Sebbene la democrazia cristiana abbia ricevuto in ogni elezione nazionale il numero maggiore di voti, non ha mai ottenuto una maggioranza assoluta dall'elettorato. Per questa ragione i democristiani hanno sempre governato e continuano a governare con l'aiuto di partiti minori come il partito socialista, il partito repubblicano o il partito liberale. Il risultato è una stabilità politica molto fragile.

Due altre forze politiche hanno acquistato particolare importanza negli ultimi decenni: il movimento sindacalista e il movimento femminista. I sindacati, legati ai maggiori partiti politici, riflettono le lotte politiche, mentre il femminismo ha attirato l'attenzione su questioni sociali quali il divorzio, il controllo delle nascite e i diritti delle donne.

La politica in Italia è un elemento essenziale nella vita della nazione. Tutti sembrano partecipare all'attività politica: operai, intellettuali, professionisti, e particolarmente i giovani e gli studenti.

acquistare *to acquire* / l'aiuto *help, aid* / appartenere *to belong* / democristiano *Christian democrat* / di anno in anno *from one year to the next* / il diritto *right* / eleggere *to elect* / esercitare *to wield* / la lotta *struggle* / legare *to tie, to bind* / mondiale *world-wide* / nondimeno *nevertheless* / ottenere *to obtain* / il popolo *people* / il professionista *professional* / il risultato *result* / sindacalista *of the union*

LA SICILIA
NON SI
GOVERNA
SENZA LE
DONNE

Manifestazione di operai.

Domande

1. Qual è la base della struttura politica in Italia?
2. Quanti partiti politici ci sono in Italia?
3. Quali due partiti dominano la scena politica italiana?
4. Quali sono alcuni partiti minori italiani?
5. Su quali questioni ha attirato l'attenzione il movimento femminista?
6. È importante la politica nella vita degl'Italiani?

8

GLI ITALIANI NEL MONDO

«Il Milione»

Un signore sta sfogliando un libro illustrato in una libreria.
Il libraio si avvicina e gli dice:

Libraio:	Credo che il signore voglia un libro per un regalo.
Signor Maratti:	Un libro che possa interessare un giovane di vent'anni, un amico di famiglia.
Libraio:	Abbiamo centinaia, anzi migliaia di libri in questo negozio. Ce ne sarà certamente uno che interesserà il suo amico.
Signor Maratti:	Tutto sta a trovarlo.
Libraio:	Be', vediamo un po'. Può darmi qualche indicazione più precisa? Un libro di fantascienza? *Il viaggio verso Saturno,* o *Frankenstein impazzito?*
Signor Maratti:	No, no!
Libraio:	Un romanzo? Un best seller americano? Un giallo inglese?
Signor Maratti:	Non credo. Gianni legge molto ed è al corrente delle novità.
Libraio:	Forse un libro d'avventure?
Signor Maratti:	Dio ce ne guardi! Gianni avrà centinaia di libri d'avventure, specialmente di quelli a fumetti.
Libraio:	Forse la biografia di un famoso personaggio? Un libro di viaggi?
Signor Maratti:	Ecco, un libro di viaggi potrebbe andare.
Libraio:	Meno male. Ecco dei libri eccellenti: *La Russia da vicino,* o *Attraverso gli Stati Uniti.*
Signor Maratti:	No. Qualcosa di più esotico.
Libraio:	Un classico? I viaggi di Cristoforo Colombo, di Amerigo Vespucci, di Verrazzano?
Signor Maratti:	E questo cos'è? Ah, guarda, *Il Milione* di Marco Polo.
Libraio:	Ma l'avrà letto.
Signor Maratti:	Non credo che l'abbia letto. Forse qualche brano in un'antologia.
Libraio:	Allora gli dia questa magnifica edizione. Le illustrazioni sono straordinarie.
Signor Maratti:	È un libro che si legge più d'una volta con interesse. Bene, lo prendo.
Libraio:	Vuole che le faccia un bel pacchetto?
Signor Maratti:	Sì, grazie.

IL LIBRO DI MARCO POLO

DETTO MILIONE

Nella versione trecentesca dell'« ottimo »

Prefazione di Sergio Solmi

Giulio Einaudi editore

Domande

1. Per chi cerca un regalo il signor Maratti?
2. Perchè non sarà difficile trovare un libro per un giovane di vent'anni?
3. Prima di tutto che vuole sapere il libraio?
4. Perchè il signor Maratti non vuole un libro di successo, cioè un best seller?
5. Che tipo (*kind*) di libro potrebbe andare?
6. Perchè il libraio consiglia un'edizione particolare?
7. Cosa vuole fare per il signore il libraio?
8. Chi di voi può parlarci brevemente del *Milione* di Marco Polo?

Vocabolario

Sostantivi

l' **amico**   friend
l' **avventura**   adventure
la **biografia**   biography
il **brano**   selection
il **classico**   classic
Cristoforo Colombo   Christopher Columbus
l' **edizione**   (f.) edition
l' **illustrazione**   (f.) illustration
l' **indicazione**   (f.) hint
l' **interesse**   (m.) interest
il **libraio**   book seller
il **pacchetto**   little package
Marco Polo   13th century Venetian traveller
la **Russia**   Russia
Saturno   Saturn
Verrazzano, Giovanni (da)   16th century Italian navigator
Vespucci, Amerigo   Italian navigator after whom America was named

Aggettivi

esotico   exotic
illustrato   illustrated
impazzito   crazed, gone mad
magnifico   magnificent
preciso   precise
straordinario   extraordinary

Verbi

sfogliare   to leaf through

Espressioni

(a) fumetti   (in the manner of) comic strips
da vicino   from nearby, from up close
Dio ce ne guardi   God forbid
essere al corrente   to be abreast (of something)
potrebbe andare   might be all right
qualcosa di più   something more
tutto sta a   it's up to, the problem is to
vediamo un po'   let's see now

[Grammatica]

I. Il congiuntivo in proposizioni indipendenti (The subjunctive in principal clauses)

Besides being used in dependent clauses, the subjunctive may be used also in an independent clause to express wishes and exhortations. In these cases the clause may be introduced by che.

Sia (*or:* **Che sia**) **ringraziato** il cielo!	*Thank Heaven!*
Che parta, se vuole.	*Let him leave,* if he wants to!
Dio (*or:* **Che Dio**) **ve la mandi buona!**	*God help you!*
Dio non voglia!	*Heaven forbid!*

II. Nomi con il plurale irregolare (Nouns with an irregular plural)

Some masculine nouns in **-o** also have an irregular feminine plural in **-a**. Here are the most common:

Singular		Plural	
the arm	il braccio	i bracci,	le braccia
the hundred	il centinaio		le centinaia
the finger	il dito	i diti,	le dita
the lip	il labbro	i labbri,	le labbra
the thousand	il migliaio		le migliaia
the mile	il miglio		le miglia
the bone	l'osso	gli ossi,	le ossa
the pair	il paio		le paia
the egg	l'uovo		le uova

Note 1:   The forms in **-i** are used mostly in a figurative sense.

le **labbra** di una persona	*the **lips** of a person*
but: i **labbri** di una ferita	*the **lips** of a wound*
le **braccia** di una persona	*the **arms** of a person*
but: i **bracci** della croce	*the **arms** of the cross*

Note 2: **Centinaio, migliaio,** and their plurals take the preposition **di** before a noun.

C'era un **centinaio di** persone.	*There were about **one hundred people**.*
Vidi **migliaia di** uccelli.	*I saw **thousands of birds**.*

III. Presente del congiuntivo di *dare, dovere, potere, sapere, venire,* e *volere* (Present subjunctive of **dare, dovere, potere, sapere, venire,** and **volere**)

Dare *to give*
Spera che io gli dia un libro.

He hopes I will give him a book.

dia	diamo
dia	diate
dia	diano

Dovere *to have to, must*
Non sa se io lo deva fare.

He doesn't know whether I should do it.

deva	dobbiamo
deva	dobbiate
deva	devano

Potere *to be able, can*
Non credo che loro possano farlo così presto.

I do not believe they can do it so soon.

possa	possiamo
possa	possiate
possa	possano

Sapere *to know*
Dubito che sappiano che Marco Polo era veneziano.

I doubt they know that Marco Polo was Venetian.

sappia	sappiamo
sappia	sappiate
sappia	sappiano

Venire *to come*
Che vengano, se vogliono.   *Let them come, if they want to.*

venga	veniamo
venga	veniate
venga	vengano

Volere *to want*
Voglia o non voglia, deve leggere le Memorie di Cristoforo Colombo.   *Whether he wants to or not, he must read Christopher Colombus' Memoirs.*

voglia	vogliamo
voglia	vogliate
voglia	vogliano

Esercizi

A. Formare nuove frasi sostituendo il soggetto del congiuntivo con quelli indicati.

1. È probabile che non sappiano che cos'è *Il Milione*.
   (voi, Gianni, io e Gianni, tu, io)
2. Preferisco che Gianni venga da me all'una.
   (tu, loro due, anche lei, voi)
3. Non è possibile che lui dia la conferenza in piazza.
   (i conferenzieri, tu, noi, voi)
4. Che lei voglia o non voglia, io farò l'orefice.
   (mio padre, i miei genitori, voi, tu)

B. Riscrivere le frasi seguenti facendo i cambiamenti indicati nell'esempio.

Esempio   Sono sicura che non devi innamorarti di un romano.   →
           Credo proprio che tu non deva innamorarti di un romano.

1. Sono sicura che non dovete accettare la sua offerta.
2. Sono sicura che non devono prendere il nastro trasportatore.
3. Sono sicura che non possono installare la metropolitana.
4. Sono sicura che non può essere d'accordo.
5. Sono sicura che non potete stare in piedi.
6. Sono sicura che quel ragazzone non ha sonno.

C. Riscrivere le frasi seguenti facendo i cambiamenti indicati nell'esempio.

Esempio   Spera di andare fino a Pompei. (che tu)   →   Spera che tu vada fino a Pompei.

1. Spera di potere finire di leggere *Il Milione*. (che noi)
2. Spera di non dovere offrire il caffè a tutti. (che voi)

3. Spera di dare il carrello alla vecchia signora. (che il facchino)
4. Spera di sapere tutta la verità. (che io e Franco)
5. Spera di poter comprare questa edizione. (che io)
6. Spera di venire all'opera con voi. (che anch'io)

D. Rispondere a ciascuna delle domande seguenti usando la forma appropriata del congiuntivo.

Esempio   Può alzarsi?   →   Che si alzi, se vuole.

1. Possono trasferirsi?
2. Possono incontrarsi?
3. Può avvicinarsi?
4. Può divertirsi?
5. Possono fermarsi?
6. Possono vedersi?

E. Rispondere a ciascuna delle domande seguenti usando le forme appropriate del congiuntivo.

Esempio   È già andato?   →   No, che vada, se può.

1. Hanno già ordinato?
2. Ha già rifiutato?
3. È già ripassata?
4. Sono già andati via?
5. Hanno già pagato?
6. È già ritornato?

F. Riscrivere al plurale.

1. Il braccio di quel ragazzone è lungo.
2. Il braccio della croce è scolpito.
3. L'uovo è bianco e assai buono.
4. L'osso è utile.
5. Questo povero dito sarà difettoso.
6. Il miglio è troppo lungo.

G. Rispondere a ciascuna delle domande seguenti usando le forme appropriate dell'indicativo e del congiuntivo presente.

Esempio   È vero che leggi *Il Milione?*   →   Sì, è vero che lo leggo.
                                                                             No, non è vero che io lo legga.

1. È vero che conosci la biografia di questo personaggio?
2. È vero che restituite tutti i libri?
3. È vero che offri le paste?
4. È vero che Lei riceve molti telegrammi?
5. È vero che guadagnano un milione ogni mese?
6. È vero che preferisci la mortadella?

H. Rispondere a ciascuna delle domande seguenti usando soggetti e verbi indicati fra parentesi e includendo la congiunzione **perchè**.

Esempio   Restituirà (Lei) il libro? (voi, leggere)   →   Sì, lo restituirò perchè anche voi lo leggiate.

1. Ordinerà il fritto misto? (loro, mangiare)
2. Ammetterà la Sua opinione? (tu, condividere)
3. Chiederà l'ora? (lui, sapere)
4. Accetterà il premio? (voi, vedere)
5. Ripeterà le parole nuove? (tu, ricordare)
6. Lascerà il mestiere di Suo padre? (i miei figli, lasciare)

I. Rispondere in frasi complete.

1. A chi fai regali, generalmente? Quando?
2. Chi fa regali a te? Quando?

3. Ti piace regalare o ricevere libri?
4. Che tipo di libro regali? A chi?
5. Credi che ai tuoi amici possa interessare un libro su Marco Polo? Perchè?
6. Che regali fai ai tuoi genitori?

Rielaborazione

Dare l'equivalente italiano.

1. I will make you a nice little package.
2. Let him eat everything, if he can.
3. Thank Heaven, it was not raining.
4. I would like to buy a couple of mystery stories.
5. All my bones are very cold.
6. We hope that she will give us a precise hint.
7. We saw thousands of people at the demonstration.
8. Let him bet, if he wants to.
9. She doesn't believe that you can read it so fast.
10. Whether they want to or not, everybody must die. As late as possible.

Situazione pratica

È il compleanno di Suo padre e Lei aveva intenzione di comprargli un libro. Racconti a Sua madre dov'è andato(a) in cerca del libro e che cosa è accaduto. Dica che, dopo tutto, non ha comprato un libro ma un'altra cosa.

Bel tempo— 24 gradi— niente smog

Francesco e Maria Pellegrini, che abitano a Los Angeles da più di vent'anni, sono andati all'aeroporto a prendere una loro nipote che viene dall'Italia. A un tratto la vedono fra i passeggeri che escono dalla dogana.

Zia Maria:	Renata, Renata, siamo qui, siamo qui!
Renata:	Zia Maria, Zio Francesco. . .
Zio Francesco:	Benvenuta in America.
Zia Maria:	Lasciati guardare; come sei cresciuta!
Renata:	Sono quattro anni che non ci vediamo.
Zio Francesco:	Com'è andato il viaggio?
Renata:	È stato lungo e noioso. Proprio non credevo che la California fosse così lontana.
Zio Francesco:	Hai visto il Polo Nord?
Renata:	Macchè! Era quasi buio quando ci siamo passati vicino; non si vedeva altro che neve e ghiaccio.

Una famiglia di emigranti italiani arriva a New York.

Zia Maria:	Qui a Los Angeles invece fa bel tempo: 75 gradi, o come dite voi 24 gradi centigradi. E non c'è smog. Per una giornata di dicembre non c'è male.
Renata:	Allora, come state? Mi sembrate in ottima salute.
Zio Francesco:	Sì, stiamo bene. Quanto bagaglio hai?
Renata:	Tre valige e una borsa. A proposito, tanti saluti da tutti.
Zia Maria:	Grazie. Allora andiamo. (*Si avviano verso l'uscita dell'aeroporto.*)
Zio Francesco:	Cosa ne pensi dell'America?
Renata:	Sono appena arrivata; cosa vuoi che ne pensi? Gli aeroporti sono tutti simili.
Zio Francesco:	Vedrai che il resto è tutto diverso.
Renata:	Finalmente conoscerò l'America da vicino.
Zia Maria:	Ma due mesi non bastano.
Renata:	Se potessi resterei anche un anno intero.
Zio Francesco:	Per noi, due mesi o un anno è lo stesso. Sta a te, noi siamo felicissimi di averti con noi.
Renata:	Bisogna che torni all'agenzia a Roma entro due mesi. Se avessi chiesto un anno di permesso forse me lo avrebbero dato, ma ora è troppo tardi.
Zia Maria:	Credevo che tu potessi restare quanto volevi.
Renata:	No. Mi hanno dato due mesi perchè vogliono che impari meglio l'inglese.
Zia Maria:	Capisco. Ma tu l'hai studiato l'inglese, no?
Renata:	Quattr'anni. Se non l'avessi studiato starei fresca!
Zio Francesco:	Ecco la nostra macchina.

— Scusami, cara, credevo che
i vetri fossero chiusi!...

Domande

1. Sono arrivati a Los Angeles recentemente i Pellegrini?
2. Che cosa fanno all'aeroporto?
3. Cosa chiede alla nipote la zia Maria?
4. Ha fatto un bel viaggio Renata?
5. Come trova gli zii Renata?
6. È intelligente la domanda che lo zio fa a Renata sull'America?
7. Che cosa risponde Renata quando la zia le dice che due mesi non bastano per conoscere l'America?
8. Perchè Renata starebbe fresca se non avesse studiato l'inglese?

Vocabolario

Sostantivi

l' **aeroporto** airport
il **bagaglio** baggage
la **borsa** purse
la **dogana** customs
   Francesco Francis
il **ghiaccio** ice
il **grado** degree
   Maria Mary
la **nipote** niece; il **nipote** nephew
il **passeggero** passenger
il **permesso** leave
il **polo** pole; **Polo Nord** North Pole
la **valigia** suitcase
lo **zio** uncle

Aggettivi

benvenuto welcome
buio dark
centigrado centigrade
felice happy
simile similar

Verbi

bisognare to be necessary
chiedere to ask
crescere to grow

Altri vocaboli

entro within
macchè not at all

Espressioni

andare a prendere to meet (*at a station, etc.*)
che ne pensi? what is your impression?
lasciati vedere let me look at you
stare a to be up to (*someone*)
tanti saluti best regards

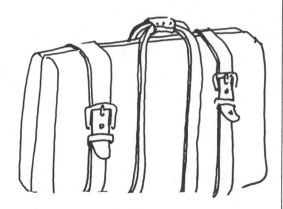

Grammatica

I. L'imperfetto del congiuntivo
(Imperfect subjunctive)

The imperfect subjunctive is formed by adding the appropriate endings to the stem of the infinitive. Note that, except for the vowel (**-are, -ere, -ire**) characteristic of each conjugation, the endings are identical for the three conjugations.

The imperfect subjunctive of the model verbs **parlare, ripętere, dormire**

Parlare

Voleva che (io) parlassi a Carlo.	*He wanted me to talk to Charles.*

parl-assi	*I spoke, might speak, etc.*
parl-assi	
parl-asse	
parl-ạssimo	
parl-aste	
parl-ạssero	

Ripętere

Dubitava che (io) lo ripetessi.	*She doubted that I would repeat it.*

ripet-essi	*I repeated, might repeat, etc.*
ripet-essi	
ripet-esse	
ripet-ẹssimo	
ripet-este	
ripet-ẹssero	

Dormire

Credẹvano che (io) dormissi.	*They thought I was sleeping.*

dorm-issi	*I slept, might sleep, etc.*
dorm-issi	
dorm-isse	
dorm-ịssimo	
dorm-iste	
dorm-ịssero	

II. L'imperfetto del congiuntivo di *avere* e *ẹssere* (Imperfect Subjunctive: **avere,** and **ẹssere**)

Avere

Se (io) avessi fame, mangerei.	*If I were hungry, I would eat.*

avessi	*I had, might have, etc.*
avessi	
avesse	
avẹssimo	
aveste	
avẹssero	

Ẹssere

Credeva che (io) fossi stanco (-a).	*He thought I was tired.*

fossi	*I was, might be, etc.*
fossi	
fosse	
fọssimo	
foste	
fọssero	

III. Il trapassato del congiuntivo (The past perfect subjunctive)

avere parlato (ripetuto, avuto, etc.) *to have spoken (repeated, had, etc.)*

Aveva paura che (io) ne avessi parlato.	*He was afraid I might have spoken about it.*

avessi parlato	*I might have spoken, etc.*
avessi parlato	
avesse parlato	
avẹssimo parlato	
aveste parlato	
avẹssero parlato	

essere andato (**partito, stato,** etc.) *to have gone (left, been, etc.)*

Era impossìbile che fosse andato via.	*It was impossible that he had gone away.*

fossi andato (-a)	*I might have gone, etc.*
fossi andato (-a)	
fosse andato (-a)	
fọssimo andati (-e)	
foste andati (-e)	
fọssero andati (-e)	

IV. Usi dell'imperfetto e del trapassato del congiuntivo (Uses of the imperfect and of the past perfect subjunctive)

The general rules given for the use of the present and present perfect subjunctive (Lessons 27, 28 and 29) apply also to the uses of the imperfect and past perfect subjunctive, but it should be borne in mind that the latter are used when the main clause is in a past tense.

Era contento che parlassi italiano.	*He was happy I spoke (I could speak) Italian.*
Era contento che avessi parlato italiano.	*He was happy I had spoken Italian.*
Non sapevano che fọssimo arrivati.	*They did not know we had arrived.*
Non credẹvano che Maria fosse così felice.	*They did not think Mary was so happy.*
Non sapẹvano che la nipote sapesse bene l'inglese.	*They did not know that their niece knew English well.*
Sperava che avessi già mangiato.	*He was hoping I had eaten already.*

V. Usi del congiuntivo *(continuazione)* (Uses of the subjunctive *continued*)

1. *If* clauses. An *if* clause, denoting a condition contrary to fact, requires the imperfect or past perfect subjunctive according to the time to which the sentence refers. The main or result clause takes the conditional or conditional perfect.

Se fossi in Itạlia, **visiterei** Roma.	*If I were in Italy, I would visit Rome.*
Se fossi stato in Itạlia, **avrei visitato** Roma.	*If I had been in Italy, I would have visited Rome.*
Se avesse fame, **mangerebbe.**	*If she were hungry, she would eat.*
Se avesse avuto fame, **avrebbe mangiato.**	*If she had been hungry, she would have eaten.*

2. In all other conditional sentences the indicative is used in both clauses.

Se **ha** denaro, me lo **darà**.	If **he has** money (**i.e. now**), **he will give** it to me.
Se lo **diceva lui, era** vero.	If **he said it, it was** true.
Se **andrò** a Roma, **visiterò** il Foro.	If **I go** to Rome, **I shall visit** the Forum.
Se **cantava**, vuọl dire che **era** felice.	If **she was singing**, it means that **she was happy**.

Esercizi

A. Formare nuove frasi sostituendo il soggetto della proposizione subordinata con quelli indicati.

1. Non sapevo che parlasse l'italiano tanto bene.
   (voi, tu, i tuoi fratelli, zio Francesco)
2. Credevamo che ci riconoscessero.
   (tu, Renata, tutti, voi)
3. Pensava che Renata ripartisse subito.
   (noi, io, anche tu, voi, gli zii)
4. Tutti speravano che la zia fosse in buona salute.
   (tu, io, noi due, tu e Renata)

B. Formare nuove frasi sostituendo il soggetto della proposizione subordinata con quelli indicati.

1. Dubitava che anche gli artigiani avessero scioperato.
   (io, voi, noi, l'ingegnere, tu)
2. Bisognava che lei avesse chiesto il permesso.
   (voi, noi, tu, io, tutti)
3. Gli zii avevano paura che Renata fosse già arrivata.
   (noi, anche tu, tu e Benvenuto, io, Giovanni e Amerigo)

C. Riscrivere le frasi seguenti facendo i cambiamenti indicati.

Esempio   È meglio che tu gli scriva.   →   Era meglio che tu gli scrivessi.

1. Mi sembra che guadagnino assai poco.
2. Pensa che tu abbia poca pazienza.
3. È l'unica città italiana che io conosca.
4. Zia Maria crede che due mesi non bastino.
5. Vogliono che tu confessi.
6. Preferisco che rientriate presto.

D. Formare nuove frasi cominciando con l'espressione **Era meglio che**...

Esempio   avviarsi verso l'uscita—voi   →   Era meglio che vi avviaste verso l'uscita.

1. trattenersi più a lungo—loro due
2. non annoiarsi—tu
3. contentarsi—noi
4. trasferirsi in California—io
5. preoccuparsi—nessuno
6. mettersi vicino al conferenziere—anche voi

E. Riscrivere le frasi seguenti facendo il cambiamento indicato.

Esempio   Credevamo che Renata arrivasse oggi. → Credevamo che Renata fosse già arrivata.

1. Credevamo che tu offrissi il caffè oggi.
2. Credevamo che il libraio chiudesse il negozio oggi.
3. Credevamo che voi riceveste gli ospiti oggi.
4. Credevamo che Giovanni fosse in ritardo oggi.
5. Credevamo che loro finissero di lavorare oggi.
6. Credevamo che tu fossi qui oggi.

F. Riscrivere le frasi seguenti facendo il cambiamento suggerito.

Esempio   Desideravano parlare → Desideravano che voi parlaste.

1. Preferivo leggere davanti al fuoco. (tu)
2. Volevano andare in vaporetto. (loro)
3. Avevano paura di rifiutare. (io)
4. Non voleva contentarsi. (voi)
5. Desideravo poter restare. (tu)
6. Speravamo di non avere nè fame nè sete. (i suoi genitori)

G. Riscrivere le frasi seguenti facendo i cambiamenti indicati.

Esempio   Se ricevo il suo telegramma, non gli scrivo. → Se ricevessi il suo telegramma, non gli scriverei.

1. Se ti annoi, puoi leggere un buon libro.
2. Se mia madre mangia troppo, sta male.
3. Se hanno paura, chiamano il vigile.
4. Se guidate ad alta velocità, il vigile non è contento.
5. Se dormi in classe, non impari niente.
6. Se abbiamo sete, ordiniamo una coca-cola.

H. Riscrivere le frasi seguenti facendo i cambiamenti indicati.

Esempio   Prendo il tassì se ho fretta. → Prenderei il tassì se avessi fretta.

1. Andiamo in Italia se abbiamo i soldi.
2. Mangia un panino imbottito se ha fame.
3. Ricevo gli ospiti se ho tempo.
4. Rifiutano il vino se non hanno sete.
5. Continua a fare l'agricoltore se guadagna abbastanza.
6. Riconosci tutti se provi.

I. Completare le frasi seguenti con la forma corretta del verbo fra parentesi, al congiuntivo o all'indicativo secondo il contesto.

1. Se non c'è il facchino, (noi) _____ (prendere) il carrello.
2. Se io _____ (essere) Francesco, non guiderei ad alta velocità.
3. Se Renata _____ (conoscere) l'America, le piacerebbe.
4. Sarebbero restati più a lungo se _____ (volere).
5. Potremmo visitarvi ogni anno, se (voi) non _____ (abitare) così lontano.
6. Se gli studenti ieri non _____ (studiare), oggi starebbero freschi.

J. Completare le frasi seguenti usando un verbo o un'espressione appropriata nella forma corretta.

1. Comprerei questo libro per mio padre se. . .
2. Il libraio mi farebbe un bel pacchetto se. . .
3. Vedrei il Polo Nord se. . .

4. Io lascerei la città. . .
5. Non sarei in ottima salute se. . .
6. Non ci sarebbe smog se. . .
7. Non avrei visto altro che neve e ghiaccio se. . .

K. Rispondere in frasi complete.

1. Che tempo fa oggi nella tua città? Quanti gradi o gradi centigradi ci sono?
2. Conosci bene tutti gli Stati Uniti? Quali stati conosci meglio?
3. Quale stato hai visitato recentemente? Quando esattamente l'hai visitato?
4. Quando viaggi, quante valige porti?
5. Chi porta le tue valige?

Rielaborazione

Dare l'equivalente italiano.

1. If Renata had money, she would go to Los Angeles.
2. Let's see now: if she left at noon, she will arrive at five o'clock.
3. They all doubted that there would be no smog.
4. I thought that she had been here already.
5. I want to look at you; you seem very happy.
6. If two weeks were not enough, they would stay longer.
7. Tell me something: if I had been in California, could I have learned English?
8. If we knew how to convert degrees into centigrades, we would tell you.

Situazione pratica

A un amico (amica) dica che cosa farebbe oggi se avesse tutto il denaro che
desidera. Poi dica che cosa avrebbe fatto l'estate scorsa se si fosse trovato(a) nella
stessa fortunata situazione.

Il vecchio emigrante

Adriana e Gianni stanno attraversando in fretta una piazza.

Adriana:	Sbrigati.
Gianni:	Perchè tanta fretta?
Adriana:	Voglio vedere Salvatore Scaccia.
Gianni:	Chi è?
Adriana:	Come chi è? Di' un po', non leggi i giornali?
Gianni:	Raramente. Non portano altro che brutte notizie.
Adriana:	Se tu li leggessi, sapresti che Salvatore Scaccia è un vecchio emigrante appena tornato dall'America.
Gianni:	E che vuol dire? Tanti emigranti tornano dall'America.
Adriana:	Ma Salvatore Scaccia è speciale, è una leggenda.
Gianni:	Perchè?
Adriana:	Perchè ha 93 anni, manca dall'Italia da 76 anni, è milionario e ha scritto un libro.
Gianni:	Ma no!
Adriana:	Ma sì! E non solo; dicono che abbia dato un milione di dollari per la costruzione di un ospedale al suo paese.
Gianni:	E cosa faceva in America?
Adriana:	Non sono sicura. Sembra che da giovane facesse il muratore; poi diventò appaltatore e fece un sacco di quattrini.
Gianni:	Beato lui! Magari me lo desse anche a me un milioncino!
Adriana:	Bisogna leggere il suo libro: *Vita di un emigrante.* Sembra che l'abbia scritto in inglese e che poi l'abbia fatto tradurre in italiano.
Gianni:	Perchè? Non lo sa l'italiano?
Adriana:	Sì, ma in 76 anni ha dimenticato molte cose.
Gianni:	E che viene a fare qui oggi?
Adriana:	C'è una conferenza-stampa per la pubblicazione del libro.
Gianni:	Di che paese hai detto che è?
Adriana:	Non l'ho detto perchè non lo so; ma so che è calabrese.
Gianni:	E il libro com'è?
Adriana:	Dicono che sia affascinante.
Gianni:	Spiega come si faccia a diventare milionario?
Adriana:	Ma su, smettila di fare lo spiritoso. È un libro serio che racconta la storia dei vecchi emigranti e . . . eccolo, eccolo; dev'esser lui. Vedi quanti giornalisti?

Gianni:	Andiamo; voglio chiedergli una cosa.
Adriana:	Cosa?
Gianni:	Com'è diventato milionario.
Adriana:	Diventare milionario non è facile, ma chiediglielo pure.

Domande

1. Chi vuole vedere Adriana? Perchè?
2. Perchè Salvatore Scaccia non è un emigrante tipico?
3. È diventato milionario perchè faceva il muratore?
4. Perchè ha scritto la sua autobiografia in inglese?
5. « Beato lui! » dice Gianni del vecchio emigrante. Perchè?
6. Perchè ci sono tanti giornalisti?
7. Che cosa vuole chiedere Gianni?
8. Cosa fareste voi se aveste un milioncino?

Vocabolario

Sostantivi

l' **appaltatore** (*m.*) contractor
la **conferenza-stampa** press conference
la **costruzione** construction
l' **emigrante** (*m. and f.*) emigrant
la **fretta** haste, hurry
il **giornalista** journalist
la **leggenda** legend
il **muratore** mason, bricklayer
la **notizia** news
l' **ospedale** (*m.*) hospital
la **pubblicazione** publication
i **quattrini** money

Aggettivi

brutto bad, ugly
calabrese from Calabria (*one of the regions of Italy*)
milionario millionaire
speciale special

Verbi

attraversare to cross
mancare to be away (from)
raccontare to tell, to recount
sbrigarsi to hurry
tradurre to translate

Altri vocaboli

pure by all means

Espressioni

altro che nothing but (*with* **non**)
beato lui! lucky fellow!
da giovane as a young man
fare il muratore to be a bricklayer
ma no! don't tell me!
ma su! come now!
smettila! stop! **smettila di fare. . .** stop being. . .
voler dire to mean; **e che vuol dire?** so what?
un milioncino (*diminutive of* **milione**) a tidy little million

Grammatica

I. L'imperfetto del congiuntivo di *fare, dare, dire* (Imperfect subjunctive of **fare, dare, dire**)

Fare

Non sapeva che (io) facessi l'architetto.

He didn't know that I was an architect.

facessi	facessimo
facessi	faceste
facesse	facessero

Dare

Voleva che (io) gli dessi l'indirizzo.

He wanted me to give him the address.

dessi	dessimo
dessi	deste
desse	dessero

Dire

Sebbene (io) lo dicessi, non mi credeva.

Although I said it, he didn't believe me.[1]

dicessi	dicessimo
dicessi	diceste
dicesse	dicessero

II. I tempi del congiuntivo (Sequence of tenses with the subjunctive)

It is important to note that the tense of the subjunctive is determined by the tense of the main verb, as follows:

1. If the verb of the main clause is in the *present, future* or *imperative,* in the dependent clause the *present subjunctive* is used if the action is taking place now or will take place in the

---

[1] Be careful to make the appropriate changes in the object pronoun: **mi**>**ti**> **gli**>**ci**>**vi**> . . . . loro.

future whereas the *present perfect subjunctive* is used if the action has already taken place.

Non **credo** che **legga** quẹl libro.	*I do not believe he is reading that book.*
Vorrò che **legga** quẹl libro.	*I will want him to read that book.*
Digli che **legga** quẹl libro!	*Tell him to read that book!*
Credo che **ạbbia letto** quẹl libro.	*I believe he has read that book.*

2. If the verb of the main clause is in a *past* or a *conditional tense,* in the dependent clause the *imperfect subjunctive* is used if the action was taking place or has not yet taken place, whereas the *past perfect subjunctive* is used if the action had already taken place.

Credevo che **mangiạssero.**	*I thought they were eating.*
Non **vorrei** che **mangiạssero** troppo presto.	*I would not want them to eat too early.*
Credevo che **avẹssero** già **mangiato.**	*I thought they had eaten already.*

III. La preposizione *da*
(The preposition **da**)

1. When an infinitive that can be made passive in meaning (*to sell, to be sold*) depends on a noun, the preposition **da** is used and it often expresses purpose or necessity.

Hanno **una mạcchina da vẹndere.**	*They have a car to sell.*
Ho **due libri da lẹggere.**	*I have two books to read.*

Note:

Da is always used before an infinitive that depends on **qualcosa, niente** or **nulla, molto, poco, tanto, troppo.**

Ho **qualcosa da dirle.**	*I have something to tell her.*
Non c'è **niente da mangiare.**	*There is nothing to eat.*
Abbiamo **molto (troppo)** lavoro **da fare.**	*We have a great deal of (too much) work to do.*

2. Used before a noun, the preposition **da** expresses *purpose, use, manner.*

Un **cane da cạccia.**	*A hunting dog.*
Le **carte da gioco.**	*Playing cards.*
Un **vestito da sera.**	*An evening dress.*
Scarpe **da lavoro.**	*Work shoes.*
Ha parlato **da amico.**	*He spoke like a friend.*
Da ragazzo studiava molto.	*As a boy he studied a great deal.*

IV. Alcuni usi delle preposizioni *a* e *di* (Certain uses of the prepositions **a** and **di**)

1. We have seen that some verbs govern the infinitive without a preposition. Among the most common of these verbs are: **dovere, potere, volere, fare, preferire, sapere, sentire** and **vedere**.

Dobbiamo partire prima che faccia notte.	**We must leave** before night falls.
Sa suonare il pianoforte.	**He knows how to play** the piano.
Preferisco parlare inglese.	**I prefer to speak** English.
Vogliamo visitare il Vaticano.	**We want to visit** the Vatican.
La sentiamo cantare.	**We hear her sing(ing).**

2. Certain verbs of *motion, beginning, continuing, teaching, learning, inviting,* etc., require the preposition **a** before an infinitive.

Incomincio a capire.	**I am beginning** to understand.
Le insegna a nuotare.	**He is teaching her** to swim.
Va a casa **a suonare** un nuovo disco.	**She is going** home **to play** a new record.
Continua a parlare italiano.	**He continues to** talk Italian.

3. Some verbs require the preposition **di** before an infinitive. These should be learned as one meets them for the first time. Among these are: **avere piacere di** *(to like),* **cercare, decidere, dire, domandare, finire, permettere** *(to permit, allow),* **promettere** *(to promise),* **pregare** *(to pray, beg),* **sperare** *(to hope),* **credere** *(to believe),* **dimenticare** *(to forget),* **avere bisogno** *(to need).*

Gli **ha promesso d'andare.**	She **has promised** him **to go**.
Mi **pregarono d'andare** con loro.	They **begged** me **to go** with them.
Ho detto a Maria **di venire** con noi.	**I told** Mary **to come** with us.
Crede di parlare bene.	**She believes she speaks** well.

Note: The personal object of these verbs, if transitive (except **pregare**), is indirect in Italian.

4. The English present participle, preceded by the prepositions *before* **(prima di),** *without* **(senza),** *instead of* **(invece di),** *besides* **(oltre a)** is translated in Italian by the infinitive.

Partì **senza dirmi** addio.

*She went away **without saying** good-bye **to me**.*

After **dopo**, however, the past infinitive is always used.

Dopo avere fatto colazione, andò a scuola.

***After eating** breakfast, he went to school.*

5. Used before a noun, the preposition **di** expresses *possession, material, content,* etc.

Il libro **di Giovanni**.
Un orologio **d'oro**.
Un bicchiere **di vino**.

***John's** book.*
*A **gold** watch.*
*A glass **of wine**.*

V. L'infinito come sostantivo
(The infinitive as a noun)

An infinitive is sometimes used as a noun (subject, direct object or predicate) to translate the English gerund.

Mi piace **nuotare**.
(Il) leggere è piacevole.

*I like **swimming**.*
***Reading** is entertaining.*

Note: Used as a subject, the infinitive may take the masculine definite article.

Esercizi

A. Formare nuove frasi sostituendo il soggetto della proposizione subordinata con quelli indicati.

1. Voleva che mio fratello facesse l'architetto.
   (io, noi, mio fratello e mia sorella, voi, tu)
2. Sperava che io gli dessi dei soldi.
   (tu, noi, gli appaltatori, tu e tuo fratello, il signor Scaccia)
3. Preferivano che tu non dicessi niente.
   (noi, io, i giornali, voi, l'emigrante)

B. Rispondere a ciascuna delle domande seguenti.

Esempio   Sapeva Lei che Salvatore Scaccia faceva il muratore?   →   No, non sapevo che facesse il muratore.

1. Sapevate che io facevo il professore?
2. Sapeva che noi facevamo gl'ingegneri?
3. Sapeva che i fratelli Scaccia facevano gli appaltatori?
4. Sapeva che Salvatore Scaccia sempre dava quattrini al suo paese?
5. Sapevi che tutti dicevano che Carlo era molto ricco?
6. Sapeva che anche noi eravamo emigranti?

C. Rispondere a ciascuna delle domande seguenti usando i pronomi appropriati.

Esempio   Sapevi che avevo dato tutti i miei soldi?   →   No, non sapevo che li avessi dati.

1. Sapevi che avevano dato una conferenza-stampa?
2. Sapeva Lei che aveva scritto due biografie?

3. Sapevi che qualcuno aveva tradotto tutti i suoi libri?
4. Sapevate che io avevo tradotto il titolo?
5. Sapevi che gli emigranti avevano fatto molti quattrini?
6. Sapevi che noi avevamo raccontato la sua leggenda?

D. Formare frasi singole includendo le congiunzioni che introducono il congiuntivo.

Esempio Ogni giorno camminavamo per due ore. Pioveva (sebbene). →
     Ogni giorno camminavamo per due ore sebbene piovesse.

1. La vita era bella. Guadagnavamo poco. (benchè)
2. Ha scritto il libro in inglese. Tutti lo leggevano. (affinchè)
3. Voleva ritornare al paese. In America stava bene. (sebbene)
4. Desideravo vedere il Polo Nord. Il viaggio finiva. (prima che)
5. Parlavamo anche l'inglese. Ci capivano. (purchè)
6. Lavorava anche la domenica. C'era la partita. (a meno che)

E. Rispondere alle seguenti domande nelle tre forme indicate nell'esempio.

Esempio Quando arriverà Renata? → (ora) Penso che arrivi oggi.
            (ieri) Pensavo che arrivasse ieri.
            (ieri) Pensavo che fosse arrivata l'altro ieri.

1. Quando verranno i fratelli Scaccia? 4. Quando si incontreranno i due fratelli?
2. Quando ritornerà il vecchio emigrante? 5. Quando rientreranno i tuoi zii?
3. Quando partirà l'architetto?   6. Quando andrà al Vaticano tuo padre?

F. Completare le frasi seguenti con la forma corretta dei verbi fra parentesi.

1. Andremmo al lungomare se (fare) _____ bel tempo.
2. Se prendessimo la metropolitana, (risparmiare) _____ tempo e soldi.
3. Se ieri io (potere) _____ finire il compito, oggi (andare) _____ a sciare.
4. Imparereste tutto se (studiare) _____ sempre.
5. La professoressa dice che Francesco (capire) _____ poco.
6. Abbiamo salutato il signor Scaccia prima che lui (partire) _____ .

G. Formare nuove frasi usando gli elementi indicati.

Esempio Non era vero—Renata/crescere molto → Non era vero che Renata fosse cresciuta molto.

1. Era possibile—Salvatore Scaccia/ripetere molte cose
2. Era meglio—Tu/non fare lo spiritoso
3. Era impossibile—Voi/dare un milione di dollari al museo
4. Era probabile—I muratori/costruire l'ospedale
5. Anche noi credevamo—Tutti / avviarsi verso l'uscita
6. Avevo paura—Il viaggio/essere lungo e noioso

H. Completare usando la preposizione corretta, quando è necessaria.

1. Quando incomincerete _____ scrivere la storia della vostra vita?
2. Puoi _____ venire con me?
3. Preferisco _____ andare a piedi.
4. Renata e gli zii sperano _____ rivedersi.

5. Vi insegnerò _____ parlare l'inglese.
6. Salvatore Scaccia lavorava moltissimo _____ giovane.
7. Che cosa sei venuto _____ vedere?
8. In qualche paese della Calabria c'era poco _____ mangiare.

I. Rispondere in frasi complete.

1. Hai visto il Polo Nord? Se sì, quando?
2. C'è smog oggi nella tua città? In quale stagione c'è più smog?
3. Ci sono, o ci furono, emigranti nella tua famiglia? Quando arrivarono in America?
4. Che cosa farai quando avrai finito l'Università?
5. Pensi che sia facile diventare milionario(a)?
6. Ti piacerebbe diventare milionario(a)? Perchè?
7. Leggi i giornali? Quali? Li leggi ogni giorno? Come sono le notizie di oggi?

Rielaborazione

Riscrivere o ripetere in italiano.

1. Mr. Scaccia, hurry, please.
2. If we had read the papers, we would tell you the news.
3. They say that she gave a lot of money to a museum.
4. What did your father do (for a living)?
5. He was a journalist. My grandfather was a contractor.
6. Stop talking, Franco, we want to ask you something.
7. Lucky her, not only did she become a millionaire, but she is fascinating and has written an extraordinary book.
8. I am afraid they have forgotten too many things.
9. Come now, stop being funny. This is a press conference.
10. It is up to us, if we want to stay.

Situazione pratica

Lei è un autore — o un'autrice — di origine italiana. Ritorna in Italia per la prima volta ed è intervistato. Formuli le domande dei giornalisti e le Sue risposte.

Italiani all'ęstero

Due signori sulla trentina, Umberto Baldoni e Marino Visconti, s'incọntrano per caso nella galleria di Piazza Colonna a Roma.

Baldoni: Visconti! Marino Visconti, sei prọprio tu?
Visconti: Ma sì, caro Baldoni, che bella sorpresa!
Baldoni: Quanti anni sono che non ci vediamo?
Visconti: Almeno sei; da quando ci siamo laureati.
Baldoni: Avevo sentito dire ch'eri all'ęstero, ma non sapevo dove.
Visconti: Nel cuore del Brasile, con una spedizione di ricerche mẹdiche. Sono in Itạlia dopo un'assenza di tre anni per una breve vacanza.
Baldoni: Già, tu eri fissato con le malattie tropicali. Ti ricordi i lunghi discorsi che ci facevi ascoltare?
Visconti: Certo. E tu che fai?
Baldoni: Anch'io lavoro fuori d'Itạlia; a New York con la missione italiana alle Nazioni Unite.
Visconti: Dev'ẹssere un lavoro interessante. E poi New York è sempre New York!
Baldoni: D'accordo. New York è affascinante, ma il lavoro a volte è monọtono.
Visconti: Come va che sei in Itạlia?
Baldoni: Ogni sei mesi mi fanno rientrare al Ministero degli Ẹsteri per alcuni giorni.
Visconti: Mi sembra un impiego ideale. Ti sei sposato?
Baldoni: Sì, un anno fa. E tu?
Visconti: Io sono ancora scạpolo.
Baldoni: Vedi mai qualcuno dei vecchi compagni di università?
Visconti: Raramente. Pochi si spịngono nelle giungle del Brasile.
Baldoni: Io ogni tanto ne vedo qualcuno; oggi molti italiani vanno a New York per una ragione o per un'altra.
Visconti: Siamo tutti un po' sparsi per il mondo, no?
Baldoni: Eh sì! In Itạlia le possibilità di lavoro sono limitate, e così l'emigrazione contịnua anche fra i professionisti. Tu quando riparti?

Visconti:	Domani mattina.
Baldoni:	Allora perchè non ci troviamo stasera? Così ti farò conoscere mia moglie Elena.
Visconti:	Volentieri; sul tardi, però, ho molte cose da fare e fra l'altro devo farmi rinnovare il passaporto.
Baldoni:	Alle nove; va bene?
Visconti:	Sì, dove? Io sono all'Albergo Vittoria.
Baldoni:	Benissimo; passerò a prenderti con Elena.
Visconti:	Ciao; a stasera.

Domande

1. Che vuol dire che i due signori sono sulla trentina?
2. In che consiste la bella sorpresa?
3. Che fa Visconti nel Brasile?
4. Per chi e dove lavora Baldoni?
5. Ti piacerebbe lavorare all'estero? Perchè?
6. Sono più felici degli uomini sposati gli scapoli?
7. Perchè ogni tanto Baldoni vede qualche italiano a New York?
8. Perchè Baldoni spera che si possano trovare quella sera?
9. Visconti andrà dai Baldoni?

Vocabolario

Sostantivi

l' **assenza** absence
il **Brasile** Brazil
il **cuore** heart
il **discorso** speech
 Elena Helen
l' **emigrazione** (*f.*) emigration
la **galleria** arcade, gallery
la **giungla** jungle
l' **impiego** job, position
la **malattia** disease
il **Ministero degli Esteri** Ministry of Foreign Affairs
la **missione** mission
le **Nazioni Unite** United Nations
la **possibilità** possibility
il **professionista** professional (person)
la **ricerca** research
la **sorpresa** surprise
la **spedizione** expedition

Aggettivi

limitato limited
medico medical
monotono monotonous
scapolo unmarried
tropicale tropical

Verbi

fissarsi to be obsessed with
laurearsi to graduate (*from a college*)
rinnovare to renew
ripartire to leave again
spingersi to push on, to go out
sposarsi to get married
sparso (*p. p.* of **spargere***)* scattered
trovarsi to meet

Altri vocaboli

proprio really
qualcuno someone, anyone
volentieri gladly

Espressioni

all'estero abroad
come va (che)? how come?
fra l'altro among other things
ogni tanto now and then
passerò a prenderti I'll come by to pick you up
per caso by chance
sentir dire to hear (*someone say*)
sulla trentina about thirty
sul tardi on the late side

[Grammatica]

I. Il verbo *fare* con l'infinito
(The verb **fare** with a dependent infinitive)

1. The verb **fare** followed by an infinitive indicates that the action is carried out by someone else, namely, it translates the English *to have something done,* for example: *They are having the car painted.* Thus, **fare** + Infinitive + Noun = *to have* + Noun + Past Participle.

Fạccio tradurre una poesia.	*I am having a poem translated.*
Facciamo pulire la casa.	*We are having the house cleaned.*
Maria **ha fatto rinnovare** il passaporto.	*Mary had her passport renewed.*

2. Fare followed by an infinitive also translates *to have someone do something.* In this causal construction the noun object follows the infinitive, whereas the pronoun object precedes the verb **fare.**

Fạccio cantare Mạrio.	*I am having Mario sing.*
Lo fạccio cantare.	*I am having him sing.*
Faremo venire Luisa a casa nostra.	*We will have Louise come to our house.*
La faremo venire a casa nostra.	*We will have her come to our house.*
L'insegnante **ci faceva studiare** tutti i giorni.	*The teacher had us study every day.*

In this construction if there are two objects, the thing is a direct object and the person an indirect object. Both follow the infinitive if they are nouns (the direct preceding the indirect), but precede **fare** if they are pronouns.

Farò lẹggere **la lezione a Maria.**	*I will have Mary read the lesson.*
Gliela farò lẹggere.	*I will have her read it.*
Faremo visitare **il museo ai nostri amici.**	*We will have our friends visit the museum.*
Glielo faremo visitare.	*We will have them visit it.*

When the action is done on behalf of the subject, the verb **fare** should be made reflexive.

Si fece lavare i capelli.　　　　*She* had *her* hair washed.

3. Constructions such as *I will have John accompany me* are translated as if they were expressed in English *I shall have myself accompanied by John.*

Mi farò **accompagnare da Giovanni.**	*I will have **John accompany me**.*
Ci facciamo **lavare le camicie dalla cameriera.**	*We are having **the maid wash our shirts**.*

Esercizi

A. Formare nuove frasi usando i soggetti indicati.

1. No, il professore non mi fa sbagliare.
   (tu, la guida, i miei amici, voi)
2. Sì, lo faremo pensare.
   (tu, io, questo libro, queste notizie, voi)
3. Questo dramma ci ha fatto riflettere molto.
   (voi, la *Divina Commedia,* le tombe di Santa Croce, tu)

B. Rispondere a ciascuna delle domande seguenti.

Esempio　　Traduci tu questo libro?　　→　　No, lo faccio tradurre.

1. Aprite voi il negozio?
2. Fa lui questo anello?
3. Pulisci tu la casa?
4. Chiedete voi il permesso?
5. Rinnova lui il passaporto?
6. Scrivete voi gli esercizi?

C. Completare le frasi seguenti.

Esempio　　Farei ripetere questa poesia ma. . .　　→　　Farei ripetere questa poesia ma l'ho già fatta ripetere.

1. Faremmo tradurre queste frasi ma. . .
2. Il giornalista farebbe raccontare quella storia ma. . .
3. Faresti rinnovare il permesso ma. . .
4. Farebbero ascoltare questi discorsi ma. . .
5. Farebbero costruire un ospedale ma. . .
6. Farei vedere questi affreschi ma. . .

D. Rispondere a ciascuna delle domande seguenti.

Esempio　　Chi farai venire? (Mario)　　→　　Farò venire Mario.

1. Chi farete cantare? (gli studenti di primo anno)
2. Chi faranno rientrare? (il signor Baldoni)
3. Chi farai leggere ad alta voce? (quella studentessa là)

4. Chi farà ripetere il professore? (lo studente che non ascolta)
5. Chi farete cominciare? (Gianni)
6. Chi faranno andare al congresso? (solo gli studenti universitari)

E. Riscrivere le frasi seguenti secondo l'esempio.

Esempio   Farò aprire il negozio a mio figlio.   →   Glielo farò aprire.

1. Faremo rinnovare i passaporti a tutti.
2. La guida farà visitare la Cappella Sistina all'emigrante.
3. Farai pagare il caffè a noi?
4. Farete ordinare la pizza a Giovanni?
5. Vi farò leggere la storia della mia vita.
6. Faranno aumentare la produzione agli industriali.

F. Riscrivere le frasi seguenti, includendo la parola o l'espressione fra parentesi e facendo i cambiamenti necessari.

Esempio   La fanno cambiare. (opinione)   →   Le fanno cambiare opinione.

1. Lo faccio leggere. (il *Daily American*)
2. Li facciamo ascoltare. (*I Puritani*)
3. La faccio ripetere. (tutte queste frasi)
4. Le fai scrivere. (la loro storia)
5. Lo fate guardare. (la partita)
6. Li fate spiegare. (le regioni della loro visita)

G. Dare l'equivalente italiano.

1. She had the student write the word.
2. She had him write it.
3. He made us listen to his speech.
4. We will have her come tomorrow.
5. She makes him eat the carrots.
6. Today I am going to have my hair washed.
7. The farmers will have their farms converted.
8. I don't want to have my house converted.
9. She had me accompany her.

H. Rispondere in frasi complete.

1. Ti piacerebbe vivere e lavorare all'estero? Dove?
2. Che cosa vorresti fare?
3. Che cosa credi che faranno i tuoi compagni di classe quando avranno finito l'Università?
4. Dove credi che preferiranno vivere?
5. Quali dei tuoi compagni vedrai dopo la fine del corso?
6. Anche tu vai spesso a New York? Se sì, perchè? Se no, perchè?
7. Vedi spesso qualche tuo compagno(a) della scuola secondaria?
8. Che cosa fanno?

Rielaborazione

Tradurre in italiano.

1. I heard it said that she was about forty.
2. Is professor Centrini unmarried?
3. When did they get married?
4. Let's see now, five years ago.
5. He makes his wife listen to all his monotonous speeches on tropical diseases.
6. Will you pick me up after class?
7. He makes ends meet working as a taxi driver in New York.
8. Lucky them! They work with a research expedition in the jungles of Brazil.
9. I don't have a very interesting job, but they make me go to New York every year.
10. They met in the arcade, they fell in love and they got married.

Situazione pratica

Sei anni dopo aver finito l'Università, due compagni di classe si incontrano: presenti il dialogo che ha luogo fra i due.

Aspetti di vita italiana: **L'emigrante italiano**

L'emigrazione italiana all'estero, che era già notevole nel secolo diciannovesimo e che si accentuò nel primo decennio del ventesimo, non è mai cessata. Si calcola che dal 1830 a oggi diversi milioni di Italiani si sono sparsi per quasi ogni parte del mondo, dall'Australia al Canadà, dall'America del Sud agli Stati Uniti e a molti paesi europei.

Ma la tradizione dell'Italiano all'estero, del viaggiatore, dell'esploratore, risale a molti secoli fa. Il più conosciuto degli antichi viaggiatori italiani fu senz'altro Marco Polo. La storia dei suoi viaggi nell'Estremo Oriente, raccontata nel suo libro *Il Milione,* si legge anche oggi con grande interesse e con profitto. Nel periodo della scoperta del nuovo mondo navigatori italiani, di solito al servizio di altri paesi, ebbero una parte importantissima negli avvenimenti dell'epoca. I nomi di Cristoforo Colombo, Giovanni Caboto, Amerigo Vespucci, Giovanni da Verrazzano e di altri ancora, sono intimamente legati alla scoperta dell'America e di altre parti del mondo.

Giovanni da Verrazzano

AMERICO VESPUCIO GRAN PILÓTO.

Enrico Fermi

L'Italia, fino a non molti anni fa, era un paese prevalentemente agricolo e non offriva molte possibilità di lavoro. Oggi, con l'industrializzazione di una buona parte della penisola, il problema della disoccupazione è stato alleviato ma non risolto. Gl'Italiani continuano a emigrare, ma in numero sempre più piccolo. Nondimeno, è difficile trovare un paese nel mondo dove non vi sia, anche se esiguo, un numero d'Italiani.

accentuarsi *to increase perceptibly* / agricolo *agricultural* / al servizio di *in the service of* / calcolare *to estimate* / cessare *to cease* / la disoccupazione *unemployment* / diversi *several* / esiguo *small* / l'Estremo Oriente *Far East* / notevole *considerable, noteworthy* / la patria *homeland, fatherland* / prevalentemente *prevailingly* / risolto (*past part. of* risolvere) *solved* / la scoperta *discovery* / senz'altro *without a doubt* / sparso (*past part. of* spargere) *spread, scattered* / il viaggiatore *traveller*

Domande

1. L'emigrazione italiana all'estero è incominciata nel secolo diciannovesimo?
2. Dove si trovano molti emigranti italiani?
3. Quali furono alcuni grandi navigatori italiani?
4. Qual è la ragione principale dell'emigrazione?
5. Che cosa cercano gli emigranti italiani all'estero?
6. È stato risolto il problema della disoccupazione in Italia?
7. Continua ad aumentare il numero di emigranti italiani?

[Ripetizione VIII]

A Completare con la forma corretta dell'articolo o della preposizione.

1. _____ italiano è bello, non è vero?
2. Andiamo sempre _____ cinema.
3. Quella è la mia professoressa _____ italiano.
4. Quanto costano _____ zucchini?
5. Andremo _____ Italia del Nord.
6. Gianni l'aspetta vicino _____ albergo.

B Completare con la forma corretta dell'aggettivo **bello**.

1. Oggi i fagiolini sono molto _____ .
2. Fa _____ tempo, oggi.
3. Mastroianni e Giannini sono due _____ uomini.
4. Che _____ scherzo!
5. Che _____ ragazze!
6. Che _____ ragazzi!

C Dare l'equivalente italiano.

1. my job
2. his brothers
3. our dear little sister
4. her vacations
5. their monotonous speeches
6. his arms

D Riscrivere al plurale.

1. Questo telegramma è troppo lungo.
2. Il dito di Giannino è corto.
3. Quell'autobus è sempre in ritardo.
4. Questa città è molto antica.
5. Il Greco è mio amico.
6. La tua valigia è grande e grigia.

E Riscrivere le frasi usando le forme alternative.

Esempio   delle centinaia   →   alcune centinaia
                                qualche centinaio

1. delle uova
2. degli uccelli
3. dei conferenzieri
4. delle cose
5. delle dita
6. degli amici
7. dei personaggi
8. delle edizioni

F   Completare le frasi seguenti mettendo i verbi al passato prossimo. Fare tutti i cambiamenti necessari.

1. Ieri io (uscire) ＿＿＿＿＿＿ con Adriana e le (raccontare) ＿＿＿＿＿＿ la storia di Salvatore Scaccia.
2. Renata (stare) ＿＿＿＿＿＿ in America quattro mesi e (imparare) ＿＿＿＿＿＿ l'inglese molto bene.
3. Il signor Maratti e sua moglie (stare in piedi) ＿＿＿＿＿＿ vicino alla porta e (fermarsi) ＿＿＿＿＿＿ per un'ora.
4. Noi (incontrare) ＿＿＿＿＿＿ Vanna e Marina e le (accompagnare) ＿＿＿＿＿＿ alla libreria.

G   Volgere il brano seguente al passato.

L'aereo del Presidente Botticelli arriva alle 10 in punto. Il Presidente americano e sua moglie stanno aspettando. Sono cinque anni che i due Presidenti non si vedono. Quando la porta dell'aereo si apre il Presidente Botticelli saluta molto cortesemente. La banda suona gli inni nazionali, poi i due Presidenti e la signora vanno verso l'automobile. Piove e tira vento. L'automobile arriva alla residenza presidenziale alle 10 e 45 minuti. Ci sono molti turisti che guardano. I due Presidenti li salutano e poi entrano nell'edificio. Il Presidente Botticelli ha molto sonno. Per questo dice « Arrivederci » e va a dormire. Il Presidente americano risponde: « ArrivederLa » e ritorna nel suo ufficio dove molte persone lo aspettano.

H   Riscrivere le frasi seguenti all'imperativo, sostituendo le parole in corsivo con i pronomi appropriati.

Esempio   Tu non compri *le sigarette*.   →   Bene, non comprarle.

1. Il signor Scaccia dà *molti quattrini a tutti*.
2. Voi andate *all'edicola*.
3. Lui condivide *le sue opinioni*.
4. Voi non pagate *la granita di caffè*.
5. Tu non rifiuti mai *il cappuccino*.
6. Sempre diamo *informazioni utili ai turisti*.

I   Dare l'equivalente italiano.

1. I would like to go downtown today.
2. Graziella, would you like to take a short walk?
3. Renato and Marina don't like Gianni and Umberto.
4. In Italy they drink a lot of coffee.
5. That villa was built by a famous architect.
6. Italian isn't studied in that university.
7. She makes us study.
8. Will you make her pay for the coffee?

J   Completare con la forma corretta del verbo fra parentesi.

1. Credo che le due ragazze (andare) ＿＿＿＿＿＿ a Piazza di Spagna ieri.
2. Il giovedì la professoressa credeva che tutti (capire) ＿＿＿＿＿＿ le spiegazioni del martedì.

3. Dice che Franco (esagerare) _____ sempre.
4. Mi hanno salutato prima che io (entrare) _____ nella banca.
5. Se non potessero rinnovare il passaporto, (ripartire) _____ .
6. Se tu (essere al corrente) _____ , non diresti questo.

Situazione pratica

Scelga uno dei dialoghi di questo libro e scriva la sua continuazione.

L'Italia e l'America

L' ITALIA e l'America sono state legate da intimi rapporti dal giorno della scoperta del nuovo continente fino a oggi. Un italiano, Cristoforo Colombo, scoprì l'America. Il nuovo continente fu chiamato *America* in onore di un altro navigatore italiano, Amerigo Vespucci. Attraverso i secoli l'arte, la musica, la letteratura e le scoperte dei grandi scienziati italiani hanno avuto un'influenza profonda nello sviluppo della civiltà americana. Dante, Michelangelo, Leonardo, Galileo, Marconi, sono parte del patrimonio culturale americano come di quello italiano.

Oggi negli Stati Uniti la presenza della cultura italiana nella vita giornaliera degli Americani ha radici profonde. Dalla cucina alla musica, dalle arti figurative al cinematografo, gli esempi di influssi italiani sono innumerevoli. D'altro canto, gli Stati Uniti hanno influenzato la cultura italiana negli ultimi cinquant'anni, e le relazioni culturali, politiche ed economiche sono in un flusso costante in tutte e due le direzioni.

Nei tempi moderni la presenza italiana negli Stati Uniti è stata accentuata dall'arrivo di milioni di emigranti. Tra questi, individui come Arturo Toscanini, Amedeo Giannini, Enrico Fermi, Giancarlo Menotti e tanti, tanti altri hanno dato un contributo essenziale nei loro campi rispettivi. Venticinque milioni di cittadini americani di origine italiana vivono oggi negli Stati Uniti e l'impronta del loro patrimonio culturale dalla terra dei loro antenati è ormai un fatto storico.

la civiltà *civilization* / come *as well as* / d'altro campo *on the other hand* / il flusso *flux* / Giannini, Amedeo P. (1870–1949) *financier, founder of the Bank of America* / giornaliero *daily* / l'impronta *imprint, mark* / innumerevole *innumerable* / Marconi, Guglielmo (1874–1937) *scientist, inventor of wireless telegraphy* / il patrimonio *heritage* / la radice *root* / lo scienziato *scientist* / scoprire *to discover* / Toscanini, Arturo (1867–1957) *musical director*

Arturo Toscanini

Domande

1. Perchè l'Amẹrica si chiama così?
2. Ẹrano artisti o navigatori Marconi e Galileo?
3. L'Itạlia ha influenzato l'Amẹrica soltanto nella cucina?
4. E l'Amẹrica, come ha influenzato l'Itạlia negli ụltimi cinquant'anni?
5. In che campo ha fatto un gran contributo Arturo Toscanini?
6. Quanti Americani d'orịgine italiana ci sono negli Stati Uniti?
7. Cos'è ormai un fatto stọrico?

APPENDIX

Dialogue Translations

1 The telephone

The telephone rings. Graziella Maratti, Adriana Maratti's mother, picks up the phone.

Mrs. Maratti: Hello.

John: Hello. Good morning, Mrs. Maratti.

Mrs. Maratti: Good morning. Who's speaking?

John: This is John. How are you?

Mrs. Maratti: Ah, good morning, John. I'm fine, thank you, and you?

John: I'm fine, thank you. Is Adriana there?

Mrs. Maratti: Yes. One moment. *(She calls.)* Adriana, Adriana! Telephone! It's John! . . . John, here's Adriana.

Adriana: Hello.

John: Hi, Adriana, how are you?

Adriana: Not bad, John. Good morning. What's new?

John: I can't find the class notes for our economics course.

Adriana: The last (class) notes?

John: Yes.

Adriana: Do you have the book?

John: Yes, I have the books, but I can't find the notes.

Adriana: Do you want the copy that I have?

John: Yes, thanks. When?

Adriana: Today, at school. Is that all right?

John: Great. Goodbye, then.

Adriana: Goodbye.

2 The first day of school

It's the first day of school for university students. Adriana and John arrive at school and meet two students.

Adriana: Good morning, Frank. How's it going?

Frank: *(He sees Adriana.)* Look who's here! Hi, Adriana, how are you?

Adriana: Very well.

John: Hi, Frank. Do you have a class now too? Frank, why don't you answer?

Frank: What?

John: Do you have a class now?

Frank: Yes, mathematics unfortunately.

Adriana: Why unfortunately?

Frank:	Because today is the first day of school and because math and I don't get along.
Adriana:	Too bad. Ah . . . here's Ann! Frank, John, do you know Ann?
Frank:	No, I don't know Ann.
Ann:	My name is Ann Silvani. I'm a first-year student.
Frank:	It's a pleasure to meet you. I am Frank Venturi and he's John Spinola. I study philosophy and he studies as little as possible.
John:	And you, what are you studying?
Ann:	Medicine.
	While the boys and girls continue to speak, the professors arrive and classes begin.

3 A conversation in the students' cafeteria

Italian students, like American students, or like students of all countries, always have little money. The students' cafeteria is popular because the prices are moderate. It's noon, and a group of students occupies a table.

Bruno:	What are you going to eat? What's good today?
Frank:	There is soup, meat, fish and vegetables. I am not eating because I'm not hungry.
John:	I recommend the fish; it's good. The soup is good also.
Bruno:	I'll take meat and vegetables.
Adriana:	So, you're leaving tomorrow.
Bruno:	Yes, tomorrow at noon.
Frank:	Where are you going?
Bruno:	To a convention of university students.
John:	Where? In Rome?
Bruno:	No, in Venice.
Adriana:	Lucky you! Are you going alone?
Bruno:	No, with three other students. There will be three Italians and one American girl in all.
Frank:	Have a good trip and have a good time.
Bruno:	Thanks. So long now.
John:	Why? Are you in a hurry?
Bruno:	Yes, unfortunately I have a class.

4 School friends

Michael and Mario are upper secondary school students. They are in the classroom. They have an English class now. The professor, Doctor Centrini, opens his book and says: "Here is the assignment for tomorrow. Reading, from page 5 to page 8. The exercises are on page 10." Mario is writing his last notes as the bell rings.

Michael:	Where are you going now?
Mario:	What?
Michael:	Can't you hear? Where are you going?
Mario:	Oh, I'm going home. I'm going to study.
Michael:	Are you in a great hurry?
Mario:	No, on the contrary.
Michael:	Why don't we walk then?
Mario:	That's a good idea. I'll finish taking some notes and we'll go.
Michael:	Why do you take so many notes?

Mario:	Because without notes I don't understand the lessons well.
Michael:	Are you ready?
Mario:	Yes. All done. I'm ready.
Michael and Mario:	*(They go toward the exit.)* Good evening, Professor Centrini. Goodbye.
Professor Centrini:	Good evening. Goodbye.
Mario:	The English language is very difficult.
Michael:	That's true. Many languages are difficult.
Mario:	Do you want to study together for the exam tonight?
Michael:	Yes. After supper, at my house.
Mario:	Are you going to see the game on Sunday?
Michael:	No, I don't have time on Sunday. How about you?
Mario:	No, I don't have the money.
Michael:	See you tonight then.
Mario:	See you tonight.

5 The Borghini family

The Borghini family lives in an apartment in a beautiful building in the suburbs. In this apartment there are two bedrooms, the living room, the dining room, the kitchen and the bathroom. It isn't a large apartment but it's comfortable. The Borghinis have two daughters, Marina and Vanna. Marina is eighteen years old and goes to Teachers' College. Vanna is twenty years old and is employed in a travel agency. Mr. Borghini is a bookkeeper and works for a home appliance company. Today is Friday. Mrs. Borghini needs stockings and shoes and is ready to leave to go downtown. She is talking with Marina.

Mrs. Borghini:	Marina, I'm going shopping downtown. Are you coming too?
Marina:	No, Mom, I'm not coming because I have an appointment. What are you going to buy?
Mrs. Borghini:	Some shoes and some stockings. These shoes are old.
Marina:	Where are you going, to the Rinascente?
Mrs. Borghini:	No, I'm going to that store on Verdi Street.
Marina:	It's a beautiful store. They have some beautiful dresses and some very elegant shoes there.
Mrs. Borghini:	When will you be coming back from your appointment?
Marina:	Early, why?
Mrs. Borghini:	Because tonight we are eating early. Dad and I are going to the movies. Bye.
Marina:	Bye, Mom.

6 At James'—the greengrocer

Mrs. Borghini is an old customer of James'. Supermarkets are now very common in all Italian cities, but Mrs. Borghini prefers to shop the old-fashioned way. She buys fruit and vegetables at James' place, meat at the butcher's, and bread at the baker's.

Mrs. Borghini:	What lovely strawberries, James. How much do they cost?
James:	They are lovely, aren't they? Do you want them?
Mrs. Borghini:	Yes, but how much are they?
James:	Ninety-five lire a hectogram (100 grams).
Mrs. Borghini:	They're very expensive.

James:	They're the first of the season. It's still spring.
Mrs. Borghini:	They're really too expensive. I won't take them today.
James:	Why don't you go to the supermarket? There they also sell frozen fruit.
Mrs. Borghini:	No, James, we don't eat frozen fruit.
James:	But frozen strawberries are good, you know?
Mrs. Borghini:	No, I prefer fresh fruit. This morning I'll only take the vegetables.
James:	Here are the carrots and the string beans. Do you want anything else?
Mrs. Borghini:	No. What time is it?
James:	Eleven-twenty . . . no, eleven-thirty.
Mrs. Borghini:	It's still early. Mr. Borghini returns home at half past noon. I'll go to the baker's now to buy bread. Goodbye, James.
James:	Good day, Mrs. Borghini.

7 Breakfast

Mr. Borghini:	Good morning, Emily. Good morning, girls.
Mrs. Borghini:	Good morning, Paul.
Vanna and Marina:	Good morning, Dad.

It is seven-thirty in the morning and the Borghini family is already seated at the table for breakfast.

Mr. Borghini:	I slept very well and now I'm hungry.
Mrs. Borghini:	How did the meeting go last night, Paul?
Mr. Borghini:	It was very interesting. Even the director came . . . Sugar, please.
Vanna:	Here. More coffee?
Mr. Borghini:	No, thank you. This coffee is so strong! I spoke with many bookkeepers.
Mrs. Borghini:	Did you see Doctor Corso also?
Mr. Borghini:	No, I didn't see him. *(He takes another roll, some butter and some jam.)* And what's new here at home? How's school going, Marina?
Marina:	The same old story. Nothing new.
Mr. Borghini:	*(to Vanna)* And at the travel agency?
Vanna:	We have two new items: a tour to Paris and one to London.
Marina:	Mom, is there any more coffee with milk?
Mrs. Borghini:	No, it's finished.
Marina:	What a pity!
Mr. Borghini:	*(He looks at his watch.)* It's eight-fifteen, and, as usual, I'm late. Bye.

8 What a beautiful day!

Today is Sunday. It's a beautiful spring day. Vanna is near the door, ready to leave the house, and she speaks with her sister.

Vanna:	What a beautiful day!
Marina:	Fantastic. It's a shame to stay at home.
Vanna:	That's true. In fact, I'm not staying home.
Marina:	No? Where are you going?
Vanna:	To a picnic with some friends.
Marina:	Which friends?

Vanna:	My usual friends, John, Charles, Adriana, and Louise.
Marina:	Are you going with our car?
Vanna:	No. Charles is taking his; it's bigger. And what are you going to do?
Marina:	I'm staying here, unfortunately. Professor Tucci has given a lot of homework for tomorrow.
Vanna:	What a dirty trick! It's Sunday, it's a splendid day. Today isn't a day for studying.
Marina:	Patience.
Vanna:	Did you see my sunglasses?
Marina:	No. If you don't find them, I'll give you mine.
Vanna:	Thanks. I found them. Here they are, in my purse.
Marina:	Oh, here come Mom and Dad.
Mr. Borghini:	We're going to the Cascine for a short walk. What are you going to do?
Vanna:	I'm going out with some friends.
Marina:	I'm staying home to study, instead.
Mrs. Borghini:	I'm sorry. Do you want anything?
Marina:	No, thanks.
Vanna:	*(to Marina)* Bye. Have a good time!
Marina:	You're so funny!

9 The city of canals

Mr. and Mrs. Wheaton, two Americans, have gone to Italy to see four cities: Venice, Florence, Rome, and Naples. They arrived in Venice last night and at this moment Mr. Wheaton enters a travel agency.

Clerk:	Good evening, can I help you?
Mr. Wheaton:	I want some information; I want to take a tour of the city.
Clerk:	There is an excellent tour tomorrow. It starts at nine in the morning and it ends at four in the afternoon.
Mr. Wheaton:	Fine.
Clerk:	It starts from St. Mark's Square. . .
Mr. Wheaton:	One moment . . . do you have . . . how do you say . . . a map of Venice.
Clerk:	A map of Venice?
Mr. Wheaton:	Exactly.
Clerk:	*(He gives Mr. Wheaton a map.)* Here, if you look at the map, you'll see here St. Mark's Square. The walking tour begins here because first we visit St. Mark's Church and the Doges' Palace.
Mr. Wheaton:	And the Bell Tower?
Clerk:	No, I'm sorry, the Bell Tower is never included in this tour.
Mr. Wheaton:	Excuse me, what do you mean (to say)?
Clerk:	I mean that the Bell Tower is never part of the tour. Then on the ferryboat we'll go from St. Mark's Square to the island of Murano. There we'll visit a glass factory and then we'll have lunch. After lunch, again on the ferry, we'll go to the Lido.
Mr. Wheaton:	Oh, that's fine. Fine.
Clerk:	At the Lido, if the weather is good, we'll take a walk on the beach.
Mr. Wheaton:	And what if the weather is bad?

Clerk:	In summer, the weather is hardly ever bad. However, if it rains or if it's windy, the group will return directly to the Station Square instead, and from there to St. Mark's along the Grand Canal on the ferryboat or in a gondola.
Mr. Wheaton:	Very good.
Clerk:	Do you want a ticket, then?
Mr. Wheaton:	Two tickets, please, because my wife is also coming.

10　In Florence

The Wheatons are in Florence, where they have found a hotel that they like very much. Their room faces the Arno. Mrs. Wheaton wishes to mail some letters that she and her husband have written to some friends of theirs. Now she is talking with the desk clerk.

Desk clerk:	Good morning, madam, you have already had breakfast, so early?
Mrs. Wheaton:	Yes, today we had breakfast early because this morning we want to visit the Uffizi, and in the afternoon the Cathedral. But first, I must mail these letters. Do you know where the post office is?
Desk clerk:	The post office is far, but they also sell stamps in the shop here on the corner.
Mrs. Wheaton:	Great. In that case, I'll also buy cigarettes for my husband. Do you know if the shop is already open?
Desk clerk:	Yes, yes. At this time it's already open.
Mrs. Wheaton:	*(to the clerk)* Ten air-mail stamps for the United States, please.
Desk Clerk:	For letters or postcards?
Mrs. Wheaton:	For letters. What beautiful stamps!
Desk Clerk:	They're new; do you like them?
Mrs. Wheaton:	Very much. Especially this one with Michelangelo's Moses. I don't have any small change. Is it all right if I give you five thousand liras?
Desk Clerk:	Yes, certainly. Here's the change. Goodbye, madam.
Desk Clerk:	You've come back so soon, madam. It's true that at this hour there's hardly anyone in the stores. Oh, here's your husband. Good morning, Mr. Wheaton.
Mr. Wheaton:	Good morning.
Desk Clerk:	Well, do you like Florence?
Mr. Wheaton:	We don't know yet. We don't know the city at all.
Desk Clerk:	If you want to see a view of the whole city, I recommend that you go to Piazzale Michelangelo.
Mrs. Wheaton:	Thank you. You're really very kind.

11　The Sistine Chapel

The Wheatons are in Rome. This morning, after the visit to the Colosseum, they wanted to see the Vatican. Therefore, they took the bus that goes to St. Peter's Square and now they are at the entrance to the Sistine Chapel. There are many people there. Some people are looking at the frescoes on the ceiling, while another group is admiring the large fresco of the Last Judgement which is behind the altar. The Wheatons are listening to a group of Sardinian students.

First Student:	What magnificent work!
Second student:	Yes, it's really a masterpiece.
First female student:	The frescoes on the ceiling represent the episodes of Genesis, isn't that true?
First student:	Yes. They're all beautiful, but I prefer the episode of the creation of man.
Second female student:	Yes, especially the detail of the hand of God that is giving life to Adam.
First student:	Did you know that this chapel is the seat of the conclave when there is an election of a new pope?
Second female student:	Yes, I knew it.
Second student:	Last year I was here in Rome for a week and I came to the Vatican almost every day.
First student:	Now let's go and see the Last Judgement. *(They walk towards the altar and the Wheatons follow them.)*
Mrs. Wheaton:	Let's follow them. It's like a guided tour.
First female student:	It's really a huge fresco.
Second student:	In fact, it represents seven years of work.
First student:	Certainly a superhuman effort; but Michelangelo always made superhuman efforts.

The students go towards the exit; the Wheatons, however, remain longer to admire the famous fresco.

12 In Naples

Three days ago Mr. and Mrs. Wheaton arrived in Naples by train. Today is May 31 and tomorrow, Friday, June 1st, is their departure date for America. The day before yesterday they visited Amalfi, Capri, and naturally, the famous Blue Grotto. Yesterday, on the other hand, they went to Pompei and now they are taking a ride along the sea in a taxi. First, however, Mrs. Wheaton goes into one of the banks near the hotel.

Mrs. Wheaton:	I want to change these checks, please.
Clerk:	Are they travelers' checks?
Mrs. Wheaton:	Yes.
Clerk:	Do you have your passport?
Mrs. Wheaton:	Yes, here it is.
Clerk:	Do you want liras or dollars?
Mrs. Wheaton:	Liras, please.
Clerk:	You gave me two hundred dollars and I'll give you one hundred and sixty thousand liras. Here you are, madam.

Mrs. Wheaton leaves the bank. Her husband is waiting for her outside in a taxi.

Taxi driver:	You are lucky. The sun is shining brightly today and it isn't hot.
Mrs. Wheaton:	Where are we now?
Taxi driver:	Right in front of the San Carlo theater.
Mr. Wheaton:	Is it a famous theater like La Scala of Milan?
Taxi driver:	For us Neapolitans it's even more famous. There, on the left, is the Royal Palace. It was built around the sixteen hundreds. And now let's go to Santa Lucia.
Mrs. Wheaton:	Is that the Santa Lucia of the famous song?
Taxi driver:	Yes, one of the old Neapolitan songs. Do you want to get off for a moment? There's a very beautiful view here.
Mrs. Wheaton:	Marvelous. Look! There's Vesuvius, there is Sorrento, and out there Capri.
Mr. Wheaton:	It's truly a marvelous view.

13   Shall we go to the movies?

Even if, as in many countries of the world, almost everyone has a television set at home today in Italy, the movie theater continues to be popular and to attract many people. These days they are showing a film by a young director who has been very successful, not only in Italy, but also in the United States where he has won an Oscar.

Two friends, Adriana and Lidia, are waiting in line at the theater's ticket booth.

Adriana:	How long is it since we saw each other last?
Lidia:	At least two months. I haven't had a free moment. You know that you're looking very well?
Adriana:	You too are looking well.
Lidia:	Tell me, are you sure that we'll like this film?
Adriana:	Everyone says that it's a stupendous film.
Lidia:	Is it a mystery movie?
Adriana:	No, no. It's an historical film and I imagine that there will be many beautiful costumes.
Lidia:	Usually I prefer films that deal with politics, energy, or pollution of the environment.
Adriana:	I remember that once you were very fond of films by Antonioni and Visconti.
Lidia:	And you were fond of films from the American underground and of science fiction films.
Adriana:	That's true, I was easily carried away, but my tastes have changed.
Lidia:	Here we are at the ticket window.
Girl in the booth:	How many tickets?
Lidia:	Two.
Adriana:	Where shall we sit?
Lidia:	In the first few rows because I forgot my glasses at home.
Adriana:	We'll find seats because many people are leaving now.

14 Runner on track!

What many people do not know is that today in Italy there are about four million skiers. For the last few years skiing has been a popular sport, and every year, the number of skiers increases. So, in December, January, and February it isn't easy to find a free room in the mountains, especially during Christmas vacation when many students go skiing. Then, those who don't know how to ski can go to the mountains to see the snow and to breathe the pure air, so different from the polluted air of the cities.

For skiers everything is easier today. For example, those (people) who want to can reach the ski slopes with the lift. So there is more time for the long downhill runs, especially for those (people) who go only on Saturday and Sunday. And after a long downhill run on the slopes (tracks), who doesn't like resting in front of the cheerful fire of a beautiful fireplace?

In Italy there are many winter resorts, such as Cortina d'Ampezzo and Sestriere on the Alps. But there are also winter resorts on the Apennines: the Abetone in Tuscany, Roccaraso in Abruzzi, the Altopiano of Laceno which is an hour away from Naples, and many others.

John and Frank took advantage of a few vacation days and went skiing on the Abetone. They have just finished a long downhill run and now they're taking off their boots.

John:	Did you have a good time?
Frank:	Very much. I had not been skiing for two years. But it's really cold.
John:	That's true, but you must admit that the mountain air is good for you.
Frank:	I agree. I'm a bit tired, and you?
John:	I'm not tired but one foot hurts. What would you like to do now?
Frank:	Well, the sun has not set yet; if you want, we can go back to Florence.

15 At a café

Italians go to bars or to cafés for hundreds of reasons; for appointments, to chat with friends, to write letters, to read the newspaper and, naturally, to have espresso coffee or an aperitif.

Adriana goes into a bar with Bob, an Italian-American who is studying at the University for Foreigners. They met at the home of one of Adriana's cousins a few nights ago.

Waiter:	Would you like to sit outside?
Bob:	What do you mean, outside? Don't you see that it's raining?
Waiter:	I was kidding. Is this table in the corner all right?
Adriana:	Yes.
Waiter:	What will you have, an ice cream?
Adriana:	You like to make jokes. In this cold weather? Coffee for me.
Bob:	And for me a boiling hot cappuccino.
Waiter:	Very well.
Bob:	Well, what are we going to do this evening?
Adriana:	Well, this morning I phoned my cousin and we decided to go dancing.
Bob:	Where, at her house?

Adriana:	No, we'll go to a very nice discotheque.
Bob:	Is John coming too?
Adriana:	John and Lidia are coming. John dances very well, you know.
Bob:	You'll see I'm pretty good too.
Adriana:	I believe it.
Bob:	I'll bring my camera so that next week I'll be able to send some pictures to my sister.
Adriana:	Or to your girlfriend?
Bob:	No, no, to my sister. She knows all the modern dances. Where can the waiter be? He hasn't come back yet.
Adriana:	Here he is.
Waiter:	I beg your pardon. Here is the tea for the young lady and the cold cappuccino for the gentleman.
Adriana:	Do you always joke?
Waiter:	No, only when it rains.
Bob:	*(later)* Waiter, the bill please.
Waiter:	I'm paying. (It's on me.)

16   A soccer game

As everyone knows, soccer is popular in all countries of the world, but especially in Europe and in Latin America. Today soccer is beginning to be popular in the United States also. Italians like all sports: soccer, skiing, tennis, boxing, and the races; but their favorite sport is soccer, and every Sunday millions of fans watch the soccer games in the stadiums or on television. In Italy seventy-five percent of the population follows, at least occasionally, the soccer games for the championship. At any rate, half (of the population) does it regularly.

Mario and Michael are very fond of soccer. Today is Sunday and they are sitting in front of the television set, watching the telecast of a game between Milan and Florence.

Michael:	It's going badly for Florence because the referee is biased (partisan).
Mario:	He does not like our soccer players!
Michael:	(It's envy.) He's jealous because our players are in great shape.
Mario:	Here comes Fattori; that's it Fattori, keep it up.
Michael:	Go!, good for you! Hurrah, he scored.
Mario:	Now it's two to two.
Michael:	Do you remember when our team played in Spain?
Mario:	Of course! I wanted to go there to cheer them on, but the trip was too expensive.
Michael:	What's Parducci doing? Where did he learn to play?
Mario:	The last minutes are always long.
Michael:	If they continue to play like that, we're in trouble.
Mario:	Finally! The game is over.
Michael:	Well, a tie is better than a loss (defeat). What time is it?
Mario:	It's only ten after four.
Michael:	It's early. Why don't we play cards?
Mario:	Great idea. But tomorrow we'll play tennis, right?
Michael:	O.K.

17 What kind of an accent does she have?

Eugenia, a young woman from Vicenza who has studied in Florence and who teaches Italian in an upper secondary school in Mantua, has returned to Florence for a brief visit. At this moment she is in her room in a boarding house near the station and she is phoning her friend Adriana.

Eugenia:	Hello. Adriana? Finally. This is the fourth time I've tried.
Adriana:	Who's speaking? (Who is this?)
Eugenia:	Don't you recognize my voice? It's Eugenia.
Adriana:	Ah, welcome back! When did you arrive?
Eugenia:	Last night at eight o'clock. I'm staying in Florence for four days.
Adriana:	I got back just a few minutes ago. I had gone shopping with my cousin. Do you remember her?
Eugenia:	Of course. Isn't she the young woman who speaks with a slight Sicilian accent?
Adriana:	No, that's Carmela, my sister-in-law.
Eugenia:	Now I remember. I was wrong.
Adriana:	My cousin is Laura, and she speaks with a Florentine accent like I do.
Eugenia:	Well, how are your studies going?
Adriana:	Not bad. I will graduate this year. But you never write!
Eugenia:	I've thought of you so many times but teaching doesn't leave me a free moment. How is Laura?
Adriana:	Very well. I saw her last Thursday. We went to (see) a play by Goldoni.
Eugenia:	I bet it was *The Innkeeper.*
Adriana:	No. We saw *Harlequin, servant of two masters.*
Eugenia:	Lucky you! Do you know if they're putting it on tonight too?
Adriana:	No. On Mondays the theater is dark. And we went to the last performance. You won't believe it, but it was the fifteenth repeat performance.
Eugenia:	Too bad! Well, listen, when are we going to see each other?
Adriana:	If you want, today, about four o'clock. Is that O.K.?
Eugenia:	Very well. Then, see you at four o'clock in front of Santa Maria Novella.
Adriana:	Bye, bye.

18 Two tickets for two orchestra seats

Eugenia and Adriana bought two tickets for the performance of Ugo Betti's Corruption at the Palace of Justice. *Now they are in the lobby during intermission between the first and second act.*

Eugenia:	As I told you, I wanted to see Carlo Goldoni's *The servant of two masters,* but I confess that I liked the first act of this drama.
Adriana:	It's a serious drama, and I like serious dramas.
Eugenia:	The actors are real artists. I'm interested in Betti because in one of my courses I speak somewhat about modern Italian theater.
Adriana:	Don't you speak about the *Commedia dell'Arte?*
Eugenia:	Naturally, I do speak about it in a course that I give every other year on Italian culture of the Renaissance.

Adriana:	Do you ever speak to your students about Goldoni?
Eugenia:	Of course I do. It's true that his plays represent Venetian life of the XVIII century, but *The servant of two masters* goes back to the improvised play, that is, to the *Commedia dell'Arte*.
Adriana:	In fact, one of the characters is Harlequin, who is one of the most typical mask-characters of the *Commedia dell'Arte*.
Eugenia:	If I'm not mistaken, he was a mask-character from Bergamo.
Adriana:	And in fact he speaks in the dialect of Bergamo.
Eugenia:	Since you were telling me that you know Betti's dramas well, why don't you tell me a little about them.
Adriana:	Betti was a judge and his inspiration derives from crises, from the problems of justice and of human responsibility.
Eugenia:	I didn't know that.
Adriana:	I'll tell you more about it between the second and third acts.
Eugenia:	All right. In fact, the second act is about to begin.

19 The Church of Santa Croce

Eugenia and Adriana met early and went directly to a bookstore in Piazza Mercato Nuovo because Adriana wanted to buy Italo Calvino's latest novel and an anthology of Eugenio Montale's poems. For some time she had liked Calvino's novels and the poems of Montale, winner of the 1975 Nobel Prize. Now they are in front of the Church of Santa Croce and they have approached a group of Italian tourists who are listening to the guide, a young Florentine woman who is very familiar with the churches and museums of Florence.

Guide:	Let's go this way. Come here near me. Well, then, I'm sure that many of you have already seen this church, but it doesn't matter. There are some things that are well worth seeing many times. The Church of Santa Croce is a very old church. That statue in the middle of the square is the statue of Dante Alighieri, who, as you remember, is the author of the *Divine Comedy*. What Italian doesn't know by heart a few of Dante's verses? Dante used to come to this church often, here where were some excellent teachers. Naturally, the church today is not as it was in the XIII century. At that time, it was smaller and simpler. And now let's go into the church. . . As you see, the interior is very beautiful and important, not only artistically, but also because here are the tombs of many great Italians: Michelangelo, Niccolò Machiavelli, Galileo Galilei, Gioacchino Rossini, etc. There is also a cenotaph . . . come, it's this one; it's an empty tomb in honor of Dante. As you know, Dante is buried in Ravenna. And now let's go see Giotto's frescoes.

After about an hour, the visit is over and everybody leaves. Eugenia and Adriana start out toward Piazza del Duomo quickly.

Adriana:	In reality, the guide didn't say a great deal that was new.
Eugenia:	It's true, but she is a self-assured girl and she knows what she's

saying. Moreover, I didn't remember many things, but I'm not Florentine like you.

Adriana: Don't be silly! Be patient; let's go into this stationery store. I have to buy a ball-point pen and some stationery.

Eugenia: I'll wait for you outside. But hurry, don't try out every pen you see.

20 After a lecture

Professor Balducci's lecture on modern Italian poetry is over. Adriana and Gianni leave the classroom and sit down on a bench in the square nearby.

Adriana: Tell me the truth, did you like the lecture?

John: Yes, because Professor Balducci knows modern poetry well, especially the poetry of Ungaretti, Montale, and Quasimodo.

Adriana: He's a brilliant lecturer, but I don't share his preferences.

John: Why? Don't you like modern poetry?

Adriana: Not all of it. Modern poetry is less beautiful than romantic poetry.

John: I prefer contemporary poetry, even if it isn't as harmonious as romantic poetry.

Adriana: Contemporary poetry is too difficult for me.

John: It's less difficult than it seems.

Adriana: I, however, find it difficult.

John: Then you probably like twilight poetry.

Adriana: Yes, because I understand it.

John: And also because it speaks of simple things . . . and you like simple things!

Adriana: Don't be funny!

John: I said simple in the sense of humble. Do you like Guido Gozzano?

Adriana: Yes, very much.

John: Well, there is no accounting for tastes. But don't deny, on the contrary, you'll have to admit that today Italian poetry is known outside of Italy more than in the past thanks to Ungaretti, Montale, and Quasimodo.

Adriana: Yes, but Dante and Petrarch were also famous outside of Italy.

John: But I wasn't talking of ancient times.

Adriana: You are such a bore! Let's go.

21 At the train station

Yesterday Adriana received a telegram from Rome: "Leaving tomorrow six p.m. Arriving 11 p.m. Come to the station. Marina." Adriana has been at the station a few minutes when the train arrives.

Adriana: Hi, Marina. Did you have a good trip?

Marina: Yes; but you know, a funny thing happened to me.

Adriana: You fell in love with a "real Roman"!

Marina:	I only wish that were true! I had just started reading *Eva* when two old ladies came into my compartment.
Adriana:	And so?
Marina:	They said to me: close your magazine, Miss. Share (with us) these delicious rolls with mortadella.
Adriana:	Did you accept the invitation?
Marina:	No. I had eaten with some friends.
Adriana:	You were impolite.
Marina:	No, they were impolite. Do you know what they did? They got up and went into another compartment.
Adriana:	I remember that you hadn't been in Rome for a few years. Tell me, what's new?
Marina:	They have finally finished a new section of the subway and they have installed a conveyor belt (for people) that goes from Piazza di Spagna to Villa Borghese. Also the number of pedestrian malls has increased.
Adriana:	That's a good thing. This way there will be less pollution and less danger for the ancient monuments.
Marina:	And also fewer traffic jams, although for me, even with its traffic jams, Rome is the most beautiful city in Italy.
Adriana:	Don't exaggerate. Let's say that it's one of the more beautiful and older cities in Italy.
Marina:	I know you have your favorites (preferences)!. . . . But, look, of all things, there isn't even one porter.
Adriana:	It doesn't matter. Here are some baggage carts.
Marina:	It's a good thing!
Adriana:	Did you know that there is a taxi drivers' strike in Florence?
Marina:	Patience! We'll take the trackless trolley.

22 In front of a newsstand

It's four o'clock in the afternoon. Adriana and Marina are returning home from the university and they stop in front of a newsstand.

Marina:	*(to the newspaper vendor)* Do you have *La Nazione?*
Vendor:	No, *La Nazione* is sold out. You know how it is, here in Florence everybody buys it.
Marina:	In that case give me *La Stampa.*
Vendor:	Very well, here it is. That's four hundred liras.
Marina:	Do you have the *Daily American?*
Vendor:	Yes, look here, it's the last one. Here it is.
Adriana:	What's the *Daily American?*
Marina:	Don't you know? It's a newspaper in English that they publish in Rome. It has been out for many years. You must read it.
Adriana:	Yes, yes, I want to read it. It must be very useful for those who are learning English.
Marina:	When I have finished it, I'll give it to you; but you must return it to me.
Adriana:	Look how daring *Epoca*'s cover is!
Marina:	My father always says that times have changed.

Adriana:	And mine (my father) says that the world is becoming corrupt.
Marina:	And my mother doesn't understand anything about either divorce or the feminist movement.
Adriana:	*Epoca* is a good magazine, however.
Marina:	I usually read *Oggi*.
Adriana:	I read both of them, but do you know which magazine I really like?
Marina:	Which one? *The Review of Anthropology?*
Adriana:	Don't be silly. *The Reader's Digest Selection.*
Marina:	Not me. It's a terrible magazine.
Adriana:	Not at all. It's full of information and sometimes it even gives a summary of a best seller.
Marina:	It's a magazine of general information. I prefer magazines of political discussion, for example *L'Espresso*.
Adriana:	I admit that *L'Espresso* is an excellent magazine.
Marina:	Shall we go?

23 After a visit to an exhibition

Adriana has gone with her parents to Fort Belvedere where there is an exhibition devoted to the history of the Florentine May Music Festival, and now they are seated at a table in a restaurant in Borgo San Jacopo.

Mrs. Maratti:	There is no doubt that the view of Florence from Fort Belvedere is marvelous.
Mr. Maratti:	I could go there every week and I'm sure that I wouldn't be bored.
Adriana:	I remember very well when we went up there to see the exhibition of Henry Moore's sculptures.
Mrs. Maratti:	Unforgettable! But you must admit that the exhibition of the May Music Festival is also stupendous.
Waiter:	Good day. What will you have today?
Mrs. Maratti:	I'll have soup, and then roast chicken and chicory salad.
Adriana:	I'll have noodles Bologna-style and a plate of mixed fried food.
Mr. Maratti:	For me, minestrone with rice and boiled meat.
Waiter:	Mineral water?
Mr. Maratti:	Yes, carbonated mineral water and white wine of the house.
Mrs. Maratti:	You should have ordered non-carbonated mineral water; carbonated water isn't good for you.
Mr. Maratti:	Nonsense! On the contrary, it's good for you.
Marina:	You know Dad, one visit isn't enough. I really would like to see the exhibition a second time.
Mr. Maratti:	I agree. Do you realize that there are about one thousand sketches, model plates, costumes, and so many other things in the exhibit?
Mrs. Maratti:	It's a true history of the performances of the May Music Festival from 1933 to today.
Adriana:	I certainly would like to have De Chirico's sketch of *I Puritani*.
Waiter:	Here's the bread, the mineral water, and the wine.
Mr. Maratti:	*(He toasts to Adriana's health.)* Best wishes. Many happy returns!
Adriana:	Than you Dad! I had forgotten. Today we're celebrating my birthday.

24 I would have preferred seeing *A Masked Ball*

> *Adriana has acted as a guide for Bob, the Italian-American student, who wanted to see Michelangelo's* David *in the Museum of the Academy. They are now walking along the sidewalk on Cavour Street.*

Bob: I don't remember well, did you tell me that the David was sculptured between 1503 and 1505?

Adriana: No, between 1501 and 1503. They say that the marble block. . .

Bob: I know, the marble block was defective. It had been rejected by several sculptors.

Adriana: You see. The beauty of the Museum of the Academy is that it's a great museum, and at the same time it's small; you can see everything in a short time.

Bob: That's true; on the other hand, the Uffizi Museum is so huge that in an entire afternoon you can see only some of the more important paintings.

Adriana: Think of the poor tourist who only has a few hours for the Uffizi, the Pitti Palace and the Academy.

Bob: So, are we going to the Teatro Comunale this evening?

Adriana: No, the tickets for *A Masked Ball* are sold out. You will have to be satisfied with *Il Trovatore* tomorrow evening.

Bob: Now that I've been warned, I won't complain, but I would have preferred seeing *A Masked Ball*.

Adriana: At any rate you'll like the music because, like the music in *A Masked Ball,* it was written by Giuseppe Verdi.

Bob: Let's stop at this café. I'll treat you to a grilled sandwich.

Adriana: I accept.

25 On the *Ponte Vecchio*

> *A gentleman from Bari has entered a jewelry store on the Ponte Vecchio in Florence to buy a gift for his mother, and while he looks at various jewelry items, he talks to the goldsmith.*

Client: Did you ever think of changing your occupation?

Goldsmith: You're joking!

Client: Why?

Goldsmith: In my family we have always been goldsmiths.

Client: Always?

Goldsmith: Well, almost. Bastiano Signorini, one of my ancestors, opened a shop in Florence in 1749 and he founded the Signorini Firm in 1774.

Client: And when did you start being a goldsmith?

Goldsmith: I began working in the shop when I was eleven years old, and I took over the management of the business when my father died six years ago.

Client: Has the shop always been here on the Ponte Vecchio?

Goldsmith: Always. The store here and the shop upstairs, on the second floor.

Client: How many shops are there on the Ponte Vecchio?

Goldsmith: I don't know exactly. I'd say about fifty.

Client: Are they all old?

Goldsmith:	Not all of them, but the majority are. Some go back to the Renaissance, to Cellini's time. But by now handicrafts tend to disappear in Italy. Industry has changed many things, and sometimes I think we're going from bad to worse.
Client:	Do you have any children?
Goldsmith:	Yes, one.
Client:	Does your son intend to continue the family tradition?
Goldsmith:	It's better not to talk about that. He's now twelve years old and he's only interested in sports and rock music.
Client:	Let's get back to the gift for my mother when I return to Bari. . .
Goldsmith:	Let me open this box. . .
Client:	Your fascinating story about the goldsmiths on the *Ponte Vecchio* made me forget why I came in here.
Goldsmith:	I recommend this ring; it's a small masterpiece.
Client:	Or perhaps one of these Mickey Mouse watches would be better.
Goldsmith:	You like to joke. I keep them for the tourists. They're not works of art but we have to please everybody.

26 A political demonstration

Bertini, a lawyer, and Frugoni, an engineer, are walking on Corso Italia in Milan. They are anxious to arrive on time at a meeting of the board of directors of the Lombard Trucking Company. All of a sudden, as they arrive in Piazza del Duomo, Frugoni stops. In the square there are many people, many with a placard in their hands.

Bertini:	What is it? What's happening?
Frugoni:	I don't know.
Bertini:	Look, the police is there.
Frugoni:	It must be a political demonstration for the city elections. This one must be by the Socialist Party.
Bertini:	Then there will be the one by the Liberal Party, by the Republican Party, etc. Just like the demonstrations that there were a few years ago.
Frugoni:	That's right. In Italy we are rich in political parties.
Bertini:	And in demonstrations, in strikes, and in so many other things that industrialization has brought us.
Frugoni:	Still, you see, in spite of the political restlessness, Italy has its own stability.
Bertini:	May be! But the war ended almost forty years ago, and we still change our government almost every year.
Frugoni:	Today governments change often because public opinion changes more often. For me it is a proof that a democratic government can function.
Bertini:	Meanwhile we'd better go another way. Going this way we'll get there late.
Frugoni:	What time does the meeting start?
Bertini:	At five.
Frugoni:	Look, by turning left here, we'll save ten minutes.
Bertini:	They say that today's meeting will be difficult.
Frugoni:	Very much so. I have been working for the company for five years and I've never seen so many problems.

Bertini:	You're really a pessimist today.
Frugoni:	On the contrary, I'm an optimist but also a realist.
Bertini:	You know what? The sun is scalding hot. I'm taking my coat off.
Frugoni:	Me too. I'm perspiring.

27 A visit to a farm

A Milanese businessman is talking to the owner of a small farm in Umbria.

Farmer:	It's a small farm; but now I'm all alone.
Guest:	What do you grow (cultivate)?
Farmer:	I have a small vegetable garden, some fruit trees, and the rest is all grapes. What do you expect? I can't do much by myself.
Guest:	Don't you have any children?
Farmer:	Yes, four boys; but they all moved to the city.
Guest:	To look for work in the factories?
Farmer:	Why yes! One is in Turin, two are in Milan, and one is in Bologna.
Guest:	Do they earn much money?
Farmer:	Well, you know, let's say that they earn enough to get along.
Guest:	Why then, do the young people leave the countryside?
Farmer:	Because if they earn little in the city, how much do you think they earn here? Nothing.
Guest:	And so in this way the countryside becomes a desert.
Farmer:	Unfortunately. Here in Frattaroli once there were more than three hundred people. How many do you think there are today?
Guest:	I don't know. Two hundred?
Farmer:	If only there were! Only fifty-four and we're all old.
Guest:	By the way, I don't believe I explained to you the reason for my visit.
Farmer:	No; tell me.
Guest:	I'm looking for an old farmhouse for a well-known surgeon from Milan.
Farmer:	For a surgeon from Milan? What does he want to do with it?
Guest:	He'd like to convert it into a villa. Your farmhouse seems ideal to me.
Farmer:	My farm? My house?
Guest:	If you're interested, I can make you an excellent offer.
Farmer:	I wouldn't dream of it! You want me to abandon my home? At my age? Where would my wife and I go? What would we do?
Guest:	Think about it. I'll come back in a couple of weeks.
Farmer:	No, it's useless for you to come by again. I was born in this house and I intend to die in this house.

28 A missed lecture

John and Frank are at the door of the Public Hall of the university where a famous lecturer is going to speak.

John:	I'm sleepy. I slept poorly last night.
Frank:	No excuses. You'll sleep better tonight. There are two seats there on the right.

John:	Don't you think they are too close to the podium?
Frank:	I believe they are the only two that are unoccupied.
John:	Let's stay here near the door.
Frank:	But there are no seats.
John:	We'll stand.
Frank:	Stand? I think you're still looking for an excuse to leave.
John:	What's the title of the lecture?
Frank:	Italian industry at the end of the XX century.
John:	How boring! Why did we come?
Frank:	Because Professor De Rosa recommended it.
John:	Who's the lecturer?
Frank:	A famous industrialist: Giovanni Ansaldi.
John:	I know him. He can't be much.
Frank:	He's one of the richest industrialists in Europe.
John:	We still have time; let's leave.
Frank:	No, it's an important lecture.
John:	I'll take you to the Blue Jazz Café. I'll treat you to coffee.
Frank:	No.
John:	I'll treat you to pastries too.
Frank:	No.
John:	A sandwich roll . . . a coke . . . an ice coffee with whipped cream.
Frank:	No.
John:	What do you care about Italian industry at the end of the XIX century?
Frank:	Of the XX century, not the XIX century. Don't you understand that the future of Italy depends on its continued industrial development?
John:	Now I'm hungry and I'm thirsty. After coffee, I promise to worry about industry.
Frank:	Italy must increase its production of. . .
John:	I'll pay for everything.
Frank:	O.K., you convinced me.
John:	Quick, let's go. The lecturer is arriving.
Frank:	Where is he?
John:	He's that big blond young man in the hall. Let's leave before he sees us.

29 «Il Milione»

A gentleman is leafing through a book in a bookstore. The book seller comes near him and says:

Book seller:	I think the gentleman wants to buy a book as a gift?
Mr. Maratti:	A book that may interest a twenty-year old young man, a family friend.
Book seller:	We have hundreds, indeed thousands of books in this store. There must be one here that will interest your friend.
Mr. Maratti:	The problem is finding it.
Book seller:	Well, let's see. Can you give me more precise details? A book of science fiction? *Voyage toward Saturn* or *Frankenstein gone mad?*
Mr. Maratti:	No, no!
Book seller:	A novel? An American bestseller? An English mystery?
Mr. Maratti:	I don't think so. John reads a great deal and he's up-to-date on new things.

Book seller:	Perhaps an adventure book?
Mr. Maratti:	Heaven forbid! John must have hundreds of adventure books, especially adventure comic books.
Book seller:	Perhaps the biography of a famous person? A travel book?
Mr. Maratti:	There, a travel book would do it.
Book seller:	Good thing. Here are some excellent books: *Russia at close range* or *Across the United States*.
Mr. Maratti:	No. Something a little more exotic.
Book seller:	A classic? Christopher Columbus' travels, or the travels of Amerigo Vespucci, of Verrazzano?
Mr. Maratti:	What's this? Ah, look, Marco Polo's *Il Milione*.
Book seller:	But he has probably read it.
Mr. Maratti:	I don't think he has read it. Perhaps a selection in an anthology.
Book seller:	In that case give him this magnificent edition. The illustrations are extraordinary.
Mr. Maratti:	It's a book that one reads with interest more than once. Good, I'll take it.
Book seller:	Would you like me to make a nice little package?
Mr. Maratti:	Yes, thank you.

30 Beautiful weather—75 degrees—no smog

Francis and Mary Pellegrini, who have been living in Los Angeles for more than twenty years, have gone to the airport to pick up their niece who is coming from Italy. All of a sudden, they see her among the passengers who are coming out of customs.

Aunt Mary:	Renata, Renata, we're here, we're here!
Renata:	Aunt Mary, Uncle Francis. . .
Uncle Francis:	Welcome to America!
Aunt Mary:	Let me look at you; how you have grown!
Renata:	We haven't seen one another in four years.
Uncle Francis:	How was the trip?
Renata:	It was long and boring. I didn't think California was really this far.
Uncle Francis:	Did you see the North Pole?
Renata:	Not at all! It was almost dark when we passed by it; all you could see was snow and ice.
Aunt Mary:	Here in Los Angeles, instead, the weather is beautiful: 75 degrees, or as you say 24 degrees centigrade. And there's no smog. That's not bad for a December day.
Renata:	Well, how are you both? You seem to me to be in fine health.
Uncle Francis:	Yes, we're fine. How much luggage do you have?
Renata:	Three suitcases and a purse. By the way, regards from everyone.
Aunt Mary:	Thank you. Let's go then. *(They walk towards the exit of the airport.)*
Uncle Francis:	What do you think of America?
Renata:	I just got here; what do you expect me to think? Airports are all the same.
Uncle Francis:	You'll see that the rest is quite different.
Renata:	Finally I'll become acquainted with America from close up.

Aunt Mary:	But two months aren't enough.
Renata:	If I could, I would even stay a whole year.
Uncle Francis:	For us two months or a year is the same. It's up to you, we're happy to have you with us.
Renata:	I need to be back at the agency in Rome within two months. If I had asked for a year's leave, they might have given it to me, but now it's too late.
Aunt Mary:	I thought you could stay as long as you wanted.
Renata:	No. They gave me two months because they want me to learn English better.
Aunt Mary:	I understand. But, you did study English, didn't you?
Renata:	For four years. If I hadn't studied it, I'd be in big trouble!
Uncle Francis:	Here's our car.

31 The old emigrant

Adriana and Gianni are quickly crossing a square.

Adriana:	Hurry up.
John:	What's the hurry?
Adriana:	I want to see Salvatore Scaccia.
John:	Who's he?
Adriana:	What do you mean, who's he? Tell me, don't you read the newspapers?
John:	Rarely. They don't carry anything but bad news.
Adriana:	If you read them, you'd know that Salvatore Scaccia is an old emigrant who just returned from America.
John:	What does that mean? A lot of emigrants come back from America.
Adriana:	But Salvatore Scaccia is special, he's a legend.
John:	Why?
Adriana:	Because he is 93 years old, he has been away from Italy for 76 years, he's a millionaire and he has written a book.
John:	Can't be!
Adriana:	Yes. No only that; they say he donated a million dollars to his (native) town for the construction of a hospital.
John:	What was he doing in America?
Adriana:	I'm not sure. It seems that as a young man he was a bricklayer; then he became a contractor and he made a lot of money.
John:	Lucky guy! I wish he'd given me a tidy little million!
Adriana:	You must read his book: *Life of an emigrant.* It seems that he wrote it in English and that he then had it translated into Italian.
John:	Why? Doesn't he know Italian?
Adriana:	Yes, but in 76 years he has forgotten many things.
John:	What's he doing here today?
Adriana:	There is a press conference for the publication of his book.
John:	What town did you say he's from?
Adriana:	I didn't say because I don't know; but I do know that he's from Calabria.
John:	How is the book?
Adriana:	They say it's fascinating.

John:	Does it explain how to become a millionaire?
Adriana:	Come on, stop being funny. It's a serious book that tells the story of old emigrants and . . . here he is, here he is. It must be he. Do you see all the reporters?
John:	Let's go; I want to ask him something.
Adriana:	What?
John:	How he became a millionaire.
Adriana:	It's not easy to become a millionaire, but ask him anyway.

32 Italians abroad

Two gentlemen, about thirty, Umberto Baldoni and Marino Visconti, meet by chance in the galleria *of Piazza Colonna in Rome.*

Baldoni:	Visconti! Marino Visconti, is it really you?
Visconti:	Yes, indeed, dear Baldoni, what a wonderful surprise!
Baldoni:	How many years has it been since we saw each other last?
Visconti:	At least six, since we graduated.
Baldoni:	I had heard that you were abroad, but I didn't know where.
Visconti:	In the heart of Brazil, with a medical research expedition. After an absence of three years, I'm back in Italy for a brief vacation.
Baldoni:	That's right, you had an obsession with tropical diseases. Do you remember the long speeches you made us listen to?
Visconti:	Certainly. And what are you doing?
Baldoni:	I'm also working outside of Italy; in New York with the Italian mission to the United Nations.
Visconti:	It must be interesting work. And New York is still New York!
Baldoni:	I agree. New York is fascinating, but the work is monotonous at times.
Visconti:	How come you're in Italy?
Baldoni:	Every six months they have me come back to the Ministry of Foreign Affairs for a few days.
Visconti:	It seems to be an ideal job. Did you get married?
Baldoni:	Yes, a year ago. And you?
Visconti:	I'm still a bachelor.
Baldoni:	Do you ever see any of our old university friends?
Visconti:	Rarely. Few go out to the middle of the Brazilian jungles.
Baldoni:	I run into some of them once in a while. Today many Italians go to New York for one reason or another.
Visconti:	We're all somewhat scattered throughout the world, isn't that so?
Baldoni:	Oh yes. In Italy the possibilities for work are limited, and so emigration continues even among professionals. When are you going back?
Visconti:	Tomorrow morning.
Baldoni:	Why don't we meet tonight then? I'll have you meet my wife Helen.
Visconti:	Gladly; rather late (this evening), however, I have a lot to do, and among other things, I have to have my passport renewed.
Baldoni:	At nine o'clock, O.K.?
Visconti:	Yes, where? I'm staying at the Hotel Victoria.
Baldoni:	Very good; I'll come by with Helen to pick you up.
Visconti:	Goodbye; see you this evening.

Getting Around
in Italian

Greetings and general phrases	*Good morning* or *Good day.*	Buọn giorno.
	Good afternoon or *Good evening.*	Buona sera.
	Good night.	Buona notte.
	How are you?	Come sta Lei?
	Well.	Bene.
	Thank you.	Grạzie.
	And you?	E Lei?
	I am well, thank you.	Sto bene, grạzie.
	Sir or *Mr.*	Signore
	Madam or *Mrs.*	Signora
	Miss	Signorina
	Excuse me.	Scusi.
	If you please.	Per favore.
	Yes	Sì
	No	No
	You're welcome.	Prego.
	Do you understand?	Capisce?
	I understand.	Capisco.
	I don't understand.	Non capisco.
	I'm sorry, but I don't understand.	Mi dispiace, ma non capisco.
	Please speak slowly.	Per favore parli adạgio.
	Please repeat.	Per favore ripeta.
Location and directions	*Where is it?*	Dov'è?
	Where is the restaurant?	Dov'è il ristorante?
	I'm looking for the hotel.	Cerco l'albergo.
	the bank	la banca
	the barber shop	il barbiere
	the church	la chiesa
	the cleaner	la tintoria
	the dentist	il dentista

the doctor	il dottore
the drugstore	la farmacia
the filling station	il distributore di benzina
the hairdresser	il parrucchiere
the shoemaker	il calzolaio
the hospital	l'ospedale
the house	la casa
the laundry	la lavanderia
the movie theater	il cinema
the museum	il museo
the office	l'ufficio
the park	il giardino pubblico
the police officer	il vigile
the square	la piazza
the store	il negozio
the street	la via
Where is Columbus Street?	Dov'è Via Colombo?
the tailor shop	la sartoria
the telegraph office	il telegrafo
the telephone	il telefono
the telephone book	l'elenco telefonico
the theater	il teatro
the waiter	il cameriere
Where is the toilet?	Dov'è il gabinetto?
To the right	A destra
To the left	A sinistra
Straight ahead	Diritto
On the corner	All'angolo
Here	Qui
There	Là
Show me the way.	M'indichi la via.
A kilometer	Un chilometro

Numbers	zero	zero
	one	uno
	two	due
	three	tre
	four	quattro
	five	cinque
	six	sei
	seven	sette
	eight	otto
	nine	nove
	ten	dieci
	eleven	undici
	twelve	dodici
	thirteen	tredici
	fourteen	quattordici
	fifteen	quindici

sixteen	sędici
seventeen	diciassette
eighteen	diciotto
nineteen	diciannove
twenty	venti
twenty-one	ventuno
twenty-two	ventidue
twenty-three	ventitrè
twenty-eight	ventotto
thirty	trenta
forty	quaranta
fifty	cinquanta
sixty	sessanta
seventy	settanta
eighty	ottanta
ninety	novanta
one hundred	cento
one hundred and one	cento uno
two hundred	duecento
five hundred	cinquecento
seven hundred	settecento
nine hundred	novecento
one thousand	mille
two thousand	due mila
one million	un milione

Asking for	*What is it?*	Che cos'è?
what you want	*What is that?*	Che cos'è quello?
	What do you want?	Che cosa vuole?
	I want.	Vǫglio.

Food	*I am hungry.*	Ho fame.
	It's time for breakfast.	È l'ora di colazione.
	for lunch	di pranzo
	for dinner, supper	di cena
	Here is the menu.	Ecco la lista.
	I would like to eat.	Vorrei mangiare.
	I would like some bread.	Vorrei del pane.
	some butter	del burro
	some cheese	del formǎggio
	some chicken	del pollo
	some cream	della panna
	some dessert	del dolce
	some eggs	delle uova
	some fish	del pesce
	some fruit	della frutta
	some ham	del prosciutto

an ice cream	un gelato
some meat	della carne
some oranges	delle arance
some pepper	del pepe
some potatoes	delle patate
some rice	del riso
a salad	un'insalata
some salt	del sale
some soup	una minestra
some spaghetti	degli spaghetti
some sugar	dello zucchero
some vegetables	dei legumi
a beefsteak	una bistecca

Drinks

I'm thirsty.	Ho sete.
I would like to drink.	Vorrei bere.
I would like some water.	Vorrei dell'acqua.
some beer	della birra
some brandy	del cognac
some coffee	del caffè
some lemonade	della limonata
some milk	del latte
some soda water	dell'acqua di seltz
some wine	del vino
a bottle of wine	una bottiglia di vino
a cup of coffee	una tazza di caffè
a glass of milk	un bicchiere di latte

Miscellaneous

I would like a room.	Vorrei una camera.
a single room	una camera a un letto
a double room	una camera a due letti
a double bedroom	una camera matrimoniale
a room with bath	una camera con bagno
some cold water	dell'acqua fredda
some hot water	dell'acqua calda
a book	un libro
some cigarettes	delle sigarette
some matches	dei fiammiferi
some envelopes	delle buste
a fountain pen	una penna stilografica
some ink	dell'inchiostro
a newspaper	un giornale
some paper	della carta
a pen	una penna
a pencil	un lapis
some airmail stamps	dei francobolli per posta aerea
Please cut my hair.	Per favore mi tagli i capelli.

Shopping	How much is this?	Quanto costa questo?
	One hundred lire	Cento lire
	It's cheap.	Costa poco.
	It's expensive.	È caro.
	money	denaro
	Here is the money.	Ecco il denaro.
	A hundred dollar bill	Un biglietto da cento dollari
	A thousand lira bill	Un biglietto da mille lire
At the bank	I need money.	Ho bisogno di denaro.
	a check	un assegno
	Please cash this check for me.	Per favore mi cambi questo assegno.
	What is the rate of exchange?	Qual è il cambio?
	Please give me fifty dollars' worth of liras.	Per favore mi cambi cinquanta dollari in lire.
Clothes	I would like to buy a hat.	Vorrei comprare un cappello.
	a bathing suit	un costume da bagno
	a blouse	una camicetta
	some clothes	dei vestiti
	a dress	un vestito
	some gloves	dei guanti
	a handkerchief	un fazzoletto
	a jacket	una giacca
	an overcoat	un cappotto
	a raincoat	un impermeabile
	a shirt	una camicia
	some shoes	delle scarpe
	a skirt	una gonna
	some socks	dei calzini
	a suit	un abito
	a tie	una cravatta
	some trousers	dei pantaloni
	an umbrella	un ombrello
	I like it.	Mi piace.
	I don't like it.	Non mi piace.
Drug supplies	I want some aspirin.	Voglio dell'aspirina.
	some camera film	dei rotoli di pellicola
	some face powder	della cipria
	some hair pins	delle forcine
	some razor blades	delle lamette
	some safety pins	delle spille di sicurezza
	some shaving cream	della crema per barba

	some soap	del sapone
	some sunglasses	degli occhiali da sole
	a toothbrush	uno spazzolino da denti
	some toothpaste	della pasta dentifrįcia
	I don't feel well.	Non mi sento bene.
	I'm sick.	Sono ammalato.
	I have a headache.	Mi duole la testa.
	I have a toothache.	Mi duole un dente.

Transportation
Where is the railroad station?	Dov'è la stazione?
the airplane	l'aeroplano
the airport	l'aeroporto
the car	l'automǫbile
the baggage	il bagąglio
the baggage room	il depǫsito di bagagli
the bus	l'ąutobus
the custom inspection	la dogana
the dining car	il vagone ristorante
the ship	il pirǫscafo
the sleeping car	il vagone letti
the street car	il tram
the taxi	il tassì
Please call a taxi.	Per favore chiami un tassì.
the ticket	il biglietto
a first-class ticket	un biglietto di prima classe
a round-trip ticket	un biglietto d'andata e ritorno
I'm going second-class.	Vado in seconda classe.
A ticket to Florence	Un biglietto per Firenze

Time
What time is it?	Che ora è?
It's one o'clock.	È l'una.
It's two o'clock.	Sono le due.
It's a quarter after three.	Sono le tre e un quarto.
It's ten after three.	Sono le tre e dieci.
It's four-thirty.	Sono le quattro e mezza.
It's a quarter to five.	Sono le cįnque meno un quarto.
at what time	a che ora
leaves	parte
At what times does the train leave?	A che ora parte il treno?
It leaves at ten in the morning.	Parte alle dieci di mattina.
arrives	arriva

	It arrives at eleven in the evening.	Arriva alle undici di sera.
	starts	incomincia
	At what time does the movie start?	A che ora incomincia il film?
	today	oggi
	tomorrow	domani
	yesterday	ieri
	next week	la settimana prossima
	last week	la settimana scorsa
Days of the week	Sunday	domenica
	Monday	lunedì
	Tuesday	martedì
	Wednesday	mercoledì
	Thursday	giovedì
	Friday	venerdì
	Saturday	sabato
Months of the year	January	gennaio
	February	febbraio
	March	marzo
	April	aprile
	May	maggio
	June	giugno
	July	luglio
	August	agosto
	September	settembre
	October	ottobre
	November	novembre
	December	dicembre
Meeting people	What is your name?	Come si chiama Lei?
	My name is John Hill.	Mi chiamo Giovanni Hill.
	I am glad to know you, Mr. Hill.	Piacere di fare la Sua conoscenza, signor Hill.
	I would like to introduce Mrs. Hill.	Vorrei presentarLe la signora Hill.
	Delighted	Piacere
	I am a friend of Charles Rossi.	Sono un amico di Carlo Rossi.
	My parents know him well.	I miei genitori lo conoscono bene.
	Where are you from?	Di dov'è Lei?
	I'm from New York.	Sono di Nuova York.
	I'm an American.	Sono americano.

At the filling station	What can I do for you?	Che cosa desidera?
	How do you say "gasoline" in Italian?	Come si dice «gasoline» in italiano?
	We say "benzina."	Si dice «benzina.»
	Give me twenty liters of gasoline.	Mi dia venti litri di benzina.
	Which is the road to Rome?	Qual è la strada di Roma?
	Is it far?	È lontano?
	It's fifty kilometers from here.	È a cinquanta chilometri da qui.
	It's near.	È vicino.
	Thank you very much.	Mille grazie.
	Good-bye	Arrivederci
	So long	Ciao
	Have a nice trip.	Buon viaggio.

Verbs

Auxiliary Verbs

Simple tenses

Infinitive	**avere** to have		**ẹssere** to be	
Gerund	avendo		essendo	
Present indicative	ho	abbiamo	sono	siamo
	hai	avete	sei	siete
	ha	hanno	è	sono
Imperfect indicative	avevo	avevamo	ero	eravamo
	avevi	avevate	eri	eravate
	aveva	avẹvano	era	ẹrano
Past absolute	ebbi	avemmo	fui	fummo
	avesti	aveste	fosti	foste
	ebbe	ẹbbero	fu	fụrono
Future	avrò	avremo	sarò	saremo
	avrai	avrete	sarai	sarete
	avrà	avranno	sarà	saranno
Present conditional	avrei	avremmo	sarei	saremmo
	avresti	avreste	saresti	sareste
	avrebbe	avrẹbbero	sarebbe	sarẹbbero
Imperative	——	abbiamo	——	siamo
	abbi	abbiate	sii	siate
	ạbbia	ạbbiano	sia	sịano
Present subjunctive	ạbbia	abbiamo	sia	siamo
	ạbbia	abbiate	sia	siate
	ạbbia	ạbbiano	sia	sịano
Imperfect subjunctive	avessi	avẹssimo	fossi	fọssimo
	avessi	aveste	fossi	foste
	avesse	avẹssero	fosse	fọssero

Compound tenses

Past participle	avuto		stato (-a, -i, -e)	
Perfect infinitive	avere avuto		ẹssere stato (-a, -i, -e)	
Past gerund	avendo avuto		essendo stato (-a, -i, -e)	

Present perfect indicative	ho hai ha	avuto	sono sei è	stato (-a)
	abbiamo avete hanno		siamo siete sono	stati (-e)
Past perfect indicative I	avevo avevi aveva	avuto	ero eri era	stato (-a)
	avevamo avevate avẹvano		eravamo eravate ẹrano	stati (-e)
Past perfect indicative II	ebbi avesti ebbe	avuto	fui fosti fu	stato (-a)
	avemmo aveste ẹbbero		fummo foste fụrono	stati (-e)

Future perfect	avrò avrai avrà	**avuto**	sarò sarai sarà	**stato (-a)**	
	avremo avrete avranno		saremo sarete saranno	**stati (-e)**	
Perfect conditional	avrei avresti avrebbe	**avuto**	sarei saresti sarebbe	**stato (-a)**	
	avremmo avreste avrębbero		saremmo sareste sarębbero	**stati (-e)**	
Present perfect subjunctive	ạbbia ạbbia ạbbia	**avuto**	sia sia sia	**stato (-a)**	
	abbiamo abbiate ạbbiano		siamo siate sịano	**stati (-e)**	
Past perfect subjunctive	avessi avessi avesse	**avuto**	fossi fossi fosse	**stato (-a)**	
	avęssimo aveste avęssero		fǫssimo foste fǫssero	**stati (-e)**	

Regular verbs

Simple tenses

Infinitives

1ST CONJUGATION	2ND CONJUGATION	3RD CONJUGATION	
parl **are**	ripẹt **ere**	cap **ire**	dorm **ire**

Gerunds

	ripet **endo**	cap **endo**	dorm **endo**

Present indicative

parl **o**	ripet **o**	cap **isc o**	dorm **o**
parl **i**	ripet **i**	cap **isc i**	dorm **i**
parl **a**	ripet **e**	cap **isc e**	dorm **e**
parl **iamo**	ripet **iamo**	cap **iamo**	dorm **iamo**
parl **ate**	ripet **ete**	cap **ite**	dorm **ite**
pạrl **ano**	ripẹt **ono**	cap **ịsc ono**	dọrm **ono**

Imperfect indicative

parl **avo**	ripet **evo**	cap **ivo**	dorm **ivo**
parl **avi**	ripet **evi**	cap **ivi**	dorm **ivi**
parl **ava**	ripet **eva**	cap **iva**	dorm **iva**
parl **avamo**	ripet **evamo**	cap **ivamo**	dorm **ivamo**
parl **avate**	ripet **evate**	cap **ivate**	dorm **ivate**
parl **ạvano**	ripet **ẹvano**	cap **ịvano**	dorm **ịvano**

Past absolute

parl **ai**	ripet **ei**	cap **ii**	dorm **ii**
parl **asti**	ripet **esti**	cap **isti**	dorm **isti**
parl **ò**	ripet **è**	cap **ì**	dorm **ì**
parl **ammo**	ripet **emmo**	cap **immo**	dorm **immo**
parl **aste**	ripet **este**	cap **iste**	dorm **iste**
parl **ạrono**	ripet **ẹrono**	cap **ịrono**	dorm **ịrono**

Future

parler **ò**	ripeter **ò**	capir **ò**	dormir **ò**
parler **ai**	ripeter **ai**	capir **ai**	dormir **ai**
parler **à**	ripeter **à**	capir **à**	dormir **à**
parler **emo**	ripeter **emo**	capir **emo**	dormir **emo**
parler **ete**	ripeter **ete**	capir **ete**	dormir **ete**
parler **anno**	ripeter **anno**	capir **anno**	dormir **anno**

Present conditional

parler ei	ripeter ei	capir ei	dormir ei
parler esti	ripeter esti	capir esti	dormir esti
parler ebbe	ripeter ebbe	capir ebbe	dormir ebbe
parler emmo	ripeter emmo	capir emmo	dormir emmo
parler este	ripeter este	capir este	dormir este
parler ebbero	ripeter ebbero	capir ebbero	dormir ebbero

Imperative

——	——	——	——
parl a	ripet i	cap isc i	dorm i
parl i	ripet a	cap isc a	dorm a
parl iamo	ripet iamo	cap iamo	dorm iamo
parl ate	ripet ete	cap ite	dorm ite
parl ino	ripet ano	cap isc ano	dorm ano

Present subjunctive

parl i	ripet a	cap isc a	dorm a
parl i	ripet a	cap isc a	dorm a
parl i	ripet a	cap isc a	dorm a
parl iamo	ripet iamo	cap iamo	dorm iamo
parl iate	ripet iate	cap iate	dorm iate
parl ino	ripet ano	cap isc ano	dorm ano

Imperfect subjunctive

parl assi	ripet essi	cap issi	dorm issi
parl assi	ripet essi	cap issi	dorm issi
parl asse	ripet esse	cap isse	dorm isse
parl assimo	ripet essimo	cap issimo	dorm issimo
parl aste	ripet este	cap iste	dorm iste
parl assero	ripet essero	cap issero	dorm issero

Compound tenses

Past participles

| parl **ato** | ripet **uto** | cap **ito** | dorm **ito** . |

Perfect infinitives

| **avere** parlato | **avere** ripetuto | **avere** capito | **avere** dormito |

Past gerunds

| **avendo** parlato | **avendo** ripetuto | **avendo** capito | **avendo** dormito |

Present perfect indicative

| ho
hai
ha
abbiamo
avete
hanno | parlato | ripetuto | capito | dormito |

Past perfect indicative I

| avevo
avevi
aveva
avevamo
avevate
avẹvano | parlato | ripetuto | capito | dormito |

Past perfect indicative II

| ebbi
avesti
ebbe
avemmo
aveste
ẹbbero | parlato | ripetuto | capito | dormito |

Future perfect

| avrò avrai avrà avremo avrete avranno | parlato | ripetuto | capito | dormito |

Perfect conditional

| avrei avresti avrebbe avremmo avreste avrębbero | parlato | ripetuto | capito | dormito |

Present perfect subjunctive

| ạbbia ạbbia ạbbia abbiamo abbiate ạbbiano | parlato | ripetuto | capito | dormito |

Past perfect subjunctive

| avessi avessi avesse avęssimo aveste avęssero | parlato | ripetuto | capito | dormito |

Irregular Verbs

Notes on the irregular verbs

1. An asterisk (*) indicates that the verb is conjugated with **ęssere**.
2. A dagger (†) indicates that the verb is sometimes conjugated with **ęssere**, sometimes with **avere**. In general, the verbs marked with a dagger are conjugated with **avere** when they take a direct object.
3. The following verbs are conjugated on the charts:

accendere	dire	perdere	riscuotere	sorridere
andare	dirigere	piacere	rispondere	spendere
bere	dovere	potere	riuscire	stare
chiedere	fare	prendere	rivedere	tenere
chiudere	giungere	raggiungere	salire	uscire
conoscere	leggere	richiedere	sapere	valere
correre	mettere	riconoscere	scegliere	vedere
corrispondere	morire	ridere	scendere	venire
dare	nascere	rimanere	scrivere	vivere
decidere	parere	riprendere	sedere	volere

Infinitive	Gerund and Past participle	Present indicative	Imperfect indicative	Past absolute
accẹndere *to light*	accendendo acceso	accendo accendi accende accendiamo accendete accẹndono	accendevo accendevi accendeva accendevamo accendevate accendẹvano	accesi accendesti accese accendemmo accendeste accẹsero
andare* *to go*	andando andato	vado vai va andiamo andate vanno	andavo andavi andava andavamo andavate andạvano	andai andasti andò andammo andaste andạrono
bere *to drink*	bevendo bevuto	bevo bevi beve beviamo bevete bẹvono	bevevo bevevi beveva bevevamo bevevate bevẹvano	bevvi bevesti bevve bevemmo beveste bẹvvero
chiẹdere *to ask*	chiedendo chiesto	chiedo chiedi chiede chiediamo chiedete chiẹdono	chiedevo chiedevi chiedeva chiedevamo chiedevate chiedẹvano	chiesi chiedesti chiese chiedemmo chiedeste chiẹsero
chiụdere *to close*	chiudendo chiuso	chiudo chiudi chiude chiudiamo chiudete chiụdono	chiudevo chiudevi chiudeva chiudevamo chiudevate chiudẹvano	chiusi chiudesti chiuse chiudemmo chiudeste chiụsero
conọscere *to know*	conoscendo conosciuto	conosco conosci conosce conosciamo conoscete conọscono	conoscevo conoscevi conosceva conoscevamo conoscevate conoscẹvano	conobbi conoscesti conobbe conoscemmo conosceste conọbbero

Future	Present conditional	Imperative	Present subjunctive	Imperfect subjunctive
accenderò	accenderei	——	accenda	accendessi
accenderai	accenderesti	accendi	accenda	accendessi
accenderà	accenderebbe	accenda	accenda	accendesse
accenderemo	accenderemmo	accendiamo	accendiamo	accendęssimo
accenderete	accendereste	accendete	accendiate	accendeste
accenderanno	accenderębbero	accęndano	accęndano	accendęssero
andrò	andrei	——	vada	andassi
andrai	andresti	va'	vada	andassi
andrà	andrebbe	vada	vada	andasse
andremo	andremmo	andiamo	andiamo	andạssimo
andrete	andreste	andate	andiate	andaste
andranno	andrębbero	vạdano	vạdano	andạssero
berrò	berrei	——	beva	bevessi
berrai	berresti	bevi	beva	bevessi
berrà	berrebbe	beva	beva	bevesse
berremo	berremmo	beviamo	beviamo	bevęssimo
berrete	berreste	bevete	beviate	beveste
berranno	berrębbero	bęvano	bęvano	bevęssero
chiederò	chiederei	——	chieda	chiedessi
chiederai	chiederesti	chiedi	chieda	chiedessi
chiederà	chiederebbe	chieda	chieda	chiedesse
chiederemo	chiederemmo	chiediamo	chiediamo	chiedęssimo
chiederete	chiedereste	chiedete	chiediate	chiedeste
chiederanno	chiederębbero	chiędano	chiędano	chiedęssero
chiuderò	chiuderei	——	chiuda	chiudessi
chiuderai	chiuderesti	chiudi	chiuda	chiudessi
chiuderà	chiuderebbe	chiuda	chiuda	chiudesse
chiuderemo	chiuderemmo	chiudiamo	chiudiamo	chiudęssimo
chiuderete	chiudereste	chiudete	chiudiate	chiudeste
chiuderanno	chiuderębbero	chiụdano	chiụdano	chiudęssero
conoscerò	conoscerei	——	conosca	conoscessi
conoscerai	conosceresti	conosci	conosca	conoscessi
conoscerà	conoscerebbe	conosca	conosca	conoscesse
conosceremo	conosceremmo	conosciamo	conosciamo	conoscęssimo
conoscerete	conoscereste	conoscete	conosciate	conosceste
conosceranno	conoscerębbero	conọscano	conọscano	conoscęssero

Infinitive	Gerund and Past participle	Present indicative	Imperfect indicative	Past absolute
cọrrere† *to run*	correndo corso	corro corri corre corriamo correte cọrrono	correvo correvi correva correvamo correvate corrẹvano	corsi corresti corse corremmo correste cọrsero
corrispọndere *see* **rispọndere** *to correspond*				
dare *to give*	dando dato	do dai dà diamo date danno	davo davi dava davamo davate dạvano	diedi desti diede demmo deste diẹdero
decịdere *to decide*	decidendo deciso	decido decidi decide decidiamo decidete decịdono	decidevo decidevi decideva decidevamo decidevate decidẹvano	decisi decidesti decise decidemmo decideste decịsero
dire *to say, to tell*	dicendo detto	dico dici dice diciamo dite dịcono	dicevo dicevi diceva dicevamo dicevate dicẹvano	dissi dicesti disse dicemmo diceste dịssero
dirịgere *to direct*	dirigendo diretto	dirigo dirigi dirige dirigiamo dirigete dirịgono	dirigevo dirigevi dirigeva dirigevamo dirigevate dirigẹvano	diressi dirigesti diresse dirigemmo dirigeste dirẹssero
dovere† *to have to, must*	dovendo dovuto	devo devi deve dobbiamo dovete dẹvono	dovevo dovevi doveva dovevamo dovevate dovẹvano	dovei dovesti dovè dovemmo doveste dovẹrono

Future	Present conditional	Imperative	Present subjunctive	Imperfect subjunctive
correrò	correrei	——	corra	corressi
correrai	correresti	corri	corra	corressi
correrà	correrebbe	corra	corra	corresse
correremo	correremmo	corriamo	corriamo	corressimo
correrete	correreste	correte	corriate	correste
correranno	correrebbero	corrano	corrano	corressero
darò	darei	——	dia	dessi
darai	daresti	da'	dia	dessi
darà	darebbe	dia	dia	desse
daremo	daremmo	diamo	diamo	dessimo
darete	dareste	date	diate	deste
daranno	darebbero	diano	diano	dessero
deciderò	deciderei	——	decida	decidessi
deciderai	decideresti	decidi	decida	decidessi
deciderà	deciderebbe	decida	decida	decidesse
decideremo	decideremmo	decidiamo	decidiamo	decidessimo
deciderete	decidereste	decidete	decidiate	decideste
decideranno	deciderebbero	decidano	decidano	decidessero
dirò	direi	——	dica	dicessi
dirai	diresti	di'	dica	dicessi
dirà	direbbe	dica	dica	dicesse
diremo	diremmo	diciamo	diciamo	dicessimo
direte	direste	dite	diciate	diceste
diranno	direbbero	dicano	dicano	dicessero
dirigerò	dirigerei	——	diriga	dirigessi
dirigerai	dirigeresti	dirigi	diriga	dirigessi
dirigerà	dirigerebbe	diriga	diriga	dirigesse
dirigeremo	dirigeremmo	dirigiamo	dirigiamo	dirigessimo
dirigerete	dirigereste	dirigete	dirigiate	dirigeste
dirigeranno	dirigerebbero	dirigano	dirigano	dirigessero
dovrò	dovrei	——	deva	dovessi
dovrai	dovresti	——	deva	dovessi
dovrà	dovrebbe	——	deva	dovesse
dovremo	dovremmo	——	dobbiamo	dovessimo
dovrete	dovreste	——	dobbiate	doveste
dovranno	dovrebbero	——	devano	dovessero

Infinitive	Gerund and Past participle	Present indicative	Imperfect indicative	Past absolute
fare *to do,* *to make*	facendo fatto	fạccio (fo) fai fa facciamo fate fanno	facevo facevi faceva facevamo facevate facẹvano	feci facesti fece facemmo faceste fẹcero
giụngere† *to arrive,* *to join*	giungendo giunto	giungo giungi giunge giungiamo giungete giụngono	giungevo giungevi giungeva giungevamo giungevate giungẹvano	giunsi giungesti giunse giungemmo giungeste giụnsero
lẹggere *to read*	leggendo letto	leggo leggi legge leggiamo leggete lẹggono	leggevo leggevi leggeva leggevamo leggevate leggẹvano	lessi leggesti lesse leggemmo leggeste lẹssero
mẹttere *to put*	mettendo messo	metto metti mette mettiamo mettete mẹttono	mettevo mettevi metteva mettevamo mettevate mettẹvano	misi mettesti mise mettemmo metteste mịsero
morire* *to die*	morendo morto	muoio muori muore moriamo morite muọiono	morivo morivi moriva morivamo morivate morịvano	morii moristi morì morimmo moriste morịrono
nạscere* *to be born*	nascendo nato	nasco nasci nasce nasciamo nascete nạscono	nascevo nascevi nasceva nascevamo nascevate nascẹvano	nạcqui nascesti nạcque nascemmo nasceste nạcquero

Future	Present conditional	Imperative	Present subjunctive	Imperfect subjunctive
farò	farei	——	faccia	facessi
farai	faresti	fa'	faccia	facessi
farà	farebbe	faccia	faccia	facesse
faremo	faremmo	facciamo	facciamo	facessimo
farete	fareste	fate	facciate	faceste
faranno	farebbero	facciano	facciano	facessero
giungerò	giungerei	——	giunga	giungessi
giungerai	giungeresti	giungi	giunga	giungessi
giungerà	giungerebbe	giunga	giunga	giungesse
giungeremo	giungeremmo	giungiamo	giungiamo	giungessimo
giungerete	giungereste	giungete	giungiate	giungeste
giungeranno	giungerebbero	giungano	giungano	giungessero
leggerò	leggerei	——	legga	leggessi
leggerai	leggeresti	leggi	legga	leggessi
leggerà	leggerebbe	legga	legga	leggesse
leggeremo	leggeremmo	leggiamo	leggiamo	leggessimo
leggerete	leggereste	leggete	leggiate	leggeste
leggeranno	leggerebbero	leggano	leggano	leggessero
metterò	metterei	——	metta	mettessi
metterai	metteresti	metti	metta	mettessi
metterà	metterebbe	metta	metta	mettesse
metteremo	metteremmo	mettiamo	mettiamo	mettessimo
metterete	mettereste	mettete	mettiate	metteste
metteranno	metterebbero	mettano	mettano	mettessero
morrò	morrei	——	muoia	morissi
morrai	morresti	muori	muoia	morissi
morrà	morrebbe	muoia	muoia	morisse
morremo	morremmo	moriamo	moriamo	morissimo
morrete	morreste	morite	moriate	moriste
morranno	morrebbero	muoiano	muoiano	morissero
nascerò	nascerei	——	nasca	nascessi
nascerai	nasceresti	nasci	nasca	nascessi
nascerà	nascerebbe	nasca	nasca	nascesse
nasceremo	nasceremmo	nasciamo	nasciamo	nascessimo
nascerete	nascereste	nascete	nasciate	nasceste
nasceranno	nascerebbero	nascano	nascano	nascessero

Infinitive	Gerund and Past participle	Present indicative	Imperfect indicative	Past absolute
parere* *to seem*	parendo parso	paio pari pare paiamo parete paiono	parivo parivi pariva parivamo parivate parivano	parvi paresti parve paremmo pareste parvero
perdere *to lose*	perdendo perso	perdo perdi perde perdiamo perdete perdono	perdevo perdevi perdeva perdevamo perdevate perdevano	persi perdesti perse perdemmo perdeste persero
piacere* *to be pleasing*	piacendo piaciuto	piaccio piaci piace piacciamo piacete piacciono	piacevo piacevi piaceva piacevamo piacevate piacevano	piacqui piacesti piacque piacemmo piaceste piacquero
potere† *to be able*	potendo potuto	posso puoi può possiamo potete possono	potevo potevi poteva potevamo potevate potevano	potei potesti potè potemmo poteste poterono
prendere *to take*	prendendo preso	prendo prendi prende prendiamo prendete prendono	prendevo prendevi prendeva prendevamo prendevate prendevano	presi prendesti prese prendemmo prendeste presero

raggiungere *see* **giungere**
to join, to reach

richiedere *see* **chiedere**
to request,
to require

riconoscere *see* **conoscere**
to recognize

Future	Present conditional	Imperative	Present subjunctive	Imperfect subjunctive
parrò	parrei	——	paia	paressi
parrai	parresti	——	paia	paressi
parrà	parrebbe	——	paia	paresse
parremo	parremmo	——	paiamo	paressimo
parrete	parreste	——	paiate	pareste
parranno	parrebbero	——	paiano	paressero
perderò	perderei	——	perda	perdessi
perderai	perderesti	perdi	perda	perdessi
perderà	perderebbe	perda	perda	perdesse
perderemo	perderemmo	perdiamo	perdiamo	perdessimo
perderete	perdereste	perdete	perdiate	perdestero
perderanno	perderebbero	perdano	perdano	perdessero
piacerò	piacerei	——	piaccia	piacessi
piacerai	piaceresti	piaci	piaccia	piacessi
piacerà	piacerebbe	piaccia	piaccia	piacesse
piaceremo	piaceremmo	piacciamo	piacciamo	piacessimo
piacerete	piacereste	piacete	piacciate	piaceste
piaceranno	piacerebbero	piacciano	piacciano	piacessero
potrò	potrei	——	possa	potessi
potrai	potresti	——	possa	potessi
potrà	potrebbe	——	possa	potesse
potremo	potremmo	——	possiamo	potessimo
potrete	potreste	——	possiate	poteste
potranno	potrebbero	——	possano	potessero
prenderò	prenderei	——	prenda	prendessi
prenderai	prenderesti	prendi	prenda	prendessi
prenderà	prenderebbe	prenda	prenda	prendesse
prenderemo	prenderemmo	prendiamo	prendiamo	prendessimo
prenderete	prendereste	prendete	prendiate	prendeste
prenderanno	prenderebbero	prendano	prendano	prendessero

Infinitive	Gerund and Past participle	Present indicative	Imperfect indicative	Past absolute
rìdere *to laugh*	ridendo riso	rido ridi ride ridiamo ridete rìdono	ridevo ridevi rideva ridevamo ridevate ridèvano	risi ridesti rise ridemmo rideste rìsero
rimanere* *to remain*	rimanendo rimasto	rimango rimani rimane rimaniamo rimanete rimàngono	rimanevo rimanevi rimaneva rimanevamo rimanevate rimanèvano	rimasi rimanesti rimase rimanemmo rimaneste rimàsero
riprèndere *see* **prèndere** *to take again, to resume*				
riscuòtere *to cash*	riscuotendo riscosso	riscuoto riscuoti riscuote riscuotiamo riscuotete riscuòtono	riscuotevo riscuotevi riscuoteva riscuotevamo riscuotevate riscuotèvano	riscossi riscuotesti riscosse riscuotemmo riscuoteste riscossero
rispòndere *to answer*	rispondendo risposto	rispondo rispondi risponde rispondiamo rispondete rispòndono	rispondevo rispondevi rispondeva rispondevamo rispondevate rispondèvano	risposi rispondesti rispose rispondemmo rispondeste rispòsero
riuscire* *see* **uscire** *to succeed*				
rivedere *see* **vedere** *to see again*				
salire† *to go up*	salendo salito	salgo sali sale saliamo salite sàlgono	salivo salivi saliva salivamo salivate salìvano	salii salisti salì salimmo saliste salìrono

Future	Present conditional	Imperative	Present subjunctive	Imperfect subjunctive
riderò	riderei	——	rida	ridessi
riderai	rideresti	ridi	rida	ridessi
riderà	riderebbe	rida	rida	ridesse
rideremo	rideremmo	ridiamo	ridiamo	ridessimo
riderete	ridereste	ridete	ridiate	rideste
rideranno	riderebbero	ridano	ridano	ridessero
rimarrò	rimarrei	——	rimanga	rimanessi
rimarrai	rimarresti	rimani	rimanga	rimanessi
rimarrà	rimarrebbe	rimanga	rimanga	rimanesse
rimarremo	rimarremmo	rimaniamo	rimaniamo	rimanessimo
rimarrete	rimarreste	rimanete	rimaniate	rimaneste
rimarranno	rimarrebbero	rimangano	rimangano	rimanessero
riscuoterò	riscuoterei	——	riscuota	riscuotessi
riscuoterai	riscuoteresti	riscuoti	riscuota	riscuotessi
riscuoterà	riscuoterebbe	riscuota	riscuota	riscuotesse
riscuoteremo	riscuoteremmo	riscuotiamo	riscuotiamo	riscuotessimo
riscuoterete	riscuotereste	riscuotete	riscuotiate	riscuoteste
riscuoteranno	riscuoterebbero	riscuotano	riscuotano	riscuotessero
risponderò	risponderei	——	risponda	rispondessi
risponderai	risponderesti	rispondi	risponda	rispondessi
risponderà	risponderebbe	risponda	risponda	rispondesse
risponderemo	risponderemmo	rispondiamo	rispondiamo	rispondessimo
risponderete	rispondereste	rispondete	rispondiate	rispondeste
risponderanno	risponderebbero	rispondano	rispondano	rispondessero
salirò	salirei	——	salga	salissi
salirai	saliresti	sali	salga	salissi
salirà	salirebbe	salga	salga	salisse
saliremo	saliremmo	saliamo	saliamo	salissimo
salirete	salireste	salite	saliate	saliste
saliranno	salirebbero	salgano	salgano	salissero

Infinitive	Gerund and Past participle	Present indicative	Imperfect indicative	Past absolute
sapere *to know*	sapendo saputo	so sai sa sappiamo sapete sanno	sapevo sapevi sapeva sapevamo sapevate sapẹvano	seppi sapesti seppe sapemmo sapeste sẹppero
scẹgliere *to choose*	scegliendo scelto	scelgo scegli scẹglie scegliamo scegliete scẹlgono	sceglievo sceglievi sceglieva sceglievamo sceglievate sceglịẹvano	scelsi scegliesti scelse scegliemmo sceglieste scẹlsero
scẹndere† *to go down*	scendendo sceso	scendo scendi scende scendiamo scendete scẹndono	scendevo scendevi scendeva scendevamo scendevate scendẹvano	scesi scendesti scese scendemmo scendeste scẹsero
scrịvere *to write*	scrivendo scritto	scrivo scrivi scrive scriviamo scrivete scrịvono	scrivevo scrivevi scriveva scrivevamo scrivevate scrivẹvano	scrissi scrivesti scrisse scrivemmo scriveste scrịssero
sedere *to sit down*	sedendo seduto	siedo siedi siede sediamo sedete siẹdono	sedevo sedevi sedeva sedevamo sedevate sedẹvano	sedei sedesti sedè sedemmo sedeste sedẹrono
sorrịdere *see* **rịdere** *to smile*				
spẹndere *to spend*	spendendo speso	spendo spendi spende spendiamo spendete spẹndono	spendevo spendevi spendeva spendevamo spendevate spendẹvano	spesi spendesti spese spendemmo spendeste spẹsero

Future	Present conditional	Imperative	Present subjunctive	Imperfect subjunctive
saprò	saprei	——	sappia	sapessi
saprai	sapresti	sappi	sappia	sapessi
saprà	saprebbe	sappia	sappia	sapesse
sapremo	sapremmo	sappiamo	sappiamo	sapessimo
saprete	sapreste	sappiate	sappiate	sapeste
sapranno	saprebbero	sappiano	sappiano	sapessero
sceglierò	sceglierei	——	scelga	scegliessi
sceglierai	sceglieresti	scegli	scelga	scegliessi
sceglierà	sceglierebbe	scelga	scelga	scegliesse
sceglieremo	sceglieremmo	scegliamo	scegliamo	scegliessimo
sceglierete	scegliereste	scegliete	scegliate	sceglieste
sceglieranno	sceglierebbero	scelgano	scelgano	scegliessero
scenderò	scenderei	——	scenda	scendessi
scenderai	scenderesti	scendi	scenda	scendessi
scenderà	scenderebbe	scenda	scenda	scendesse
scenderemo	scenderemmo	scendiamo	scendiamo	scendessimo
scenderete	scendereste	scendete	scendiate	scendeste
scenderanno	scenderebbero	scendano	scendano	scendessero
scriverò	scriverei	——	scriva	scrivessi
scriverai	scriveresti	scrivi	scriva	scrivessi
scriverà	scriverebbe	scriva	scriva	scrivesse
scriveremo	scriveremmo	scriviamo	scriviamo	scrivessimo
scriverete	scrivereste	scrivete	scriviate	scriveste
scriveranno	scriverebbero	scrivano	scrivano	scrivessero
sederò	sederei	——	sieda	sedessi
sederai	sederesti	siedi	sieda	sedessi
sederà	sederebbe	sieda	sieda	sedesse
sederemo	sederemmo	sediamo	sediamo	sedessimo
sederete	sedereste	sedete	sediate	sedeste
sederanno	sederebbero	siedano	siedano	sedessero
spenderò	spenderei	——	spenda	spendessi
sepnderai	spenderesti	spendi	spenda	spendessi
spenderà	spenderebbe	spenda	spenda	spendesse
spenderemo	spenderemmo	spendiamo	spendiamo	spendessimo
spenderete	spendereste	spendete	spendiate	spendeste
spenderanno	spenderebbero	spendano	spendano	spendessero

Infinitive	Gerund and Past participle	Present indicative	Imperfect indicative	Past absolute
stare* _to stay_	stando stato	sto stai sta stiamo state stanno	stavo stavi stava stavamo stavate stavano	stetti stesti stette stemmo steste stettero
tenere* _to keep_	tenendo tenuto	tengo tieni tiene teniamo tenete tengono	tenevo tenevi teneva tenevamo tenevate tenevano	tenni tenesti tenne tenemmo teneste tennero
uscire* _to go out_	uscendo uscito	esco esci esce usciamo uscite escono	uscivo uscivi usciva uscivamo uscivate uscivano	uscii uscisti uscì uscimmo usciste uscirono
valere* _to be worth_	valendo valso	valgo vali vale valiamo valete valgono	valevo valevi valeva valevamo valevate valevano	valsi valesti valse valemmo valeste valsero
vedere _to see_	vedendo veduto (visto)	vedo vedi vede vediamo vedete vedono	vedevo vedevi vedeva vedevamo vedevate vedevano	vidi vedesti vide vedemmo vedeste videro
venire* _to come_	venendo venuto	vengo vieni viene veniamo venite vengono	venivo venivi veniva venivamo venivate venivano	venni venisti venne venimmo veniste vennero

Future	Present conditional	Imperative	Present subjunctive	Imperfect subjunctive
starò	starei	——	stia	stessi
starai	staresti	sta'	stia	stessi
starà	starebbe	stia	stia	stesse
staremo	staremmo	stiamo	stiamo	stessimo
starete	stareste	state	stiate	steste
staranno	starebbero	stiano	stiano	stessero
terrò	terrei	——	tenga	tenessi
terrai	terresti	tieni	tenga	tenessi
terrà	terrebbe	tenga	tenga	tenesse
terremo	terremmo	teniamo	teniamo	tenessimo
terrete	terreste	tenete	teniate	teneste
terranno	terrebbero	tengano	tengano	tenessero
uscirò	uscirei	——	esca	uscissi
uscirai	usciresti	esci	esca	uscissi
uscirà	uscirebbe	esca	esca	uscisse
usciremo	usciremmo	usciamo	usciamo	uscissimo
uscirete	uscireste	uscite	usciate	usciste
usciranno	uscirebbero	escano	escano	uscissero
varrò	varrei	——	valga	valessi
varrai	varresti	vali	valga	valessi
varrà	varrebbe	valga	valga	valesse
varremo	varremmo	valiamo	valiamo	valessimo
varrete	varreste	valete	valiate	valeste
varranno	varrebbero	valgano	valgano	valessero
vedrò	vedrei	——	veda	vedessi
vedrai	vedresti	vedi	veda	vedessi
vedrà	vedrebbe	veda	veda	vedesse
vedremo	vedremmo	vediamo	vediamo	vedessimo
vedrete	vedreste	vedete	vediate	vedeste
vedranno	vedrebbero	vedano	vedano	vedessero
verrò	verrei	——	venga	venissi
verrai	verresti	vieni	venga	venissi
verrà	verrebbe	venga	venga	venisse
verremo	verremmo	veniamo	veniamo	venissimo
verrete	verreste	venite	veniate	veniste
verranno	verrebbero	vengano	vengano	venissero

Infinitive	Gerund and Past participle	Present indicative	Imperfect indicative	Past absolute
vivere† *to live*	vivendo vissuto	vivo vivi vive viviamo vivete vivono	vivevo vivevi viveva vivevamo vivevate vivevano	vissi vivesti visse vivemmo viveste vissero
volere† *to want*	volendo voluto	voglio vuoi vuole vogliamo volete vogliono	volevo volevi voleva volevamo volevate volevano	volli volesti volle volemmo voleste vollero

Future	Present conditional	Imperative	Present subjunctive	Imperfect subjunctive
vivrò	vivrei	——	viva	vivessi
vivrai	vivresti	vivi	viva	vivessi
vivrà	vivrebbe	viva	viva	vivesse
vivremo	vivremmo	viviamo	viviamo	vivęssimo
vivrete	vivreste	vivete	viviate	viveste
vivranno	vivrębbero	vịvano	vịvano	vivęssero
vorrò	vorrei	——	vǫglia	volessi
vorrai	vorresti	vogli	vǫglia	volessi
vorrà	vorrebbe	vǫglia	vǫglia	volesse
vorremo	vorremmo	vogliamo	vogliamo	volęssimo
vorrete	vorreste	vogliate	vogliate	voleste
vorranno	vorrębbero	vǫgliano	vǫgliano	volęssero

Vocabolario Italiano–Inglese

A

a at, in, to
abbandonare to abandon
abbastanza enough
abitante *(m. & f.)* inhabitant
abitare to live
abito suit
a causa (di) because (of)
accademia academy
accendere to light
accennare to mention
accento accent
accentuarsi to become greater
accettare to accept
accettato! I accept!
accontentarsi (di) to be satisfied (with)
accordo: d'accordo! agreed!
accusa accusation
acqua water
acquistare to acquire
Adamo Adam
addizione *(f.)* addition
adesso now
Adriana girl's name
aeroporto airport
affare *(m.)* business (one transaction); **affari** *(pl.)* business
affascinante fascinating
affatto at all
affollato crowded
affresco fresco, painting
affrontare to face up (to), to deal with

agenzia di viaggi travel agency
aggettivo adjective
agricolo agricultural
agricoltore *(m.)* farmer
aiuto help, aid
albergo hotel
albero tree; **albero da frutta** fruit tree
Alighieri, Dante (1265–1321) Italy's greatest poet
allegria cheer, joy
allegro cheerful
allora then, in that case
almeno at least
Alpi *(f. pl.)* Alps
altare *(m.)* altar
alterato changed; altered
altopiano plateau
altro other; **altro?** anything else?; **(non) altro che** nothing but; **fra l'altro** among other things
alzare to lift; **alzarsi** to get up
Amalfi *(f.)* city near Naples
ambiente *(m.)* environment
americano American
amica friend
amico friend; **amico di famiglia** family friend
ammettere to admit
ammirare to admire
anche also, too, even
ancora still, yet, also, even
andare to go; **andare al centro** to go downtown; **andare a piedi** to go on foot; **andare a**

prendere to meet, to pick up; **andare a rotoli** to go to ruin; **andare d'accordo** to be in agreement; **andare di male in peggio** to go from bad to worse; **andare meglio** to be best, to be more advisable; **andare via** to go away
andarsene to leave, to go away
anello ring
anglosassone Anglosaxon
angolo corner
Anna Ann
anno year; **di anno in anno** from one year to the next
annoiarsi to be bored, to get bored
ansioso anxious
antenato ancestor
antico old, ancient; **all'antica** in the old-fashioned way
antologia anthology
Antonioni, Michelangelo Italian movie director
antropologia anthropology
anzi on the contrary, as a matter of fact
aperitivo aperitif
aperto open; **all'aperto** in the open, outside
appaltatore *(m.)* contractor
appartamento apartment
appartenere to belong
appassionato fond of, crazy about
appena hardly, just, as soon as

Appennini *(m. pl.)* Apennines
apprezzare to appreciate
approfittare to take advantage
appuntamento appointment
appunto note
aprire to open
arancia orange
arbitro referee
architettura architecture
aria air, aria
Arlecchino Harlequin
armonia harmony
armonioso harmonious
Arno river that flows through Florence
arricchirsi to become rich
arrivare to arrive
arrivederci good-bye, so long *(familiar)*
arrivederla good-bye *(polite)*
arrivo arrival, coming
arrosto roasted
arte *(f.)* art
articolo article
artigianato handicraft
artigiano artisan
artista *(m. & f.)* artist
artisticamente artistically
ascoltare to listen (to)
aspettare to wait (for)
aspetto appearance, shape
assaggiare to taste
assegno check; **assegno per viaggiatori** travelers' check
assenza absence
assoluto absolute
attentamente attentively
attenzione *(f.)* attention
attimo moment
attirare to attract
attività activity
atto act
attore *(m.)* actor
attraversare to cross
attraverso across, through
attrezzato equipped
auguri *(m. pl.)* best wishes
aula classroom; **aula magna** university assembly hall
aumentare to increase

aumento increase; **è in continuo aumento** grows continuously
autobus *(m.)* bus
autore *(m.)* author
autopulman *(m.)* bus
auto-trasporti *(m. pl.)* trucking
avere to have; **avere bisogno di** to need; **avere intenzione di** to intend to
avvenimento event
avvenire *(m.)* future
avventura adventure
avvertire to warn
avviarsi to get started
avvicinarsi to approach, to go near
avvocato lawyer

B

baccalà *(m.)* (dried) codfish
bagaglio baggage
bagno bathroom
ballare to dance
balletto ballet
ballo ball, dance; **Il Ballo in Maschera** *(The Masked Ball)* an opera by Giuseppe Verdi
bambino child, little boy
banca bank
bar *(m.)* coffee shop, café
baraccone *(m.)* large barn
barbiere *(m.)* barber
base *(f.)* basis
bastare to be enough, to be sufficient
Bari *(f.)* a city on the southeast coast of Italy
be' abbreviation of **bene** well
beato lui! lucky fellow!
bellezza beauty
bellissimo very beautiful
bello beautiful; **il bello** the beauty
bene well; **va bene?** is it all right?; **stare bene** to look well, to be well
benissimo very well

benvenuto welcome
bere to drink
bergamasco of the city of Bergamo, the dialect of Bergamo
Betti, Ugo 20th century Italian playwright
bevono (from **bere**) they drink
bianco white
biblioteca library
biglietto ticket
biografia biography
biondo blonde
biro *(f.)* ballpoint pen
birra beer
bisnonno great grandfather
bisognare to be necessary
bisogno need; **avere bisogno di** to need
blocco block
bollente boiling
bollito boiled meat
Bologna a city in the Po Valley
bolognese of Bologna; **alla Bolognese** Bolognese style
Borgo San Jacopo a street in Florence
borsa purse, bag
borsetta handbag
bottega shop, workshop
botteghino ticket booth
Botticelli, Sandro (1444--1510) Florentine painter
bozzetto sketch
brano selection
Brasile *(m.)* Brazil
bravo good, good for you, bravo, great
breve brief
brevemente briefly
brillante brilliant
brindare (a) to toast (a person)
Bruno boy's name
brutto ugly
bugia lie
buio dark
buono good; **buon divertimento** have a good time; **buon giorno** good morning, good day; **buon**

viaggio have a good trip; **che c'è di buono?** what's good?
burro butter

C

cadere to fall
caduta fall
caffè *(m.)* coffee, coffee shop; **caffè macchiato** coffee with a little milk; **caffè amaro** black coffee
caffelatte *(m.)* coffee with milk
calabrese from Calabria
calciatore *(m.)* soccer player
calcio soccer
Calvino, Italo 20th century Italian writer
calcolare to estimate
calza stocking, sock
cambiare to change; **cambiare strada** to go another way
cambio exchange
camera bedroom
cameriere *(m.)* waiter
caminetto fireplace
camminare to walk
campagna countryside, country
campanello bell
campanile *(m.)* belfry, bell tower
campionato championship
campo field; **campo di sci** ski slope
canale *(m.)* canal
Canal Grande *(m.)* Grand Canal (in Venice)
cannolo a Sicilian pastry
cantare to sing
canto: d'altro canto on the other hand
canzone *(f.)* song
capitale *(f.)* capital
capitolo chapter
Capodanno New Year's Day
capolavoro masterpiece
cappella chapel; **Cappella Sistina** Sistine Chapel (in the Vatican)
cappuccino coffee with steam-heated milk

Capri *(f.)* a small island in the gulf of Naples
caramella candy
caratteristico characteristic
carciofo artichoke
carino pretty
Carlo Charles
Carmela girl's name
carne *(f.)* meat
caro dear, expensive
carota carrot
carrello baggage cart
carta paper, playing card; **carta da scrivere** stationery
cartoleria stationery store
cartolina postcard
casa house, home; **a casa sua** at (to) his (her) house; **a casa** (at) home
Cascine *(f. pl.)* Florence's largest park
cassa cashier (*literally:* cash register)
catena chain
cattedra desk, podium
Cavour, Camillo Benso di 19th century Italian statesman
c'è. . .? is . . . there?
ce l'ha? do you have (something)?
Cellini, Benvenuto (1500–1571) Italian Renaissance goldsmith
cena supper
cenare to have supper
cenotafio cenotaph
centesimo cent
centigrado centigrade
cento di questi giorni many happy returns
centrale central
centro invernale winter resort
ceramica ceramics
cercare to look for
certamente certainly
certo certain, sure, of course; **certo che** there is no doubt that
cessare to cease
che who, that which, what; **che. . .!** what a. . .!; **che c'è?**

what's up?; **che c'è di buono?** what's good?; **che c'è di nuovo?** what's new? **che ne pensi?** what do you think of it?; **che noia!** how boring!; **che ore sono?** what time is it?; **che peccato!** what a shame!
chi who, whom, he who, him who; **di chi?** whose?
chiamare to call; **chiamarsi** to be called (one's name)
chiaramente clearly
chiedere to ask
chiesa church; **Chiesa di San Marco** St. Mark's Church (in Venice); **Chiesa di Santa Croce** Church of the Holy Cross (in Florence)
chiesto *(p.p. of* **chiedere***)* asked
chirurgo surgeon
chiudere to close
chiuso closed
ciao hello, good-bye (*colloquial*)
ciascuno each
cibo food
cinema *(m.)* movies
cinquantina (una) about fifty
ciò che that which, what
cioè that is, namely
circa about
circondare to surround
città city
cittadino citizen; *(adj.)* of the city
civiltà civilization
classe *(f.)* class, classroom
classico classic
cliente *(m. & f.)* client
codice della strada *(m.)* traffic laws
cognato brother-in-law
cognata sister-in-law
cognome *(m.)* last name
colazione *(f.)* lunch; **prima colazione** breakfast
collina hill
Colombo, Cristoforo Christopher Columbus

Colosseo Colosseum
coltivare to cultivate
coltivato cultivated
come how, as, like, as well as; **come. . .?** how do you mean?; **come no!** of course, certainly; **come si dice?** how do you say?; **come sta** *(polite)* how are you?; **come stai?** *(familiar)* how are you?; **come ti chiami?** *(familiar)* what's your name?; **come va?** how is it going?; **come va che. . .?** how come. . .?; **come va la scuola?** how is school going?
cominciare to begin
commedia comedy; **Commedia dell'arte** Improvised Comedy
commerciale commercial, business
commesso clerk
comodo comfortable
compagno companion, chum; **compagno di scuola** school friend
compito homework
compleanno birthday
completo complete
compositore *(m.)* composer
comprare to buy
compre: fare delle compre to shop
comunale municipal
comune common; *(m.)* city state
comunque in any case
con with
conclave *(m.)* conclave
condividere *(p.p. condiviso)* to share
conferenza lecture; **conferenza stampa** press conference
conferenziere *(m.)* lecturer
conferire (isc) to confer
confessare to confess
congresso convention
conoscere to know, to be acquainted with
consigliare to advise

consonante *(f.)* consonant
contaminato polluted
contemporaneo contemporary
contentare to satisfy; **contentarsi** to be satisfied
continuare to continue
continuo continuous
conto bill, check; **rendersi conto** to realize
contrario: al contrario on the contrary
contributo contribution
conversazione *(f.)* conversation
convertire to convert
convincere to convince
convinto *(p.p. of convincere)* convinced
copertina cover
coperto *(p.p. of coprire)* covered
copia copy
corrente: al corrente abreast, current
corretto correct
corridoio corridor
corruzione *(f.)* corruption
corsa race
corso course, avenue
cosa thing; **cosa? che cosa?** what?; **cosa c'è di nuovo?** what's new?; **cosa te ne importa?** what do you care?
così so, thus, in that case
cosicchè so that
costa coast
costare to cost
costituzione *(f.)* constitution
costruire (isc) to build
costruzione *(f.)* construction
costume *(m.)* costume, custom
creazione *(f.)* creation
credere to believe, to think; **credere + ci** to believe in (something)
crepuscolare twilight, name applied to a school of poetry of the early 20th century
crescere to grow
crisi *(f.)* crisis
cristiano Christian

croce *(f.)* cross
cucina kitchen, cuisine, cooking
cugina cousin
cugino cousin
cultura culture
cuoco cook
cuore *(m.)* heart
curioso curious

D

da from; **da lì** from there
dai! go! (sports fans' cry)
dappertutto everywhere
dare to give; **dare su** to face, to overlook
data date
davanti (a) in front (of), before
David (il) David (sculpture by Michelangelo)
davvero really
decennio decade
De Chirico, Giorgio 20th century painter
decidere to decide, *(p.p. deciso)*
dedicato dedicated, devoted
delizioso delicious, delightful
democratico democratic
democrazia democracy
democristiano Christian democrat
denaro money
derivare to derive
deserto desert
desiderare to wish, to desire; **desidera?** what can I do for you?
destra right; **a destra** to the right
detto *(p.p. of dire)* said, told
di of, from, than, about, by, in; **di + def. art.** some, any
dialetto dialect
dice (from **dire**) says
dietro behind
difettoso defective
difficile difficult
difficoltà difficulty
dimenticare to forget

dimmi un po' tell me (something)

Dio God; **Dio ce ne guardi** God forbid

dipendere to depend

dire to say, to tell; **sentire dire** to hear it said; **si dice** they say

direttamente directly

direttore *(m.)* director

direzione *(f.)* direction, management, board

diritto right

discesa descent

disco record

discorso speech

discoteca discotheque

discussione *(f.)* discussion

disoccupazione *(f.)* unemployment

dispense *(f. pl.)* class notes

dispiacere to be sorry; **mi dispiace** I'm sorry

ditta firm

diventare to become

diverso different; *(pl.)* several

divertimento amusement; **buon divertimento** have a good time

divertente amusing

divertirsi to have a good time

Divina Commedia Divine Comedy (Dante's masterpiece)

diviso divided

divorzio divorce

divulgazione *(f.)* popularization

dizionario dictionary

Doge *(m.)* Doge, leader of the old Venetian Republic

dolce sweet

dollaro dollar

domandare to ask

domani tomorrow

domenica Sunday

dominare to dominate, to rule

donna woman

dono gift

dopo after, afterwards

dormire to sleep

dottore *(m.)* doctor

dottoressa female doctor

dove where

dovere to ought to, must, to owe

dramma *(m.)* drama, play

dubbio doubt

dubitare to doubt

dunque well, well then

duomo cathedral

durante during

durare to last

E

e, ed and

è is

eccellente excellent

eccezionale exceptional

ecco here is, here are, there is, there are; **ecco fatto** all done; **eccoci** here we are; **eccoli** here they are

economia economics

economico economical

edicola newsstand

edificio building

edizione *(f.)* edition

eh? O.K.?

eh, sì! that's right!

elefante *(m.)* elephant

elegante elegant

eleggere to elect

Elena Helen

elettrodomestico home appliance

elezione *(f.)* election

eliminare to eliminate

emigrante *(m. & f.)* emigrant

emigrazione *(f.)* emigration

Emilia Emily

energia energy

entrare to enter

entrata entrance

entro within

entusiasmarsi to be carried away

episodio episode

Epoca *Epoch,* an Italian magazine

eppure and still, yet

erba grass

errore *(m.)* error

esagerare to exaggerate

esame *(m.)* examination

esaurito sold out

esce (from **uscire**) goes out

esclusivamente exclusively

escono (from **uscire**) they go out

esempio example

esercitare to exercise

esercizio exercise

esiguo small, meagre

esotico exotic

esploratore *(m.)* explorer

espressione *(f.)* expression

espresso espresso coffee; *Espresso Express,* Italian weekly

esprimere to express

essenziale essential

essere to be; **essere al corrente** to be abreast of; **essere d'accordo** to be in agreement; **essere in ritardo** to be late (of a person or thing)

estero foreign; **all'estero** abroad

estivo of the summer, summer *(adj.)*

Estremo Oriente Far East

età age

etnico ethnic(al)

etto Hectogram, measure of weight = 3.527 oz.

Europa Europe

Eva *Eve* (a magazine)

evviva! hurrah!

F

fa ago

fabbrica factory

facchino porter

facile easy

facilmente easily

fagiolino string bean

fama fame

fame *(f.)* hunger; **avere fame** to be hungry

famiglia family

famoso famous

fantascienza science fiction

fantasia fantasy, fancy
fantạstico fantastic
fare to do, to make, to let; **fare bene** to be good for; **fare da guida** to act as a guide; **fare delle cọmpre** to make some purchases; **fare due chiạcchiere** to chat; **fare due passi** to take a stroll; **fare il tifo** to root; **fare la coda** to wait in line; **fare la spesa** to shop for groceries; **fare male** to be bad for; **fare parte di** to be part of; **fare presto** to hurry; **fare una scampagnata** to go on a picnic; **fare (il muratore, l'orẹfice)** to be (a bricklayer, a goldsmith); **fare lo spiritoso** to (try) to be funny
farmacia drugstore
fatto (*p.p.* of **fare**) done; **infatti** in fact
fattoria farm house
fattura bill
favore (m.) favor; **per favore** please
favorẹvole favorable
felice happy
felicità happiness
femminista (m. & f.) feminist
fermarsi to stop
fetta slice; **fetta biscottata** zwieback
feudale feudal
fiero proud
fịglia daughter
fịglio son; (pl.) sons, children
figliolo son
figurativo visual
figurino model, plate
fila row
fịlobus (m.) trackless trolley
filosofia philosophy
finalmente finally
fine (f.) end; **fine-settimana** (m.) weekend
finestra window
finire to finish
fino a until, up to
fiore (m.) flower
Fiorentina Florentine soccer team

fiorentino Florentine
fiorire (isc) to flourish
Firenze (f.) Florence
fissarsi to be obsessed
fiume (m.) river
flusso flux
fondare to found
fondatore (m.) founder
forma form, shape
formạggio cheese
fornạio baker
forse perhaps
forte strong, loud
Forte Belvedere (m.) an old fortress in the Florence hills
fortuna fortune, luck; **per fortuna** fortunately
fortunato te! lucky you!
forza force, strength; **forza!** go to it! (fan's cry)
fotografia picture, photograph
fra among, between; **fra l'altro** among other things
frạgola strawberry
Francesco Francis
Franco Frank
francobollo postage stamp
frantumarsi to break up
frase (f.) sentence
frattempo: **nel frattempo** meanwhile
freddo cold
fresco fresh; **stare fresco** to be in trouble, in a fix
fretta haste, hurry; **avere fretta** to be in a hurry
fritto misto mixed fry platter
frutta fruit
fruttivẹndolo greengrocer
fumare to smoke
fumetti: **a fumetti** like a comic strip
funzionare to function
fuoco fire
fuori out, outside

G

Galilei, Galileo (1564--1642) Italian scientist
galleria arcade

gas (m.) gas
gassato with gas, carbonated
gatto cat
gelato ice cream
gẹnere (m.) gender
Gẹnesi (f.) *Genesis*
gẹnio genius
genitore (m.) parent
gente (f.) people
gentile kind
gettare to throw; **gettar fuori** to throw out
gettone (m.) token (*for public telephones*)
ghiạccio ice
già already, all right, that's right
giacca jacket, coat
Giạcomo James
giallo (romanzo) mystery story, detective (movies)
Gianni (abbreviation of **Giovanni**) Johnny
Giannini, Amedeo (1870--1949) financier, founder of the Bank of America
giapponese Japanese
Giardino dei Bọboli a park connected with the Pitti Palace in Florence
giocare to play; **giocare a** + *noun* to play a game or a sport
gioielleria jewelry shop
gioielliere (m.) jeweller
gioiello jewel
giornalạio newspaper vendor
giornale (m.) newspaper
giornaliero daily
giornalista (m. & f.) journalist
giornata day (descriptive)
giorno day
Giotto (1276--1337) Florentine painter and architect
giọvane young, (n.) young man; **da giovane** as a young man
giovanotto young man
girare to go around
giro tour; **in giro** around
gita trip, excursion
giụdice (m.) judge

Giudizio Universale Last Judgement

giungla jungle

giustizia justice

Goldoni, Carlo (1707--1793) playwright

governare to govern

governo government

Gozzano, Guido (1883--1916) poet

grado degree

grammatica grammar

grandemente greatly

grandinare to hail

grandioso grandiose

granita di caffè ice coffee

grazie thank you, thanks

Graziella girl's name

greco Greek

grigio gray

Grotta Azzurra Blue Grotto

gruppo group

guadagnare to earn

guardare to look, to look at; **guarda chi si vede** look who's here; **guarda un po'** of all things

guerra war

guida guide

guidare to drive

gustare to taste

gusto taste; **i gusti son gusti** everyone to his taste

H

hai you have *(familiar);* **hai lezione?** do you have class?

ho I have

I

ideale ideal

ieri yesterday; **ieri sera** last night; **ieri l'altro** (or **l'altro ieri**) the day before yesterday

illustrato illustrated

illustrazione *(f.)* illustration

imbroglione *(m.)* cheat

imbucare to mail

immaginarsi to imagine

immaginazione *(f.)* imagination

immenso immense

imparare to learn

impazzito crazed, gone mad

impegnato committed

impianto installation

impiegato clerk; *(verb)* employed

impiego job, position

importante important

importare to matter

impostare to mail

impronta imprint

improvvisato improvised

incluso included

incontrare to meet; **incontrarsi** to meet with

incontro match (in sports)

indiano Indian

indicazione *(f.)* hint, indication

indimenticabile unforgettable

individuo individual

industria industry

industriale *(m.)* industrialist

industrializzazione (f.) industrialization

infatti in fact

influsso influence

informazione *(f.)* a piece of information, *(pl.)* information

ingegnere *(m.)* engineer

inglese English, *(m.)* English language

ingorgo obstacle; **ingorgo di traffico** traffic jam

inizio beginning

innamorarsi to fall in love

inno hymn

innumerevole countless

inquinamento pollution

insalata salad

insegnamento teaching

insegnante *(m. & f.)* teacher

insegnare to teach

insomma in short

installare to install

intellettuale intellectual

intelligente intelligent

intendere to intend

intenzione *(f.)* intention

interessante interesting

interesse *(m.)* interest

internazionale international

interno interior, inside

intero entire

interrotto interrupted

intervallo intermission

introducono (from **introdurre**) they introduce

inutile useless

invece instead

invidia envy

invitato guest

invito invitation

io I

irrequietezza restlessness

isola island; **isola di Murano** an island near Venice; **isola pedonale** pedestrian zone, mall

istituto institute

Italia Italy

italiano Italian

italo-americano Italian-American

L

là there

lago lake

lamentarsi to complain

lampeggiare (to be) lightning

largo wide

lasciare to leave, to let; **lasciati vedere** let me look at you

lassù up there

latino Latin

latte *(m.)* milk

latteria creamery

laurearsi to graduate (from college)

lavagna blackboard

lavare to wash

lavorare to work

lavoro work

Lazio a region in central Italy

legame *(m.)* bond, link

legare to tie

legge *(f.)* law

leggenda legend

leggere to read

leggero light, slight

Lei you *(polite)*
Leonardo da Vinci (1452–1519) well-known artist and scientist
lettera letter
lettura reading
levarsi to take off (clothes)
lezione *(f.)* lesson
lì there; **da lì** from there
liberale liberal
liberarsi to get rid of
libero free
libraio book seller
libreria bookstore
libro book
liceo upper secondary school
Lido Lido, Venice's beach
ligure Ligurian (of the Liguria region)
limitato limited
limite *(m.)* limit, limitation
limone *(m.)* lemon
lingua tongue, language
lira lira, basic unit of Italian monetary system
locandiera inn keeper
lombardo Lombard, of Lombardy
Londra London
lontano far
lotta struggle
Luisa Louise
lungo along, long; **più a lungo** longer (of time)
lungomare *(m.)* seashore road

M

ma but; **ma su** come on
macchè no way, not at all
macchina machine, car; **macchina fotografica** camera
Machiavelli, Niccolò (1469–1527) author, historian, political scientist
macellaio butcher
madre *(f.)* mother
maestro teacher
magari I only wish it, perhaps, even
Maggio Musicale Musical May,

Florence's annual musical festival
maggioranza majority
maggiore major, larger, greater
magnifico magnificent
malattia disease, illness
male bad, badly; **non c'è male** not bad
malgrado in spite of
maligno evil, malignant
mamma mama
mancare to lack, to miss, to be away (from)
mandare to send
mangiare to eat
manifestazione *(f.)* demonstration, festival, display
manifesto leaflet, poster
mano *(f.)* hand
Mantova Mantua (city in Northern Italy)
marciapiede *(m.)* sidewalk
marcio rotten
Marco Polo (1254–1324) Venetian traveller
Marconi, Guglielmo (1874–1937) scientist, inventor of wireless telegraph
mare *(m.)* sea
Maria Mary
Marina girl's name
marinaro maritime
Mario boy's name
marito husband
marittimo maritime, seafaring
marmellata jam
marmo marble
maschera mask, character
maschio male
matematica mathematics
mattina morning; **di mattina** in the morning
meccanico mechanic
medicina medicine
medico medical, *(n.)* doctor, physician
medioevale medieval
mela apple
memoria memory; **sapere a memoria** to know by heart

meno less; **meno male** it's a good thing
mensa universitaria student cafeteria
mentre while
meraviglioso marvellous
mercante *(m.)* merchant
mercato market
mestiere *(m.)* trade, occupation
metà half
metallo metal
metropolitana subway
mettere to put, to place; **mettersi** to place oneself, to stand
mezzo: in mezzo in the middle
mezzogiorno noon
Michelangelo Buonarroti (1475–1564) well known artist and poet
Michele Michael
migliorare to better, to improve
milanese Milanese
Milano *(f.)* Milan; **il Milan** Milan's soccer team
milionario millionaire
milioncino tidy little million
mille one thousand
minerale mineral
minestra soup
minestrone *(m.)* vegetable soup; **minestrone di riso** vegetable soup with rice
Ministero di Pubblica Istruzione Ministry of Public Education; **Ministero degli Affari Esteri** Ministry of Foreign Affairs
minuto minute
missione *(f.)* mission
moda fashion; **di moda** fashionable
moderno modern
modico moderate
modo manner, tone; **in ogni modo** at any rate
moglie *(f.)* wife
molto very, much
momento moment; **un momento** just a moment

mondiale world-wide
mondo world
moneta coin
monotono monotonous
montagna mountain; **in montagna** in the mountains
Montale, Eugenio 20th century Italian poet
monte *(m.)* mountain
monumento monument
morire to die
mortadella bologna
Mosè *(m.)* Moses
mostra exhibit
mostrare to show
movimento movement
muratore *(m.)* bricklayer, mason
museo museum
musica music
musicare to set to music

N

napoletano neapolitan
Napoli *(f.)* Naples
nascita birth
nastro trasportatore conveyor belt (for people)
Natale *(m.)* Christmas
natalizio of Christmas
nato *(p.p. of* **nascere***)* born
naturalmente naturally
navigatore *(m.)* navigator
nazione *(f.)* nation; *La Nazione* Florence's leading newspaper
Nazioni Unite *(f. pl.)* United Nations
negare to deny
negozio store
nemmeno not even
neve *(f.)* snow
niente nothing; **niente di nuovo** nothing new; **niente scuse** no excuses
nipote *(m.)* grandson
no not, no; **ma no!** don't tell me!
noioso boring
nome *(m.)* name

nondimeno nevertheless
nonno grandfather; **nonni** grandparents
nord *(m.)* north
notare to notice
notevole noticeable, noteworthy
notizia news
noto known, well-known
notte *(f.)* night
novità novelty, new item
numero number
numeroso numerous, *(pl.)* various
nuotare to swim
nuovo new; **di nuovo** again; **niente di nuovo** nothing new; **che c'è di nuovo?** what's new?

O

o or; **o. . .o** either. . .or
oca goose
occasionalmente occasionally
occhiali da sole *(m. pl.)* sunglasses
occupare to occupy
offerta offer
offrire to offer
oggetto object, article
oggi today; *Oggi* a review
ogni each, every; **ogni tanto** now and then
ombrello umbrella
onore *(m.)* honor
opera work, opera
operaio worker
opinione *(f.)* opinion
oppure or else
ora now, *(n.)* hour
ordinare to order
orefice *(m.)* goldsmith
ormai by now
orologio watch, clock
orto vegetable garden
ospedale *(m.)* hospital
ospite *(m. & f.)* guest
osservare to observe, to examine
ottenere to obtain

ottimista *(m. & f.)* optimist
ottimo excellent

P

pacchetto little package
padella frying pan
padre *(m.)* father
padrone *(m.)* master
paesaggio landscape
paese *(m.)* country, town; **Paese che vai usanza che trovi** when in Rome do as the Romans do
pagare to pay (for)
pagina page
paio pair
palazzo palace, building; **Palazzo Pitti** Pitti Palace, largest palace in Florence
Palladio, Andrea (1518–1580) architect
panchina park bench
pane *(m.)* bread
panino roll; **panino imbottito** stuffed roll
panna cream
panorama *(m.)* view
Paolo Paul
papa *(m.)* pope
papà *(m.)* dad
parare to block
parco park
pareggio tie (in sports)
parente *(m. & f.)* relative
Parigi *(f.)* Paris
parlamento parliament
parlare to speak
parmigiano Parmesan cheese
parola word
parte *(f.)* part; **da questa parte** this way
partenza departure
participio participle
particolare *(m.)* detail
partigiano partisan
partire to depart, to leave
partita match, game
partito party (political)
passaporto passport

passare   to pass, to flow (of a river); **passerò a prenderti** I'll pick you up

passeggero   passenger

passeggiare   to stroll

passeggiata   promenade, walk

passo   step; **fare due passi** to take a short walk

pasta   pastry

pastasciutta   pasta with sauce

pasticceria   pastry shop

pastificio   pasta factory

pasto   meal

patria   homeland

patrimonio   heritage, patrimony

pazienza   patience

peccato   shame, sin; **peccato!** too bad!

penisola   peninsula

penna   pen

pensare   to think; **pensarci** to think (something) over

pensione (f.)   boarding house

per   for, through; **per caso** by chance; **per cento** percent; **per di più** moreover

perchè   why, because

perciò   therefore

perfino   even

pericolo   danger

periferia   suburbs

periodo   period

permesso   leave, permission

però   however

persona   person

personaggio   character

per terra   on the ground

pesce (m.)   fish

pessimista (m. & f.)   pessimist

pessimo   worst

Petrarca, Francesco (1304–1374)   poet and humanist

pezzo   piece

piacere (m.)   pleasure; **piacere!** it's a pleasure to know you!; **per piacere** please

piano   floor; **al secondo piano** on the second floor; (adv.) softly

pianta   map (of a city)

piatto   dish, specialty

piazza   square

Piazzale Michelangelo   a large square overlooking Florence

piccolo   little, small

piede (m.)   foot; **in piedi** standing (up); **a piedi** on foot

pieno   full

pietra   stone

pista   track, ski run, warning shouted by skiers

più   more; **più a lungo** longer (of time)

piuttosto   rather

po'   a little (abbreviation of **poco**)

poco   little, (pl.) few

podere (m.)   farm

poesia   poem, poetry

poi   after, later, then, moreover

poichè   since

politica   politics

politico   political

polizia   police

polo   pole; **Polo Nord** North Pole

Polo, Marco   13th century Venetian traveller

pollo   chicken

poltrona   orchestra seat

pomeriggio   afternoon

pomodoro   tomato

Pompei (f.)   ancient city near Naples buried by an eruption of Vesuvius in 79 A.D.

pompelmo   grapefruit

ponente (m.)   west

Ponte Vecchio (m.)   oldest bridge in Florence

popolare   popular

popolazione (f.)   population

popolo   people

porta   door

portare   to bring, to carry, to take

portiere (m.)   hotel desk clerk

porto   port

possibile   possible; **il meno possibile** as little as possible

possibilità   possibility

posta   mail, post office; **posta aerea** airmail

posto   place, seat

povero   poor

pranzo   dinner

precisamente   precisely

precisione (f.)   precision

preciso   precise, exact

preferenza   preference

preferire (isc)   to prefer

preferito   favorite

pregare   to pray

prego   you're welcome, I beg your pardon

premio   prize

prendere   to take; **prendere la laurea** to graduate from college

preoccuparsi   to worry; **preoccuparsi di** to worry about

preposizione (f.)   preposition

presepio   nativity scene

presidente (m.)   president

preso (p.p. of **prendere**)   taken

presso   at, in

presto   soon, early, quick

prevalentemente   mainly, largely

prezzo   price

prima   before, first

primavera   spring

primo   first; **i primi** the beginning (of a month)

principale   principal, main

principio   beginning

problema (m.)   problem

produzione (f.)   production

professionista (m. & f.)   professional

professore (m.)   professor

professoressa   female professor

profittare   to profit

profondo   deep, profound

promettere   to promise

promulgare   to promulgate

pronto   ready, hello (on the phone)

pronunzia   pronunciation

proprietario   proprietor

proprio   exactly, just, really

prossimo   next

prova   proof

provare   to try

pubblicazione *(f.)* publication
pubblico public
pugilato boxing
punto dot; **in punto** on the dot
pure by all means
I Puritani *(The Puritans)* an opera by Vincenzo Bellini
puro pure
purtroppo unfortunately

Q

quaderno notebook
quadro painting, picture
qualcosa (di più) something more
qualcuno someone
quando when
quanto how, how much; **quanto sei spiritosa** aren't you funny; **quanto tempo?** how long?
quasi almost
Quasimodo, Salvatore 20th century poet
quattrini *(m. pl.)* money
quello that, that one
quercia oaktree
questo this, this one
qui here; **di qui** this way
quindi therefore

R

raccolta harvest
raccomandare to recommend
raccontare to relate, to tell
raddoppiare to double
radicchio chicory
radice *(f.)* root
ragazza girl, girlfriend
ragazzo boy
raggiungere to reach, to attain
ragione *(f.)* reason
ragioniere *(m.)* bookkeeper
rapporto relation, ties
rappresentare to represent
rappresentazione *(f.)* performance
raramente rarely

Ravenna a city south of Venice
re *(m.)* king
reale royal
realista *(m. & f.)* realist
recente recent
recentemente recently
recupero (moneta) (coin) return
regalo gift, present
regista *(m. & f.)* movie director
regno kingdom
regola rule
regolarmente regularly
replica repeat performance
repubblica republic
respirare to breathe
responsabilità responsibility
restare to stay, to remain
restituire (isc) to give back, to return
resto rest, change
rete *(f.)* network
riassunto summary
ribes *(m.)* black currant
ricco rich
ricerca research
ricettario (di cucina) cookbook
ricevere to receive
ricevitore *(m.)* telephone receiver
riconoscere to recognize
ricordare to remember; **ricordarsi (di)** to remember, to recall
ridotto foyer (of a theater)
rientrare to return home
rifiutare to refuse
riflettere to reflect
rimanere to remain
Rinascente *(f.)* a nation-wide department store
Rinascimento Renaissance
rinnovare to renew
rione *(m.)* neighborhood
ripartire to leave again
ripassare to come back, to come again
riposarsi to rest
risalire to go up again, to climb again
rischiare to risk

riscrivere to rewrite
risiedere to reside, to live
risolto *(p.p.* of **risolvere)** solved
risorsa resource
risparmiare to save
rispondere to answer
risposta reply
ristorante *(m.)* restaurant
risultato result
ritardo: essere in ritardo to be late (of a person, train, etc.)
ritmo rhythm
ritornare to return
ritrovarsi to meet
riunione *(f.)* meeting
rivista magazine, journal
Roma Rome
romano de' Roma a real Roman (Roman dialect)
romanzo novel
Rossini, Gioacchino (1792–1868) Italian composer
rosso red
rumore *(m.)* noise
russo Russian

S

sa (from **sapere**) you know *(pol.)*
sacco sack; **un sacco (di)** a lot (of)
sala da pranzo dining room
salotto living room
salute *(f.)* health
saluto greeting
sano wholesome
santa female saint; **Santa Maria Novella** a church in Florence
Santa Lucia a section of Naples with a beautiful view of the gulf
sapere to know; **sapere a memoria** to know by heart
saporito tasty
sarà! may be! could be!
sardo Sardinian
Saturno Saturn
sbagliare to make a mistake, to be wrong
sbaglio mistake

sbrigarsi   to hurry
scacciare   to drive away
Scala (la)   renowned opera house in Milan
scampagnata   picnic, outing
scapolo   bachelor
scarpa   shoe
scarsità   scarcity
scatola   box
scendere   to descend, to get off
scheda di adesione   application form
scherzo   joke, trick; **che brutto scherzo**   what a dirty trick
sci *(m.)*   ski, skiing
sciare   to ski
sciatore *(m.)*   skier
scienziato   scientist
sciocco   silly, foolish
scioperare   to strike
sciopero   strike; **fare sciopero** to strike
sciovia   ski lift
scoccare   to strike (of a clock)
scolpire (isc)   to sculpture
scommettere   to bet
scomparire   to disappear
scompartimento   compartment
sconfitta   defeat
scoperta   discovery
scoprire   to discover
scorso   past, last
scortese   impolite
scottare   to burn
scritto *(p.p.* of **scrivere)**   written
scrivere   to write
scultore *(m.)*   sculptor
scultura   sculpture
scuola   school; **scuola media unica**   junior high school; **scuole magistrali**   teachers' college
scusa   excuse
se   if, whether
sebbene   although
secolo   century
secondo   according to, *(n.)* second
sede *(f.)*   seat
sedersi   to sit down
seduta   meeting

segnare   to mark, to score
seguente   following
seguire   to follow
selezione *(f.)*   selection
sembrare   to seem
semplice   simple
sempre   always
sentire   to hear; **sentir dire**   to hear someone say
senza   without; **senz'altro** without a doubt
separare   to separate
sepolto *(p.p.* of **seppellire)** buried
sera   evening; **stasera**   this evening, tonight; **a stasera**   till this evening
serio   serious
servitore *(m.)*   servant
servizio   service; **al servizio (di)**   in the service (of)
settimana   week
sfogliare   to leaf through
sforzo   effort
sì   yes
Sicilia   Sicily
siciliano   Sicilian
sicuro   sure, certain
sigaretta   cigarette
significato   meaning
signora   lady, Mrs.
signore *(m.)*   mister, sir
signorina   young lady, miss
simile   similar
simpatico   likeable
sindacalista *(m. & f.)*   union member, *(adj.)*   of a union
sindacato   labor union
sinfonico   symphonic
singolo   single
sinistra   left; **a sinistra**   to the left
Siviglia   Seville
smettere   to stop
sociale   social
socialista *(m. & f.)*   socialist
società   society, company
soggetto   subject
soldo   penny; **soldi**   money
sole *(m.)*   sun
solito   usual; **al (di) solito** usually

solo   alone, only, single; **da solo** by oneself, all alone
soltanto   only
somigliare   to resemble
sonetto   sonnet
sono   I am
sonno   sleep; **avere sonno**   to be sleepy
sonoro   melodious
soprattutto   above all
sopravvivere   to survive
sorella   sister
sorprendere   to surprise
sorpresa   surprise
Sorrento *(f.)*   a town south of Naples
sosta   break, stop
sostantivo   noun
sostituire (isc)   to substitute
sottolineato   underlined
sovranità   sovereignty
sovrumano   superhuman
Spagna   Spain
sparso *(p.p.* of **spargere)** scattered
spazio   space
speciale   special
specialmente   especially
spedire (isc)   to send, to mail
spedizione *(f.)*   expedition
sperare   to hope
spesso   often
spettacolo   performance
spiaggia   beach
spiccioli *(m. pl.)*   loose change
spiegare   to explain
spigliato   free and easy
spingersi   to push on
spinto   daring
spiritoso   witty, funny; **fare lo spiritoso**   to be funny
splendido   splendid
spopolare   to depopulate
sport *(m.)*   sport
sportello   window (at a bank, etc.)
sposarsi   to get married
squadra   team
squillare   to ring (of a phone)
stabilità   stability
stadio   stadium

stagione (f.) season
stamani this morning
stampa press; *La Stampa* Turin's leading newspaper
stampare to print, to publish
stanco tired
stanza room
stare to stay, to remain, to be; **stare bene** to be well, to look well; **stare male** to be ill, to be uncomfortable; **stare in piedi** to stand up; **stare a** to be up to
stasera this evening; **a stasera** till this evening
statale of the state
stato state; **Stati Uniti** (m. pl.) United States
statua statue
stazione (f.) station; **stazione ferroviaria** railroad station
stesso same, itself
stivale (m.) boot
stoccafisso stockfish
storia history, story; **storie!** nonsense!
storico historical
storione (m.) sturgeon
strada road, street
straniero foreign, (n.) foreigner
straordinario extraordinary
stretto narrow
struttura structure
studente (m.) student
studentessa female student
studiare to study
studio study, studio
studioso studious
stupendo stupendous
su on, above; **ma su!** come now!
subito immediately, right away
succedere to happen
successo success (*p.p.* of **succedere**) happened; **di successo** successful
sud (m.) south
sudare to perspire
suggerire (isc) to suggest
suonare to ring (of a bell)

supermercato supermarket
supremo supreme
surgelato frozen (of food)
svago diversion
svelto quick; **svelto!** hurry up!
sviluppo development

T

tagliatelle (f. pl.) noodles
tanto much, so much, so; **tanto. . .come** both. . .and; **ogni tanto** once in a while
tardi late; **sul tardi** on the late side
tassì (m.) taxi; **in tassì** by taxi
tassista (m. & f.) taxi driver
tavola table
tavolo table
tè, thè (m.) tea
teatro theater
tecnico technical
telefonare to telephone
telefono telephone
telegramma (m.) telegram
televisore (m.) television set
tempo time, verb tense; **a tempo** on time; **da tempo** for a while
tendere to tend
tenere to keep
tengo (from **tenere**) I keep
tennis (m.) tennis
tenore (m.) tenor, character
Terme di Caracalla (f. pl.) ancient Roman baths
termine (m.) term
terra earth; **per terra** on the ground
territorio territory
Tevere (m.) Tiber
tifoso sports fan
tipico typical
tirare avanti to make ends meet
titolo title
toast (m.) grilled sandwich
tolgono (from **togliere**) take off, remove
tomba tomb
topolino little mouse, Mickey Mouse

Torino (f.) Turin
tornare to return; **ben tornato!** welcome back!
torre (f.) tower
torta cake
Toscanini, Arturo (1867–1957) musical director
tradizione (f.) tradition
traduci (from **tradurre**) you translate
tradurre to translate
traduzione (f.) translation
tram (m.) streetcar
trasferirsi to move
trasformarsi to change
trasmissione (f.) telecast
trattenersi to remain, to stay
tratto section, tract
treno train; **in treno** by train
trentina: sulla trentina thirtyish
tropicale tropical
troppo too, too much
trovare to find; **trovarsi** to meet, to happen to be
Trovatore (il) an opera by Verdi
truffa swindle
turista (m. & f.) tourist
turistico touristic
tutto everything, all; **tutto +** *definite article* the whole; **tutto a un tratto** all of a sudden; **tutto sta a te** it's all up to you; **tutti** everybody, all; **tutti e due** both; **tutti e tre** all three; **tutti e quattro** all four, etc.
tuttora even now

U

uccello bird
ufficio office
Uffizi (gli) Florence's largest museum
ultimo last
umano human
Umbria a region in central Italy
Ungaretti, Giuseppe 20th century poet
unico unique
unire to unite

universale   universal
università   university
universitario   of the university
uomo   man (pl. uomini)
uovo   egg
usanza   custom
uscire   to go out
uscita   exit
uso   use
utile   useful
uva   grapes

V

va (from andare)   goes; va bene?   is that all right?; come va?   how are things? how are you?
vacanza   vacation
valigia   suitcase
Vanna   girl's name
vaporetto   ferryboat (typical of Venice)
varietà   variety
variare   to vary
vario   various, varied
vasto   large
Vaticano   Vatican
vecchio   old
vedere   to see; vediamo un po' let's see now
velocità   speed
veduta   view
vendere   to sell
vendita   sale; in vendita   for sale
Venere   Venus

Venezia   Venice
veneziano   Venetian
venire   to come (p.p. venuto)
veramente   really, truly, as a matter of fact
verbo   verb
Verdi, Giuseppe   19th century composer
verdura   vegetables
verità   truth
vero   true; vero?   is that right?
Verrazzano, Giovanni da   16th century Italian navigator and discoverer
verso   towards, around (of time), (n.) verse
Vespucci, Amerigo   15th century Italian navigator after whom America was named
vestito   suit, dress
Vesuvio   Vesuvius, a volcano near Naples
vetreria   glassworks
via   street; per la via   in the street, (adv.) away
viaggiatore (m.)   traveller
viaggio   trip; buon viaggio have a good trip
vicentino   from Vicenza, a city in Northern Italy
vicino   near, nearby; da vicino at close range, from nearby
vigile (m.)   police officer
vigna   vineyard
villa   villa, country house
Villa Borghese   Rome's largest park

villaggio   village
vincitore (m.)   winner
vino   wine
vinto (p.p. of vincere)   won
Visconti, Luchino   Italian movie director
visione: in visione   being shown
visita   visit
visitare   to visit
visto (p.p. of vedere)   seen
vita   life
vivere   to live
vivo   alive
vocabolario   vocabulary
vocabolo   word
vocale (f.)   vowel
voce   voice; ad alta voce   aloud
volentieri   gladly, willingly
volere   to want; voler dire   to mean; e che vuol dire!   so what!
volta   time, occurrence, ceiling; una volta   once; a volte sometimes; più volte   many times
vulcano   volcano
vuoto   empty

Z

zero   zero
zia   aunt
zingaro   gypsy
zio   uncle
zucchero   sugar
zucchino   squash

English–Italian Vocabulary

A preposition in parentheses after a verb indicates that the verb requires that preposition before a dependent infinitive. An asterisk (*) is used to mark verbs that are conjugated with **ẹssere**. A dagger (†) after a verb means that the verb in question may be conjugated either with **avere** or **ẹssere**. In general, the verbs which are accompanied by a dagger are conjugated with **avere** when they have a direct object.

A

admit ammẹttere
abandon abbandonare
able: to be able potere†
about circa, di
accent accento
accompany accompagnare
advise consigliare
afraid: to be afraid avere paura, temere
after dopo, poi
afternoon pomerịggio
agency agenzia
ago fa
air ạria
all tutto; **not at all** affatto
almost quasi
along: to get along andare d'accordo
already già
also anche
although sebbene
always sempre
amuse oneself divertirsi
ancient antico
and e, ed
another un altro, un'altra

answer rispọndere (p.p. risposto)
apartment appartamento
April aprile (m.)
appliances (home) elettrodomẹstici (m. pl.)
arcade galleria
architect architetto
arm brạccio (pl. le brạccia)
arrive arrivare*
ask domandare, chiẹdere (p.p. chiesto)
assignment cọmpito
August agosto
author autore (m.)

B

badly male
bank banca
bar caffè (m.), bar (m.)
barber barbiere (m.)
be ẹssere*, stare*; **I am well** sto bene
beautiful bello
because perchè
become diventare*
bed letto

before (in front of) davanti (a); (adverb meaning **first**) prima; (referring to time) prima di
begin incominciare†, cominciare† (a)
believe crẹdere
best mẹglio (adv.); migliore (adj.)
bet scommẹttere
better mẹglio (adv.); migliore (adj.)
birth nạscita
bone osso (pl. le ossa)
book libro
boy ragazzo
Brazil Brasile (m.)
bread pane (m.)
breakfast (prima) colazione (f.); **to have breakfast** fare colazione
brief breve
brilliant brillante
bring portare
brother fratello
build costruire (isc)
building edifịcio
buried sepolto
but ma

butter burro
buy comprare
by da, prima di

C

can *(to be able)* potere†; *(to know how)* sapere
capital capitale *(f.)*
car macchina
carrot carota
cash riscuotere
cathedral duomo
celebrate festeggiare
cenotaph cenotafio
certain certo, sicuro
chapel cappella
check assegno; **travelers' check** assegno per viaggiatori
Christmas Natale *(m.)*
church chiesa
cigarette sigaretta
city città
class, classroom classe *(f.)*; lezione *(f.)*; **to have a class** avere lezione; **class notes** dispense *(f. pl.)*
close chiudere *(p.p. chiuso)*
coffee caffè *(m.)*; **coffee shop** caffè, bar *(m.)*
cold freddo; **to be cold** avere freddo *(of a person)*; fare freddo *(of weather)*
come venire* *(p.p. venuto)*; **come near** avvicinarsi*; **come now!** ma su!
comedy commedia
comfortable comodo
companion compagno
compose comporre *(p.p. composto)*
conjugation coniugazione *(f.)*
consist consistere*
contaminated inquinato
continue continuare
contractor appaltatore *(m.)*
convert convertire
convince convincere *(p.p. convinto)*

cool fresco; **to be cool** fare fresco *(weather)*
copy copia
cost costare
country(side) campagna; *(fatherland)* patria; *(nation)* paese *(m.)*
couple paio
course corso; **of course** certo
cousin cugino, cugina
custom usanza
customer cliente *(m. & f.)*

D

dad papà
daughter figlia
day giorno, giornata *(descriptive)*; **good day** buon giorno
dear caro
debate discussione *(f.)*
December dicembre *(m.)*
demonstration manifestazione *(f.)*
dictionary dizionario
die morire* *(p.p. morto)*
difficult difficile
dinner pranzo; **to dine** pranzare
director regista *(m. & f.) (of movies)*
disease malattia
divine divino
dollar dollaro
door porta
doubt dubitare
dress vestirsi*; vestito *(noun)*
drink bere *(p.p. bevuto)*
during durante

E

early presto
earn guadagnare
easy facile
eat mangiare
economics economia
egg uovo *(pl. le uova)*
elegant elegante

employee impiegato
end fine *(f.)*; **to make ends meet** tirare avanti
English inglese; **the English language** l'inglese
enough abbastanza; **to be enough** bastare
Europe Europa
European europeo
evening sera; **good evening** buona sera; **this evening** stasera
every ogni
everybody tutti
everything tutto, ogni cosa
exaggerate esagerare
examination esame *(m.)*
example esempio
excellent eccellente
excursion gita
exercise esercizio
expedition spedizione *(f.)*
expensive caro
extraordinary straordinario

F

fall autunno
family famiglia
famous famoso
farm podere *(m.)*; **farm house** fattoria
farmer agricoltore *(m.)*
fascinating affascinante
fashion moda; **old-fashioned** all'antica
fast veloce
father padre *(m.)*
favor favore *(m.)*; piacere *(m.)*
February febbraio
ferryboat traghetto, vaporetto *(in Venice)*
film film *(m.)*; **mystery film** giallo
finally finalmente
find trovare
finish finire (isc)
first primo *(adj.)*, prima *(adv.)*
fish pesce *(m.)*
Florence Firenze *(f.)*

Florentine fiorentino
fond: to be fond of, to like
  piacere
food cibo
for per
foreign straniero
foreigner straniero
forget dimenticare (di + *inf.*)
free libero
French francese; **the French**
  language il francese
fresco (*painting*) affresco
fresh fresco
Friday venerdì (*m.*)
friend amico
from da
frozen surgelato (*of foods*)
fruit frutta
funny spiritoso; **to (try) to be**
  funny fare lo spiritoso; **aren't**
  you funny! come sei
  spiritoso!

G

game (*match*) partita, incontro
garden giardino; **vegetable**
  garden orto
Genoa Genova
gentleman signore (*m.*)
get along andare d'accordo
get up alzarsi*
gift regalo
girl ragazza; **girlfriend**
  ragazza
give dare
glasses: eyeglasses occhiali
  (*m. pl.*)
go andare*
gondola gondola
good buono; **very good**
  ottimo
good-bye arrivederci (*familiar*),
  arrivederla (*polite sing.*), ciao
  (*colloquial*)
grade grado
graduate (*from a university*)
  laurearsi*
grammar grammatica
grandfather nonno

grandmother nonna
great grande; **the greatest** il
  maggiore
green verde; **greengrocer**
  fruttivendolo
guide guida

H

hair (*one*) capello; **hair** i
  capelli
half metà
happy felice
have avere; **to have to**
  dovere†
hear sentire; **to hear say** sentir
  dire
hello pronto (*over telephone*);
  ciao (*greeting*)
here qua, qui; **here is! here are!**
  ecco!
hi! ciao!
hint suggerimento
historical storico
hotel albergo, hotel (*m.*)
hour ora
house casa
how come; how are you?
  come stai? (*fam. sing.*), come
  sta? (*pol. sing.*); **how goes it?**
  come va?
however però
hungry: to be hungry avere
  fame
hurry up affrettarsi*
husband marito

I

ice cream gelato
idea idea
if se
in in, a
indeed proprio, davvero
industry industria
information informazione (*f.*)
  (*one piece of information*)
inside dentro; **the inside**
  l'interno
install installare

instead invece
interesting interessante
interior interno
invite invitare
island isola
Italian italiano; **the Italian**
  language l'italiano
Italy Italia

J

jam marmellata
January gennaio
job lavoro, impiego
joke scherzo; **a bad joke** un
  brutto scherzo; **to joke**
  scherzare
journalist giornalista (*m. & f.*)
judgment giudizio
July luglio
June giugno
jungle giungla

K

kind gentile
know (*to be acquainted with*)
  conoscere; (*to know a fact*)
  sapere

L

lady signora
language lingua
large grande
last ultimo, scorso; **last year**
  l'anno scorso; **last night** ieri
  sera
late tardi; **to be late** essere in
  ritardo (*of a person or thing*)
Latin America America latina
learn imparare
least: at least almeno
leave partire*; (*intrans.*)
  lasciare (*trans.*)
lecture conferenza
lecturer conferenziere (*m.*)
left sinistro; **to the left** a
  sinistra
less meno

lesson lezione *(f.)*
letter lettera
library biblioteca
life vita
like *(to like)* piacere*
listen (to) ascoltare
literature letteratura
little piccolo; poco; **as little as possible** il meno possibile
live abitare
living room salotto
London Londra
long lungo; **how long?** quanto tempo? **longer** più a lungo
look (at) guardare
lot (a) molto
loud, loudly forte
love amore *(m.)*; **to fall in love (with)** innamorarsi* (di)
lucky beato, fortunato

M

magazine rivista
magnificent magnifico
mail posta; **airmail** posta aerea
make fare
man uomo *(pl.* uomini)
map pianta *(of a city)*
March marzo
market mercato; **supermarket** supermercato
marry sposarsi*
masterpiece capolavoro
match *(game)* incontro
mathematics matematica
may potere†
May maggio
meat carne *(f.)*
medicine medicina
Mediterranean Mediterraneo
meet incontrare; **pleased to meet you!** piacere!
meeting riunione *(f.)*
mile miglio *(pl.* le miglia)
milk latte *(m.)*
millionaire milionario
minute minuto

Miss signorina
modern moderno
moment momento
Monday lunedì *(m.)*
money denaro, soldi *(m. pl.)*
monotonous monotono
month mese *(m.)*
more più; di più
morning mattina; **this morning** stamani
mother madre *(f.)*
mountain monte *(m.),* montagna; **in** (*or* to) **the mountains** in montagna
movies cinema *(m.)*; **movie** film *(m.)*
Mr. signore *(m.)*
Mrs. signora
much molto: **how much** quanto; **too much** troppo
museum museo
music musica
must dovere†

N

name nome *(m.)*; **to be called** chiamarsi*
Naples Napoli *(f.)*
Neapolitan napoletano
necessary necessario; **it is necessary** bisogna
neither. . .nor nè. . .nè
never mai
new nuovo; **what's new?** che c'è di nuovo?
news notizia *(one piece of news)*; novità
newspaper giornale *(m.)*
newsstand edicola
next venturo, prossimo
nice bello, carino
night notte *(f.)*; **last night** ieri sera
no no; **no one** nessuno
nobody nessuno
nonsense! macchè!
noon mezzogiorno
not non; **not even** nemmeno, neanche

note appunto
nothing niente
novel romanzo
novelty novità
November novembre *(m.)*
now ora, adesso
number numero

O

occupy occupare
October ottobre *(m.)*
of di
offer offrire *(p.p.* offerto); offerta *(noun)*
often spesso
old vecchio; **to be. . .old** avere. . .anni
once, once upon a time una volta
only solo, soltanto, solamente *(adv.)*; solo, unico *(adj.)*
open aperto; **to open** aprire *(p.p.* aperto)
opera opera
or o
order ordinare
out, outside fuori

P

parents genitori *(m. pl.)*
pay for pagare
pen penna
pencil matita
people gente *(f.)*; persone *(f. pl.)*
perhaps forse
person persona
pick up passare a prendere
prefer preferire (isc)
press stampa; **press conference** conferenza stampa
pretty carino
price prezzo
problem problema *(m.)*
prize premio
professor professore *(m.)*; professoressa *(f.)*

R

rain   pioggia; **to rain**   piovere†
railroad station   stazione
   ferroviaria *(f.)*
rather   piuttosto
read   leggere *(p.p.* letto)
ready   pronto
really   proprio, davvero
reception   ricevimento
recognize   riconoscere
red   rosso
remember   ricordare,
   ricordarsi* (di)
repeat   ripetere
research   ricerca
restaurant   ristorante *(m.)*
return   ritornare*, tornare*;
   restituire *(something)*
roll   panino; **stuffed roll**   panino
   imbottito
Roman   romano
Rome   Roma
root (for)   fare il tifo (per)
row   fila

S

salad   insalata
same   stesso, solito
Sardinian   sardo
Saturday   sabato
say   dire *(p.p.* detto); **how do
   you say?**   come si dice?
school   scuola
science fiction   fantascienza
season   stagione *(f.)*
see   vedere
seem   sembrare*
sell   vendere
send   mandare
September   settembre *(m.)*
shape: to be in shape   essere in
   forma
share   condividere *(p.p.*
   condiviso)
shop   negozio, bottega; **to shop**
   fare la spesa
since   poichè; da *(time)*
sing   cantare
sister   sorella

sit *(down)*   sedersi*
ski   sciare; **skis**   sci *(m. pl.)*
sleep   dormire
sleepy: to be sleepy   avere
   sonno
small   piccolo
smog   smog *(m.)*
snow   neve *(f.)*; **to snow**
   nevicare
so   così; **so that**   così che
soccer   calcio
some   qualche *(takes the
   singular)*; alcuni *(plural)*; un
   po' di
son   figlio
song   canzone *(f.)*
sorry: to be sorry   dispiacere*; **I
   am sorry**   mi dispiace
soup   minestra
speak   parlare
speech   discorso
sport   sport *(m.)*; **sports fan**
   tifoso
spring   primavera
start   incominciare, cominciare
   (a)
station   stazione *(f.)*
statue   statua
stay   restare, stare
still   ancora
stop   fermarsi*
store   negozio
story   storia; **mystery story**   giallo
strawberry   fragola
strike   sciopero
string bean   fagiolino
strong   forte
student   studente *(m.)*;
   studentessa *(f.)*
study   studiare
suburb   periferia
subway   metropolitana
success   successo
summer   estate *(f.)*
sun   sole *(m.)*; **it's sunny**   c'è il
   sole
Sunday   domenica
supermarket   supermercato
sure   certo, sicuro
surgeon   chirurgo
Switzerland   Svizzera

T

table   tavola
take *(seize)*   prendere; *(carry)*
   portare; accompagnare
talk   parlare
tall   alto
taxi   tassì *(m.)*; **taxi driver**
   tassista *(m. & f.)*
teacher   insegnante *(m. & f.)*;
   maestro, maestra
team   squadra
telephone   telefono; **to
   telephone**   telefonare
television   televisione *(f.)*;
   television set   televisore *(m.)*
tell   dire *(p.p.* detto)
tennis   tennis *(m.)*
thank   ringraziare; **thank you**
   grazie
that   che; quello
theater   teatro
then   poi *(after)*; allora *(at that
   time)*
thing   cosa
think   pensare *(to be thinking)*;
   credere *(to believe)*
thirst   sete *(f.)*; **to be thirsty**
   avere sete
this   questo; **this is. . .**   sono
   (over telephone)
thousand   mille; **about a
   thousand**   un migliaio *(pl.* le
   migliaia)
Thursday   giovedì *(m.)*
tie *(in sports)*   pareggio
ticket   biglietto
time   tempo; volta *(occurrence)*
   what time is it?   che ora è?
   or che ore sono?
to   a, in; *(at the house of)*   da
today   oggi
together   insieme
tomb   tomba
tomorrow   domani
too   anche; **too, too much**
   troppo
tour   giro; **to take a tour**   fare
   un giro
tourist   turista *(m. & f.)*
toward   verso

town città; **downtown** in città
travel viaggiare; *(noun)*
  viaggio; **travel agency**
  agenzia di viaggi
tree albero
trip viaggio; **to take a trip** fare
  un viaggio
tropical tropicale
truth verità
Tuesday martedì *(m.)*

U

understand capire (isc)
unfortunately purtroppo
universal universale
university università
unkind scortese
unless a meno che
unmarried scapolo *(of a man)*;
  nubile *(of a woman)*
until fino a
up: **to be up to** stare a
useful utile
usual: **as usual** al solito

V

vacation vacanza
vegetables legumi *(m. pl.)*

Venice Venezia
very molto
visit visita

W

wait (for) aspettare; **to wait in
  line** fare la coda
waiter cameriere *(m.)*
walk camminare; **to take a
  walk** fare una passeggiata
want volere[†]
wash lavare
way: **this way** di qui
Wednesday mercoledì *(m.)*
week settimana
welcome *(welcome back)*
  benvenuto, ben tornato
well bene, be' *(in certain
  expressions)*; **well then**
  dunque; **to be well** stare
  bene
what che, che cosa, cosa; **what
  a. . .** che. . .
when quando
where dove
which quale, che
while mentre
who, whom che, il quale; **who?
  whom?** chi?

whole tutto; **the whole** tutto +
  def. art.
whose? di chi?
why perchè
wife moglie *(f.)*
windy: **to be windy** tirare vento[†]
winter inverno; **winter resort**
  centro invernale
wish desiderare
with con
without senza
word parola
work lavoro; **to work** lavorare
worry preoccuparsi*
worth: **to be worth** valere*
write scrivere

Y

year anno
yes sì
yesterday ieri; **day before
  yesterday** ieri l'altro, l'altro ieri
yet ancora
young giovane; **young man**
  giovane *(m.),* giovanotto;
  young lady signorina

Index

(Numbers refer to pages)

Photo Credits

Black and White

Peter Menzel: 14, 20, 31, 35 (2), 38, 46, 49, 57, 58 (2), 64 (2), 85, 87, 94, 91, 110, 112, 114, 140, 145, 147, 160, 163, 189, 201, 209, 225, 229, 239, 258, 274, 283, 285, 292, 293, 311, 312, 347 Helena Kolda: 16, 18 Rapho–Photo Researchers: 21 (Paolo Koch), 317, 317 (Fritz Menle) Gamma: 28–29 (Settimio Garritano) Bayer, Monkmeyer Photos: 42, 57 *(right)*, 127, 146, 147 (2, *top and bottom right*), 155, 171, 199, 242, 275, 320, 323 © Dorka Raynor, 1981: 52, 84, 97, 152, 159, 233, 241, 270, 294, 317, 352 HRW: 63, 73, 141, 162, 304, 305 DPI: 63 (Baege) Alitalia: 63 Morin, Monkmeyer Photos: 74 Leonard Speier, Monkmeyer Photos: 78, 96, 230, 272, 302 Jerry Frank: 120 Editorial Photo Archives: 130, 215, 259, 268, 269, 271, 322 Italian Cultural Institute: 131, 192, 313 Italian Government Travel Office: 140 *(bottom)*, 145 *(bottom)*, 149, 168, 169 Photoente provinciale: 177 Agenzia giornalistica italia: 179, 318 (Vittorio Morelli) Publiphoto, Roma: 185 Bettman Archives: 215, 218, 353 (2), 354, 359 Scala: 217 Bill Struhs: 264 (2), 265 Wide World Photos: 330, 360 Metropolitan Opera House: 359 (2–J. Heffernan)

Color Photos

Graphikann: i *(top)*, ii *(top left)*, iv *(top right)*, v *(top and right)*, vi *(left)*; EPA: i (Robert Rapeleye), iii *(right)*, iv, vi (2); Albert Moldavy; ii *(bottom)*: Frank Dituri; viii *(bottom left)*: Simone Oudet; Helena Kolda: iii, v, vii; Simone Oudet: ii, vii, viii (2); Jan Lukas: ii; Peter Manzel: iii, iv *(bottom)*; *cover photography by EPA*